语法研究的深化与拓展

《语法研究的深化与拓展》编委会 编

商务印书馆
创于1897 The Commercial Press
2015年 · 北京

图书在版编目(CIP)数据

语法研究的深化与拓展/《语法研究的深化与拓展》编委会编. —北京:商务印书馆,2015
ISBN 978-7-100-11372-4

Ⅰ.①语… Ⅱ.①语… Ⅲ.①汉语-语法-文集
Ⅳ.①H14-53

中国版本图书馆CIP数据核字(2015)第118619号

语法研究的深化与拓展
《语法研究的深化与拓展》编委会 编

商 务 印 书 馆 出 版
(北京王府井大街36号 邮政编码100710)
商 务 印 书 馆 发 行
北京市艺辉印刷有限公司印刷
ISBN 978-7-100-11372-4

2015年8月第1版 开本 787×1092 1/16
2015年8月北京第1次印刷 印张 26
定价:55.00元

目　录

从韵律结构看形容词

沈家煊

摘　要：从韵律结构看形容词，形容词在语法结构中表现出跟名词和动词不一样的组合特点，令人费解。过去的问题在于过分看重名、动、形之间的区别，预设汉语里名、动、形跟英语等印欧语一样是三个分立的、互斥的类。其实汉语里首先区别"大名词"和"摹状词"，"大名词"里包括动词和形容词，"大名词"通过重叠形成"摹状词"。形容词的双音化是一种"准重叠"手段，双音形容词也具有摹状词的性质。按照这个新认识，在划分形容词内部小类的时候应该拿单音双音的区分作为首要的标准。最后说明汉语的形容词在"词类地图"上表现出来的多重性。

关键词：韵律结构；形容词；大名词；摹状词；重叠；词类地图

一　形容词问题

讲语法离不开讲结构的类型，划分词类的目的首先是要有利于区分主谓、动宾、定中等结构类型。而讲汉语的语法结构类型，经常是单音节和双音节的区分比名词和动词的区别还重要。《现代汉语词典》到第5版才开始标注词性，房屋标为名词，出租标为动词，但是在没有上下文的时候你居然不知道出租房屋是述宾结构还是定中结构。然而改变音节的数目，把单音和双音互相搭配形成不同的韵律结构，出租房[2+1]十有八九是定中不是述宾，租房屋[1+2]肯定是述宾不是定中。这就是吕叔湘(1963)最早指出的，三音节的组合，定中以[2+1]为常态，述宾以[1+2]为常态。

定中结构：出租房　＊租房屋

述宾结构：租房屋　？出租房

这表明，在现代汉语里要确定一个组合是述宾结构还是定中结构，主要不是看这个组合的成分哪个是名词哪个是动词，而是看哪个是单音哪个是双音。

陆丙甫和端木三（Lu & Duanmu 1991，2002）提出"辅重原则"：定中结构的定语和述宾结构的宾语都是中心语的辅助成分，辅助成分韵律上要"重"，汉语里韵律的"轻重"就体现为单音双音的对立，所以定中为［2+1］而述宾为［1+2］。

"辅重原则"在形容词上遇到了问题，形名定中结构如大房间、冷空气以［1+2］为常态，［2+1］受限制（＊宽大房、＊寒冷气），这就跟"辅重原则"不符。端木（2000）认为大房间是语法结构不好的复合词，音步划分是大房|间而不是大|房间，但是这种划分十分牵强，跟连读变调和停延的实际情形不符[①]，详见王洪君（2001）和柯航（2007）的批评。王洪君于是放弃"辅重原则"，转而注重于形容词的特性，她认为，由于历史上形容词单音的使动用法转移到双音上，现代汉语形容词双音不少有使动用法（如柔软头发、端正态度）因而容易造成歧义，而单音用法单纯，所以形名定中结构以［1+2］为常态。这个解释的问题是，现代汉语大量的双音动词都可以带宾语，也容易造成歧义，却仍然经常做定语，而且是很好的定语，如出租房屋和养殖对虾；古代汉语里单音形容词普遍有使动用法（静其心，深其宫），但是这并不妨碍它们做定语（静女，深宫），而且现代汉语仍然留存古汉语单音形容词的使动用法，如静一下心，热一热饭。

大房间也不太符合冯胜利（1997，2000）提出的"［2+1］构词、［1+2］造语"规则，它虽然可以插入的变为大的房间，但是不能加很扩展成为很大房间，难以确定它是词是语。为维护这条规则冯胜利（2001）就说句法可以造语也可以造词，大的房间是句法造语的产物，大房间则是句法造词的产物，叫作"句法词"，即"以短语生成方式产生的词"，所以是［1+2］。这样处理的问题是难以解释动名复合词［1+2］租房屋不成立，租的房屋是句法造语的产物，为什么租房屋不能是句法造词的产物呢？单音动词不是跟单音形容词一样能做定中复合词的中心（全年租、出国热）吗？

总之，从定中组合的韵律结构看，双音形容词和双音名词、双音动词都形成对立，单音形容词只和单音动词形成对立，和单音名词表现一致。可列表如下[②]：

---

① 例如小雨伞，三个上声字，从连读变调看只能划分为小|雨伞。

② 此表的排列方式参考了陆丙甫先生的意见（电邮通信）。

	[2+1]定中	[1+2]定中
形容词	*宽大房	大房子
名词	汽车房	纸房子
动词	出租房	*租房子

而在做中心的时候,单音形容词又和单音名词、单音动词表现一致(这个事实也很重要):

汽车房　全年租　猩红热

煤炭店　三级跳　妻管严

手表厂　本字考　夕阳红

要回答的问题是,在三大实词类中形容词究竟处于什么地位?它和名词、动词究竟是个什么样的关系?

二　名词和状词

形容词的问题解决不好的症结还是过分看重名、动、形之间的区别,预设汉语里名、动、形跟英语等印欧语一样是三个分立的、互斥的类。其实汉语里首先重视的不是名、动、形的区别,而是“名词”和“状词”的区别,这个和“状词”对立的“名词”包括动词和性质形容词,即包括动作名称和属性名称(沈家煊 2007,2009,2010a&b)。这个“(大)名词”类的成员一律能通过重叠的方式形成“状词”(也叫“摹状词”),以下实例转引自华玉明(2008):

(1)事物名词重叠形成状词

虎　　眼睛瞪得虎虎 de

丝　　河面上漂浮着丝丝霞光

山水　山山水水 de 画个不停

妖精　打扮得妖妖精精 de

(2)动作名词重叠形成状词

飘　　飘飘白雪飞扬在空中

抖　　母亲抬起手臂抖抖 de 指着干粮筐

摇摆　花儿在风中笑得摇摇摆摆

指点　指指点点 de 议论起来

(3) 属性名词重叠形成状词

白　　把脸抹得白白 de

长　　长长 de 走廊

随便　随随便便说了几句

大方　衣服要穿得大大方方 de

沈家煊(2010a)补充,单音的名、动、形加 XX 也都变成状词:

(4) 单音名词 XX:夜沉沉,眼忪忪,情切切,月蒙蒙

单音动词 XX:叹连连,呼啸啸,死虎虎,笑眯眯

单音形容词 XX:冷冰冰,轻悠悠,静悄悄,软绵绵

现在再补充一个事实,重叠的 X 本身也可以是名、动、形三类(石锓,2010):

(5) X 为名:冷冰冰,甜蜜蜜,黑漆漆,白雪雪

X 为动:圆滚滚,香喷喷,动飘飘,直挺挺

X 为形:红彤彤,白茫茫,笑盈盈,病恹恹

这些重叠后置的 XX 本来可以前置,前置在方言里还很常见:

(6) 漆漆黑,雪雪白,冰冰冷,笔笔直,喷喷香,滚滚圆,彤彤红

蔡淑美、施春宏(2007)考察阎连科作品中的重叠形式,同样发现名、动、形三类词都有起摹状作用的重叠形式 AABB 和 ABB:

(7) 名词的重叠形式

浪浪涛涛　波波浪浪　山山海海　山山岭岭　涕涕泪泪

枪枪炮炮　仇仇恨恨　物物什什　物物件件　缘缘由由

江江湖湖　谷谷糠糠　钉钉绳绳　汪汪洋洋　血淋淋

水渣渣　烟团团　雾浓浓　汗渍渍

(8) 动词的重叠形式

巴巴望望　哭哭唤唤　洗洗整整　腾腾雾雾　剪剪裁裁

闪闪灭灭　颤巍巍　笑吟吟　荡激激　气愤愤

潺哗哗

(9) 形容词的重叠形式

烈烈炎炎　红红胖胖　木木然然　白白亮亮　柔柔和和

白白茫茫　美美丽丽　鲜明明　青痴痴　紧飘飘

白茫茫　红艳艳

参与重叠的AB有的是词,有的像临时组合,如山海、洗整、烈炎,名词性AB的重叠特别多。这些事实说明,汉语的实际是第一个层次先区分"大名词"和"状词",第二个层次才在"大名词"内对名、动、形(限于性质形容词)有所区分,重叠是汉语的一种不同于印欧语的重要形态手段。

三　形容词的双音化

阎连科作品中还有一个值得注意的现象,重叠为AABB的双音形容词有的是表性质的(能加很,如美丽、柔和),有的是表状态的(不能加很,如红胖、白亮),还有一种常见的ABCC式重叠,AB也包括性质形容词和状态形容词两类:

(10) AB是性质形容词(能加很)

暴虐汹汹　苍老荒荒　潮润烂烂　潮湿雾雾　迟缓慢慢

光亮嫩嫩　恍惚悠悠　浑浊厚厚　火热腾腾　枯瘦黄黄

亮堂洁洁　明亮晃晃　清脆哗哗　威严森森　稀疏飘飘

狭长弯弯　鲜活生生　脏旧兮兮

(11) AB是状态形容词(不能加很)

鲜红艳艳　血红艳艳　黑红暖暖　黑红艳艳　红艳阵阵

红灿烂烂　雪白淋淋　惊白茫茫　惨白凄凄　浓黑烈烈

白亮嘎嘎　赤裸条条

蔡和施(2007)指出,这样的重叠不是方言特色,除了阎连科还有许多不同方言背景的作家,如星竹、孙春平、乔叶等,都有类似用法。他们的结论是,语言系统中有现实的部分,也有可能的部分,现实性是可能性的一部分,要把语言放到动态的过程中来考察。

过去我们习惯于按照朱德熙(1956)把形容词分为性质形容词和状态形容词

两类，把冷、寒冷、冷清划归性质形容词，把很冷、冰冷、冷飕飕划归状态形容词，标准是：1）前者能受很修饰，后者不能；2）前者重叠是 AABB 式如冷冷清清，后者重叠是 ABAB 式如冰冷冰冷。其实这两条标准并不十分可靠也不那么重要。第一，性质形容词如冷加上很就变为状态形容词很冷，加很是增加摹状性，状态形容词虽然不能加很，但是能跟性质形容词一样通过 ABCC 式重叠来增加摹状性，如雪白淋淋、浓黑烈烈等。第二，现实生活中正在大量出现状态形容词加很的用例，从百度网上搜索一些常用词几乎每个都有很多加很的例子（李劲荣，2007）：

（12）为什么一到冬天我的手脚就很冰冷、而夏天反而身体很烫？

我的皮肤算得上是白，但不是很雪白的那种，有点黄。

孩子的心灵是很雪亮的，所以我们要保持童心。

为什么有的人喝酒后脸上会很通红，有的人就不红？

最近申彗星把自己练得很结实，晒得很黝黑，看上去很男人。

路边有一种树，闻起来很喷香，有很小的白色花朵，谁知道是什么树吗？

是不是女人抽烟喝酒，去酒吧玩就很稀烂？

右后胎爆了，爆得很坚决，很彻底，很粉碎！没啥说的，为自己的急躁买单吧。

原因显然是状态形容词的摹状性在磨损减弱，需要通过一定的方式来重新增强摹状性。拿冰冷和火热比较，只是冰冷的摹状性没有火热磨损得厉害，所以冰冷一般还不能受很修饰。第三，有不少不能加很的双音形容词有 AABB 重叠式，如白白亮亮、红红胖胖，而能加很的双音形容词也不绝对排除 ABAB 重叠式，如软绵软绵、苍白苍白、穷酸穷酸、阴暗阴暗等。

总之，双音形容词不管是表性质的还是表状态的，都能通过多种手段来增强或恢复摹状性，加很只是其中的一种手段，而重叠又有多种方式，重叠方式的选择不是绝对的，有的重叠方式对二者都适用，所有这些手段（包括加冰、黝等词头）可以概括为“叠添”（叠加和添加）。

以上是现代汉语共时平面的情形，从历史上看，石锓（2010）发现古汉语单音词重叠为摹状词也包括名、动、形三类，他还发现另外两个重要事实：一是先秦汉语单音形容词中有一部分是状态形容词，通过叠添来增强摹状性，如萋→萋萋，忡→忡忡；二是后来表性质的双音形容词原先也是由单音通过叠添而得到的摹状词,如灿烂、悠久、苍白,因为摹状性衰减才变为性质形容词。因此从动态的观点看,汉语不管是古代还是现代有两个随时进行着的变化:一是属性词通过各种叠添手段来增强摹状性,这些手段包括双音化,二是状态词的摹状性衰减向属性词漂移,通过新的叠添手段来恢复摹状性。

双音化是增强摹状性的一种叠添手段,这个认识十分重要。与其说历史上形容词单音的使动用法转移到双音上,不如说历史上形容词单音的使动用法还没有完全转移到双音上,现代汉语双音形容词的使动用法还不像古汉语单音形容词用得那么广泛和多样。王克仲(1989)对古汉语单音形容词活用作动词有较详细的描述,首先,使动用法很普遍,如:

(13) 宁吾族姓(使宁静),深其宫(使深广),白之顾益黑(使明白),肥牺牲(使肥美),能富通者在我(使富裕),弱寡王室(使衰弱),兄不安弟(使安宁),静之(使安静)

翻译成现代汉语,括号里相应的双音形容词不能用作使动。现代汉语里部分双音形容词虽然有使动用法,但是使用的范围不那么广,例如古汉语说丰民人(使人民丰富、丰裕),现代汉语只说丰富生活,不说丰富人民、丰裕人民,也不说丰裕生活。其次,古汉语单音形容词除了表示"致使",还能表示王文所说的"支配"和"意为":

(14) 车邻,美秦仲也。(诗·秦风·车邻小序)

(美秦仲,赞美秦仲,支配关系)

吾妻之美我者,私我也。(战国策·齐策一)

(美我,认为我美,意为关系)

支配和意为是抽象的、意义虚化的致使,这两个美是在言辞上或认识上使对象具有美的属性。究竟是表示致使、支配还是意为可以从上下文来判断:

(15) 父不宁子,兄不安弟。(汉书·伍被传)

(安弟,使弟安宁,致使关系)

及齐,齐桓公妻之,有马二十乘。公子安之。(左传·僖公二十三年)

(安之,安于齐国的生活,意为关系[①])

---

① 此例王文归为"支配",似归为"意为"更妥当,"安"是"觉得……安宁"的意思。

(16) 上多昉有理剧才,改南京副留守。(辽史·室昉传)

(多昉,称赞室昉,支配关系)

天将多阳虎之罪以毙之,君姑待之,若何?(左传·定公六年)

(多阳虎之罪,使阳虎之罪多,致使关系)

(17) 群士皆少丞相,而多彼贤人。(新论·谴非)

(少丞相,贬低丞相,支配关系)

惠帝怪相国不治事,以为"岂少朕与?"(汉书·曹参传)

(岂少朕与,难道认为我年少吗,意为关系)

而现代汉语双音形容词基本上只限于表达单纯的致使,还没有引申出支配和意为。总之,现代汉语双音形容词用作使动的,都能在古代汉语找到相应的单音词,而古汉语单音形容词用作使动的,在现代汉语不一定能找到相应的双音词。造成这种状态的原因是,古汉语的单音形容词通过双音化而增强摹状性,使得现代汉语的双音形容词仍然具有摹状性,因此使动用法不那么广泛多样,只有那些摹状性已经磨损得很厉害因而漂移到属性词的才会有使动用法。

四 重新考虑形容词内部的划分

有了这样的认识,我们应该重新考虑现代汉语形容词内部的划分方式。现代汉语的双音形容词,它们有的早已划归状词,如通红、煞白、冰冷、死灰等(朱德熙,1956),只是它们不通过重叠而是通过加通、煞、冰、死等词头形成。一般所说的双音"性质形容词",如伟大、奇怪、豪华、敞亮、糊涂等,它们本来也是摹状性的状词,只是用得多了摹状性磨损减弱,已经或正在向属性词漂移,有的已经能在有限的范围内直接做定语,如豪华间、聪敏人、糊涂虫、安稳觉,形成[2+1]定中,跟纸板房和出租房一样。正因为摹状性减弱,它们要通过加很和重叠等叠添手段来重新增强摹状性。通过叠添音节来恢复摹状性,这样的变化在不断地进行之中,单音为主的阶段如此,单双音并存的阶段也是如此。同时也要知道,尽管双音形容词在向属性词漂移,但是它们仍然带有状词的本性。过去我们习惯按朱德熙(1956)的做法主要拿能不能加很和重叠的方式这两条标准,将寒冷、苍白跟冷、白合在一起算性质形容词(属性词),对立于状态形容词冰冷、煞白,现在看到这两条标准并不十分可靠也不那么重要,可靠的标准是单音和双音的区分(非此即彼),重要的标准是单双音节在不同结构类型中的组配(讲语法一定要讲结构类型)。即:

(18) [1+2]　　[2+1]

冷空气　＊寒冷气

冷开水　＊冰冷水

白皮肤　＊苍白肤

白脸蛋　＊煞白脸

按照这两个新的标准,我们将寒冷、苍白跟同是双音的冰冷、煞白归为一类叫状词,对立于单音的属性词冷、白。即便是能构成[2+1]定中的双音形容词,在跟[1+2]单音的对比中也很容易看出它们的摹状性来:

(19) [2+1] 苍白色　寒冷意　平常心　名贵犬　穷酸相

安稳觉　阴暗面　强硬派

[1+2] 白颜色　冷空气　平视角　贵金属　穷地方

稳办法　暗房间　强动词

从这个角度去观察,我们完全可以把形容词的双音化白→苍白、冷→寒冷看作一种类似于重叠的手段,叫作"准重叠"。

明明放着可靠和重要的标准而不用,是因为过去在认识上有两个误区。一是过分看重单音形容词直接做定语所受的限制,因而忽视形名定中以[1+2]为常态这个事实。朱德熙(1956)说单音形容词直接做定语受限制,例如说白纸不说白手,不说重箱子只说很重的箱子,但是赵元任(1968)早就指出:这种限制"只能说是一种倾向,不算规律",重箱子不是绝对不能说,像"你不累吗,老提溜着那么个重箱子?"的说法就很自然,凉水常说而凉脸少见,但是"别拿你那凉脸挨着人!"不算不合语法。沈家煊(1997)曾指出,之所以常说白纸而不大说白手,那是因为我们通常按颜色给纸分类但不按颜色给手分类,不但汉语一般不说白手,英语一般也不说 white hands,但是只要特定的语境允许按颜色给手分类,说话人就会毫不犹豫地用白来直接修饰手,例如幼儿园老师会对小朋友说,"伸出你们的小手来看看谁是白手谁是黑手"。可见单音形容词能不能直接做定语主要是语义问题,语法上并不怎么受限制。还有一个认识误区是小看的字的作用①,单音形容词能不加的直接做定语,双音形容词一般要加的才能做定语,的是一个重要的标记。

在形容词内部首先按单音双音来区分小类,并不意味着双音形容词内部不必做区分,不过那是第二步才要做的事情。

五 形容词的多重性

双音化既然是一种"准重叠"手段,作用是使属性词增强摹状性,那么形名定中为什么以[1+2]为常态的问题就能得到合理的解答。具有状词本性的双音形容词首先跟"大名词"对立,"大名词"包括名词、动词和属性词,而状词都不能直接做定语(除非已经向属性词漂移),所以形名定中不取[2+1]式。现代汉语里单音形容词如大、冷都是属性词,从做谓语看它们近似于单音动词租、买,房间不大、天气不冷的组合方式跟房间不租、电炉不买一样,从做定语看它们近似于单音名词纸、电,大房间、冷空气的组合方式跟纸房子、电风扇一样都是[1+2]。虽然有这种两重性,由于谓语和定语不在同一个结构层次上,主谓区分是首层区分,定中区分是次层区分(完权、沈家煊,2010),所以将大、冷归为动词的次类没有错,但是不要因为是动词的次类就忽视它们和名词的近似性。汉语里的属性形容词,其地位好像紧邻北京的"燕郊",燕郊隶属河北省,但是受北京的影响在房地产方面近似北京;属性形容词也具有这种两重性,它们隶属动词,同时又比邻名词,在做定语方面近似名词。汉语名、动、形三者的关系不同于英语,可以用下面的"词类地图"来说明②:

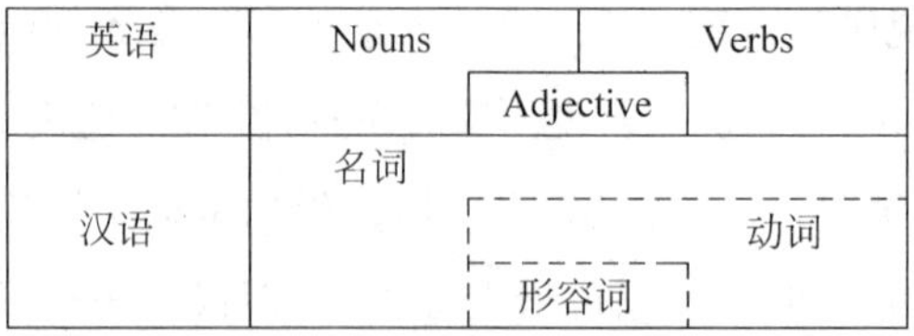

图4

① 朱德熙先生研究形容词的文章发表于1956年,还没有像他后来那样重视"的"字的分布。

② 这张词类地图在沈家煊(2010a)所画的图上有所修改,把形容词移到名词、动词下面的层次上。

语言的共性是形容词的位置介于名词和动词之间,从地图上看英语和汉语都是这样,但是三类词的划分方式英语和汉语不一样,英语 nouns, verbs, adjectives 好比三个分立的行政区,汉语里名、动、形(指属性形容词)三者好比是省、地、县的关系,形容词隶属动词,动词隶属名词(隶属关系用虚线框表示)。既然形容词和动词都属于(大)名词,那么名、动、形都能做常态定中[2+1]的中心(汽车房、全年租、出国热)也就顺理成章了。

从"语法化"的角度看词类的形成,人类语言最初只有名词,从名词里分出动词类来,然后再形成形容词类(Heine & Kuteva 2002)。形容词因此还跟名词动词不在同一个层次上。英语 verbs 已经彻底分出来和 nouns 并列,adjectives 在下一个层次,汉语的动词还没有从名词里分出来,名、动不在一个层次上,形容词又是名、动下面的一个层次。汉语里双音化,作用在名词动词身上是"充实"或"减虚增实",即减弱动性增强名性(沈家煊 2010c),作用在形容词身上是"增虚",即增加带有主观色彩的摹状性。归纳起来汉语形容词具有多重性,按重要性排列依次是:1)在做谓语上跟动词相似,所以说是动词的一个次类;2)在做定语上跟名词有相似性,以[1+2]为韵律结构的常态;3)在双音化上不同于名词动词,是"增虚"而不是"充实"。

参考文献

蔡淑美、施春宏　2007　阎连科作品中的重叠形式探析,《语言教学与研究》第4期。

端木三　2000　汉语的节奏,《当代语言学》第4期。

冯胜利　1997　《汉语的韵律、词法和句法》,北京大学出版社。

冯胜利　2000　《汉语韵律句法学》,上海教育出版社。

冯胜利　2001　论汉语"词"的多维性,《当代语言学》第3期。

华玉明　2008　《汉语重叠功能的多视角研究》,南开大学文学院博士学位论文。

柯　航　2007　《现代汉语单双音节搭配研究》,中国社会科学院研究生院语言系博士学位论文。

李劲荣　2007　"很雪白"类结构形成的动因与基础,《汉语学习》第3期。

吕叔湘　1963　现代汉语单双音节问题初探,《中国语文》第1期。

沈家煊　1997　形容词句法功能的标记模式,《中国语文》第4期。

沈家煊　2007　汉语里的名词和动词,《汉藏语学报》第1期。

沈家煊　2009　我看汉语的词类,《语言科学》第1期。
沈家煊　2010a　“病毒”和“名词”,《中国语言学报》第14期。
沈家煊　2010b　我只是接着向前跨了半步——再谈汉语的名词和动词,《语言学论丛》第40辑,商务印书馆。
沈家煊　2010c　《虚实象似——韵律结构和语法结构》,中国社会科学院语言研究所语言学沙龙上的报告,未刊。
石　锓　2010　《汉语形容词重叠形式的历史发展》,商务印书馆。
完　权、沈家煊　2010　跨语言词类比较的“阿姆斯特丹模型”,《民族语文》第3期。
王洪君　2001　音节单双、音域展敛(重音)与语法结构类型和成分次序,《当代语言学》第4期。
王克仲　1989　《古汉语词类活用》,湖南人民出版社。
赵元任　1968　《中国话的文法》,吕叔湘译1979《汉语口语语法》,商务印书馆。
朱德熙　1956　现代汉语形容词研究,《语言研究》第1期。
Heine, Bernd & Tania Kuteva　2002　On the Evolution of Grammatical Forms. In Alison Wray (ed.) 2002. *The Transition to Language*. Oxford: Oxford University Press. pp. 376—397.
Lu, Bingfu & Duanmu San　1991　A Case Study of the Relation between Rhythm and Syntax in Chinese. Paper presented at the Third North America Conference on Chinese Linguistics.
Lu, Bingfu & Duanmu San　2002　Rhythm and Syntax in Chinese: A Case Study. *Journal of Chinese Language Teachers Association* 37(2): pp. 123—136.

(本文曾刊载于《汉语学习》2011年第3期)

(作者通信地址:中国社会科学院语言研究所,北京　100732)

论亲属语言演变链

戴庆厦

摘　要: 本文提出“语言演变链”的概念,认为寻找、确立演变链是语言研究的一个重要任务;并对其理论、方法问题进行初步的探讨。

关键词: 亲属语言;演变链

本文通过汉藏语系语言比较的实例,论述寻找亲属语言的演变链的重要性和可能性,并论述如何寻找亲属语言演变链的方法论问题。旨在说明,寻找、确立演变链是语言研究的一个重要任务,不但有其必要性和可能性,还有其特殊的思路和方法,语言学研究必须对其概念和方法进行系统的探讨。

一　寻找、确立演变链是语言研究的一个重要任务

语言演变链(Evolutionary Chain),是指语言间存在的不同特点反映出的语言演变关系。它如同一条由多个链节构成的链条,把不同语言出现的特点有机地连接到一起,表明这些不同特点在演变过程中的地位、性质(包括演变的先后、主次、方向等),系统地展示这一语言群在历史演变中存在的共同演变规律。

“演变链”是语言演变图示化的形式。它从复杂的语言演变现象中提取“链节”(组成链条的每一小节),构成一条相互关联的演变链,并用简单易懂的形式表现出来。它有助于人们从复杂的语言演变现象中认识语言的主要规律。演变链的图式,是语言研究抽象化、深化的结果,反映人们认识语言演变的深化。

语言关系有亲属语言关系和非亲属语言关系两类。不管是有亲缘关系的语言,还是无亲缘关系的语言,相互间都存在语言的共性和个性,所以都能各自串成

语言演变链。但是,有亲属关系的语言演变链,与无亲属关系的语言演变链很不一样。(详见下)本文所论述的是亲属语言演变链。

寻找、确立演变链是为揭示语言的历史演变规律服务的,是历史语言学研究的一个方法,属于历史语言学范畴。语言研究的主要目标是揭示语言的规律,包括语言的结构规律和演变规律。寻求语言历史演变规律主要有两种方法:一是文献比较法,即通过不同时期文献的比较,或文献与现存口语的比较,发现语言演变的规律;二是语言比较法,即通过亲属语言或方言的比较,从语言、方言演变的不平衡性中,探索语言演变的规律。而这两种方法的运用,都与寻求、确立演变链有关。

通过亲属语言的比较来确立演变链是有可能的。因为亲属语言或亲属方言的演变是不平衡的,存在不同程度的差异。而在诸多差异中,有的差异则反映这一群亲属语言在不同历史阶段的特点,所以有可能通过不同特点的排列,再加上别的材料的印证,构拟出一条反映语言演变规律的演变链。下面举两个例子来说明这一问题。

例一:藏缅语名量词的演变链

藏缅语族语言(以下简称“藏缅语”)是有量词的语言,但不同语言的演变不平衡,从不平衡中能够看到其演变的轨迹。藏缅语名量词的不平衡性主要是:

1. 从发达程度上,可把量词分为发达型和不发达型两种类型。属于发达型的语言有彝语、哈尼语、傈僳语、拉祜语、纳西语、缅语、载瓦语、阿昌语、白语、土家语等。这一类语言,个体量词特别丰富。因为个体量词是反映量词丰富与否的主要标志。在句法结构上,发达型语言的名量词计量时都要用量词,数词不能直接修饰名词。例如:

哈尼语:za^{31} gu^{31} tɕhi^{31} ɣa^{31}　　一个小孩

小孩　一　个

载瓦语:pju^{51} lă^{31} ju^{ʔ31}　　一个人

人　一　个

不发达型的主要特点是个体量词少,名词计量时大多不用量词。属于这一类的语言有藏语、景颇语、门巴语、僜语等。如景颇语:

n^{55} ta̠^{51} lă^{55} ŋai^{51} 一间房子　　tʃoŋ^{31} ma^{31} lă^{55} khoŋ^{51} 两个学生

房子　一　　　　　　　　　　学生　两

但景颇语有的名词为了语用的需要也能加量词，所以有加与不加两种形式。例如：

nam[31] si[31] mă[31] sum[33]　　nam[31] ʒi[31] khum[33] mă[31] sum[33]　三根水果

水果　　三　　　　水果　　根　　三

发达程度反映量词演变的快慢和特点，所以它是确立量词演变链的一个重要因素。

2. 从类型上看，大多数语言的名量词都有以下三类：个体量词、集体量词、度量衡量词。个体量词又有以下几个次类：专用量词、类别量词、泛指量词等。各类名量词担负的功能（包括语义功能、语法结构功能、语用功能等）及演变特点存在差异，反映量词不同的演变特点。

藏缅语许多语言有反响型量词，它是量词中较古老的一类，也是有特点的一类。例如：

哈尼语：za[31] mi[31] tɕhi[31] mi[31]　　　一个女孩

女孩　一　个

载瓦语：pum[51] lă[31] pum[51]　　　一座山

山　一　山

但反响型量词在不同语言里的数量及出现范围不一，反映量词演变的不同特点。

3. 从句法结构上看，量词的出现都离不开数词。数量词与名词结合的语序有两种：一是"名词＋数词＋量词"；二是"名词＋量词＋数词"或"名词＋数词"。语序的不同与该语言的量词是否丰富有关：前一种是量词丰富的语言；后一种是量词不丰富的语言。例如：

彝语：tsho[33] ȵi[31] ma[33]　　两个人

人　两　个

珞巴语：ojok abar ako　一把刀　或　ojok ako　一把刀

刀　把　一　　　　　　刀　一

4. 通过词源比较，可以看到语支之间绝大多数的量词都不同源。这说明原始藏缅语的量词是不发达的。例如：

藏文	羌语	普米	彝语	阿昌语	白语	
——	(ɑ)ʈʂ	tsə^{55}	mɑ^{33}	ɱuʔ^{55}	ɲi^{31}	(一)个(人)
rkaŋ	(ɑ)rɑ	stie^{31}	tɕi^{33}	khʐaŋ^{55}	tsɿ^{21}	(一)根(草)

但少数非标准的度量衡量词有同源的。如:

(一) 庹(柴):藏文 ɦdom pa,错那门巴 klam,嘉戎 kcçɑm,景颇 lǎ^{31}lam^{33},独龙 lɑm^{55},阿昌 lam,载瓦 lam^{21},怒 la^{33},彝 li^{33},哈尼 lɔ^{55},纳西 ly^{31},克伦 khli^{55}。

(一) 拃(布):藏文 mtho,错那门巴 thɔ^{53},嘉戎 twɑ,缅 thua^{33},阿昌 tho^{55},载瓦 tho^{51},怒 thua^{33},彝(撒尼) thv^{33},傈僳 thu^{33},哈尼 thu^{55},拉祜 thu^{33},克伦 tha^{55}。

这些非标准度量衡量词存在语音对应,说明它们在原始共同语时就已出现,是量词中最古老的。

通过语言比较,对藏缅语名量词的起源、演变大致可以形成以下几个认识:1. 名量词的起源与名词、动词、形容词等实词相比,相对较晚。其演变经历了一个由少到多、由不丰富到丰富的过程。2. 名量词的不同类别中,非标准的度量衡量词是最早出现的,是语义表达所不可缺少的。如:“一庹柴”,如果缺了“庹”,就不能表达所要表达的意义;而“一个人”省去“个”,还能保持要表达的意义。3. 反响型量词是个体量词中出现较早的一类量词,是为填补……名量……或……量名……结构的缺损而生成的量词。它只有语法功能,而无语义功能,不是因表义需要而产生的。4. 个体量词中大量出现表示性状、类别的量词,是量词语义化的结果,是个体量词由只担负语法功能转向既有语法功能又有语义功能的变化。上述演变可用下列“演变链”来表示:

非标准度量衡量词→反响型量词→专用量词→性状、类别量词→泛用量词

功能:语义 + 语法　　语法　　语法 + 语义　语义 + 语法　　语法 + 语义

例二:藏缅语使动范畴屈折变化的演变链

藏缅语使动范畴有屈折式和分析式两种,是原始藏缅语的一个语法范畴。后来经过长期的演变,各语言的屈折式出现了多种形式。主要有:1. 音节带不带 s- 的语音交替,如藏文的 nub“沉”和 snub“使沉”。2. 清浊声母交替,如彝语的 ge^{33}“断”和 khe^{33}“使断”。3. 送气不送气声母交替,如载瓦语的 pji^{21}“开”和 phji^{21}“使开”。4. 松紧交替,如波拉语的 nap^{31}“沉”和 na̠p^{55}“使沉”。5. 不同声调对应,如门巴语的 ter^{33}“掉”和 ter^{55}“弄掉”。这些屈折式的使动词,有一些在不同语言里还存

在同源关系,是原始屈折式同源词的遗迹。

根据同源词的语音对应规律以及音理演变的分析,可以理出使动范畴的语音演变是:s-表示使动是最早的,这是原始藏缅语的使动形式。后来各语言的语音变化都是从这个源头变来的。但出现了两条途径:一条是前置辅音 s-与后面的成分分离,变为“一个半音节”,如景颇语;另一条是与后面的辅音合并,从复辅音声母变为单辅音声母。若自动词是浊声母,由 s-同化为清声母,构成清浊声母交替表示使动。这是一个重大的变化。后来的送气不送气交替、松紧交替、不同声调交替等都是由清浊交替演变而来。彝语、哈尼语、载瓦语等。这一语族屈折式使动范畴的演变链是:

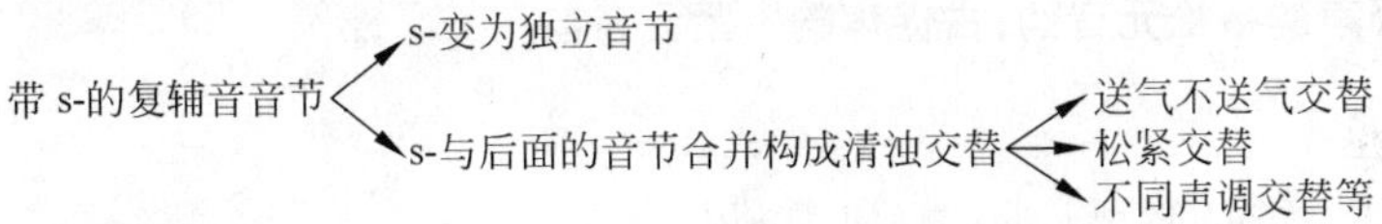

二 寻找、确立演变链涉及的几个理论方法问题

1. 区分亲属语言的演变链和非亲属语言的演变链

人类语言的相互关系有亲属关系和非亲属关系两种。虽然二者在演变上都有共性和个性,但其性质和特点不同。亲属语言是由同一原始母语分化下来的,因此后代语言之间都或多或少地保留有共同的基因;共同的基因决定了后代语言在一些特点上存在内在联系,或相同,或相似,或有对应规律可循。这些内在的联系,使得确立亲属语言的演变链成为可能。上面的例子已说明了这一点。而非亲属语言间,不是由同一母语分化下来的,所以不存在亲属语言的共同基因,也就不存在亲属语言的对应关系。如词汇上没有同源词可寻,自然也不存在语音对应关系。在语法上,也不会存在原生的对应关系。

但非亲属语言间由于多少含有人类语言原始的共同基因,也会存在人类语言的普遍共性,所以在演变上有的也会存在相同或类似的特点。比如,汉藏语和印欧语没有亲缘关系,但都有 OV 型向 VO 型演变的规律,在一些语法特点上都存在屈折式向分析式演变的趋势,语法化的进程也会出现相同或相近的特点。因而,非亲属语言之间的特点也能排比为演变链,也能显示其演变的顺序和共性。但应该看到,这种演变链不同于亲属语言的演变链。

我们在寻找、确立亲属语言的演变链时,必须要区分这两种不同性质的演变链。

2. 同一现象有的有多个演变链

以松紧元音为例。元音分松紧是藏缅语语音的一个重要特征。经过比较研究,发现其历史来源至少有两个源头。

一是来源于古代舒促韵母的。属于这一来源的有彝语支诸语言。其演变链是:

古舒声韵→松元音韵;古促声韵→紧元音韵

例如:

哈尼语(松韵)	藏文(舒韵)	
ŋa^{55}	ŋa	我
dza^{31}	za	吃
哈尼语(紧韵)	藏文(促韵)	
na̱^{33}	nag	黑
se̱^{31}	bsad	杀

另一是来源于古代清浊声母的。属于这一类语言的有景颇语、载瓦语等。其演变链是:

古浊声母→松元音韵;古清声母→紧元音韵

载瓦语(松韵)	藏文(浊声母)	
kau^{31}	dgu	九
koi^{55}	ɦgug	弯
载瓦语(紧韵)	藏文(清声母)	
tʃo̱^{ʔ55}	btsos	煮
tʃa̱p^{55}	btsugs	插

松紧元音的进一步演变,是紧元音松化,经历了从松紧完全对立到不完全对立、再从不完全对立到全部不对立(紧元音全部消失)的全过程。其途径有多种,也不是只有一条"演变链"。如:有的语言(如哈尼语碧约话、彝语凉山话),松紧元

音转为不同舌位的元音,有的语言(如傈僳语、拉祜语),松紧元音转为不同的声调。

基于语言的这一现实,寻找演变链时要考虑是否存在多条演变链的可能性。

3. 要把演变链的链节放到各自的语言系统中去考察

每个链节在演变链中处于什么地位,是由它自身的语言系统特点决定的。下面以藏缅语的是非疑问句为例来说明这个问题。

是非疑问句在藏缅语里存在多种形式,主要有词缀式、助词式、选择式、反复式、重叠式等。某一语言使用什么形式表示是非疑问,与该语言系统的特点相关。形态变化丰富的语言,多用词缀式,如羌语、普米语、独龙语等;而分析性强的语言多用句法和助词,如彝语、哈尼语、傈僳语等。景颇语语法系统特点介于二者之间,属于“中介性语言”,所以是非疑问句的特点也介于二者之间。从句法特点观察,是非疑问句的主要形式有选择式、反复式、重叠式三种。例如:

(1) 选择式

景颇语:naŋ^{33} sa^{33} n^{33} niː^{51},ʃiŋ^{31} n^{55} ʒaiː^{55} n^{55} sa^{33} n^{31} niː^{51}? 你去还是不去?

你　去(句尾)　(连)　不 去　(句尾)

(2) 反复式

哈尼语:no^{55} xo^{31} dza^{31} ma^{31} dza^{31}? 你吃不吃?

你　饭　吃　不　吃

(3) 重叠式:

盐源彝语:sɿ^{55} tshɿ^{33} dɱiː^{55} nɯ^{33} ndɱɿ^{31} ndɱɿ^{31}? 这件事你相信不相信?

事　这　件　你　相信　相信

结合其他因素做综合考虑,可以确认这三种形式是构成是非疑问句演变链的三个链节。其顺序如下:

选择式→反复式→重叠式

在藏缅语里,选择式具有普遍性,是一种古老的形式。从分句各带疑问助词的选择式到只有一个谓语的反复式单句,是语法结构的质变。再从反复式经过吃掉否定副词变为重叠式,也是一种质变。这三段的变化,都有理据可寻。

用这一演变链来反观汉语,可以预测汉语将来有可能进一步发展重叠问式。现代汉语中有不少方言已有“吃吃?”的重叠问句,如江苏淮阴方言、江西于都客家方言、湖北仙桃方言、山东招远方言、黑龙江宾县方言、福建连城客家方言等。这说明,重叠问句可能是无标记正反问句进一步发展的方向。

4. 防止强拼硬凑,颠倒顺序

演变链的确立是否站得住有两个关键:一是能否选准有关联的对象;二是能否摆好正确的顺序。不同语言的现象放在一起,有的有演变上的内在关系,有的没有。有的现象貌似有关系,其实“风马牛不相及”。所以,寻找、确立演变链,要细心考证,寻找有力的证据,防止“拉郎配”。确定关联对象后,就要把握演变的去向,防止错位。

在过去的成果中,我们看到有一些属于拉郎配和错位的现象。比如,上面谈到的松紧元音历史演变的轨迹,学界大多已接受了是从舒促韵母或清浊声母演变而来的,但有的学者没有事实根据就提出了相反的轨迹,则认为是先有松紧元音的对立然后才有舒促韵母的对立。又如,20 世纪松紧元音研究深入后,有的学者大胆提出上古汉语有松紧元音的对立,但缺乏语料的证明。其实,如果看松紧的来源及后来演变的情况,就不难判断上古汉语不会有松紧元音的对立。

寻找、确立亲属语言演变链,是一项理论性、方法性很强的研究工作,值得不断总结经验。我国的语种多,语情复杂,能为语言演变链的研究提供丰富的语言事实。

参考文献

戴庆厦　1990　藏缅语族松紧元音研究,《藏缅语族语言研究》(1),云南民族出版社。

戴庆厦　1997　藏缅语个体量词研究,《彝缅语研究》,四川民族出版社。

戴庆厦　2001　藏缅语族语言使动范畴的历史演变,《中国语言学学报》29 卷第 1 期。

戴庆厦、傅爱兰　2000　藏缅语的是非疑问句,《中国语文》第 5 期。

戴庆厦、蒋颖　2006　从词源比较看藏缅语名量词演变的历史层次,《语言学论丛》第 34 辑,商务印书馆。

戴庆厦、朱艳华　2010　藏缅语选择疑问范畴句法结构的演变链,《汉语学报》第 2 期。

(作者通信地址:中央民族大学中国少数民族语言文学学院,北京　100081)

学习张斌先生的创新精神
更新汉语句法的分析思路*

陆俭明

摘　要：张斌先生语法研究的最大特色是不断探索与创新。这为我们做出了榜样。在汉语语法研究上怎么探索？怎么创新？本文紧密结合汉语研究的具体实践谈了自己的看法，认为更新汉语句法分析思路，在句法分析上采取构式语块分析法可能是摆脱印欧语束缚的一个切入点。

关键词：句法分析；构式语块分析法

一

范开泰教授在为《20世纪现代汉语语法八大家·胡裕树 张斌选集》所写的《胡裕树、张斌先生评传》中写道："胡裕树教授和张斌教授长期在现代汉语语法领域中合作研究，佳作迭出，成就辉煌，被学界同人誉为汉语语言学星空中耀眼的'双子星座'，他们的学术友谊和探索精进的学术精神，成为我们这个时代语坛佳话。""两位先生在学术研究上都抱着'兼收并蓄，力求创新'的态度，对新鲜的理论和方法，有强烈的兴趣。""他们这些合作研究成果，体现了他们注重引进和应用先进的语言学理论，探索现代汉语语法研究的方法，在现代汉语语法研究中不断前进，精益求精的学术精神，在海内外学术界有很大的影响。"（范开泰，2002）开泰兄对二位先生的学术评价十分到位，十分准确。

张斌先生一生孜孜不倦地从事现代汉语语法研究，一直活跃在语法研究第一

* 本文根据在"庆祝张斌先生90华诞从教60周年暨《现代汉语描写语法》首发仪式（2010年11月26—28日）"上的发表稿修改而成。

线；他思维清晰敏捷，常年笔耕不辍。张先生在现代汉语语法研究上，非常注意汉语特点的挖掘和揭示，善于吸收与运用西方新的语言学理论，博采众说之长，兼包并蓄，为我所用，总是以新的视角来研究分析汉语语法。无论是对词的范围、形态、功能的论述，无论是对汉语词的分类问题的阐释，无论是对汉语语句的形式、结构、意义和内容的研究分析，无论是对汉语句型的考察与描写，无论是对句子与语境的关系的探索，无论是对汉语语法特点的认识，也无论是对现代汉语语法研究的宏观思考，都闪烁着“探索、创新”这四个大字的光芒，而这正是张斌先生现代汉语语法研究的最大特色。张先生与胡裕树先生长期合作，他们所提出的“一个观点”——语法研究应该从形式到意义，形式、意义密切结合；“两种区分”——划分词类时要区分分类基础和分类标准，析句时要区分句法分析和句子分析；“三个平面”——研究语法必须同时注重句法、语义、语用；加之张斌先生单独提出的关于“语法单位需区分形式、意义、内容”的观点，“句子理解四大策略”的观点，我认为，这不仅在过去而且在今后仍是我们从事汉语语法研究的指导思想。（有关张斌先生在汉语语法研究方面的学术成就，参看季羡林主编、范开泰编，2002；张斌1998，2010；张斌、胡裕树，1989）科学研究贵在探索与创新。张斌先生这种在研究上不断探索与创新的精神正是我们后辈学子所应该学习、继承并发扬光大的。

我们知道，继往开来，周而复始，这是科学发展的轨迹。科学上一个正确结论的获得或一项新的发现，表面看是某位学者或某些学者智慧与勤劳工作的结果，事实上在这一研究成就里凝聚了好几代人各种派别研究者的研究心血和不懈创新。没有先驱者的经验与教训，没有当今研究者的努力与创新之举，不可能有今日辉煌的科学成就。要探索，要创新，先要做好一件事，那就是“继往”，因为“继往”才能“开来”。“继往”包含两重意思，一是继承，一是借鉴。继承，是指学习、了解本学科本国前辈、时贤的研究成果，并吸取其精华，使之传承；借鉴，是指学习、了解本学科外国前辈、时贤的研究成果，以及其他学科的研究成果，并吸取其精华，为我所用。借鉴也好，继承也好，都要有个取其精华，去其糟粕的过程，这样才能真正为我所用。“开来”就是要进行不断的探索，进行创造性研究，以便逐步揭开研究对象一个个未知之谜。在这方面张斌先生等老一辈语言学家都为我们做出了榜样。

二

怎么探索？怎么创新？要做好三件事：第一件事，善于发现问题；第二件事，努力挖掘事实；第三件事，加强理论思考。

“发现问题”，是科学研究的起点，也是我们在科学研究上能获得成果的起点，而且也可以说是对以往研究成果的补充、扩展、深化。怎么发现问题？到哪里去发现问题？可以从书本上去发现问题，可以从语言实践中去发现问题。

要能从书本上去发现问题，重要的要破除迷信，不要认为写在书上的，特别是权威、大家的，都是不能怀疑、不能批评的。这里不妨举个例子。大家知道，“鸡不吃了”，这是汉语语法研究与教学中作为有歧义的一个经典例子——那“鸡”既可以理解为“吃”的施事，也可以理解为“吃”的受事。这个例子最早是由赵元任先生提出来的。以往是从句子成分的移位和句法成分的省略两方面来解释这句话的歧义现象的。请看实例（例中的“鸡$_{[A]}$”代表“吃”的施事，“鸡$_{[P]}$”代表“吃”的受事）：

甲	乙
a_1. 鸡$_{[A]}$不吃白菜了	b_1. 张三不吃鸡$_{[P]}$了
a_2. 白菜鸡$_{[A]}$不吃了	b_2. 鸡$_{[P]}$张三不吃了
a_3. 鸡$_{[A]}$不吃了	b_3. 张三不吃了
a_4. 白菜不吃了	b_4. 鸡$_{[P]}$不吃了

句子成分移位、省略的结果，造成 a_3 和 b_4 同形，表示的意思则不同。

王士元教授（美籍华裔，原先在加州大学伯克莱校区任教，后应聘至香港城市大学任教，现在香港中文大学任教）被誉为国际知名的语言学大家。2006 年他应邀在清华大学文学院做系列演讲，部分演讲内容在《清华大学学报（哲学社会科学版）》上发表。王士元先生在题目为“语言是一个复杂适应系统”的文章里，对汉语语法学界的这个经典例子“鸡不吃了”的歧义现象，在前人解释的基础上进一步做了新的解释——从词汇角度，具体说从“词的词义延伸”的角度来加以解释，具体是：

“鸡”既能用来代表一种家禽，也能代表这种家禽的肉。同样的，也可以说“鱼不吃了”有歧义，因为“鱼”可以指一种动物，也可以指这种动物的肉。但是，如果说“牛不吃了”，或者说“马不吃了”，就没有这样的歧义了，因为“牛”和“马”只能指动物，而不能指这些动物的肉。（王士元，2006）

王士元先生的上述看法中有可取之处，也有考虑不周之处。

可取之处是，他注意到了表示动物的词在意义上可以分为两种情况——一种情况是既能表示某种动物，也能表示那种动物的肉；另一种情况是只能表示某种动物，不能表示那种动物的肉——这无疑是对汉语词义研究的一种贡献。但是，目前一般辞书上，还未见有对“鸡”“鱼”“虾”这类词注出上述两个义项的。王士元先生以此来解释“鸡不吃了”的歧义，就欠考虑了。

如果我们按照义项将“鸡”分化为“$鸡_1$”和“$鸡_2$”，“$鸡_1$”表示鸡这种家禽，“$鸡_2$”表示鸡这种家禽的肉。语言事实告诉我们，表示某种家禽时的“$鸡_1$”所形成的“$鸡_1$ 不吃了”，照样还可能产生歧义。设想某动物园里，给狮子、老虎这些肉食动物每天只是喂鸡，结果狮子、老虎吃得有点倒胃口了，看到鸡，如果是死鸡，只是闻闻，咬一两口就不吃了；看到活鸡，只是戏弄，也不怎么吃了。饲养员向领导汇报，说“狮子、老虎现在鸡不吃了”。这里的“鸡不吃了”里的“鸡”在理解上完全可以理解为鸡这种家禽，即“$鸡_1$”。这说明，“鸡”作为家禽理解时，也可能形成受事主语句“$鸡_{1[P]}$不吃了”。至于“牛不吃了”“羊不吃了”“马不吃了”在某种语境下也可能会有歧义——一指“牛/马/羊不吃什么东西了”，一指“老虎/狮子不吃牛/马/羊了”。

其实，“鸡不吃了”这一句式是否有歧义，从根本上说，取决于按“NP 不 V 了”（NP 代表名词语，V 代表动词）这种句式所造成的句子里，那 NP 与 V 之间是否既可以理解为“施事—动作”语义关系，又可以理解为“受事—动作”语义关系。如果按“NP 不 V 了”这一句法格式造出的句子，其 NP 与 V 之间可以做两种语义关系理解，这样的句子就可能会有歧义。当然，在实际上下文里是否表现出歧义，还得看上下文语境。我们说王士元先生“考虑不周”，就指他没有意识到这一点。

以上事实也告诉我们，对于学者专家、学术权威的论著我们一定首先要好好地学，虚心地学，但他们毕竟也是人，而不是神，也难免会有思考不周之处，特别是如果所谈内容并不是他所专注的研究领域的话。因此，我们在学习、研究的过程中，对前辈、时贤的论著首先要虚心地学习，认真地吸收；同时也不要盲从，不要以为专家学者特别是权威的论著里的内容都是对的。重要的是自己要勤于思考。

更大量的是要从语言实践中去发现问题。这是不言而喻的，无须在这里赘述。这里要指出的是，要从语言实践中去发现问题得靠四个字“有心，用心”。所谓“有心”就是要时时留意、记录各种各样的语言现象，包括自己从未听说过、见到过的新现象，包括自己感到奇特的语言现象，包括自己感到运用得特别得体、到位、富于表现力的语言现象，也包括各种各样的偏误现象；所谓“用心”是说发现了某种语言现象后，要用心去思考、分析、研究。

发现问题之后，要去分析问题，解决问题。这要靠什么？这要靠语言事实的进一步挖掘和自觉的理论思考。这是科学研究得以创新的两个基本要素。

就语言事实的进一步挖掘而言，有两种情况，一是“新发现”，二是“重新认识”。（陆俭明，2007）关于“新发现”，汉语语法研究中很著名的例子就是朱德熙先生所揭示的形容词修饰名词汉语和英语有差异的事实。先请看实例（星号“＊”表示该例在实际话语中不说，下同）：

	英文	中文
水/water	hot water	热水/热的水
饭/rice	cold rice	冷饭/冷的饭
肉/meat	hot meat	＊热肉/热的肉
鱼/fish	cold fish	＊冷鱼/冷的鱼
规模/scale	large scale	大规模/ ＊大的规模

从上不难发现，形容词修饰名词，英语只有一种形式“A＋N”；汉语有“A＋N”和“A＋的＋N”两种形式，而这两种形式不是平行的，不是对称的。有的甚至意思都不完全一样，如：老实人≠老实的人。这一语法现象是朱德熙先生20世纪50年代发现的。（朱德熙，1956）这就属于“新发现”。关于“重新认识”，也不妨举个例子。“芯儿蛀了的”，按朱德熙“VP的”歧义指数公式（朱德熙，1978），应指代“蛀”的施事，事实上却不能，只能指代“芯儿”的领有者。“芯儿蛀了的”只能指称被蛀的事物，诸如“桃儿、李子、梨”什么的，不能指称某条或某类蛀虫。事实上，“芯儿”与动词“蛀”虽然有“受事—动作”的语义关系，但是在“芯儿蛀了的”这一“的”字

结构里,“芯儿”不是以动词“蛀”的受事身份出现的,而是以被蛀事物(诸如桃儿、李子、梨等)的被领有者(即隶属成分)的身份出现的。(陆俭明,2002,2010a)这属于“重新认识”。

三

更重要的,是要进行理论思考——一是要不断追问“为什么?”“怎么样?”“行不行?”这样一些问题;二是要善于进行科学假设。这样,才有可能不断创新——从理论到方法。(陆俭明,2010b)下面举些实例。

【实例一】关于“A + N”修饰结构

上面说了,汉语形容词修饰名词有“A + N”和“A + 的 + N”两种形式。这说明了什么?怎么解释?朱德熙先生用“选择性”加以解释,用朱先生的话来说,汉语中的“定语和中心语是互相选择的,二者不能任意替换”(朱德熙,1956)。当时学界都认为很精彩。过了半个世纪,朱先生的博士生张敏博士用认知语言学的象似性原则里的距离准则对此现象做出了新的解释。张敏还将这一解释从形容词修饰名词类推到名词修饰名词。(张敏,1998)请看:

我女朋友≠我的女朋友

这就将这一语法现象的研究向前大大推进了一步。其实我们还可以进一步追问:为什么汉语和英语有这样的差异?这差异说明了什么?这个问题还未见有人做出解释。我想,对这一问题的探索,不仅会使我们更深刻地认识人类语言的共性和各个语言的个性特点,而且将会加深我们对语言与认知关系的认识。

【实例二】关于“盛碗里三条鱼”

在现代汉语里,其近宾语为事物运动的终点这类双宾结构,如“盛碗里三条鱼”“扔筐里一个球”等,句子里的数量成分“三条”“一个”不能删去。这现象怎么解释?陆俭明(1988)用“语义范畴控制句法关系”来解释,说“一定的语法范畴对句法都会起一定的制约作用”。沈家煊(1995)用认知语言学的“有界-无界”理论加以解释。他指出,“数量词对句法结构的制约实际上是‘有界’‘无界’对句法结构的制约。‘盛碗里鱼’……等句法组合之所以不成立或不自由,那是因为其中的有界动词(事件动词)跟后面的无界名词不匹配,换句话说,事件动词后面跟上有界名词宾语,动词的自然终止点才有了着落,变成'实际的'终止点,整个组合才能表示一个完整的事件。"这一解释显然深了一层。但是,我们还要追问:为什么动词部分是有界的,宾语成分必须也要求有界的,这样"整个组合才能表示一个完整的事件"? 陆俭明(2010c)用语义和谐律对此做了解释,研究又推进了一步。

【实例三】英汉的"给予/give"和"取得/get"范畴

英语和汉语中都存在"给予/give"和"取得/get"这两个语义范畴,且各有许多动词。但二者的"取得/get"类动词很不一样——汉语的取得类动词,都可以跟给予类动词一样带双宾语,而英语并不如此,像 steal(偷)和 rob(抢)就不能直接带双宾语。请看(英文例引自 Goldberg 1995:2.4.1):

(1) a. Jesse stole money from the rich.

b. Jesse robbed the rich of all their money.

(2) a. 杰西偷了富人许多钱。

b. 杰西抢了富人所有的钱。

似只有 buy 可以直接带双宾语,但跟汉语也不一样。请看:

(3) John bought liza a pen.

(4) 约翰买了利萨一支铅笔。

英语 buy 所形成的双宾结构表示"给予"义,例(3)英语句子是说"约翰给利萨买了一支铅笔";而汉语"买"所形成的双宾结构表示"取得"义,例(4)汉语句子是说"约翰从利萨那里买了一支铅笔",意思正好相反。

英汉"取得"义动词所形成的句法结构的差异,就很值得进一步研究;而这一研究可能会有助于某方面理论上的突破。

四

说到语法研究要创新,当前最大的话题是,"汉语语法研究要摆脱印欧语的束缚"。汉语语法研究要摆脱印欧语的束缚,最早明确提出这个问题的是朱德熙先生(1982)。这想法、这精神很好。问题是怎么摆脱?

朱德熙先生一直在探索。他将摆脱的切入点选在语法的总体分析与描写上。朱先生(1985)所提出的“词组本位”观点正是他探索的成果。徐通锵先生(1991)将切入点选在语法结构单位上,从而提出了“字本位”的观点。邢福义先生(1995)选择小句作为切入点,提出了“小句中枢说”。陆俭明(2002)提出以词组为基点的“小语法观念”,也含有“摆脱印欧语束缚”的思考。沈家煊先生(2007)提出“作为理论构件汉英有系统差异,讲汉语语法不可过分重视名动对立”等,也是朝着这个方向探索所提出的看法。对上述种种看法,不想在这里加以评论。值得肯定的是,大家都增强了理论意识,都在努力探索。

我们需要进一步思考的是,突破口、切入点到底选在哪里为好?在这里我想进行一些新的探索,借此机会提出来求教于张斌先生和各位同仁。现在我越来越觉得,要摆脱的主要不是以什么为语法单位的问题,而是句法分析研究的思路问题。

我们大家比较熟悉并习惯使用的句法分析方法,主要是(一)古希腊传下来的句法上“主—谓—宾”、语义上“施—动—受”这一传统的句子成分分析法;(二)结构主义的层次分析法。例如:

张三	喝	咖啡。	
主语	谓语	宾语	[传统句法分析]
施事	动作	受事	[传统语义分析]
主	谓		[结构主义层次分析]
	动	宾	

而汉语里边有些语法现象,用这些传统的分析思路难以解释。例如:

a_1. 那个人吃了一锅饭。

b_1. 十个人吃了一锅饭。

例 a_1 和例 b_1 按传统的分析法分析,二者相同。请看:

a_1. 那个人	吃了	一锅饭
b_1. 十个人	吃了	一锅饭
主	谓	宾
施	动	受
主	谓	
	述	宾

但是，例 a_1 与例 b_1 有明显区别——例 a_1 主宾不能换位，而例 b_1 主宾可以换位。请看：

a_1．那个人吃了一锅饭。

a_2．＊一锅饭吃了那个人。

b_1．十个人吃了一锅饭。

b_2．一锅饭吃了十个人。

例 a_1 主宾不能换位，不能说成例 a_2。这说明汉语里不存在无标记"受—动—施"句式。但是，例 b_2 不也是"受—动—施"吗？为什么就可以成立呢？换句话说，那例 b_1 为什么主宾语可以换位说成例 b_2 呢？这怎么解释呢？更值得注意的是，例 b_2 的意思没法从字面上推出来。那么例 b_2 的意思怎么来的？这些问题，传统的句法上"主—谓—宾"、语义上"施—动—受"分析思路和结构主义的层次分析法，都难以做出圆满回答。生成语法理论试图用动词空壳和轻动词理论（verb-shells & light verb theory）来加以解释。（蔡维天，2005）请看（*v*P 代表轻动词结构）：

一锅饭[*v*P$_{供/够}$　[VP十个人吃了]]

↓

一锅饭吃了十个人。

但也有问题。为什么这样说？须知，例 b_1、例 b_2 内部的语义配置（或说语义结构关系）表面看好像是：

b_1．施事—动作—受事

b_2．受事—动作—施事

而且就表面句子意思说，例 b_1 和例 b_2 不一样，但是它们含有共同的语法意义。它们已经不属于事件结构。用张旺熹（1999）的话来说，这里的动词"已经没有什么动作性"。假如设动词前的数量成分标示 X 量，动词后的数量成分标示 Y 量，那么例 b_1 也好，例 b_2 也好，是同一种表示两个数量之间的某种容纳关系的特殊句式。这一点，从它们的可能性否定句看得更清楚：

b_1'．十个人吃不了一锅饭。

b_2'．一锅饭吃不了十个人。

无论例 b_1'还是例 b_2'，都表示"X 量容纳不了 Y 量"。无论是传统的句法分析方法，无论是结构主义的直接组成成分分析（即我们所说的“层次分析”），也无论是生成语法分析理论，都无法解释这类句式所表示的语法意义，即朱德熙先生所说的“高层次语义关系”。为了能解释这类句式的语法意义，这就要求我们去寻求摆脱印欧语束缚的新的句法分析思路。

五

下面我们提出一种新的句法分析思路，那就是“构式—语块”句法分析思路。（陆俭明，2009a，2011；苏丹洁，2009，2010；苏丹洁、陆俭明，2010）这种句法分析思路是在“相同词语之间语义结构关系的多重性”（multiplicity of semantic structure relations between words）观点[①]的基础上，吸收整合构式语法理论和语块（chunk）理论而形成的。“构式—语块”句法分析法的基本理念是：

a. 语言中句法层面存在的是各种各样的构式。构式是形式和意义的匹配（pair，对应物/结合体），是语言句法层面的基本单位。（Goldberg，1995）

b. 构式本身能表示独立的语法意义。一个构式之所以区别于另一个构式，其本质在于构式义不同。而构式义不能完全从构式的组成成分或另外的先前已有的构式推知。这就是著名的“不可预测性”（unpredictability）说（Goldberg，1995）。构式义是认知域中意象图式在语言中的投射。（陆俭明，2009b）

c. 每个构式都由语块构成。语块是构式的构成单位。构式是一个语块链。（陆俭明，2010d；苏丹洁，2010）

d. 某种构式是某个语言所专属的，但可以进行跨语言比较。

回头来看前面所举的例 b_1 和例 b_2 所代表的，就是一种表容纳量的数量关系构式。这种构式由三个语块（chunks）构成：数量语块—动词语块—数量语块。其语义配置和语块链是：

---

① “相同词语之间语义结构关系的多重性”是说，相同的词语之间，并不是像以往人们想象的那样只有一种语义关系，实际上往往会有多重语义关系，当然其中会有一种语义关系是最基础的语义关系；但在某种具体的句法结构中，只凸显某一种语义关系，其余的语义关系只是潜在的，而所凸显的语义关系不一定是那最基础的语义关系。这个情况有点类似于人类社会中的人际关系。（陆俭明，2010a）

NPq_1　　能 V / V 不了　　NPq_2

容纳量　　容纳方式　　被容纳量

按照“构式—语块”句法分析法的基本理念，运用“构式语块分析法”对所分析的构式可以做如下诸方面的具体研究与分析：

a. 每种构式表示什么样的独特的语法意义？

b. 每种构式内部，其语义配置具体是怎么样的？

c. 每种构式可以分析为几个语块？是一个什么样的语块链？

d. 一个构式，具体是如何选择所需要的词项的？同一个词为什么能出现在不同性质的构式内？

e. 一个构式，它在什么样的语义背景下使用，换句话说，使用该构式需要什么样的语义背景？

传统的句法分析思路，即句法上的“主—谓—宾”、语义上的“施—动—受”这样的分析思路，是从古希腊传下来的，应该说是符合语言事实的，是科学的，因此能一直沿用至今。但是，语言是复杂的，传统的句法分析思路不能解释所有的句法现象。具体说，传统的分析思路，只适用于诸如事件结构、性状结构、判断结构等；而有许多句子结构，没法用这种思路去解读。像上面所举的 a_1 和 b_1 的例子，从概念结构角度看，a_1 句属于行为事件概念结构，b_1 句实际是个歧义结构——既可以理解为事件结构（意思相当于“这十个人吃了一锅饭”），也可以理解为数量关系概念结构（按此理解，可以有相应的“一锅饭吃了十个人”之说）。行为事件概念结构，投射到语言，可形成“主—谓—宾”句型、“施—动—受”句模；而数量关系概念结构，投射到语言，将它归入“主—谓—宾”句型、“施—动—受”句模，则毫无意义。

我们提出“构式—语块”句法分析思路，并不是要来取代传统的句法分析思路，而是作为一种补充；只是强调不能囿于传统的句法上的“主—谓—宾”、语义上的“施—动—受”这一种分析思路。这种“构式—语块”句法分析法用于汉语教学所形成的“构式—语块”句法教学法，其优越性是：可以激活学习者自身具有的认知共性，以便有助于把外国学习者引导到学习、掌握汉语中带有汉语个性特点的句式上来。（苏丹洁，2009）

当然，这个摆脱印欧语语法学的束缚的突破口、切入点选得合适不合适？请学界诸位同道来评析。

参考文献

蔡维天　2005　生成语法理论系列演讲,北京大学汉语语言学研究中心。

范开泰　2002　胡裕树、张斌先生评传,季羡林主编、范开泰编《20 世纪现代汉语语法八大家·胡裕树　张斌选集》,东北师范大学出版社。

季羡林主编、范开泰编　2002　《20 世纪现代汉语语法八大家·胡裕树　张斌选集》,东北师范大学出版社。

陆俭明　1988　现代汉语中数量词的作用,《语法研究和探索》(4),北京大学出版社。

陆俭明　2002　汉语句法研究的新思考,《语言学论丛》第 26 辑,商务印书馆。

陆俭明　2007　要重视语言事实的挖掘与描写,《汉藏语学报》第 1 期。

陆俭明　2009a　从构式看语块,在"首届全国语言语块教学与研究学术研讨会"(2009.5.17.对外经济贸易大学,北京)大会上的报告。

陆俭明　2009b　构式与意象图式,《北京大学学报》第 3 期。

陆俭明　2010a　再谈相同词语之间语义结构关系的多重性,《汉藏语学报》第 4 期。

陆俭明　2010b　语法研究中理论方法的更新与发展,《汉语学习》第 1 期。

陆俭明　2010c　修辞的基础——语义和谐律,《当代修辞学》第 1 期。

陆俭明　2010d　"构式—语块"句法分析法——一种句法研究的新思路,《汉语语法语义研究新探索(2000—2010 演讲集)》,商务印书馆。

陆俭明　2011　再论构式语块分析法,《语言研究》第 2 期。

沈家煊　1995　"有界"与"无界",《中国语文》第 5 期。

沈家煊　2007　汉语里的名词和动词,《汉藏语学报》第 1 期。

苏丹洁　2009　从存现句习得实验看构式理论和语块理论在汉语语法课堂教学和网络教学中的作用,在"首届全国语言语块教学与研究学术研讨会"上发表。

苏丹洁　2010　试析"构式—语块"教学法——以存现句教学实验为例,《汉语学习》第 2 期。

苏丹洁、陆俭明　2010　"构式—语块"句法分析法和教学法,《世界汉语教学》第 4 期。

王士元　2006　语言是一个复杂适应系统,《清华大学学报》第 6 期。

邢福义　1995　小句中枢说,《中国语文》第 6 期。

徐通锵　1991　语义句法刍议,《语言教学与研究》第 3 期。

张　斌　1998　《汉语语法学》,上海教育出版社。

张　斌主编　2010　《现代汉语描写语法》,商务印书馆。

张　斌、胡裕树　1989　《汉语语法研究》,商务印书馆。

张　敏　1998　《认知语言学与汉语名词短语》,中国社会科学出版社。

张旺熹　1999　《汉语特殊句法的语义研究》,北京语言文化大学出版社。

朱德熙　1956　现代汉语形容词研究,《语言研究》第 1 期。

朱德熙　1978　"的"字结构和判断句,《中国语文》第 1—2 期。

朱德熙　1982　在香山语法会议上的发言，朱德熙先生去世后，在1988年第1期《语言文字应用》上刊载。
朱德熙　1985　《语法答问》，商务印书馆。
Goldberg, A. E.　1995　*Construction : A Construction Grammar Approach to Argument Structure* (2.4.1), The University Chicago Press.

（作者通信地址：北京大学中国语言学研究中心/中文系，北京 100871）

论句式义的分析问题

范　晓

摘　要：句式义的分析思路，实质上是句式义的发现和辨析思路。《构式语法》重视研究句子构式的整体意义与认知的密切关系，这对理解句干句式义的生成理据有启发性。但它在分析句式义上采取"从整体到整体"的思路和把心理上的认知情景（感知完形）直接分析为句式义的思路有点问题。这涉及一些理论问题：如何看待句式的整体和部分的关系？句式义的分析是思维分析还是语言分析？如何看待句式义发现程序和生成程序？如何看待句式义的描写和解释？本文就这些问题展开了比较深入的讨论。

关键词：句式；句式义；分析句式义的思路

〇　引　　言

0.1　句式义

本文所说的"句式义"（也称"句式意义""句式语义"）不是指句式内句法成分之间的关系意义，也不是指句式内语义成分之间的关系意义，而是特指句式独立的语用表达功能意义的。严格地说，"句干＋语气"是一个完整句子的句式，[①]一个句子完整的句式义应该是句干义和语气义的综合意义。然而学界提到的语法"句式"，有的着眼于句干，有的着眼于语气，句式也就有句干句式和语气句式分别，相

① 一个完整句子的句式，是由特定的词类序列构成的"句样"（句位）。"句样"是"句干"和"语气"的综合体，也就是句型、句模、句类三者的整合体（参看范晓《句型、句模和句类》，《语法研究和探索》〔7〕，商务印书馆，1995年；《汉语句子的多角度研究》第376页，商务印书馆，2009年）。

应地句式义也就有两种情形:①

第一种,句干句式义。指句干句式(包括单句句干和复句句干)所表达的语用功能意义。以(1)(2)为例分析:

(1)"(N施+把N受+ +Vt+Vi)+了"("小王把皮球踢破了。"之类)

(2)"如果S1(分句1),那么S2(分句2)"("如果他走了,那么我也走了。"之类)

(1)去掉表"陈述"的语气成分"了",就是单句的句干句式,一般称为"把"字句(其实这只是"把"字句式的一种②),其句干句式义是"施事对受事处置以某种动作从而致使受事发生某种性状"。(2)去掉表"陈述"的语气成分"了",就是复句的句干句式,其句干句式义是表达"假设"("如果出现X,那么就会出现Y")。朱德熙(1986)在分析存在句时区别了句式的"低层次"语义和"高层次"语义,所谓"低层次"语义,是指句式内动词和名词之间的关系意义,所谓"高层次"语义,实质上是指单句的句干句式义。③ 邢福义在讨论复句时所说的复句内部分句间的"隐含的语义"实质上是指复句的句干句式义。④ 构式语法所说的"句子层面构式"的独立的"构式意义"也是指单句的句干句式义。⑤

第二种,语气句式义。语气句式表达交际用途的语用功能意义就是语气句式义。例如:

(3)"(NP+VP)+了"句式("他走了。/孩子会说话了。"之类)

(4)"(NP+VP)+吗"句式("他走吗?/孩子会说话吗?"之类)

(3)为"了"字句式,句式义是表达"陈述";(4)为"吗"字句式,句式义是表达"疑问"。我国有些学者把句子的语气结构格式也用"句式"这个术语,则"陈述""疑

---

① 参看范晓《论句式意义》,《汉语学报》2010年第3期;《关于句式义的成因》,《汉语学习》2010年第4期。

② "把"字句的核心形式是"把+名+VP",核心语用义是"处置",在这个总的核心形义特征统辖下,"把"字句式内部还可分为若干句式。参看范晓《句式研究中要重视的几个问题》,《语言研究集刊》(第七辑),上海辞书出版社,2010年10月。

③ 参看朱德熙《变换分析中的平行性原则》,《中国语文》1986年第2期。

④ 邢福义指出分句之间的关系(如"因果、假设"等)属于"隐含的语义范畴",参看《汉语复句研究》第8页,商务印书馆,2001年。

⑤ Goldberg(1995)有时称"基本句型",有时称"单句型式",实际上都是指单句。《构式——论元结构的构式语法研究》吴海波译本第1、2页。

问”“祈使”“感叹”等表交际用途的语用功能意义，都可看作语气句式义。①

0.2 构式语法对于句式义的分析思路

句式义的分析思路就是通过分析来发现、辨识、理解、描述句式义的思路（或策略）。Goldberg《构式语法》重视探讨句子的构式及其意义（相当于“句干句式”及其“句式义”），强调句子的构式与认知的密切关系，这对研究句干句式义的成因或理据有启发作用，对推动汉语句式和句式义的研究有促进作用。但构式语法有关句式义分析思路的某些观点存在着可商榷之处。该书对句子构式经典性的定义是：

“基本句子是构式（独立于具体动词而存在的形式和意义的对应体）的实例。也就是说，我们认为构式本身具有意义，该意义独立于句子中的词语而存在。”“C是一个构式，当且仅当C是一个形式—意义的配对 <Fi，Si，>，且C的形式（Fi）或意义（Si）的某些方面不能从C的构成成分或其他先前已有的构式中得到完全预测。”“构式本身具有意义，因此句子整体并不是直接由其构成成分决定的。”②

我国有些学者根据上述定义也发表了类似的观点。如说：

“一个句式是一个‘完形’（Gestalt），即一个整体结构。只有把握句式的整体意义，才能解释许多分词类未能解释的语法现象，才能对许多对应的语法现象作出相应的概括。”“句式有其自身独立于组成成分的整体意义，这个整体意义是无法完全从组成成分推导出来的。这就是‘整体大于部分之和’”。③

从上面的言论可看出：构式语法在句式和句式义问题上（为行文方便，下面对句子的构式及其构式意义说成“句式”和“句式义”）强调句式的部分不能完全推导句式独立的、整体的意义；强调句式义是由句式整体而不是由其构成成分决定的。那么句式“整体”怎么知道呢？构式语法把一个基本句子的句式整体看作“论元结构构式”，认为论元结构构式与一个心理上的“认知情景”（也称“感知完形”“认知图式”）完全“一致”，从论元结构构式整体推导出认知情景，得到的结果是：

---

① 参看范晓《关于句式问题》，《语文研究》2010年第4期。构式语法虽也提到“疑问构式”，按理也应该有表达“疑问”用途的构式意义，但遗憾的是它没有展开论述。

② Goldberg（1995）《构式——论元结构的构式语法研究》吴海波译本第1、4、10页。Goldberg的“构式”范围太广，本文着重讨论他所说的“句子层面的构式”（句子的构式）。

③ 沈家煊《“在”字句和“给”字句》，《中国语文》1999年第2期；《句式与和配价》，《中国语文》2000年第4期。

基本句式的句式义就是论元结构构式所表示的认知情景。[①] 这是构式语法分析句式义的一种倾向性思路。这种思路似可归结为：分析句式义不宜采取"从部分到整体"的思路，而应采取"从整体到整体"（即"从论元结构构式到认知情景"）的思路，也就是把认知情景直接看作句式义的思路。

0.3 构式语法的分析思路值得讨论

构式语法关于句式义分析思路的经典说法有偏颇和矛盾，让人困惑，很值得讨论，它涉及许多理论问题，如：如何看待句式的整体和部分的关系？句式义的分析是思维（或认知）[②]分析还是语言分析？如何看待句式义发现程序和生成程序？如何看待句式义的描写和解释？明辨并正确对待这些问题，有助于分析、发现、辨识、理解、描述句式义。

为简便地描述句式，本文把施事记作"施"，把受事记作"受"，把与事记作"与"，把处所记作"处"，把领事记作"领"，把属事记作"属"，把主语记作"S"，把宾语记作"O"，把补语记作"R"，把名词性词语记作"N"或"NP"，把谓词性词语（包括动词和形容词）记作"V"或"VP"，把及物动词记作"t"，把不及物动词记作"i"。

一 如何看待句式的整体和部分的关系

构式语法倾向于采取"从整体到整体"的思路来分析、发现、辨识句式义。如果指的是用句式的"整体形式"推导出句式的"整体意义"，这本无可非议，因为整体大于部分，句式义当然不可能等于内部某个成分的意义，但问题没那么简单。

① Goldberg（1995）说："简单句构式反映人类经验的基本情景……即基于体验的完形……。"（《构式——论元结构的构式语法研究》吴海波译本第5页）；"采用构式方法研究论元结构"是"把基本句子类型看作是论元结构构式。"（同上第23页）；"整个表达式意义的不同应主要直接归结于不同的构式"（同上第18页）；"基本的句子层面的构式，或论元结构构式，表示在某种意义上与人类经验有关的基本情景。"（同上第64页）；沈家煊（1999）说："一个句式是一个'完形'（Gestalt），即一个整体结构，……句式整体意义的把握跟心理上的'完形'感知一致。"张伯江（2000）说："一个句式就是一个完整的认知图式。"

② 认知和思维都指人脑的心智，是人脑的一种机能，涉及人的认识（精神）活动。对于这两个术语，学界有不同看法：有的用认知取代思维，或包含思维；有的把认知看作思维的一部分。本文采用后者的观点。

应该辩证地看待整体和部分的关系:整体是部分的整合或综合,没有部分,哪来整体? 整体与部分是互动的、相互依赖的,整体可影响部分,部分也可影响整体。从句式内部成分意义产生和演变的角度看,句式整体制约或决定句式内部成分的意义,也只有把握句式的整体意义,才能有效分析具体句式的词类或词语的意义,这是毋庸置疑的;但从抽象句式的形成和规约的角度看,句式的“整体”是由“部分”组成的,句式与其内部原型的构成成分是匹配的。[①] 那些原型的(特别是典型性的)构成成分的意义(包括词汇意义和语法意义)参与句式义的构建,构成成分的意义也就不可能对句式义的形成没有影响。因此,要理解规约化了的抽象句式及其句式义,离不开对句式构成部分进行“分析”。张斌教授指出:“分析是为了理解”,而要理解或知道“整个句子的意义”(实质上指抽象的句式义),[②]“就要分析句中的词的意义、词和词的句法关系、语义关系、语气等,……”。他还提出了“词语提取策略”“词语预测策略”等,[③]他这种通过构成成分的分析、整合,进而发现、理解句式义的思路,可以说是“从部分到整体”的思路,也就是从分析部分、经过整合、到理解句式义的思路。本文认为这样的思路是符合人们发现、辨析、理解句式义的正常途径的。由此看来,构式语法强调句式义“不是直接由其构成成分决定的”或“无法完全从组成成分推导出来”的看法似乎有点儿绝对化。

分析句式义,应该区别静态的句式和动态的句式。静态句式是规约化的抽象句式,动态句式是话语里的与客观现实、话语语境相联系的具体句子的具体句式。要理解规约化的特定抽象句式的静态句式义,宜采用“从部分到整体”的分析思路,即通过分析原型部分,进而发现、辨识、描述句式的整体意义。要了解话语里的具体句

---

① 句干句式通常与一些句式的原型成分(包括动词、名词以及标记特定句式语用功能的标记词)匹配构成。以动词来说,与句式具有匹配关系的原型动词的固有意义和通常用法与该动词组成的抽象的句式义有直接的关系。如表示“给予”义的规约化的“双宾”句式,就是由与该句式匹配的原型三价动作动词(如“给、交、送、赠”等具有“给予义”特征的动词)充当动核组成的动核结构跟句法结构结合并在长期使用中逐步形成的,而不是由一价或二价动词形成的,因此“哭、死、醉、姓”之类不可能构成“双宾”句式,用“扔、斟、搛、舀、写”之类的二价动作动词出现在具体的双宾句中的现象来证明动词不能推导或预测句式义是不得要领的。

② 张斌区别句子的“意义”和“内容”,前者指句子的语法意义(包括“句式义”),后者指句子表达的具体思想。参看《关于句子的意义和内容》,《语文研究》1984 年第 1 期。

③ 参看张斌《语句的分析和理解》,《中文自修》1984 年第 4 期;《句子的理解策略》,《中国语文》1992 年第 4 期。

式的动态句式义，则既要讲“从整体到部分”，也要讲“从部分到整体”[①]；既要讲它跟静态句式相同处，也要讲它跟静态句式的不同处。构式语法说过：“语法分析既是自上而下（“从部分到整体”）的也是自下而上（“从整体到部分”）的”，[②]这对动态句式是合适的；但它没有区别静态句式和动态句式，因此难免与其经典定义自相矛盾。这都表明片面地笼统地强调“部分”不能完全推导或预测“整体”的观点是欠准确的。

静态句式一般与形成该句式的原型动词有匹配关系，但并不意味着句式和动词是简单的“一对一”，因为很多动词的固有意义和经常用法本身可构成多种静态句式，更何况存在着多义动词以及动词的特殊的或变异的用法。另外由于表达的需要或某种修辞动因，有的动态句式可突破原本静态句式里的常用的原型动词，使用了一些非原型的动词甚至跟静态句式里匹配性动词完全迥异的词类，这特定语境里的动态句式便会影响句式义和句式里构成成分的意义；[③]因此，从表面上看，动态变异的句式似乎不能从部分推导整体。构式语法举了某些非原型动词构成的动态的具体句式为例来说明动词的意义受到句式整体意义的制约以及动词不能推导出句式义，这是可以理解的；但句式内部出现异质词类以及同一意义的动词形成多种句式这种情形，并不能否定静态句式义可采取从部分到整体的分析思路，不能用动态句式的分析来代替静态句式的分析。如果混淆了动态句式和静态句式，笼统地过分地强调从整体到整体，强调构成成分无法推导出句式义，那是不合适的。

尽管构式语法理论上提倡采用“从整体到整体”的思路来分析句式义，但它在实际操作中是：在分析“论元结构构式”的基础上获得与认知情景直接联系的句式独立的、整体的意义（句式义）。[④] 要做到这一点，必须采取“从部分到整体”思路，即从分析论元结构构式的部分推导其整体意义。这是因为“论元结构构式”是整

① 动态句式由于利用了静态句式的整体格式，所以它的构成成分与静态句式的原型成分虽有一定的差异，但却又能互相沟通，它就可借助相同格式的静态句式的原型成分推导整体句式义。

② Goldberg（1995）（《构式——论元结构的构式语法研究》吴海波译本第23页）。

③ 参看范晓《语法的句式和修辞的关系》，《当代修辞学》2011年第1期。

④ Goldberg（1995）说：“表达式的意义依赖论元结构构式的内在意义。”“整个表达式意义的不同应主要直接归结于不同的构式。”而论元结构构式跟认知情景或感知完形直接“相联”。（《构式——论元结构的构式语法研究》吴海波译本第17、18、230页）

体，如果不分析它的构成成分的句法特征（谓语动词的句法属性和跟谓语动词同现的论元的数目及句法属性），不分析它的构成成分的语义特征（谓语动词的语义类属和名词性成分论元的施事、受事、与事之类的语义类属），就不可能知道论元结构构式的整体意义。就以构成论元结构构式或句干句式的谓语动词来说，就不能低估它在发现、辨析、理解句式义里的作用。① 比较：

(5) 他送我一件礼物。/张三寄给李四一封信。

(6) 我收他一件礼物。/李四收到张三一封信。

(5)(6)都是由及物三价动词组成的"双宾句"（双及物句），从词类序列上看都是"$N_{施}+V_{t}+N_{与}+N_{受}$"句式，但它们内部的动词在语义特征上有区别：(5)的原型动词为"交"类动词，具有[+给予][+外向]特征；(6)的原型动词为"接"类动词，具有[+取得][+内向]特征；②所以在下位还可分为两种不同的句式：(5)为"$N_{施}+V_{t(‘交’类)}+N_{与}+N_{受}$"句式，句式义是"施事'给予'与事以受事"，即"受事从施事向与事转移"；(6)为"$N_{施}+V_{t(‘接’类)}+N_{与}+N_{受}$"句式，句式义是"施事从与事'取得'受事"，即"受事由与事向施事转移"。如果把上述两组笼统地看作相同的"双宾句式"并推导它们的句式义完全相同，那就欠妥当。再比较：

(7) 那坏人死了儿子。/牧人丢了一头羊。（主宾是领属关系）

(8) 那坏人杀了儿子。/牧人宰了一头羊。（主宾也是领属关系）

(7)(8)一般分析为SVO句，和动词同现的名词性成分的数目和类属相同，都有主语和宾语，主宾间的语义关系都属于"领属关系"。有学者把(7)称为"领主属宾句"；如果着眼于主宾都是"领属关系"，(8)岂不也成了"领主属宾句"？这样就会把(7)(8)看作相同的句式，句式义也就必然相同。但如果分析它们的内部成分，就可发现句内动词的语义性质不一样：(7)的动词是具有"失去"（状态）义的"一价不及物动词"，(8)的动词是具有"动作—支配受事"义的"二价及物动作动词"；这决定了它们是不同的句式：(7)为"$N_{领}+V_{i(状态)}+N_{属}$"句式，(8)为"$N_{领}+V_{t(动作)}+N_{属}$"

① 在讨论句干句式义时，对句式中核心动词的意义和句式义的关系，有两种对立的观点：一种认为句式义决定动词的意义，句式义可解释动词的灵活运用，可解释词语的多功能性；另一种认为动词的多功能性决定句式义，动词的语义特征或多义性可决定它灵活运用于不同的句式，因此主张应该根据动词的意义或动词构成的论元结构来解释句式。两种观点针锋相对，如果区别静态和动态，这种争论是可以化解的。参看范晓《论句式意义》注24，《汉语学报》2010年第3期。

② 参看范晓《汉语句子的多角度研究》第四章"交接句"，商务印书馆，2009年。

句式。句式不同,句式义也就有别:(7)的句式义是“领体失去了属体”,(8)的句式义是“领体对属体发出某种动作”。对这两个句式的分析表明,如果把(7)(8)都看作“二价句式”①“领主属宾句”而不顾及两句式动词的差别,必然会推导它们的句式义完全相同,那是不妥的。

此外,有些句式里动词所联系或同现的名词的语义类属也会对论元结构构式和句式义有影响,比较:

(9) 坏人把(自己的)儿子杀了。/牧人把(自己的)一头羊宰了。

(10) 坏人把(小区的)保安杀了。/屠夫把(别人的)羊宰了。

这两例同属于二价的论元结构构式或二价及物动作动词构成的“$N_{施}$ + 把 + $N_{受}$ + V_t”词类序列的“把”字句式,但它们有差别:(9)主宾间含有领属关系,可记作“$N_{施(领主)}$ + 把 + $N_{受(属宾)}$ + V_t”句式;(10)主宾间不含领属关系,可记作“$N_{施}$ + 把 + $N_{受}$ + V_t”句式;它们的变换式也不一样,(10)可变换成“被”字句式,而(9)不能做这样的变换;由此形成的句式义也有一定的差别:(9)的句式义是“施事处置属于自己的某物以某种动作”,(10)的句式义是“施事处置不属于自己的某物以某种动作”。

通过上述分析可看出静态的句式或句式义的差异决定于内部成分性质的差异,在发现和辨析句式义时,特别要注意句式里的带有关键性的构成成分。② 这表明句式的“部分”是可对句式“整体”的推导或预测起作用的。必须指出 Goldberg 也有一些重视句式的构成成分动词的说法,却与其经典定义相违背。如说:“动词和构式意义是互动的。”“如果能够充分描述构式和与该构式相联的动词类型的语义特征,绝大多数情况下似乎仍然可以预测。”③用“动词”“动词类型的语义特征”

① 沈家煊(2000)认为(3)句式(举的是“王冕死了父亲”“他丢了一枚戒指”等)属于二价句式,含两个论元,那就有把(3)(4)看成相同的句式的危险。讲配价离不开动词,而他把配价看作是“句式的属性”,即依据句式里与动词同现的名词的数量来规定是几价句式,结果是对动词无法定价,只能“依句辨价”。这不仅否定动词的配价理论,而且在句式分析中也必然忽视动词在句式里的关键性作用。

② 推导句式义的关键成分因句而异。有些句式关键部分在动词(包括形容词),如例(3)(4);陆俭明(1991)在分析“NP[L] + V + 着 + NP”类歧义句式时,指出它之所以会分化为两种句式,“关键在动词”。有些句式关键在名词,如例(5)(6)。有些句式关键在标记句式义的功能词语(如“把”“被”“吗”“因为”“如果”等)或其他词语(如一些表语用意义的副词)。

③ Goldberg(1995)《构式——论元结构的构式语法研究》吴海波译本第5、17、12、227页。

来分析句式，这实际上是运用“从部分到整体”的构成成分推导句式义的分析方法。由此也说明，如果片面地强调“从整体到整体”或强调句式义无法从组成成分推导出来，就有可能产生“过分夸大的危险”。①

二 句式义的分析是思维分析还是语言分析

由于构式语法强调句式义跟心理上认知情景或感知完形的一致性，所以它还采用“认知情景推导句式义”（实质上是“认知情景或感知完形等于句式义”）的思路。这涉及如何看待语言和思维的关系问题。从哲学上说，存在着三个“世界”（领域）：现实世界、思维（包括认知）世界、语言世界。语言和思维分属于不同的“世界”，思维属于“第二世界”，语言属于“第三世界”。属于第二世界的思维反映第一世界的客观现实，属于第三世界的语言的句式和句式义反映第二世界的思维结构（思维的结构格式或形式，包括认知情景以及逻辑的判断、推理等）。可见，语言并不直接表现或反映现实世界，而是由“思维结构”作为中介才能和现实世界联系，现实是通过思维“折射”到语言上的。现实映射于思维，思维映射于语言，句式义可说是“反映的反映”；然而“反映体”和“被反映体”不一定完全一模一样；反映不等于复制，思维或认知不是现实的复制品，语言也不是思维或认知的复制品。

由此可知，语言和思维虽有密切联系，但语言和思维毕竟分属于两个不同的领域，属于思维领域的思维结构虽是形成语言领域句干句式义的基础或理据，但毕竟是语言之外的。② 句式义不是也不等于思维结构，也不是思维结构（或认知结构）的复制品，所以应区别语言分析和思维分析（或“认知分析”），思维属于思维

① Goldberg（2006）曾说：“我认为现在存在某种把这一观点过分夸大的危险：有些生成语法学家认为动词实际上不起任何语法作用，因而句法唯一需要的就是构式。这一观点显然是错误的：我们具有关于个别动词的特征和分布的大量知识。此外，构式的出现有可能就应归结于对动词所做概括的过程。”（《构式——论元结构的构式语法研究》吴海波译本序，第1页）。这说明现在她已经认识到不应过分强调“整体不是直接由其构成成分决定”和“部分”无法预测或推导“整体”的观点。

② 认知语言学强调语言不是一个独立模块，强调语言依附于人的认知，认为语言跟认知没有本质上的差别。但从辩证的角度看，语言和思维（或认知）尽管紧密联系，但各自还是相对独立的。

学科研究的对象，语言或语法属于语言学科研究的对象。[①] 思维学和语言学是紧密相关的学科，可通过语言句式义的分析来说明思维结构，也可通过思维结构的分析来说明语言的句干句式义的理据，所以它们彼此的研究成果可以而且也应该互相依赖、互相促进，但不应"合二为一"。

既然句式义本质上属于语言意义而不是思维意义，就理应把语法上的句式义和跟其有联系的思维结构区别开来，应把理解句干句式义的基础和辨认的方法区别开来。不要把心理学、认知学、逻辑学中的一些术语或概念完全看成是纯粹的语法术语或概念，尽管它们有紧密的联系，在解释句式义时也会常常用到。这真像句法上的词的功能意义跟词的概念意义的关系有点类似，众所周知，名词、动词等词类有其概念基础，但词类的句法功能分类或辨类的方法并不根据概念，而是要凭借词在语法结构里的句法分布。

认知情景是一种大脑对客观现实的心理上的构思图式，也就是客观现实在大脑中的反映所形成的感性印象（完形、意象、表征）。它确是某些句干句式义的基础或成因；但人们如果不对句式内部的构成成分的语言意义进行分析进而发现并描述句式义，是不可能一看某个句式的语言表达式就能说出语言背后的认知情景的。构式语法完全采用认知情景来分析句式义不仅在理论上具有局限性，而且在操作上也是有困难的：

第一，如果用认知心理来分析或描述句式义，首先就得把人类的全部认知情景总结出来，然后把句式往里套。比如人类共性的认知情景究竟有多少？有哪些？总结出来后，再找出各种族语是用哪些句式来表达的；就汉语而言，必须总结出汉族人认知情景究竟有多少？有哪些？总结出来后，再找出汉语是用哪些句式来表达的。这从句式义的生成角度来说也不失为一种有用的研究方法；但可惜构式语法谈到的认知情景十分有限，有学者指出构式语法所说的 5 种构式的认知情景"几乎是基本可能事件的全部清单"[②]。而构式语法又认为认知情景和句式义完

---

① 语法和思维属于不同领域，应区别语法分析和思维分析（包括认知情景以及判断、推理等的分析）。邢福义说得好："语法分析不同于逻辑分析……有人认为复句分类完全是逻辑上的分类，这是一种片面的观点。"（参看《汉语复句研究》第 107 页，商务印书馆，2001 年）同样，语法分析也不同于更不等于认知心理分析，那种认为句式义分析就是心理完形分析，也是一种片面的观点。当然，交叉学科（如"逻辑语言学""语言逻辑学""认知语言学""心理语言学"等）是另一回事。

② 张伯江《从施受关系到句式语义》，第 274 页，商务印书馆，2009 年。

全对应，则句式义也就只有5种。事实上人类反映多姿多彩的客观现实的认知情景绝不会仅仅限于5种，而表示它们的句式和句式义则更为丰富多样。[①] 那么又怎么能用5种认知情景来分析或描述众多的句式和句式义？

第二，有些句式义能反映认知情景，但不是任何句式义都反映认知情景，比如由语气成分表示的有关的句式义便没法用认知情景来解释，因为那是语用表达用途决定的。例如：

(11) 你去北京吗？/小明喜欢打球吗？

(12) 他去北京了。/小明喜欢打排球。

(13) 你快走吧！/请你放了她吧！

上面实例都是"句干＋语气成分"构成的表示语气的句式，(11)的句式义是表"疑问"，(12)的句式义是表"陈述"，(13)的句式义是表"祈使"。构式语法也承认并非所有句式义都与认知情景有关，如疑问构式和话题化构式、被动构式等。[②] 有学者指出：用构式语法的方法来分析汉语的"供用句""存现句"等，"未必是适合的用武之地"。[③] 这也说明用心理上认知情景或感知完形来分析一切句式义并不合适。

第三，即使句干句式及其句式义，跟认知情景也并不完全对应，即相同的认知情景往往可用不同的句干句式表达。这不仅表现在同一认知情景在不同族语里不一定用相同的句式表示；[④]就同一族语而言，由于说话者在语境里的感情色彩、主观态度、表达需求不同，同样的认知情景也可用不同的句式表示。句式不同，句式义亦异，所以句式及其句式义和认知义并不完全一致。例如：

(14) 我们打击敌人，结果是敌人失败。

(15) 汽车撞上行人，结果是行人受伤。

---

① Goldberg(1995)认为"语法允许无穷的合乎语法的表达式存在"(《构式——论元结构的构式语法研究》吴海波译本第7页)。如果认知情景只是有限的5种，而表示认知情景的句式的表达式是"无穷的"(按：我们认为反映思维或认知的抽象的句式的确很多，但还是有限的，而不是"无穷的"或"无限的")，那就更谈不上认知情景就是句式或句式义。

② 参看 Goldberg(1995)《构式——论元结构的构式语法研究》吴海波译本第41页。

③ 张伯江《从施受关系到句式语义》，第274页，商务印书馆，2009年。其实，"供用""存现"等也是由特定句式形式表示的句式的语用功能意义(句式义)。

④ 不同族语的表达思维或认知的句式不完全相同，因此各有自己的句式系统。这就给我们启示：以汉语为例，可研究汉语究竟有多少句式，对各种句式进行专题研究，抽象出它们的句式义，在此基础上编写出一本汉语句式辞典，将有很大的实用价值。其他族语也可这样做。如果把不同族语的句式系统进行比较，可看出它们的共性和个性，这对研究语言类型学和语言间的翻译很有帮助。

(14)(15)两例反映客观现实的认知情景可抽象概括为:"X 发出动作支配 Y,结果致使 Y 变成 Z";折射到语言的句式显现为两个动核结构:"施事+动作核+受事"和"系事+性状核"。这样的认知情景和语义结构在汉语里可用不同的句干句式表达,比较:

(16) N施+Vt+Vi+N受(我们打败敌人/汽车撞伤行人)

(17) N施+把+N受+Vt+Vi(我们把敌人打败/汽车把行人撞伤)

(18) N受+被+N施+Vt+Vi(敌人被我们打败/行人被汽车撞伤)

(16)(17)(18)虽都表达相同的认知情景和动核结构,但却是不同的句式,所以句式义也有一定的差别:(16)的句式义是"施事主动发出动作支配受事使受事发生某种性状";(17)的句式义是"施事主动处置受事以某种动作而使受事发生某种性状";(18)的句式义是"受事被动地承受施事发出的动作而发生某种性状"。

概而言之,认知分析本质上属于思维分析,句式义分析本质上属于语言分析。基于思维和语言是两个不同的世界这一前提,分析句干句式义应采用语言分析的思路和策略,语言分析属于实证分析,应该依据语言句式里的词语和成分的意义、词语间的关系意义以及其他语言形式特征去分析,从而发现、辨识、理解句式义,在此基础上最后概括地描述句式义;而不应用思维或认知分析来取代句式的语言分析。当然,为了解释句式义的成因或理据,或为了透过语言去研究思维结构,而对已经描述出的句式义进行思维分析(或认知分析),去探索句式义和思维结构的某些关系和联系,也是可以做和应该做的。

三 句式义的发现程序和生成程序

应把句式义的"发现程序"和"生成程序"区别开来。从理论上说,句式义的发现程序和生成程序,实质上是如何处理形式和意义的关系问题。发现程序的过程是从表到里,即从形式到意义;生成程序的过程是从里到表,即从意义到形式。讨论句式义的"发现程序"和"生成程序",就句干句式而言,涉及两个层次的形式和意义:一是语言和思维关系这个层次,则语言是形式,思维是意义;二是语言里句干句式本身的形式和意义关系这个层次,则句式里的语言表达形式是形式(它包括词类、词类序列形式以及其他标记意义的形式特征）；句式形式所表达的意义是意义，包括句式内句型意义（句法结构的关系意义）和句模意义（语义结构的关系意义）以及句式独立的、整体的语用意义。为叙述方便，本文把句式独立的语用功能意义简称"句式义"，句型意义简称"句型义"，句模意义简称"句模义"，句式里表达"句型义""句模义"以及"句式义"的语言"表达形式"简称"句式形"。① 句式研究究竟是采取从形式到意义的程序还是从意义到形式的程序？这个问题历来有争议，主要有两种：有的主张从形式到意义，即以形式为出发点，以意义作为目标点；有的主张从意义到形式，即把意义作为出发点，把形式作为目标点。其实这种争论没有多大必要，因为研究的目的不同，研究句式的程序当然也可以不同。如果目的是探索某个句干句式义的生成过程，就该采用从里到表的"生成程序"：就思维与语言的关系这个层次而言，是从思维到语言，即采用从思维结构出发去生成句式义的程序；就语言句式本身的形式和意义这个层次而言，是从句式义到句式形的生成程序。如果目的是发现、辨析、理解、描述某个句干句式的句式义，其过程正好与"生成程序"相反，就该采用从表到里的"发现程序"：就语言句式本身的形式和意义这个层次而言，是从句式形到句型义、句模义再到句式义的发现程序；就语言与思维的关系这个层次而言，是从语言到思维，即从句式义出发去发现并描述思维结构的程序。

构式语法虽谈到句式义"依赖"于句式或论元结构构式的意义，但它更强调句式和句式义跟认知情景或感知完形"直接联系"，认为一个句式就是一个"完形"，句式义的把握跟心理上的认知情景或感知完形一致。② 因此在他们看来，认知情景或感知完形就是或等于句式义。构式语法在句式义的发现程序问题上比较重视语言和思维这个层次，试图依据心理上的认知情景或感知完形来说明并描述句式义，这实质上是采用从意义到形式的生成程序。构式语法一方面依赖论元结构

① Goldberg（1995）说句子的构式是"形式和意义的对应体"或"形式-意义的配对"（《构式——论元结构的构式语法研究》吴海波译本第1、4页），这是对的。但他又说构式是"形式-功能的对应体"（中文版序）、是"句法和语义的配对"（第226—227页）。表明他说的"意义"所指不很明确（有时指"功能"，有时指"语义结构"）。本文同意句式是"形式和意义的对应体"（或'配对'）的观点，但对句式的"形式"和"意义"有明确的界定。

② Goldberg（1995）（《构式——论元结构的构式语法研究》吴海波译本第5、17、18页）。另参看沈家煊《"在"字句和"给"字句》，《中国语文》1999年第2期；《句式和配价》，《中国语文》2000年第4期。

构式来说明认知情景，另一方面又倾向用认知情景来说明句式或论元结构构式，有自相矛盾之处，有循环论证之嫌。在跨学科的视野下，研究从思维到语言生成句式义的程序也是需要的：这既可解释句式义的生成因素之一，有助于形式和意义相互验证，[①]从而更好地描述句式义；又可通过语言的句式义进而探索语言背后的思维结构，从而促进思维学或认知学的研究。但从发现程序而言，还是应该从语言形式出发去发现语言的句式义。

从形式出发去"发现"句式义，首先看到的是"句式形"，即当看到一个句式的句式形时，怎么来分析这种形式进而理解和说明它所表达的句式义。如果不从语法形式出发去分析，又怎么会知道语法形式所表示的语法意义？人们怎么能一看某个句式形就能说出它的认知情景？须知思维里的东西是看不见摸不着的，如果离开了语言也是说不清的；而且由于语境不同或表达需求不同，人们反映认知情景的句式也是多种多样的。形式是一种看得见的现象，意义是隐藏在现象背面的本质。常言道，现象是入门的向导，透过现象才能发现本质。离开了现象或形式谈本质或意义，离开了语法形式来谈句式义或认知情景或感知完形，那无异于凭空臆想。所以发现句式义需要采用"从语法形式到语法意义"的思路。由于句干句式义是由句式形显示的"句型-句模"结合体联系着的，在采取这一思路时，要注意从句式形出发说明句式的句型义和句模义，并在句式形跟句型义、句模义结合的基础上探索和发现句式义。采取从形式到意义程序的思路时，首先要抓住"句式形"，找到句式形的特征及其所表示的意义，能起到提纲挈领的作用。就汉语而言，句式形的特征概括起来主要有：

（一）标记特征。标示句式义的标记，是人们长期运用某种句式后历史地形成的"相对固化"的语言形式。句式的标记特征标志着某种句式及其句式义。现代汉语句式义的标记特征很多，如特征词（也称"特征字"）标记，[②]它能直接凸显句式义，比如介词"把"表"处置"的句式义，"被"表"被动"的句式义，副词"不"或"没"表"否定"的句式义，助词"吗"表"疑问"的句式义等；又如"固定格式"也是句式义的一种标记，比如"因为……所以……"表示"因-果"句式义；"一 X 就 Y"表

---

① 总体上，语法研究应运用形式和意义相结合的研究原则，这意味着形式和意义可以相互验证，这不仅指思维结构和语言句式可相互验证，还包括句式形和句式义可相互验证。

② 现代汉语里标记句式义的特证词主要由表达语用意义的介词、助词、副词等担当的。

示“条件-结果”句式义,等等;①再如口语的句调和书面上表示语气的句号、问号等,也是句式义的标记,比如“你去?”中的问号[?]标记“疑问”句式义。

(二) 词类特征。句干句式的词类序列里的各种词类特征都会影响句式义的分析,就以动词来说,它的句法或语义特征通常能区别句干句式及其句式义的同异。比较:

(19)“N施+V+N受”句式(“张三批评李四/他们喝咖啡”之类)

(20)“N施+向+N受+V”句式(“李四向张三道歉/人们向英雄致敬”之类)

(19)(20)两句式内的动词在语义上虽都是二价动词,但却是不同的句式,这是由动词的句法性质不同决定的:(19)是“及物”动词,生成“主动宾”句;(20)是“不及物”动词,生成“主状心”句。由于句式的句法格式不同,所以句式义也不同:(19)句式义是“施事发出动作支配受事”,(20)句式义是“施事对受事发出某种动作”。再比较:

(21)“N施+V+N受”句式(“小英打羽毛球/小章踢足球”之类)

(22)“N起+V+N止”句式(“张三是学生/鲸鱼属于哺乳类动物”之类)

(21)(22)句式内的动词在句法上虽都是带宾语的及物动词,但却是不同的句式,这是由动词的语义情状性质不同决定的:(21)是“动作”动词,生成“施-动-受”句;(22)是“关系”动词,生成“起-动-止”句。由于句式的句模义不同,导致句式义也不同:(21)句式义是“叙述施事主体发出动作支配受事客体”,(22)句式义是“说明(或判断)起事主体属于止事客体(主体和客体为同类关系)”。

(三) 语义结构的句法布局特征。句干句式义的基底是句模里的语义结构(主要是“动核结构”,其次是“名核结构”②)。语义结构和交际表达需要相结合而运用某种句法形式表示,就形成语义结构的句法布局形式。句式中词类序列的各

① 邢福义在研究复句句式时指出:“复句关系词语”是复句关系意义的“形式标志”,如“既然……(那么)就……”是表“推断”关系意义的标志,“虽然……但是……”是表“让步”关系意义的标志等;强调“用标志来控制关系”,实质上就是主张通过“复句关系词语”这种“形式标志”来发现、辨识复句的关系意义(即复句句式的句式义)。参看《汉语复句研究》第26、27、8页,商务印书馆,2001年。

② 关于动核结构和名核结构,参看范晓《动词的“价”分类》(《语法研究和探索》〔5〕,语文出版社,1991年);《论名核结构》(《语言问题再认识》,上海教育出版社,2001年)。

种变化（包括语义结构的串合、语义成分空缺、增添、隔断等所显现的句法平面的形式变化），实际上都是语义结构的句法布局的不同表现形式。语义结构的句法布局特征可帮助辨别句式和句式义的“同异”。比如由于表达需求不同而使相同动核结构表现为不同的句法布局，就会形成不同的句干句式和句式义。比较：

(23) “N处 + V着 + N人”句式（“台上坐着主席团/床上躺着病人”之类）

(24) “N人 + V在 + N处”句式（“主席团坐在台上/病人躺在床上”之类）

这两个句式动核结构相同，但动核结构的句法布局不同，就形成不同的句式，句式义也就随之不同：(23)为一般所说的“V着”式存在句，句式义是“某处以何种方式存在着某人”；(24)为“V在”式定位句（着落句），①句式义是“某人以某种方式定位于（着落于）某处”。又如名核结构的布局不同也会形成不同的句干句式及其句式义。比较：

(25) “(N领 + 的 + N属) + Vi”句式（“祥林嫂的丈夫死了/他的手表遗失了”之类）

(26) “N领 + Vi + N属”句式（“祥林嫂死了丈夫/他遗失了一块手表”之类）

(25) 的名核结构“N领 + 的 + N属”和动词结合配置布局为“SV”句，句式义是“领体的属体发生了某种变化”；(26)名核结构“N领 + 的 + N属”中的领体和属体隔断，分别置于动词的前后，配置布局为“领主属宾”式SVO句，句式义是“领体失去了属体”。再如动核结构和名核结构的串合布局也可形成不同的句干句式及其句式义。比较：

(27) “N领主 + Vi + Vi + 了 + N属宾”句式（“她哭干了眼泪”/“她笑痛了肚子”之类）

(28) “(N领 + N属)Vi + Vi + + 了”句式（“她眼泪哭干了”/“她肚子笑痛了”之类）

(27) 和(28)语义结构相同：有两个性质相同的动核结构（即“施事 + 动核”和“系事 + 动核”），有一个性质相同的名核结构（即“领事 + 名核”）；但句法布局不同：(27)是“SVRO”（主动补宾）句，(28)是“SVR”（主动补）句，也就形成词类序列不同的句式，它们的句式义也就不同：(27)句式义是“叙述动作的主体（“施事”兼

① 关于“定位句”，参看范晓《汉语句子的多角度研究》第十二章“动介带宾句”，商务印书馆，2009年。

“领事”)发出某种动作致使跟施事者有关的属事呈现某种结果”,(28)句式义是“描述性状的主体(领事+属事)因领事的某种动作而呈现某种状态”。

(四)词类序列的变换特征。词类序列的变换特征也可区别不同的句式和句式义。这方面朱德熙(1986)有很好的论述,他指出在变换式的矩阵里,句式无论在形式(句式形)上还是意义上(句式义)都表现出一系列的平行性;“低层次的语义关系上一致”的不同句式,其变换后的句式和原句式比较,在“抽象的词类序列形式”和“高层次语义关系上”,它们的“差别一致”。①

由上说明:句式义的“发现程序”必须采取从形式到意义的思路,即从句式形出发去发现句式义的程序。这就要抓住句式形,透过句式形发现句型义和句模义,并通过句式形和“句型义—句模义”进而发现句式义。经过这个程序所描述的句式义是属于语言的。当然,从研究全局看,如果首先采用“发现程序”获得句式义,再利用思维学研究的成果采用“生成程序”说明句式义如何生成的,两者结合,相互验证,那就会更深刻地理解句式义。

四 如何看待句式义的描写和解释

就语法研究的目的而言,有描写和解释的分别。语法的描写侧重于对语法的现象或范畴进行记录或描述,从而构建某种语言的共时性语法体系;语法的解释则是在描写的基础上寻找语法现象或范畴产生的根源或理据。从全局上说,语法研究既应重视描写,也应重视解释。从局部上说,语法研究可根据不同的目的而有所侧重:或以描写为主要目的,或以解释为主要目的;但也可以既有细致充分的描写,也有合理和充足的解释。研究语法句式及其句式义,也需要描写和解释。

语法解释一般是在描写的基础上进行的,原则上先有描写,而后才有解释。②就句干句式而言,句式的描写和解释可分三步走。如果把句式记作S,句式形记作

① 朱德熙《变换分析中的平行性原则》,《中国语文》1986年第2期。朱德熙(1978、1979、1980、1981、1983)也有相关论述。

② 参看范晓、张豫峰等著《语法理论纲要》第六篇第四章;张斌《谈谈汉语语法结构的功能解释》,《中国语文》1996年第6期。

S_f，把句式的意义记作 S_m（包括句型义、句模义、句式义），把句型义记作 S_1，把句模义记作 S_2，把句式义记作 S_3，把句式义的成因或理据记作 G，那么三步走的过程是：第一步是以 S_f 为起点，以 S_1 和 S_2 为终点，其过程是先对 S_1 里的词类、词类序列形式以及 S_f 的其他形式特征进行描写，在 S_f 描写的基础上对 S_1 和 S_2 做出概括的说明，获得“S_1-S_2”结合体；第二步是以“S_1-S_2”结合体为起点，以 S_3 为终点，其过程是先描写出“S_1-S_2”，在“S_1-S_2”描写的基础上分析 S_1 和 S_2 构成成分的意义，经过整合和综合就可对特定句式所表达的句式义 S_3 的含义做出概括的表述或说明；①第三步是以 S_3 为起点，G 为终点，其过程是先描写出句式义 S_3，即把第二步解释的终点转化为第三步解释的起点；然后在句式义 S_3 描写的基础上进行解释，其终点或目的是对句式义的成因或理据 G 做出说明。这就是说，对于与思维结构相联系的句干句式来说，句式的语言解释是在句式形 S_f 描写的基础上进行的，即先有句式的语言形式 S_f 描写，才有句式的意义 S_m（句型义、句模义、句式义）；在 S_m 里，句式义是在句型和句模描写的基础上进行解释获得的。而句式义的认知解释是在句式义描写的基础上进行的，即先有语言句式义的描写，才有句式义的认知解释，句式义解释的结果是得到句式义的理据。可见在描写和解释句干句式的过程中，作为语言意义的句式义 S_3 对“S_1-S_2”而言是解释的结果，对 G 而言是解释的前提或基础，“S_3”可说是“S_1-S_2”和 G 的“中介物”（中间环节），即“S_1-S_2”并不和 G 发生直接联系，它是通过 S_3 与 G 发生联系的。

构式语法是一种解释性语法，强调用心理上的认知情景去解释句式或句式义。如果旨在说明某些句干句式义和认知情景的关系，这样的解释当然是可取的，因为对句式义的有效的认知解释不仅能说明句式义的成因，而且也有助于验证和完善句式义的描写。但构式语法把句式义当作认知情景的等价物而直接从认知出发进行解释的思路是存在着缺陷的。

第一，构式语法采取一步解释法，在句式或论元结构构式（大体上相当于“S_1-S_2”）的基础上直通认知情景，跳过句式义 S_3 直达 G，实质上是用 G 代替 S_3，即用认知情景代替句式义。但从发现、辨识语言句式义的角度来说，应在描写“S_f”

① 对特定句式的句型义、句模义以及句式义的含义做出概括的表述或说明，相对于认知解释，这是一种广义的解释。参看《现代汉语词典》第 581 页，商务印书馆 1973 版；范晓《语法研究中“解释”的解释》，《汉语学习》2008 年第 6 期。

和“S_1-S_2”的基础上才能经过分析它们构成成分的意义进而综合说明并描写出句式义“S_3”。离开了“S_f”和“S_1-S_2”的语言解释和句式义的语言描写而让“S_3”和G直接挂钩，那是把语言世界的句式义等同于思维世界的认知情景，不仅混淆了“S_3”和G，而且把句式义的语言分析和句式义的认知解释颠倒了。

第二，构式语法重视句干句式义成因的解释是应该肯定的，但它只单纯从心理上的认知情景来“解释”是不够的，这是因为句式及句式义的形成是由多种原因决定的。一则，不仅要讲句干句式义，还要讲语气句式义；而语气句式义（如“陈述”“疑问”“祈使”“感叹”“呼应”等）并不是思维和认知所能解释的，它决定于句子的表达用途。二则，即使是句干句式义，也不是都能用认知情景所能说明的，如有的句式义主要跟逻辑有关。① 例如：

(29)“因为S_1，所以S_2”句式（“因为天下大雨，所以我今天不去公园玩了”之类）

(29) 通常称为“因果复句”，其句式义是“因为S_1的原因，才出现S_2的结果”，其背后就是一种逻辑推理的意义（S_1是推理的前提，S_2是推理的结论）。而且无论是认知情景还是逻辑的判断、推理，一般还有更深层的基础或理据，这就得追踪到现实世界，这是因为思维结构虽不是客观现实的“复制品”，但终究是客观存在的事实或事理的反映，某些句干句式表现得特别明显。例如：

(30)“NP + VP1 + VP2 + VP3”句式（“他开门走出去叫车”之类）

(30) 通常称为“连动句”句式，其句式义是“叙述施事按照时间顺序发出两个或两个以上的动作或事件”。这个句式的句式义的理据有学者解释为认知上的“顺序象似性”（“时间顺序象似性”），但若要追溯到更深的根源，还在于客观事理或事实。② 思维反映了客观事实的运动时间顺序，但总不能说必须通过客观事理的分析来解释句式义。此外，说话者在特定言语语境里的表达需求和主观意图等（如“主动”“被动”“使动”“描记”“评议”“强调”“委婉”等）也是句干句式义形成的重

---

① 邢福义指出：复句句式的关系语义（句式义）有逻辑基础，如“如果……就……”“只要……就……”，表示逻辑上的“假言判断”。参看《汉语复句研究》第106页，商务印书馆，2001年。

② 这一点我国学者廖庶谦(1940)早就提到。他指出跟句式(30)相同的“父亲穿衣出门上街买布”，就是“依着事实发生的先后的，一点也不能错乱”。参看《对于“中国文法革新讨论”》的批评，《理论与现实》2卷2期，1940年10月15日。

要原因。①

总之,应该正确对待描写和解释的关系。从句式研究的全局说,应该贯彻描写和解释相结合的原则,应在语言句式义描写的基础上来解释句式义的成因。认知情景是形成某些句干句式义的基础或理据;但句式的句式义的形成并非都来自认知情景,事实上,除认知情景外,诸如逻辑形式、表达情态、感情色彩、交际用途,甚至客观的事实或事理等都可能解释形成句式义的成因。句式义的认知解释是不可或缺的,但辨识、解释句式义并不完全决定于认知情景。"认知"不是句式义的唯一理据,如果在解释句式义上过度地强调"认知解释",并把任何句式义都归结于"认知情景"或"感知完形",把"心理认知"万能化,这就有点儿走向极端。

五 余 论

构式语法重视研究句子层面的"构式"或"论元结构构式"——即"句干句式",认为句式是独立于内部构成成分而存在的"形式-意义的配对",指出句式内部词语的意义受制于句式的整体,主张研究句式的独立的、整体的意义——句式义,并尽力探索和解释句式义与人类心理之间的密切关系,这是有积极意义的,它对推动句式研究做出了贡献,是应该加以肯定的。但构式语法试图从"认知情景"或"感知完形"出发来分析句式进而发现、辨识、理解、描述句式义,即认为"认知情景"或"感知完形"就是或等于句式义,这种纯心理主义的分析句式的思路或策略对分析和发现句式义的方法有误导。构式语法忽视语气以及特定语境里的表达需求和主观意图所形成的句式和句式义,忽视思维的形式逻辑和句式义的关系,忽视静态句式和动态句式的区别,忽视语言句式的内部成分对形成句式和句式义的影响,忽视借助语言形式特征来分析句式义,忽视句式和句式义对心理认知的反作用。这些"忽视",表明构式语法分析句式义的

① 概括地说,句式义的形成主要由三方面的因素互动互制决定的:反映客观事实的思维结构是形成句式义的基底因素,言语的表达需求是形成句式义的调控因素,句内成分及其配置的形式和意义是形成句式义的载体因素。参看范晓《语法研究中"解释"的解释》,《汉语学习》2008 年第 6 期;《关于句式义的成因》,《汉语学习》2010 年第 4 期。

思路或策略带有片面性，因而不能辩证地说明句式及其句式义的各种问题，在方法论上并不完善。目前在我国构式语法很时髦，借鉴其中某些合理的观点是应该的，但由于它存在着一些偏差和矛盾，所以不应把这种学说当作金科玉律全盘接受，“一味跟着跑”，那只会使我国的语言学“永远处于附庸地位”。[①] 从构式语法存在的一些问题足以说明：引进或借鉴国外语言学理论时，我们应该有自己的主见和立场，批判地借鉴和吸收国外学说，吸取合理的，舍弃不合理的，这样才能更好地发展中国的语言学。

参考文献

陈满华　2009　构式语法的发展历程和目前的状况，《语言学及应用语言学》第2期。
邓云华、石毓智　2007　论构式语法理论的进步与局限，《外语教学与研究》第5期。
范　晓　1996　《三个平面的语法观》，北京语言学院出版社。
范　晓　2008　语法研究中“解释”的解释，《汉语学习》第6期。
范　晓　2009　关于句子的功能，《汉语学习》第5期。
范　晓　2009　《汉语句子的多角度研究》，商务印书馆。
范　晓　2010　关于句式问题，《语文研究》第4期。
范　晓　2010　论句式意义，《汉语学报》第3期。
范　晓　2010　关于句式义的成因，《汉语学习》第4期。
范　晓　2010　句式研究中要重视的几个问题，《语言研究集刊》(第七辑)，上海辞书出版社。
范　晓　2011　语法的句式和修辞的关系，《当代修辞学》第1期。
范　晓、张豫峰　2003　《语法理论纲要》，译文出版社。
李宇明　1989　“NP呢?”句式的理解，《汉语学习》第3期。
陆俭明　1991　语义特征分析在汉语语法研究中的运用，《汉语学习》第1期。
陆俭明　2004　词语句法、语义的多功能性：对“构式语法”理论的解释，《外国语》第2期。
陆俭明　2004　“句式语法”理论与汉语研究，《中国语文》第5期。
沈家煊　1999　“在”字句和“给”字句，《中国语文》第2期。
沈家煊　2000　句式和配价，《中国语文》第4期。
邢福义　1983　试论“A，否则B”句式，《中国语文》第6期。
邢福义　1984　说“NP了”句式，《语文研究》第3期。

---

① 邢福义、王耿《中国语言学要有一颗中国心——邢福义访谈录》，《语文教学与研究》2010年第10期。

邢福义　1985　“越X,越Y”句式,《中国语文》第3期。
邢福义　1986　反递句式,《中国语文》第1期。
邢福义　2001　《汉语复句研究》,商务印书馆。
张　斌　1984　语句的分析和理解,《中文自修》第4期。
张　斌　1986　句子的解释因素,《语文建设》第4期。
张　斌　1992　句子的理解策略,《中国语文》第4期。
张　斌　1996　谈谈汉语语法结构的功能解释,《中国语文》第6期。
张伯江　1999　现代汉语的双及物结构式,《中国语文》第3期。
张伯江　2000　论“把”字句的句式语义,《语言研究》第2期。
张伯江　2009　《从施受关系到句式语义》,商务印书馆。
朱德熙　1978　“的”字结构和判断句,《中国语文》第1—2期。
朱德熙　1979　与动词“给”相关的句法问题,《方言》第2期。
朱德熙　1980　汉语句法里的歧义现象,《中国语文》第2期。
朱德熙　1981　“在黑板上写字”及相关句式,《语言教学与研究》第1期。
朱德熙　1983　包含动词“给”的复杂句式,《中国语文》第3期。
朱德熙　1986　变换分析中的平行性原则,《中国语文》第2期。
Goldberg Adele E.　1995　《构式——论元结构的构式语法研究》(吴海波2007年译),北京大学出版社。
Goldberg Adele E.　2006　*Constructions at Work: The Nature of Generalization in Language*. Oxford: Oxford University Press.

(本文曾刊载于《汉语学报》2012年第1期,篇名为《论句式义的分析策略》)

(作者通信地址:复旦大学中文系,上海　200433)

现代汉语可选论元
转换为必有论元的三种途径

杉村博文

摘　要：在汉语中，我们经常会发现可选论元作为必有论元出现的情况，如“吃食堂、做苦瓜、切这把(刀)”。本文从“现象象征组合”这一观点出发，分析了像“吃食堂”这类看似是超常规的VN结构的形成机制。同时，对“做苦瓜”这类通过转喻可选论元转变为必有论元的VN结构以及“切这把(刀)”这类通过信息结构调整可选论元转变为必有论元的VN结构进行考察，从而弄清了“现象象征组合”“转喻”和“信息结构调整”三者之间的关系。

关键词：VN结构；现象命名；论元结构；象征组合；论元结构变化

○ 引　言

在汉语中，我们经常会发现可选论元作为必有论元出现的情况。“可选论元作为必有论元出现”具体是指，可选论元出现在动词后面充当宾语的情况，如例(1)—(3)。

(1) 她住在学校<u>吃食堂</u>。(铁凝《哦，香雪》)

(2) 菲力浦，给我写信吧，<u>写明信片</u>，用中国的明信片，我会想你的。(程玮《来自异国的孩子》)

(3) 严守一……手里拿着……两毛钱，往老牛手里递。老牛接过钱：“往哪儿打呀？”严守一：“长治三矿，我<u>打三矿</u>！”(刘震云《手机》)

例(1)“吃食堂”中的“食堂”原本表“吃饭”的处所，而不表“吃”的对象。也就是说，通过“吃食堂”这样一种VN结构来表示“在食堂里吃饭”这个行为。在例(2)中，“用明信片写信”编码为“写明信片”，“明信片”不仅充当了信息传递的媒介也表示媒介传递的信息。例(3)中的“打三矿”是承接上文“往哪儿打呀?”说的。但是,并没有鹦鹉学舌般地回答说“往三矿打!”,而是将通电话的对方放在“打”的后面来回答说“打三矿!”。

我们准备考察这三种VN结构是如何形成的。考察时,重点放在“吃食堂”类VN结构(下称VN_F)上面,至于“写明信片”类VN结构和“打三矿”类VN结构则采取和VN_F对比着分析的方法。

一 宏观视角和微观视角

“吃食堂”这个行为与“吃饭”不同,如果我们以“宏观视角”去进行描写,它就可以成立,但是如果我们以“微观视角”去进行描写,它就不能成立。譬如例(4)(5)这种“宏观视角”的描写都可以成立:

(4) 我吃了十年食堂。我吃食堂吃了十年。

(5) 我吃惯了食堂。我吃食堂吃惯了。

而像例(6)—(10)这种“微观视角”的描写则都不能成立:

(6) *他正在吃食堂。

(7) *你吃食堂了吗?

(8) *你吃了食堂再走吧。

(9) *我想吃勺园七号楼餐厅。①

(10) *我昨天吃了一个食堂。

通过“吃食堂”不能以“微观视角”进行描写这一点,我们可以看出,VN_F的格式意义不仅和“写明信片”类VN结构不同,而且与“打三矿”类VN结构也不同。“写明信片”可以进行“微观视角”描写,如:“我给菲力浦写了一张明信片。”②“我打三矿!”则由专有名词充当宾语,描写一种特定的情况。

---

① 此例转引自陆俭明、郭锐(1999)。

② 如果将“明信片”的外延缩小,“明信片”换作“中国的明信片”的话,或许是由于从“信息传递媒介”到“传递信息”的转喻不再成立,只能说成“我给菲力浦写了一张明信片,用中国的明信片写的”。这一点与日语相同,很多日语母语者认为“私はフィリップに日本の絵葉書を書いた”(我给菲利浦写了一张日本的明信片)这句话不成立。

再介绍一个与“写明信片”属于同一个类型的例子：

(11) 原来以为你回来吃饭呢,我特地给你做了苦瓜。(毕淑敏《女心理师》)

“做苦瓜”是指以“苦瓜”为主料做菜。与“写明信片”相同,我们可以从“微观视角”去对其进行描写,如:“我特地给你做了一盘苦瓜”。

二 “吃食堂”是如何形成的

2.1 当我们要准确理解“吃食堂”所表示的意思时,作为背后的语言知识,动词“吃”的论元结构〔以下简称“AS(吃)”〕必然是在我们的心理词典中存在的:

AS(吃):[Agent, (Locative/Instrument……), ________, Patient]

这个论元结构与现实生活中每一次“吃饭”行为相对应。例如:

(12) 李老师$_A$在一号食堂$_L$用筷子$_I$吃了一盘意大利面$_P$。

(13) 艾拉,是你教汤姆把东西$_P$先给别人$_A$吃的?(王周生《陪读夫人》)

而当“(家中无人做饭)一日三餐基本上都在食堂里吃”这种情况一旦成为一种常见的、普遍的生活方式的时候,我们的语言就需要给它创造一个专门的名称来进行称谓,于是“吃食堂”就应运而生了。杨永忠(2010)认为,“吃食堂”让人联想起的最典型的情况是:“单身”“过集体生活”和“不自己做饭”。

从句法的角度看,“吃食堂”最大的问题就在于我们无法通过上面所举AS(吃)来生成“吃食堂”这种VN结构。我们需要另辟蹊径去给动词“吃”设计一个可以生成“吃食堂”的论元结构。

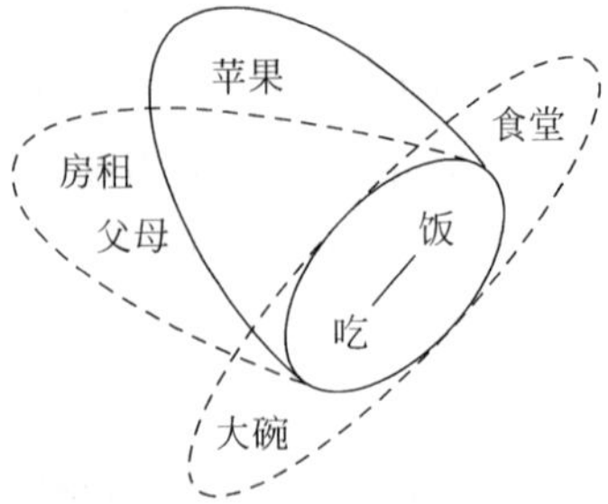

如上所述,“吃食堂”不能以“微观视角”进行描写,例(6)—例(10)都不合法。从这一点上我们可以看出,在“吃食堂”这种称谓的形成背后起作用的

是，可选论元“处所”（Locative）的泛化和凸显，必有论元“受事”（Patient）的泛化和隐去，以及对述语“吃”的宏观识解。这三种认知过程联合起来使得受事“饭”隐藏起来，处所“食堂”凸显出来，结果，引起“吃”的论元结构发生极大的变化：①

AS（吃〔宏观识解〕）：[Agent, ________, Symbol]

“食堂”这个“处所”角色泛化并受到凸显之后，成为整个现象当中的“象征”（Symbol），从而形成“吃食堂”这样一个 VN 结构。换言之，“吃”和“食堂”都是以“一日三餐都在食堂里吃”这一现象为背景的图形（Figure），而且也是以“一日三餐都在食堂里吃”为目标域的参照点。我们将这种整合方式称为“象征组合”。这时，受事“饭”虽然在形式上被“隐去”，但其词汇义被“吃”和“食堂”的词汇意义所吸收，同时，其语法意义即“将具体事件泛化”通过“食堂”保留了下来。

2.2　我们认为应当从汉语 VN 结构语义上的开放性去探寻使得“象征组合”成为可能的句法条件。例如“锄”这个动词的意思是“用锄松土除草”，我们不仅可以说“锄草”“锄地”，甚至可以说“锄高粱”。唐朝的五言律诗“锄禾日当午，汗滴禾下土，谁知盘中餐，粒粒皆辛苦”中的“锄禾”就与“锄高粱”结构相同。关于汉语 VN 结构的语义开放性，参看杉村博文（1985、2006）。

2.3　“吃食堂”的形成是以汉语 VN 结构的语义开放性为句法条件，再由处所的泛化和凸显、受事的泛化和隐去以及对“吃”的宏观识解三者共同作用的结果。在此，我们有必要对受事的泛化和隐去做些说明。首先，受事的泛化是指，我们每次吃饭时的各种具体的食物被抽象概括，形式上实现为“饭”。上文例（12）中的“一盘意大利面”为“饭”的一个次类，我们可以认为“吃一盘意大利面”是“吃饭”这个图式的一个具体事例。在例（14）中“洗衣裳”为图式，“洗袜子”“洗床单”等为“洗衣裳”的具体事例。

（14）第二天，她在盥洗室洗了一天衣裳，把积存的衣服、袜子、床单儿都洗了。（王蒙《青春万岁》）

让我们再回到“吃饭”上来。因为泛化后的受事“饭”已经不再表示不可预测

① “论元结构的变化”这一思路借鉴了袁毓林（2007）。

的特定的食物，完全可以通过“吃”和“食堂”推测出来，所以就得以隐而不见，腾出“吃”后面的位置来，为“吃食堂”这个 VN_F 的形成创造了句法形式上的条件。王纯清（2000）将“吃饭”中的“饭”称为“虚体宾语”，指出“虚体宾语”的出现与否并不影响语言中的信息量。她还将“吃苹果”中的“苹果”称为“常体宾语”，“吃食堂”中的“食堂”称为“代体宾语”。①

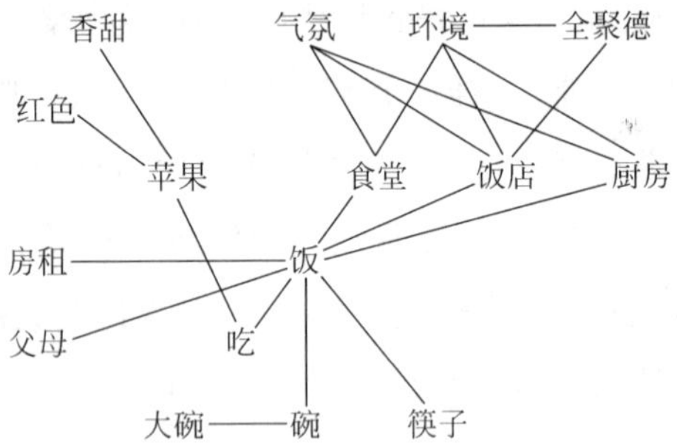

谢晓明、王宇波（2007）给我们列举出汉语母语者关于“吃”“喝”的知识库示意图，分析了“吃食堂”形成的原因。他们认为“吃食堂”的形成存在着两个认知上的动因。其一，他们认为“饭”这个概念容易被“吃”激活从而被隐去。②他们指出“饭”与“吃”构成一个完形。其二，“食堂”与“饭”之间存在着密切的共现关系，频繁与“吃（饭）”一起出现，因此“吃”和“食堂”之间建立起了常规关系，于是就形成了“吃食堂”。谢晓明、王宇波（2007：69）的论述如下：

> 与动词有常规关系的概念在句法上容易与动词组合在一起，通过概念意义的整合，在句法结构上也进行相应的整合。概念与动词之间的常规关系越紧密，反映概念的词语就越容易出现在宾语的位置上，与动词一起构成一个动宾结构。这一点也符合认知上的距离相似动因。

文中“符合距离相似动因”是指，从认知上来讲，与“在食堂里吃（饭）”相比，“吃食堂”中的“吃”和“食堂”之间的距离更近。

虽然谢晓明、王宇波（2007）的主张是符合语言事实的，但是我们不得不说他们关于 VN_F 成立的认知动因和句法条件的分析还是不充分的。王纯清（2000）也

① 王纯清（2000）区分“虚体宾语”和“常体宾语”是正确的，但是她并没有指出“虚体宾语”可以将动作行为泛化这一点。

② 参见杉村博文（1985）、邢福义（1991）、王纯清（2000）。

具有同样的问题。因此本文2.1、2.2的分析是有必要的。2.1、2.2的分析同时也解释了为什么“吃食堂”能成立而“吃餐厅”“吃筷子”却不能成立。[①] 我们将在第四章专门讨论是否存在促发VN_F产生的更为形式化的句法机制，在此之前我们再深入讨论一下VN_F结构中N_F的意义和功能。

三 VN_F结构中N_F的意义和功能

3.1 从语义角色上来讲，“吃食堂”中的“食堂”由进行“吃饭”这个行为的“处所”转变为“一日三餐基本上都在食堂里吃”这种生活方式的“象征”。与此同时，从句法上来讲，它虽处于被动词“吃”直接支配的位置上，但却不扮演“受事”的语义角色。下面两个例句就可以证明这一点。

(15) *我吃了一顿食堂。　　(16) *我把食堂吃完了。

或许有人会认为，“象征”这个语义角色过于抽象，应该按照以往对宾语的意义分类，把“食堂”归属于“处所宾语”或“方式宾语”。但是我们认为，VN_F结构中的N_F与动词的宏观识解互相作用，成为了一种现象象征，应该被概括为一种独立的语义角色。对每个宾语逐个进行就事论事的意义分类不能够触及现象的本质。

“哭鼻子”这个VN_F结构就可以充分证明语义角色“象征”的存在。“哭鼻子”在《现代汉语词典》中的解释为“哭(含诙谐意)。口语。”

(17) 如果输了球，谁也不许哭鼻子；赢了球嘛，可以痛痛快快地哭。(鲁光《中国姑娘》)

毫无疑问，“鼻子”在“哭泣”这个行为中是极具象征性的。

3.2 如前所述，我们可以认为，隐去的受事“饭”的词汇意义被“吃”和“食堂”所吸收。同时，下面这一点也是不容忽视的，即，将“食堂”和“吃”整合在VN_F结构中，使得N_F的位置不悬空，从而使得“饭”的语法意义(将具体事件泛化)得以继承。“食堂”把一个微观识解的具体事件转变成一个宏观世界的抽象行为这一点，从“吃食堂”的意思上完全能够理解，而且这也反映在“吃食堂”中的“食堂”不

① 如果鉴于孩子用筷子比较困难而且比较危险，“大人用筷子，孩子用勺子”这样的习惯一旦确立，可能会产生“吃筷子”这样的说法。

能够"专指化"这一点上。①

(18) ＊李老师住在学校吃勺园七号楼餐厅。

早已有人指出，VN_F 构式中的 N_F 可以把一个微观识解的具体事件转变成一个宏观识解的抽象行为，②在此我们再举两个例子：

(19) 钱主任喜欢说话办事都恭恭敬敬的人。(毕飞宇《玉秧》)

(20) 他们有两个孩子，一男一女，现在都在大学读书。(张平《抉择》)

例(19)中的"说话办事"泛指人的日常言行举止以及做事方式。例(20)中的"读书"则泛指"学习"这个行为。这里值得注意的是，"说话办事""读书"并没有像"吃食堂"那样受到人们的关注。理由非常简单，那是因为"话""事""书"都是受事，是必有论元，而"食堂"则表示动作行为进行的处所，是可选论元，语义角色不同其句法表现也应该相应地有所不同。换言之，"话""事""书"都是动作行为所涉及的对象，它们出现在宾语的位置上是理所当然的，而"食堂"则仅仅是动作行为进行的处所，并不表示动作行为所涉及的对象，因此，它出现在宾语的位置上时属于超常规搭配。我们认为，"说话""办事""读书""吃食堂"这些均为需要命名的社会现象，从现象命名时的"象征组合"这个角度来讲，它们都具有同样的认知理据和句法特点。

四　VN_F 形成的形式化解释

4.0　通过以上的分析，我们基本上弄清楚了"吃食堂"形成的认知理据和句法条件。在此我们进一步探讨一下能否更加形式化地说明"吃食堂"形成的句法

① 陆俭明、郭锐(1999)指出"专有名词"不能出现在"食堂"的位置上，如："＊勺园二号楼食堂的饭不好吃，我想吃勺园七号楼餐厅。"但是，如果总是在固定的"食堂"或"餐厅"用餐，这个固定的"食堂"或"餐厅"成为了用餐处所的代名词的话，按照本文的逻辑，专有名词也可以出现在"食堂"的位置上。作者找到一个这样的例子。文中"老莫"是指"莫斯科餐厅"，"莫斯科餐厅"一度成为"高干子女"们的聚集地，他们将"莫斯科餐厅"称为"老莫"。

那时"老莫"刚重新开张，用的是银餐具。我们每吃一次都要偷回一把勺子或一把叉子——不是为了卖钱。这是吃了一次"老莫"的标志，和军功章一样值得炫耀……(陈建功《飘逝的花头巾》)

周彤指出，下面的说法也成立(个人通信)：

我已经吃惯了我们学校的食堂，换个口味还真不适应。

② 见相原茂(1985)，杉村博文(1985)。[一般/抽象]这个语义特征使得我们在称谓某些动作行为或者包含动作行为的事物时经常使用 VN_F，如：受事，吵嘴，拦网，陪床，洗衣机，吸尘器……。

机制。或许我们以及谢晓明、王宇波(2007)的主张是正确的,却并没有从形式上得到充分的验证。冯胜利(2005)和袁毓林(2007)力求给出更加形式化的说明,在本章中,我们一边介绍他们的分析方法,一边重新对 VN_F 形成的认知理据和句法条件进行验证。

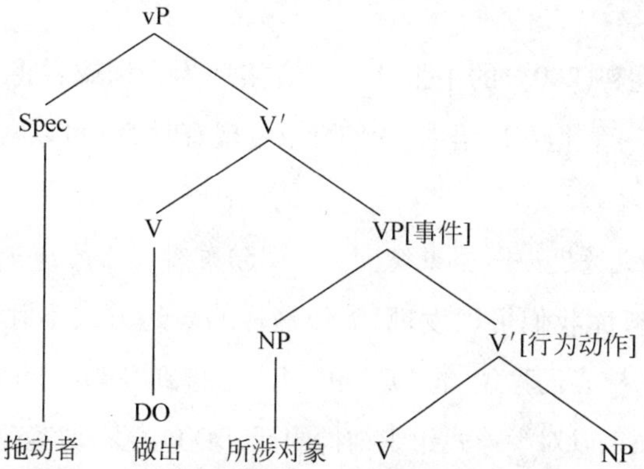

4.1 如果按照冯胜利(2005)所提倡的"轻动词移位"来分析的话,"李老师吃食堂"这句话就是从如左图的论旨结构派生出来的:

(21)[李老师[DO[事件[食堂[吃]]]]]

这种论旨结构可以表述为:"施动者做出/造成(v)[一个[行为动作(V')和该行为涉及的事物、场所或状况(NP)]的事件(VP)]"(李老师做出一件涉及食堂的吃(饭)的事)。①

因为轻动词 DO 是没有语音的,所以为了要保证它的存在(或实现),DO 要么必须实现为一个与语境相应的介词,要么必须实现为 V,二者必居其一。拿(21)为例说得具体些,如果 DO 作为引导"食堂"的介词实现,那么就会形成"李老师在食堂吃";如果 DO 没能作为介词实现,那么就要促发被 DO C-控制的下属动词移位,要求"吃"上移到 DO 的位置,从而形成"李老师吃食堂"。"吃"从 V 到 v 的移动被称为"核心词移位"(head-to-head movement)。

在我们看来,冯胜利(2005)的分析有些偏离语言事实,在此,我们参考袁毓林(2007)对冯胜利(2005)的批判,提出几点疑问:

一、按照中国人的语感,与"吃食堂"相对应的介词表达方式为"在食堂里吃

① 参看冯胜利(2005:9—11)的讨论。

饭”,而不是“在食堂里吃”。我们可以忽视“吃饭”和“吃”之间的对立吗？如果不可以,假设“在食堂里吃饭”派生出“吃食堂”的话,那么我们该如何处置“饭”?①

二、引导NP的介词的非音化理据不明,因此引起核心词移位的理据也就不明,②而且又无法有效地阻止汉语句法派生出非法结构,如:＊吃勺园七号楼餐厅、＊写粉笔。

三、按照冯胜利(2005)的主张,DO或者实现为介词或者将V上移至自己的位置,二者必居其一。但在口语中,我们可以发现有时DO可以实现为不带音的空动词。譬如:

(22) 哪儿吃?——全聚德。　　(23)你哪儿上的?——清华园。

通过检索口语语料库我们可以发现,类似这样的表达方式不胜枚举。在例(22)(23)中,如果要求核心词移位,将“吃”和“上”上移到“哪儿”的前面的话,就会违反句法规则。③ 如果以对举形式组织结构的话,DO就更容易实现为不带音的空动词。譬如:

(24) 高天禄……硬把芦花哥哥麻绳吊、铁棍打,一条腿打得骨折。(石言《秋雪湖之恋》)

画线的部分也不能促发核心词移位,“＊把芦花哥哥吊麻绳、打铁棍”是不合法的。

四、“吃食堂”“写明信片”和“(那把刀不快,你)切这把(刀吧)”等,其形成过程显然各不相同,但冯胜利(2005)却试图用同一种方法来处理。

五、例(25)中的“排豆腐”是“排队买豆腐”的压缩形式。

(25) 清早老婆上班,小林照常出去排豆腐。(刘震云《一地鸡毛》)

如果用本文的“象征组合”来分析的话,“排”和“豆腐”是以“排队买豆腐”这一现

---

① 冯胜利(2000)认为,“饭”是没有语音的空代词,是一个即使不出现我们仍然可以推导出其存在的旧信息。

② 冯胜利(2000)认为,促发核心词移位的动因是为了保证所涉对象NP作为一个新信息能够获得普通(以及焦点)重音。

③ 如果不存在DO实现为不带音空动词这样的现象〔如例(22)—例(24)〕,冯胜利(2005)做如下修正,可成为形成VN_F的句法机制:

一、受VP支配的NP泛化并且受到凸显,受V'支配的NP泛化并且被隐去,论元结构因此发生变化。

二、为了形成VN_F结构且实现事件的泛化,使核心词V上移至v的位置。空缺的NP的词汇意义和语法意义均被VN_F结构所吸收继承。

象为背景的“图形”,是以“排队买豆腐”为目标域的参照点。因此,从如何组织 VN 结构的角度来讲,“排豆腐”与“排队买豆腐”的关系和“吃食堂”与“在食堂里吃饭”的关系并无不同。① 但是,如果按照冯胜利(2005)中的核心词移位的分析方法,则无法生成“排豆腐”,于是不得不将“吃食堂”和“排豆腐”区别对待。

4.2 袁毓林(2007)对前人有关 VN_F 形成机制的研究(包括袁毓林 1998)进行深入分析,得出了如下的结论:

我们怀疑:从句法操作上来解释“宾语代入”现象的路子,②在根本上是错误的,至少是极不经济的。……解决词库中动词的句法、语义特性与表层的句法表达式之间的不一致,并非一定要诉诸句法操作这种不太经济的手段。

袁毓林(2007)认为,在词库和句法表达之间有论元结构这样一种表达层面,并且主张应当在论元结构层面来解决 VN_F 的生成问题。例如:

(26)[写:Agent,(Instrument/Manner/Locative),______,Patient]→小明用毛笔写字。

(27)[写:Agent,________,Patient(Instrument)]→小明写毛笔。

如论元结构(26)(27)所示,袁毓林(2007)给动词“写”设计了两个不同的论元结构,以便顺利生成(26)(27)箭头右侧两种不同的句法结构。我们认为袁毓林(2007)的处理方法可以很好地将语义和形式结合起来,我们在上面也采用了同样的做法。但是,如果要从对事件本身(proposition)的识解层面去解释 VN_F 的生成,那么必须要验证我们对事件本身的识解是否正确。袁毓林(2007)如下描述论元结构(27)的形成过程:

为了突出“写”的工具论元“毛笔”的受动性,把它转变为受事论元,并把原有的受事论元“字”挤出动词“写”所激活的语义场景(scenes)的透视域(perspective)之外,形成了“写”的有标记的论元结构。③

我们对袁毓林(2007)的这个观点持有异议。首先,我们在“毛笔”上看不出任

① 从语义的角度来讲,“排豆腐”和“吃食堂”并不完全相同。“排豆腐”可以从“微观视角”去描写,如:“今天早上我排了四块豆腐”。与“排队买 N→排 N”同样的例子还有“挣钱买 N→挣 N”,如:“挣钱买房子→挣房子”。“打领带”或许也可以做同样的分析:“打结系领带→打领带”。

② “宾语代入”是邢福义(1991)使用的术语,“吃食堂”属于“宾语代入”的例子。

③ 通过检索语料库我们可以发现,“写毛笔”较少见,“写毛笔字”较为常见。根据我们的调查,有的汉语母语者不能马上理解“写毛笔”的意思。

何“受动性”。袁毓林(2007)举出“小明一天到晚写毛笔,都写秃了好几支毛笔了”这样一个例子来证明“毛笔”的“受动性”。但是,一旦“写”带上了“秃了”这种结果补语,就已经不是一个动词拥有怎样的论元结构的问题,而是怎样整合两个不同事件的问题了。其次,按照袁毓林(2007)的分析,我们仍然无法阻止汉语句法造出像“*写粉笔”“*写铅笔”这种不合格的VN结构来。

本文对论元结构变化动因的分析与袁毓林(2007)有很大的不同。我们认为,当我们观察外部世界的“视角”从“微观”转变到“宏观”时就有可能发生动词论元结构的变化,并在“宏观视角”层次上应该建立一个新的语义角色“现象象征”。而袁毓林(2007)则基本上是在现有的理论语言学基础上进行讨论的。

在我们看来,冯胜利(2005)与袁毓林(2007)存在着同样的问题。即,他们的解释都没有正确反映中国人的语感,而且他们所主张的句法机制的生成能力显得过于强大,无法有效地阻止汉语句法生成出不合格的VN_F。① 我们认为,能否为VN_F的形成找出更加合理的、更加形式化的句法机制,还有待今后继续深入研究。

五 通过转喻及信息结构调整可选论元转变为必有论元

5.1 通过“材料”转喻“成品”,通过“信息媒体”转喻“传递信息”这种概念操作,汉语似乎比别的语言(比如日语)更容易、更常用。如果这种转喻发生在宾语的位置上,那么可选论元就可以转变为必有论元。作为“材料”转喻“成品”的例子,上文举了“做苦瓜”;作为“媒体”转喻“信息”的例子,上文举了“写明信片”。类似的例子还有:

(28)他……发现……老婆正扎着围裙给他做鱼呢!(刘恒《贫嘴张大民的幸福生活》)

(29)服务员都会说英语和法语,古波和帕兰卡跟她们说汉语,她们很高兴。(汉语教材)

① 考虑到VN_F并非自由能产的句法格式,或许我们应该把VN_F交给词库去处理。参看冯胜利(2005)注[7]。

例(28)中的“做鱼”意为“用鱼做菜”,例(29)中的“说汉语”意为“用汉语说话”。无论是“做鱼”还是“说汉语”都不能直接翻译成日语。“做鱼”翻译成日语是:“さかな料理をつくる(鱼+菜+宾语标志+制作)”。日语中需要补充“料理”这个词,但是汉语没有这个必要。“说汉语”翻译成日语是:“中国語ではなしをする(汉语+工具格标志+话+宾语标志+进行)”。“汉语”只能带上工具格助词“で[de]”扮演工具角色。冯胜利(2005)用“轻动词移位”理论来说明这类例子;而袁毓林(2007)则用“论元结构的变化”来说明这类例子。而我们则认为将其作为转喻现象来解释更为合理。如第一章中所述,VN_F 结构与通过转喻可选论元转变为必有论元的 VN 结构,二者的句法表现根本上是不同的。不仅如此,前者还明显倾向于词汇化,而后者则看不出有这种倾向。

5.2 在本文开头部分,我们举了一个打电话的场面。说话人对“往哪儿打呀?”的问话,并没有鹦鹉学舌地接上“往三矿打!”,而是用“打三矿!”来回答了。如果通电话的对方是“人”,就不会发生像“打三矿”这样的语序调整。下面例(30)是不合语法的:

(30) 你给谁打呀?——牛三斤,*我打牛三斤!

但是,像例(31)这样的对举格式可以允许将由“人”充当的通话对方放在宾语位置。例如:

(31) 搞不懂怎么回事儿,我打毕晓燕,毕晓燕不接;打周彤,周彤不接。打谁谁不接,好像都躲着我似的。

关于对举格式所特有的造句能力,请参照铃木庆夏(2002)。

我们认为,“打三矿”的成立很有可能与“打电话”这一事件框架已被确立这一点有着密切的联系。冯胜利(2005:5)举了如下一个例句:

(32) 那把刀不快,你切这把(刀)吧。

在这个例句中,与“切”相关的施事、受事、工具等语义角色都已经在说(32)之前确立起来,唯一尚未决定的是工具的选择。也就是说,只有“备选项”是个新信息。正因为如此,去掉了旧信息“刀”的“你切这把吧”比保留了旧信息“刀”的“你切这把刀吧”来得更自然一些。

建立事件框架的动词“切”仿佛仅仅是为了引进“备选项”这一新信息而存在。从这一点上来看,我们或许可以将例(32)这样的语序调整与重动句的后一段结合起来考察：

(33) 我换轮胎换了半个多钟头。

“换了半个多钟头”中的“换”，主要也是为了引进“半个多钟头”这一新信息而存在的。本文将例(32)这样的语序调整称为“通过信息结构调整可选论元转变为必有论元”。

有趣的是，“用毛巾洗脸”不能说成“＊洗毛巾”，①但是“用这条(毛巾)洗(脸)吧！”却可以说成“洗这条(毛巾)吧！”，并且并没有减少语言的信息量。这种语序调整不能用在陈述句中，下面例(34)是不合法的：

(34) ＊他切了那把(刀)。

像例(32)这种VN结构非常口语化而且对上下文极其敏感，但是当一个事件中的所有语义角色都已经确立，只有“备选项”是新信息的时候，汉语句法喜欢让建立事件框架的动词V引进“备选项”组成VN结构。我们再看一个例子：

(35) 压轴菜终于上来了，这是最后的也是最高的高潮。方师傅一直在锅灶边忙着，这时候他也跟着蹄膀一起露面了，大家拍起手来。却不是拍蹄膀，而是拍方师傅的。(范小青《厨师履历》)

很显然，有了“大家拍起手来”才有“不是拍蹄膀，而是拍方师傅”的。这种VN结构对语境有很大的依赖性，离开了具体语境就无法做出正确的语义解释。

参考文献

冯胜利　2000　“写毛笔”与韵律促发的动词并入，《语言教学与研究》第1期。

冯胜利　2005　轻动词移位与古今汉语的动宾关系，《语言科学》第1期。

鈴木慶夏　2002　《中国語における文法形式としての対挙形式》，大阪外国語大学言語社会研究科博士学位論文。

陆俭明、郭　锐　1999　现代汉语语法研究所面临的挑战，《面向新世纪挑战的现代汉语语法研究》，山东教育出版社。

杉村博文　1985　道具目的語の形成，《中国語学》第232号。

① 见王纯清(2000)。“用毛巾洗脸”是中国长江以南地区常见的习惯，指将毛巾浸到水中，用浸湿的毛巾擦脸，再将毛巾拧干擦脸。

杉村博文　2006　“VN”形式里的“现象”和“事例”,《汉语学报》第1期。
王纯清　2000　汉语动宾结构的理解因素,《世界汉语教学》第3期。
相原茂　1985　“亲嘴”の“嘴”は誰のもの?,《明治大学教養論集》。
谢晓明、王宇波　2007　概念整合与动宾常规关系的建立,《汉语学报》第2期。
邢福义　1991　汉语里宾语代入现象之考察,《世界汉语教学》第2期。
杨永忠　2009　Vi + NP句法异位的语用动机,载邢福义主编《动词与宾语问题研究》,华中师范大学出版社。
袁毓林　1998　《汉语动词的配价研究》,江西教育出版社。
袁毓林　2007　走向多层面互动的汉语研究(代前言),《汉语词汇·句法·语音的相互关联》(徐杰、钟奇主编),北京语言大学出版社。
Mark C. Baker　2001　*The Atoms of Language – The Mind's Hidden Rules of Grammar*, Basic Books.
Andrew Radford　2004　*English Syntax: An Introduction*, Cambridge: Cambridge University Press.

(作者通信地址:日本大阪大学大学院)

重度-标志对应律*

——兼论功能动因的语用性落实和语法性落实

陆丙甫

摘　要：本文根据《马氏文通》提到的一些语法现象，以及跨语言的相关现象，提出"重度-标志对应律"这一语言共性：一个成分重度(长度或结构复杂度)越大，越需要一个标示其句法地位的标志。这条编码共性有两种落实方式：一，作为倾向的语用性的落实，此时的轻重体现在具体的长度上，这主要是消极修辞研究的对象；二，作为语法规则的语法化落实，此时重度表现在语法范畴上，轻重取决于"词""名词短语"和"小句"的范畴不同。文章也讨论了这两种落实方法的区分在各种动因解释中的普遍性。

关键词：重度；标志；《马氏文通》；功能动因；形式编码

一　从《马氏文通》一段描写说起

"共性"，就是普遍规律，往往是无所不在、无时不有的，即所有具体的语言现象中都有所表现。因此，从汉语的具体描写中可以发现许多基本的语言共性。让我们以《马氏文通》下面一段描写为例，看看其中隐含了多少语言共性(吕叔湘、王海棻，1986：249—254)：

凡外动字之转词，言其行之所归，与所向之人，或所在之地，则介以"于"字而

---

* 本文初稿为"庆祝张斌先生90华诞从教60周年学术讨论会"(2010年11月上海师范大学)报告论文。写作过程得益于网站和会议参与者的讨论反馈，特别是得益于金立鑫、宗守云、罗天华和郭中诸位先生的一些具体意见。文章刊于《中国语文》2011年第4期，采纳了《中国语文》编辑的一些重要建议，谨此致谢。此次收入论文集，纠正了几处笔误。

位于止词之后。转词指人，或为代字，或为名而字无过多者，则先诸止词，而无庸介焉。转词指地而字数亦少者，则仍后止词，介词间删焉。

从这段话的三个句子中，我们至少可以引出跟当今类型学研究关系密切的五条基本的语言共性。

一、第一句“凡外动字之转词，言其行之所归，与所向之人，或所在之地，则介以‘于’字而位于止词之后”。这句话的大意是，及物动词所带斜格(oblique)成分(即“转词”，包括间接宾语和动词的其他名词性附加成分)，表示动作目标，以及目标性人物或处所，就带“于”字并且后置于直接宾语(即“止词”)。简单地说，就是采取[动词+直接宾语+介词+斜格成分]这样的语序格式。事实上，当宾语和斜格成分都后置于动词时，几乎所有语言都以这样的语序为基本语序；其中宾语比斜格成分离动词更近，符合“语义靠近”象似动因①。另外，较远的斜格需要带介词作为语法标志，这又是“距离-标志对应律”(陆丙甫，2004)②这条共性的具体表现。

二、马氏所说第二句“转词指人，或为代字，或为名而字无多者，则先诸止词，而无庸介焉”，其中“转词指人，或为代字”，表明斜格成分用代词或指人，就要前移。这反映了“可别度领先动因”(陆丙甫，2005)，即可别度(这里主要表现为生命度和指别度)高的成分(这里是“指人，或为代词”)倾向前置。其中“为名而字无多者”，表明短小的成分容易前移而靠近动词核心，这反映了“内小外大”(陆丙甫，2006)的语序共性，即比较短小的成分有靠近核心的倾向。事实上“指人，或为代字”，通常也都是短小的形式，因此其前移，可看作是同时体现了“可别度领先”和“内小外大”两条动因。最后的“而无庸介焉”，说明前移而靠近动词后，就不需要带介词，这又再次反映了“距离-标志对应律”。

三、最后一句“转词指地而字数亦少者，则仍后止词，介词间删焉”，比较复

---

① “语义靠近”是语言象似性的表现之一，在功能语法史上产生甚早。其简单的朴素表述就是“意义上靠近的成分在结构上也靠近”。我们这里强调的是不同从属语跟核心的距离比较。事实上，如果不确立一个核心作为参照点并控制分析流程，这个朴素表述的应用范围很有限，可操作性很低，一般限于两个成分间的关系，如领属关系是否不可让渡关系对距离的影响。此外，确立核心基础上的轨层，也是“内小外大”这一语序共性必要的前提。

② 文献中原命名为“距离-标记对应律”。考虑到“标记”一词的歧义(陆丙甫，2009a)，这里改为“距离-标志对应律”。本文涉及的“内小外大”语序规则，根据本文关于“重度”的讨论，更概括的称呼应该用“内轻外重”，但这一改动较大，本文仍沿用以前的“内小外大”提法。

杂。如果理解为"斜格成分如果指处所并且字数少的话,就仍然后置于宾语,介词有时可删",那么,这一描述并不确切。确切的描写是,"斜格成分指处所,就仍然后置于宾语;如果字数少的话,介词有时可删",即"转词指地则仍后止词,若字数亦少,介词间删焉"。也就是说,字数少不是后置的条件,是"介词可删"的条件。这表明,一个成分越大,越需要语义关系标志,反映了本文下面所要讨论的"重度-标记对应律"。

这里的"重度",是英语 heaviness 的翻译,指长度和结构复杂度,虽然马氏所说"字数少"仅指长度,但我们后面的分析会提到,结构复杂度跟长度是密切相关的概念,抽象成"重度"有利于理论上的概括。

由此可见,从马氏短短一段描写中,我们至少看到了"语义靠近""可别度领先""内小外大"和"距离-标志对应律""重度-标志对应律"这五条语言共性的存在。前面三条是语序规律;后面两条讲功能标志的分布规律。

文炼、胡附(2010:58)在谈及汉语语序研究时,特地引用了上述《马氏文通》中那段话,并指出,"今天大家都注意到虚词在句中的位置比较固定","可是,实词的次序安排与虚词使用的关系,似乎反不如《文通》那样重视"。这段话,也强调了作为语法标志的虚词的分布规律。不过,这段话只指出标志跟语序的关系,而没有提到标志跟重度的关系,而这正是本文要强调的内容。

能够反映语言共性的描写,在《马氏文通》时有所见,又如(吕叔湘、王海棻,1986:255—256):

动字之有"于"字以介转词者,间易转词为止词,删"于"字而位于动字之后,又以"以"字介止词,置诸动字之先。不先者,惟司词长者为然。

所举例子有:

(1) a. 天子不能与天下于人。

b. 天子不能以天下与人。(《孟万上》)

(2) 晓谕百姓以发卒之事,因数之以不忠死亡之罪。(《司马相如传》)

马氏认为(1a)、(1b)间很容易转换。两个格式的宾语和斜格成分可以互换身份,这颇似英语中 to load hay onto the truck(载禾于车)和 to load the truck with hay(载车以禾)这样的转换。不过,古汉语以"以"引出的工具斜格有动词前、后两个位置。而到底前置还是后置,马氏认为跟"以"字短语的长短有关,如(2)中"以发卒之事"和"以不忠死亡之罪"因为较长,就不容易前置。这里再次强调了"重度"在句法中的作用。这个现象,类似于英语中的"重名词移位"。

本文主要讨论"重度"对句法的影响,特别是"重度"跟标志使用的相关性。以下我们进入具体的讨论。

二 重度-标志对应律

2.1 语用性落实

"重度-标记对应律"可表述为:一个成分越长,或内部结构越复杂,就越需要带上一个标示其句法地位的标志。

应该注意,长度跟复杂度是无标记的正相关关系,即通常情况下,长度大的成分结构复杂度也大,反之也成立。但是两者毕竟还是有区别,后面我们会谈到。

就长度跟标志的相关性来说,仅仅表现为一种大致的倾向,即长度到底大到什么程度才需要带标志,并无明确标准。我们把这种倾向看作是共性规律的"语用性"落实。

"转词指地则仍后止词,若字数亦少,介词间删焉"这个现象,可以以"蓄之(于)池"为例。由于"池"很短小,因此介词"于"就可以省略。马氏举了大量类似的例子。可惜,马氏在这一部分并没有举处所表达因为长而不宜省略"于"的情况。我们这里顺着他的思路,设想如果"池"扩大成"去岁新掘之放生池",全句成"蓄之*?(于)去岁新掘之放生池",感觉上"于"就不那么容易省略了。同样,"赠书(于)友人"跟"赠书*?(于)昨日于宴会新结交之友人"的对比也是如此。

类似现象甚多。以现代汉语方言中的双及物结构来说,主要有"送他一本书"和"送一本书给他"两种语序类型;后者通常需要一个"给"类介词。但是在不少南方方言中(包括粤语、老派上海话、赣语泰和话等),这个"给"类介词可以不用,说成"送一本书他"这样的格式。但这种句式有个限制,那就是间接宾语都必须是"轻型间接宾语、人称代词、单音节或双音节词等","重型名词"很难出现在这个位置(Xu & Peyraube ,1997)。下面是一个粤语的对比例子:

(3) a. 我送本书(俾)佢。 ‘我送本书给他。’

b. 我送本书 *(俾)系我隔篱果条街嘅人。 ‘我送本书给住在我隔壁那条街的人。’

成分因为长度大而更需要语法标志这一现象极多,再略举几例。

(4) a. I said (that) he would come.

‘我说过(,)他会来。’

b. I said? (that) if the weather was fine, he would come.

‘我说过? (,)如果天气好他会来。’

英语中的宾语小句,如果非常简单,that 很容易省略,如(4a)。但是小句如果较长,较复杂,如(4b)那样,that 就较难省,即使省略,也要在这个位置有个较长的停顿,这种停顿也可以看作一种标志。汉语的对译句也同样有类似对比,(4a)的译句不大需要停顿,(4b)的译句需要停顿的程度高得多。停顿处可以插入个“说”,需要的程度呈现同样的对比。

像 that 那样的关系代词或标句词,在印欧语中非常普遍,它们的分布受到多种因素的制约,其引出成分的长度显然也是众多因素之一①。

文言中的“夫”字,具有 that 那样的标句词功能,多用于复杂小句降级充当成分时,如小句充当宾语或主语等:

(5) 余观**夫**巴陵胜状在洞庭一湖。(范仲淹《岳阳楼记》)

(6) 吾闻**夫**齐魏徭戍,荆韩召募;万里奔走,连年暴露;沙草晨牧,河冰夜渡;地阔天长,不知归路。(李华《吊古战场文》)

(7) **夫**以李鸿章与今日之中国,其关系既如此其深厚,则欲论李鸿章之人物,势不可不以如炬之目,观察**夫**中国数千年来政权变迁之大势,民族消长之暗潮,与**夫**现时中外交涉之隐情,而求得李鸿章一身在中国之位置。孟子曰:知人论世,世固不易论。人亦岂易知耶?(梁启超《李鸿章传》)

又如下例中,出现在主语后的前置宾语长了更需要标志“把”,也可以说是“重度-标志对应律”的一个例子:

---

① 标句词往往也被处理成“名物化”标记。一般认为汉语的陈述性单位直接能当作指称单位用,不那么需要名物化标志。但其实印欧语中这类标志也可以省略。从“重度-标志对应律”的角度去分析,可以帮助我们看到这些标志的更多共性。

(8) a. 我(把)这本书看完了。

b. 我[?](把)这本昨天刚从图书馆借来的小说看完了。

成分因重度增加而更需要带语法标志的情况,在语言中相当普遍。如金立鑫(1988)指出条件复句中"如果……,那么,……就……"中的"那么"的是否使用,跟"那么"后的主句的长度有关。罗天华(2011)也认为汉语"动词+X+处所"结构中"X"的隐现也跟后面处所表达的重度有关。

2.2 语法性落实

上一节例(4)表明英语标句词 that 是使用跟有关宾语从句的长度的正相关倾向。但是,一旦该从句跟动词之间插入一个直属句子的状语,则 that 必用不可,否则句子不合格:

(9) I said *exactly/yesterday* *(that) he would come.

这种情况下,语用倾向就通过语法化而成了语法规则。一旦语法化,就跟宾语的重度无直接关系了,而取决于宾语是否为"小句"以及宾语前是否有状语插入。不过,其功能基础仍然是重度,因为小句通常重于名词短语。当然,跟动词是否直接相连也牵涉到"距离-标志对应律"。

为了进一步理解这种间接决定关系,让我们来看一个英语中重度范畴化的例子。

(10) a. *That John failed his exam* surprised Mary.

b. * Did *that John failed his exam* surprise Mary?

c. Did *the fact* surprise Mary?

d. Did *the fact that John failed his exam* surprise Mary?

英语中带有标句词 that 的小句虽然一定程度上指称化了,可以像一个名词短语那样做主语,如(10a)所示,但是却不能在一般疑问句中充当主语。原因何在?可能跟"内小外大"有关:在是非疑问句中,主语不是在句首位置,而是在较内层的助动词跟主要动词之间的位置,因此不能太长太复杂,即重度不能太大,否则会干扰助动词和主要动词间的联系①。但是这个大小程度已经语法化了,即通常比较重的

① 更具体地说,小句插入小句的结构很难处理。心理语言学发现,同时处理两个小句是很困难的(Kimball,1973:33—35)。因此一般从句都在主句的最边缘位置,即句首或者句末,此时主句尚未充分展开,或即将结束,使处理主句的干扰减少到最低程度。

小句不能出现在这个位置,而通常较轻的名词短语可以;尽管在某些具体场合名词短语比小句重,如名词短语 the fact that John failed his exam 就比小句 that John failed his exam 重。

也就是说,虽然一般疑问句的主语必须是名词短语这一限制的功能基础是“内小外大”,但是落实的结果是范畴化、语法化的限制,而不是具体重度的限制。(陆丙甫,1998)

范畴化的重度顺序大致是:小句(动词短语)比名词短语重,而名词短语又比名词重,即:

范畴化重度等级(>表示“重于”):

小句> 名词短语> 词

汉语中最常见的例子是汉语虚词“的”。其使用也取决于两头成分的结构复杂度。基本情况是,带“的”时,两头都是可以自由扩展的短语性成分(吕叔湘,1979:23—24),一起构成一个“组合结构”(朱德熙,1982:148);而不带“的”时,两头都是词,除定语是指别词、数量结构或人称代词等情况外,整体是“黏合结构”,本质上是复合词。反过来也就是说,只要两头的成分有一头是短语,“的”就必须使用。虽然在一定的语境中,一个短语可以由一个词构成,但是一般来说,短语的重度超过词。因此,是否用“的”的这一区别,也体现了“重度-标志对应律”。

当然,黏合结构内部也能有某些扩展,如“语言研究”的“语言”可以扩展为“少数民族语言”。但是所扩展出来的局部成分(“少数民族语言”)和扩展后的整体(“少数民族语言研究”)都必须仍然是个黏合结构。因此,这种扩展是严格限制的“不自由扩展”。特别是句子层面特有的语气成分、模态成分等不能进入黏合结构。

因此,我们可以说,重度大的定语需要带“的”,但这个重度已经范畴化、语法化了;不是看实际长度,而是看潜在的扩展可能。

下例显示了词做状语时可以不带“地”,但是并列结构或更复杂短语做状语时就要带。

(11) a. 认真(地)讨论了 如何才能真正彻底解放思想的问题。

b. 认真并深入 *(地) 讨论了 如何才能真正彻底解放思想的问题。

c. 像讨论命运决定战一样认真 *(地) 讨论了 如何才能真正彻底

解放思想的问题。

补语标志“得”的使用也是如此，试比较：

（12）a. 放大 它

b. 放得 它 很大很大/像一堵墙那样大

不带“得”的补语只能是谓词性的词或语素，带“得”的补语必须是谓词性短语。不过，这里的标志不是直接附加于补语的标杆（flag），即“附从标志”（dependent-marking），而是后附于核心动词的“标引”（index），即“附核标志”（head-marking）；但这仍然反映了重度跟标志的相关性，不过比较间接而已①。当然，短语也可能由一个词构成，如回答“这本书写得好不好？”的“（写得）好”中的“好”，但在这个位置上，其本质是个短语，因为可以扩展成“非常好、跟那本一样好”等。

汉语语法对节律非常敏感，如2+2节奏歧义的“复印文件”简略成为1+2的“印文件”就是动宾结构，简略成2+1的“复印件”就是定名结构（吕叔湘，1963）。为了解释这个现象，Lu & Duanmu（2002）提出了“辅重原则”，即重度上核心词不应超过从属语。虽然这个原则会遇到不少反例，最明显的是定名结构中1+2的有不少，如“市政府、布娃娃”等，但是从范畴来看，的确是作为核心的“词”比作为“短语”的从属语要短小。因此，“辅重原则”从范畴上看，对于短语结构，是完全成立的。不过，在复合词内部，核心和从属成分都是词或语素，这条原则就不适用了。

三　功能动因的两种编码

3.1　两种编码区分的普遍性

以上我们讨论了“重度-标志对应律”动因的两种编码方式：1. 作为倾向的语用性的落实中，重度体现在具体的长度上。2. 作为语法规则的语法化落实中，重度表现在语法范畴等级上，如轻重以词和短语划界。前者是柔性的，仅仅表现为倾向，有一定的自由选择余地，主要属于消极修辞的研究范围；后者是刚性的，已经成为语法规则，主要是语法研究的内容。前者是战术性的权宜之计，为

① “放得大、放不大”中的“得”不是补语标志，是模态成分。

了局部使用的方便;后者是战略性的,是从大局整体出发的,因此可能牺牲局部方便(如只要属于通常较重的范畴,即使是很轻的成分也要带标志)。

本文第一节提到的另外四条共性也都有两种落实的区分。如"可别度领先"在汉语中落实为"名词前置(于动词)为定指、后置为不定指"的倾向,基本上是语用性的,至少语法化程度不高。"后置名词为不定指"很明显只是倾向而不是语法规则,因为定指成分也能后置。至于"前置名词为定指"这条,也因为定指性是个程度问题(Xu,1997)而难以看作明确的语法规律。但在法语等罗曼语言中落实为代词宾语一定前置于动词,名词宾语后置于动词这一格局,就属于语法化的战略落实了。

又如"内小外大"在英语中可表现为"重名词后移",取决于宾语名词跟后置状语的长度对比,基本上是语用性的。在汉语中可落实为动补复合词(黏合结构)和动补短语结构(组合结构)之分。如以宾语为内外参照点,即复合词内部补语前置于宾语而处内层(如[[[打]败]敌人]),但短语性补语后置于宾语而处外层([[[打得]敌人]大败而逃]])。由于外层的短语性补语需要标志"得"引出,并且外层补语离开动词比内层补语远,两种补语的差别也可看作"距离-标志对应律"的语法性落实。至于这条共性的语用性落实的例子,见陆丙甫(2004)。

"距离-标志对应律"战略落实的例子,最明显的有宾语。宾语在许多语言中都因为最靠近动词而比斜格论元更少标志①。此外,英语中动词跟宾语从句如果被状语隔离开,一定要带标句词 that。至于中间没有状语时,是否要用 that 则具有灵活性,是战术性落实。换言之,这条对应律的语法化主要体现在"是否直接相邻"上。

我们不妨用比喻来说明两种编码的差别。战略性编码好比是法律,比较严格;战术性编码好比是社会礼仪,不那么严格。以公用电话的使用优先权问题为例,从法律上说,首选标准"先到先用",因为这在多数情况下最具有可操作性。但是具体情况下,也可通融破格,如后来者有急事并且只要说一句话,可跟

① 主要例外有时间词直接做状语,在很多语言中不需要任何标志,这是因为时间表达很少担任其他语义角色,因此最不需要区别性标志。其次,是处所词做状语,虽然常常不需要标志,但标志度稍高于时间状语。

先到者协商先用，这是社会礼仪，具有较大的灵活性。

近年来国外语法学界有人把“语法化”比作“礼仪化（ritualization）”（Haiman，1994：23）。如果这样的话，我们也得承认社会礼仪有是否已经制度化的区别。

由此可见，语言作为人类的微观行为，跟人类的宏观社会行为，其间有许多相似之处。

常有人提到“汉语句法的灵活性”。其实也不能光强调灵活的一面，还要看到有严格的一面。重要的问题是需要明确什么是灵活的，什么是严格的。况且，即使就灵活而言，也有怎么个灵活法的问题，即找到灵活程度跟什么因素相关，即倾向及其方向。更重要的是，看到无论是灵活还是严格，背后仍然可以有着共同的机制，不过是共性机制的落实层面和落实程度有所不同而已。

3.2　两种编码策略的应用顺序

2.2节说到定名短语中，如果定语和名词任何一方是短语，就要用“的”。但也有例外：

（13）我们（的）团长（的）父亲的老战友的儿子的老师的朋友的孩子

就其中的定语本质来说，因为第一个“我们”是指称具体的人称代词，而人称代词在当代语法理论上通常被处理为短语级成分，后面的一个个成分因为受到第一个人称代词的指别限制，都不是类指，该看作短语。但是，陆俭明（1985）注意到前面的短语性成分可以省略“的”，但没有提供解释。这种情况下，合理的处理就是先运用了语法编码规则加了“的”，然后又进一步运用语用规则省略了“的”。

这个语用规则是什么呢？就是名词短语中前面的“的”容易省略，主语中的“的”比宾语中的“的”容易省略，因为前面的定语或主语的定语的指别性较强而描写性较弱，而“的”主要是个描写性标志，跟前面定语的兼容度较低（陆丙甫，2007）。由于“指别性”主要是个语用概念，因此，把这条删除“的”的倾向性规律看作是“语用”的。这有两层意义：一、动因是语用的。二、是倾向性的，是有关语言运用的技巧问题（如何表达得清通些的消极修辞问题）。

关于“的”的省略问题，还有一个原因。单用的“我的脚”中“的”不能省略，但是镶嵌到句子中可以，如“你踩痛我脚了”（徐阳春，2008）。这个省略的动因，从宏观上看当然是经济动因的作用，但是从微观结构上看，可以说是因为镶嵌较深导致的压缩省略。一般来说,一个成分的位置镶嵌越深,越容易省略某些表层标志。这可以称为"深度-标志对应律",我们将另外撰文讨论。

我们前面说到补语如果是短语,相关动词必须加标志"得"。但是也有例外,如"吃得快点儿"在口语中也可以不用"得"。"快点儿"虽然很短小,但应该看作一个短语,所以前面可以加"得"。不过因为短小,对"得"的依赖就不大,可以删去①。"吃得再快点儿"中的"得"要省掉就比较难,至于"吃得风卷残云般地快"中,"得"就绝对不能省了。

这里,"吃快点儿"不是一个黏合性的复合词,而是一个组合性的句法结构。根据"重度-标志对应律",必须带"得"而说成"吃得快点儿"。但根据同样的"重度-标志对应律",因为"快点儿"短小而可以省略"得"说成"走快点儿"。有人可能要问,这不是多此一举吗?同样的原理用两次也违背理论的简洁性。

其实这是理论上所必须的。只要分清不同应用层面,就不是真正的重复。具体地说,首先作为一条语法化的战略共性用,为了明确性,决定"快点儿"做短语性补语必然可以带"得"。然后作为一条语用性的权宜战术用,为了经济性,这个"得"因为补语短而可以省略。换言之,这里的"快点儿"因所属范畴"短语"属于重度较高的范畴而语法上、在表层必须带标志"得";但又因其具体重度不大而在语用上、在表层可以省略"得"。

陆俭明(1990,2001)指出"VA 了"可以有两种结构,一种是"VA/了",表示"结果的实现",如"洗干净/了",不能加"得",如不说"洗得干净了";一种是"V/A了",表示"对预期结构的偏离",如"挖/浅了",总能加"得"而意思不变。我们可以看出,前者是"动补"复合词加"了",而后者是"动词+形容词短语",因为也可以扩展成"挖(得)浅了一点"。这个现象也可以用"重度-标志对应律"先作为语法规律,然后作为语用省略这样的程序去描写。

2.1 节讨论的粤语"我送本书(俾)佢"这样的例子,也可以这样处理。间接宾

① "快点儿"跟状态形容词"慢腾腾、高高兴兴"等一样,虽然形式上像词,但是所占据的位置是短语位置,从来不能成为复合词的构成部分。陆丙甫(1993:220)据此曾把它们称作"词短语"。张国宪(2006:83)也认为是"大于词的单位"。张伯江(2011)也根据状态形容词可以自由做谓语而认为它们不是词,是性质形容词进入句子做谓语才采取的某种形态变化或限定形式。因此,"大"可以成为复合词的"放大"的组成部分,但是"大大"就绝对不行,只能成为独立的补语,要用标志"得"引出,如"放得大大的"。

语,只要被直接宾语隔开而不跟动词紧靠一起,都要带介词,这是"距离-标志对应律"动因的战略性语法落实;而如果间接宾语比较短小,可以省略介词,这是"重度-标志对应律"的战术性语用落实。也就是说,先用语法编码,其次再考虑语用编码。

Xu & Peyraube (1997)也从各种共时和历时的角度详细论证了"我送本书佢"这一句式不可能是"我送佢本书"句式的间接宾语后移而成的变体,而是"送本书俾佢"句式经过删除介词"俾"而成的。其中理由之一是:一般的名词后移通常只有类似英语中的"重 NP 移动",其中移动的是"重型名词",而不是"轻型名词"。此外,"送本书佢"跟"送本书俾佢"两个句式在信息结构和对动词的选择等方面都一样,唯一区别是前者对宾语重度有限制,而后者没有这个限制。无介词句式不仅要求后面的间接宾语必须短小,而且前面直接宾语也必须是短小的。因此"送本书佢"可以看作是"重度-标记对应律"和"距离-标志对应律"共同作用的结果。前者要求后面的间接宾语短小,后者要求前面的直接宾语短小。两个动因在这里的落实都是语用性的。

因此,虽然从历时角度来看,是从倾向发展到语法规律,即"语法化"过程。但是从共时描写的角度来看,正确的逻辑顺序应该先确立语法规则,然后再考虑语用是否可以省略等。

沈家煊(2008)指出:逻辑顺序和历史经常一致,但也可以不一致,而"共时的理论分析并不因历史事实不符而被推翻"。我们这里则进一步强调:对语言现象的共时描写必须是语法规则先于语用倾向,尽管历史上看总是从语用倾向发展出语法规则;这是因为"对、错"两分的规则比渐变的好、坏倾向更简单,更客观,而理论描写必须从简单到复杂。对于理论来说,起点的选择和内在逻辑的自洽性是最重要的。"概括没有底,逻辑需彻底"(朱晓农,2008:144)。因此,必须强调共时描写的逻辑顺序。

四　余言:更概括的"难度-标志对应律"

"倾向是受到干扰的共性,共性是无干扰情况下的倾向"。语言中倾向性现象到处都是。只要我们排除干扰因素,就能提炼出共性。排除干扰的最简单方法是采用“最小对比组”。

从最小对比的角度来看,“距离-标志对应律”通过比较重度相同的成分跟核心的不同距离而获得。特别重要的是零距离跟非零距离的差别,即直接相邻跟非直接相邻的差别,很容易语法化。如英语中除双宾语结构外,两个后置论元,跟动词不直接邻接的那个总要带介词标志。在另一些场合,差别不是明确的两分,而表现为程度性的,就通常作为倾向,是消极修辞研究的内容。

而“重度-标志对应律”,是通过跟核心距离相同而重度不同的块之间的比较而获得,即比较“等距块”而获得的。

这两条共性结合在一起,就是离开核心越远的成分,倾向于重度高,倾向于带标志。可以说,在一个表面现象下,实际上包含了两个共性。

因此,“距离-标志对应律”跟“重度-标志对应律”可以概括成“难度-标志对应律”(罗天华,2007)。这里的“难度”指处理难度。这个名目下还可以包括类型学中经常提到的“区分性标志”(differential marking,Bossong,1991),如某些语言中宾语只有在生命度和定指性都较高,因此容易跟主语发生角色混淆时才用宾格标志。

董秀芳(2009)也指出汉语状语标志“地”的分布跟所附成分充当状语的概率成反相关:越是经常做状语,越是倾向于不加“地”。这也可说跟“判断是否是状语”的难度有关。

“难度-标志对应律”也可看作是一个具有更大概括力的“元动因”。说到底,语言编码形式的取舍取决于两个“元动因”,积极的“需要程度”和消极的减少“处理难度”,类似于经济学中的“需求”和“成本”(陆丙甫,2009b)。“难度-标志对应律”属于减少“处理难度”的范畴。

本文例举的语料,特别是跨语言的语料,并非很丰富。但是这些语料足以使我们提出这个定律。因为除了事实外,它的机制原理很容易根据人的基本认知方式去推导出来:一个成分越长,越复杂,其内部局部成分带有功能标志的可能性就越大,所带局部功能标志的数量就越多,某些句子直属成分内局部标志很容易被误解成句子直属成分的功能标志;为了减少这种误解的可能性,就更需要整体的功能标志。即使没有误解的可能,也因需要明确整体功能和局部功能的差别而更需要凸显整体功能的标志。这个标志提示读者整个直属成分的开始或者结束,有明确成分边界的功能。常识在科学中的作用总是远超出一般人的想象。理论的建立往往起于发现了某些常识能系统地广泛应用因而可提升为公理。这样由常识提升的公理,包括欧氏几何学中的公理,牛顿力学中第一(惯性定律)、第三定律(作用和反作用定律),达尔文物种演化理论中的遗传、变异和自然选择。因而爱因斯坦说,"整个科学不过是日常思维的提升"。

参考文献

董秀芳　2009　从状语标记"的$_1$"的使用规律看词汇特征与句法标记的关联,《语言学论丛》第40辑,商务印书馆。

金立鑫　1988　"那么"的词类问题,《中国语文》第2期。

陆丙甫　1993　《核心推导语法》,上海教育出版社。

陆丙甫　2004　作为一条语言共性的"距离-标记对应律",《中国语文》第1期。

陆丙甫　2005　语序优势的认知解释:论可别度对语序的普遍影响,《当代语言学》第1—2期。

陆丙甫　2006　论形式和功能的统一是语法分析的根本基础——兼谈转换语法的一些发展,《外国语》第3期。

陆丙甫　2007　"的"的基本功能和派生功能——从描写性到区别性再到指称性(完整版),《汉语词汇·句法·语音的相互关联》,北京语言大学出版社(初稿载《世界汉语教学》2003年第1期)。

陆丙甫　2009a　也谈"有/元标记"的歧解及解决之道,《当代语言学》第3期。

陆丙甫　2009b　对Greenberg45条共性的分析,《东方语言学》第5辑,上海教育出版社。

陆俭明　1985　由指人的名词自相组合造成的偏正结构,《中国语言学报》第2期。

陆俭明　1990　"VA了"述补结构语义分析,《汉语学习》第1期。

陆俭明　2001　"VA了"述补结构语义分析补议:对读者意见的回复,《汉语学习》第6期。

罗天华　2007　SOV语言宾格标记的考察,《民族语文》第4期。

罗天华　2011　从类型学看汉语"动词+X+处所"结构中"X"的隐现,《东方语言学》第9辑,上海教育出版社。

吕叔湘　1963　现代汉语单双音节问题初探,《中国语文》第1期。

吕叔湘　1979　《汉语语法分析问题》,商务印书馆。

吕叔湘、王海棻　编　1986　《马氏文通读本》,上海教育出版社。

沈家煊　2008　"逻辑先后"和"历史先后",《外国语》第5期。

文　炼、胡　附　2010　《文炼胡附语言学论文集》,商务印书馆。

徐阳春　2008　也谈人称代词做定语时"的"字的隐现,《中国语文》第1期。

张伯江　2011　现代汉语形容词做谓语问题,《世界汉语教学》第1期。

张国宪　2006　《现代汉语形容词研究》,商务印书馆。
朱德熙　1982　《语法讲义》,商务印书馆。
朱晓农　2008　《方法:语言学的灵魂》,北京大学出版社。
Bossong, Georg.　1991　Differential Object Marking in Romance and beyond. In *New Analyses in Romance Linguistics*, Selected Papers from the XVIII Linguistic Symposium on Romance Languages 1988, eds. D. Wanner and D. Kibbee, pp. 143—170. Amsterdam: Benjamins.
Haiman, John.　1994　Ritualization and the Development of Language. In *Perspectives on Grammaticalization*, ed. by W. Pagliuca, pp. 3—28. Amsterdam: John Benjamin.
Kimball, J.　1973　Seven Principles of Surface Structure Parsing in Natural Language. *Cognition* 2: pp. 15—46.
Lu, Bingfu. & Duanmu, San.　2002　*Rhythm and Syntax in Chinese: A Case Study. Journal of the Chinese Language Teachers Association* 37: pp. 123—136.
Malchukov, A. M. Haspelmath. & B. Comrie　2010　Ditransitive Constructions: A Typological Overview. *Studies in Ditransitive Construction: A Comparative Handbook*. pp. 1—64. Malchukov, A. M. Haspelmath. & B. Comrie Ed. Berlin: De Gruyter Mouton.
Thepkanjana, Kingkara.　2010　Ditransitive Construction in Thai. *Studies in Ditransitive Construction: A Comparative Handbook*. pp. 409—426. Malchukov, A. M. Haspelmath. & B. Comrie Ed. Berlin: De Gruyter Mouton.
Xu, Liejiong.　1997　Limitation on Subjecthood of Numerically Quantified Noun Phrases: A Pragmatic Approach. in Xu, Liejiong ed. *The Referential Properties of Chinese Noun Phrases*: pp. 25—44. Paris: Ecole des Hautes Etudes en Sciences Sociates.
Xu, Liejiong & Alain Peyraube.　1997　On the Double Object Construction and the Oblique Construction in Cantonese, *Studies in Language* 21. 1: pp. 105—128.

(本文曾刊载于《中国语文》2011 年第 4 期)

(作者通信地址:1. 南昌大学语言类型学研究所,江西南昌 330031;
2. 上海高校比较语言学 E 研究院,上海 200234)

语气词的位置选择和限制条件

齐沪扬

摘　要:本文运用分布理论,讨论了语气词在占据句末位置和句中位置时的不同表现,研究语气词与相应区段的关系。还讨论了语气词在不同位置上受到的句义限制和词义限制,讨论一些句子结构和固定配搭中语气词的分布。同时还讨论了语气词在使用中受到的语用限制,分析诸如话题、音节数目等语用因素对语气词分布的影响。

关键词:语气词;位置选择;限制条件

○　引　　言

0.1　分布(distribution)理论是美国结构主义学派对语言学的一大贡献。分布指的是语言成分或语言单位出现的环境,也就是一个语法单位在组合中即在更大的语法单位中所处的位置。这种"所处的位置"是一个语法单位分布的总和,反映了这个语法单位的全部用法。在一个语法单位分布的总和中,有些分布的环境对语法单位有选择性,或者说这个语法单位对其所处的环境中前后出现的成分具有选择作用:对于分布的环境来说,它对语法单位的选择体现在"限制条件"上,对于这个语法单位来说,它对前后成分的选择体现在"配搭功能"上。尽管在结构主义之后语法理论不断更新,但分布特征的理论仍是语言分析中一个基础理论,对于形态变化很少的汉语来说,考察分布特征具有格外重要的意义。①

0.2　分布特征的分析具有普遍意义,各级语言单位都有其分布特征。现代

① 参见马庆株《层次、语法单位和分布特征》,《语法研究入门》,商务印书馆,1999年。

汉语语法研究中,分布特征的分析经常用于词类的研究上。语气词是汉语词类系统中很有特点的一类词,其特殊性主要表现在语气词的句法位置比较单一,句法功能也相对单纯上。然而多年来,从分布特征角度对语气词的研究一直没有引起相当的重视,原因恐怕与它的特殊性不无关系。例如,语气词对其相连成分的选择条件,只是散见于一些论著中,尚无更多的探索。① 本文主要根据分布理论,讨论以下几个问题:(1)语气词在占据句末位置和句中位置时的不同表现,研究语气词与相应区段的关系;(2)语气词在不同位置上受到的句义限制和词义限制,讨论一些句子结构和固定配搭中语气词的分布;(3)语气词在使用中受到的语用限制,分析诸如话题、音节数目等语用因素对语气词分布的影响。

一 句末位置和句中位置

1.1 句末位置和句末语气词

1.1.1 典型的六个语气词都能位于句末,一些一般语气词也能位于句末。可以这么说,所有的语气词都能位于句末,所以语气词都可以称作句末语气词;但不是所有的语气词都能位于句中,位于句中的只是所有语气词中的一部分。很明显,句末位置和句中位置是对立的,而句末语气词和句中语气词则不是对立的概念,两者之间是一种包容关系:句末语气词是大概念,包括所有的句中语气词;句中语气词是小概念,它只是句末语气词中的一部分。

1.1.2 标记理论中"无标记"(unmarked)和"有标记"(marked)的概念,可以用来对有句末语气词的句子进行分析。由于汉语是一种缺乏严格意义上形态变化的语言,因此无标记结构是汉语中最基本、最稳固的一类结构,而有标记结构在汉语中则表现为语言应用层面上的一种灵活多变的格式。也就是说,无标记的语法结构是汉语的基本语法结构,是可以用语义特征来加以描写的;有标记的语法结构,是在各种语境因素的制约下,在对无标记结构进行各种语法标记添加的基础上产生的。无标记和有标记的对立主要体现在有标记项上。②

---

① 张谊生《现代汉语虚词》(华东师范大学出版社,2000 年)一书中,有过一些论述。

② 参见沈家煊《不对称和标记论》,江西教育出版社,1999 年。

1.1.3　位于句末的语气词,黏附在整个句子之后,对它前面句子起着赋予一定语气的作用。从书面的表现形式来说,句末语气词的前面是一个表示各种命题的句子,句末语气词的后面是表示不同停顿和语气的标点符号。根据前后连接成分的不同和有无,我们将表示陈述语气的,语气词之后是"句号"的句子看成是无标记的,相对来说,不表示陈述语气的,语气词后面不是句号的句子就是有标记的。

1.2　处于两种不同标记的句子中的句末语气词

1.2.1　标点符号中,点号的作用主要用于表示停顿。根据停顿时间长短的不同,可以将点号分成不同的等级,依次为:顿号、逗号、分号和句号。其中句号停顿的时间最长,可以用在一个句子的末尾。冒号、问号、感叹号也是点号,它们的功能与句号相似,但在表示停顿的同时,这三种点号还具有附加的功能,其中和语气词功能有关的主要是问号和感叹号。句号只表示停顿,所以是无标记的,问号可以看作是在停顿的基础上添加了疑问的标记,感叹号可以看作是在停顿的基础上添加了感叹的标记:问号和感叹号都是有标记的。语气词后用句号的句子是陈述形式的句子,语气词后用问号和感叹号的句子是非陈述形式的句子。

1.2.2　考察六个典型语气词,①处于句号前面的主要是"的"和"了",处于问号、感叹号前面的主要是"吗、吧、啊",而"呢"则是游移于句号和非句号之间,但主要是用在非陈述形式的句子中的:

(1) 我是历来主张军队要艰苦奋斗,要成为模范的。(教材)

(2) 讲完他们朋友的这番遭遇,曹叔把摊放一茶几的书本收敛起来,向我宣布"我离休回家之后,就练字了……"(《刘心武文集》)

(3) 我正忙着哩,您有什么急事吗?(《刘心武文集》)

(4) 既然这样,你就一切都靠她吧,靠她的爱活去吧,靠她给你尽义务吧!(《刘心武文集》)

(5) 你们应该齐心合力把她拉来啊!(《刘心武文集》)

(6) 我们当初怎么就不把她报上去呢?她当上了不得的委员了,来了红旗轿车接她去开本省本届一次会议呢!(《刘心武文集》)

上述六个例句,大致反映了这六个语气词在句号前或非句号前的运用情况。

① 典型的语气词只有六个,即语法教学中经常谈及,语法研究中最多涉及的"的、了、吗、呢、吧、啊";非典型的语气词则是指除了这六个以外的其他语气词,主要的有"罢了、似的、不成、来着、的话"等。

“的”“了”可以称作“句号语气词”，其他几个则可以称作“非句号语气词”。考察它们的句末分布，有下列问题值得注意：

1.2.3 “的、了”有时也可以在后面加上问号或感叹号，如以下例句：

(7) 这么重要的事情你也会忘记的？(词典)

(8) 你告诉我的事，我是肯定不会说的！(词典)

(9) 你吃完饭去教室找他了？(词典)

(10) 科技博览会上的仿真机器人太好玩了！(报)

上述四个例句中的“的”“了”之后都不是句号，但这里“的”“了”具有的非句号倾向是假性的。因为上述“的”“了”之后，问号和感叹号之前还可以加上其他的语气词，如第(7)例可以改为“这么重要的事情你也会忘记的吗？”第(10)例可以改为“科技博览会上的仿真机器人太好玩了啊！”事实上，“的”“了”之后的问号、感叹号不是附加在这两个语气词上的，而是属于非句号语气词“吗”“啊”等的。

1.2.4 与“的”“了”相对的是“吧、啊”这两个语气词，它们后面有时也可以加上句号。如以下例句：

(11) 兴许也是今儿这么个气候吧。(《刘心武文集》)

(12) 义海呀，劳驾你再给我取瓶啤酒吧。(《刘心武文集》)

(13) 可人不能没看见就说瞎话啊。(《刘心武文集》)

(14) 您也要好好地休息啊。(《刘心武文集》)

上述四个例句中，“吧、啊”后面都是句号。一般语法教材都认为“吧、啊”可以出现在陈述句中，其实，出现在陈述句中的这两个语气词，在句子中显示的意义并不是“肯定”一类的陈述语气，仍然是它们原有的语气意义：出现在句号前的“吧”，还是承担了表示“揣测”和“祈使”的语气意义；出现在句号前的“啊”，还是承担了表示“感叹”和“祈使”的语气意义。而“句号”在这里起到的是减弱“非句号倾向”的“缓和”作用。因此，我们说“吧、啊”不具有句号倾向，是非句号语气词。

1.2.5 “呢”往往被看作兼有表示疑问语气和陈述语气的语气词，因此“呢”通常被分为“$呢_1$”和“$呢_2$”两个。但我们认为，把“呢”的基本语义看成是表示“疑问”，是有一定的理论依据的：①其他意义可以看作是基本语义“疑问”的引申和发

① 参见齐沪扬《“呢”的意义分析和历史演变》，《上海师范大学学报》2002年第2期。

展,在数量上“呢”表示疑问意义的句子占绝大多数。即便从用法上说,“呢”的主要用法有三种:用在疑问句或反诘句中,用在陈述句或感叹句中,表示停顿。[①] 除了表示停顿是句中语气词的主要功能外,其他几种用法大都与非句号有关。如:

(15) 这怎么能不是白的呢?(《刘心武文集》)

(16) 其实我们怎么会说这个,又找谁去说这个呢?(《刘心武文集》)

(17) 我跟她正睡在一块儿呢。(《刘心武文集》)

(18) 只见他叹了口气说,“我那朋友对我还有意见呢。”(《刘心武文集》)

(15)(16)中的“呢”出现在问号之前,(17)(18)出现在句号之前。但这两例中的“呢”后如果用上感叹号也是可以的:具有“夸大”意义的本身就是一种强烈感情的流露,如(18)例;只有(17)是表示肯定的陈述语气的,但是,正如胡明扬所说的,“呢”是表意语气词,提请对方特别注意自己说话内容中的某一点,[②]“特意提请”具有强调的意味,不是规定只能用句号的。

1.3 句中位置和句中语气词

1.3.1 处于句中的语气词据张谊生考察是“啊、呢、吧、么、嘛、哪、啦”几个,[③]实际上主要的句中语气词仍是“吗、呢、吧、啊”四个。“么”是“吗”的古代用字,现在仍在使用。[④]“嘛、哪、啦”几个则都是合音字。所以下面的考察仍以“啊、呢、吧、么(嘛)”为主。位于句中的语气词主要功能是表示停顿,但是由于前加成分的结构不同,停顿的时间有长有短。根据停顿时间长短的不同,句中语气词所处的句中位置可以分成三类,我们分别称之为句中位置$_1$、句中位置$_2$ 和句中位置$_3$。

1.3.2 位于句中位置$_1$ 中的语气词停顿时间是最短的,句中位置$_1$ 的结构是“动词性短语+语气词+停顿时间少于句号的点号”。句法位置$_1$ 上四个语气词使用情况是:

(19) 我们认为啊,这种可能性完全可以排除。(刊)

(20) 我说呢,你是不是也该换一下你的内衣了?(《刘心武文集》)

(21) 瞧吧,我才不是那号人呢!(《刘心武文集》)

---

① 刘月华等的《实用现代汉语语法》(外语教学与研究出版社,1983 年)中,把“呢”的用法归结为三种,另参见齐沪扬《现代汉语短语》(华东师范大学出版社,2000 年)第二章第三节的有关论述。

② 胡明扬《北京话的语气助词和叹词》,《中国语文》1981 年第 5—6 期。

③ 张谊生《现代汉语虚词》,华东师范大学出版社,2000 年。

④ 太田辰夫(1987)、蒋绍愚(1994)中都有论述,证明现代汉语中的“吗”是由“麽”演变来的。

(22) 去嘛，五台山是可以的，不过衣服要多带点。(报)

句法位置$_1$ 的语气词使用有如下几个特点：

(1) 主语和谓语之间的关系松弛，中间可以有停顿；而动词和宾语之间在意义上和结构上的联系都很紧密，当中没有停顿。① 上述例句由于表达上的种种原因，使得动词和宾语之间出现"强制"停顿，停顿时间短，与语气词的使用没有直接关系。

(2) 上述四个可以出现在句中位置$_1$ 的语气词，在这个位置上的自由度是不一样的。用的最多的是"啊"和"么"(嘛)，较少使用的是"呢"和"吧"，这和"呢""吧"具有较为强烈的表示疑问、祈使的语气意义有关。因为句中位置$_1$ 的纯粹的停顿作用，对"呢""吧"的语气意义具有排斥作用。

(3) "强制"停顿其实与宾语的构成有一定的联系。一般情况下，当宾语由主谓短语构成时，宾语与动词之间的紧密度要略低于一般的体词性宾语或谓词性宾语。例如：

我知道他。/我知道他不去北京。

我认为不合理。/我认为他这么做不合理。

后一个例句在动词后形成停顿要比前一个例句更容易让人接受。②

1.3.3 位于句中位置$_2$ 中的语气词停顿时间次短，句中位置$_2$ 的结构是"名词性词语 + 语气词 + 停顿时间少于句号的点号"。上述四个语气词都可以出现在句中位置$_2$ 上：

(23) 父亲啊，木材和火都有了，祭祀用的羔羊在哪里呢？(《刘心武文集》)

(24) 我呢，在他们的带动帮助下，也有了一些进步。(《刘心武文集》)

(25) 这样吧，只能是出访的人员想自费购买礼品时，你帮着牵个线儿……(《刘心武文集》)

(26) 错误么，谁也免不了，改了就好。(词典)

这样的停顿，往往被看作是主语后的停顿。史有为认为："停顿可以与句中语气词'啊'、'嘛'、'呢'、'吧'同现。当同现出现时，停顿则自动转为必有，并使主语在

① 参见朱德熙《语法讲义》，商务印书馆，1982 年。

② 我们以十组这样的句子对 14 名语法专业的一年级和二年级的硕士研究生进行小规模的测试，在 10 × 14 = 140 组句子中，主谓短语做宾语的句子，动词后停顿有 23 句被认为可以自由停顿，有 69 句被认为有必要的话可以停顿，14 句说不准，34 句认为不可以。这样，停顿被基本认可的是 23 + 69 = 92 句，占 65.7%。

另一个语气层次上增加新的色彩”。并认为这几个语气词在表示停顿的同时,“在情态上还各有区别”,例如“啊”表示犹豫,有跌宕的语气;“呢”比“啊”更紧凑更强;“嘛”有较多思索考虑并等待回答的意味;“吧”兼有假设和两难的语气。①

1.3.4 位于句中位置$_3$中的语气词停顿的时间最长,句中位置$_3$的结构是“小句+语气词+停顿时间少于句号的点号”。例如:

(27) 我就下了决心:卖肉卖鱼不行啊,我推车子下街,卖副食品去!(词典)

(28) 今天大伙儿正欢天喜地呢,他却一旁垂泪。(《刘心武文集》)

(29) 你且快去吧,我也不忙歇息,可儿究竟可怜,我要到佛前为她超度一番。(《刘心武文集》)

(30) 每人配上一台电脑么,情形就大为改观了。(词典)

句中位置$_3$大多数是一个复句中分句的末尾,分句末尾本身已经传达一定的意义,如转折的意义,顺承的意义等;语气词的添加,除了停顿上的需要外,往往有增强或减弱复句本身的意义:如(28)(30)例中的语气词,起着增强转折、假设语义的作用,(27)(29)例中的语气词,起着减弱转折、假设语义的作用。由于位于复句的分句末尾,自然停顿时间长得多。

另外一种句中语气词占据的位置也可以看作是句中位置$_3$,这种位置的结构是“副词、连词等具有篇章连接功能的词语+语气词+停顿时间少于句号的点号”。例如:

(31) 一直啊,我这心里就不踏实,总觉得要出事。(刊)

(32) 其实呢,这也没有什么大不了。(词典)

(33) 也许吧,这是物理学上的“惯性作用”在作祟。(《刘心武文集》)

(34) 反正嘛,局长最后总会签字的。(报)

具有篇章连接功能的词语,与后面的叙述部分的联系很不紧密,因为这些叙述部分本身就是一个命题。

二 句义限制和词义限制

语气词的运用和语义、语用的关系特别密切,这主要与语气词的句法语义功能有关:语气词是属于句子平面的,只有在动态的语言中,才能体现出语气词的功

① 参见史有为《主语后停顿与话题》,《中国语言学报》第5期,商务印书馆,1995年。

能。因此，研究语气词不能像研究其他词类那样，可以在静态的结构中进行。其实，作为属于句子平面的一种附属词，语气词句法上的特征是比较单一的，语气词在使用中所受到的句法限制是比较少的，更多的应该是语义限制和语用限制。

2.1　语气词使用中的句义限制

2.1.1　句子的结构意义对语气词的选择起到一定的影响。在许多场合，语气词的运用似乎是不必须的，用和不用都可以：

你为什么不去北京？/你为什么不去北京呢？

你到北京去过？/你到北京去过吗？

但是，在一些场合语气词是必须出现的，必用语气词的语义限制条件是以下几点：

2.1.2　如果句子不完整的话，语气词必须出现。当某一个语气词成为完句成分时，这时的语气词就是必用语气词：

(1) 语气词"了"通常用在陈述句的句末，表示一种新情况的出现，是对已然事件的确定和推断：

※(他)吃了饭。　　(他)吃了饭了。

※(妈妈)去北京。　　(妈妈)去北京了。

※(小王)洗完澡。　　(小王)洗完澡了。

(2) "呢"是构成陈述句的一种完句成分，有提醒对方注意的作用，如在"V着N"中：

※(墙上)挂着画。　　(墙上)挂着画呢。

※(小王)干着活。　　(小王)干着活呢。

(3) "的"则是对当然事件和未然事件的确定和推断，在"助动词+V+(N)"句式中，往往要依靠"的"的帮助来完成句子：

※(他)会改变主意。　　(他)会改变主意的。

※(这样做)要耽误事。　　(这样做)要耽误事的。

2.1.3　如果句子需要添加一定的感情因素时，语气词一定要出现，在一些非典型语气词上表现得特别突出：不加这些语气词的句子，要么不通，要么体现不出这种感情：

(1) "罢了"有把事情往小里说的意味，具有一种轻视的感情：

※我只不过说说。　　我只不过说说罢了。

※他会说几句英文。　　　他会说几句英文罢了。

(2)"也好"有对某种行为、观点不满意的意味,具有一种容忍的感情:

※今天不去。　　　今天不去也好。

※你不参加会议。　　　你不参加会议也好。

(3)"着呢"具有强调的意味,有一种夸张的感情:

※这种类型的学生多!　　　这种类型的学生多着呢!

※这个人刻薄!　　　这个人刻薄着呢!

2.1.4　如果句子是一个省略形式,在很多场合语气词是不能省略的,特别表现在需要用一些语气词表示疑问的场合:

(1)在省略了疑问形式的非是非问句中,由"呢"直接跟在一个名词或名词性短语后面,表示疑问的格式:

※"大伙儿都决定去海南,你?"

"大伙儿都决定去海南,你呢?"(=你决定不决定去海南?)

※"这是你的那本书,我的?"

"这是你的那本书,我的呢?"(=我的那本书在哪儿呢?)

※"我不想再等了,先回去了。""那么小张?"

"我不想再等了,先回去了。""那么小张呢?"(=那么小张是回去还是不回去呢?)

(2)包含有假设意味的疑问句,由"呢"直接跟在一个带有"假设词"的结构后面,"假设词"后面承前省略了许多词语:

※"都十二点了,看来小舅不会来了。""万一?"

"都十二点了,看来小舅不会来了。""万一呢?"(=万一来了怎么办呢?)

※"放学以后马上回家!""如果不?"

"放学以后马上回家!""如果不呢?"(=如果不回家会怎样呢?)

2.2　语气词使用中的词义限制

2.2.1　词语的结构意义对语气词的选择起到一定的影响。主要表现在语气词在一些固定配搭中的使用会受到语气词前面词语意义的影响。首先考察"NP+了"格式。在这个格式中语气词"了"表示一种新情况的出现,但并不是所有的名词都能出现在这个"了"前,例如下面的说法都是不成立的:

※缝纫机了。/※桌子了。/※电影了。/※小说了。/※西瓜了。

只有当这个名词或名词性短语具有所谓的"顺序义"时,这个格式才能成立。[①] 具有"顺序义"的名词可以解释为"该名词所处的阶段已经或将要到达或实现",该名词是处在一个有高低、快慢、前后等之分的类似连续统的序列中。例如:

小王现在处长了。(表示小王已经从"科长"升到"处长"这个职务了)

立秋了,西瓜不能多吃了。(表示节气已经过了大暑进入立秋这个节气了)

已经九百米了,还有六百米,坚持啊!(表示跑步已经跑过了九百米以前的,诸如二百米、五百米等阶段,开始进入剩下的六百米,诸如一千米、一千二百米等阶段)

上述"缝纫机""电影"等,由于缺乏"顺序"这种语义,所以不能用在这样的固定配搭中。

2.2.2 "X 啊 Y 啊"格式。语气词"啊"有时可以直接用在某一个词语后面,连着两个或两个以上的"啊"用在一个固定配搭中,但由于前面词语语义的影响,这个格式能表示不同的意思:

(1) X 和 Y 是相同的动词,整个格式表示行为的过程很长:

(35) 盼啊盼啊,终于把妈妈给盼回来了。(刊)

(36) 等啊等啊,等到街旁的商店全都关了门,那位丢包的顾客还是没有出现。(报)

不是所有的动词都可以进入这个格式的:首先,非动作动词一般不能用在"X 啊 Y 啊"中,例如不能说"喜欢啊喜欢啊""知道啊知道啊"。"是啊是啊"和"有啊有啊"与上述格式表示的意思是不同的,后者不是表示行为的过程长,而表示语气的重复。

(2) X 和 Y 是不同的动词,整个格式表示动作的反复:

(37) 写啊算啊,算啊写啊,一夜很快就过去了。(报)

(38) 说啊笑啊,整个饭堂里尽是祝贺的声音。(刊)

(3) X 和 Y 是不同的名词,整个格式表示举例:

① 参见吕文华《"了"与句子语气的完整及其他》,《语言教学与研究》1983 年第 3 期。张谊生《现代汉语虚词》,华东师范大学出版社,2000 年。齐沪扬《现代汉语短语》(华东师范大学出版社,2000 年)第四章第二节对这个问题也有论述。

(39) 这间屋子里,桌啊椅啊的横七竖八乱成一堆。(刊)

(40) 一顿饭吃下来围嘴上净是汤啊水啊,脏得要命。(词典)

"桌啊椅啊的横七竖八乱成一堆"也可以说成是"像桌子椅子什么的都横七竖八乱成一堆"。这个格式的特点是:第一,在这个格式中的名词必须是一组类义词,具有相同的义素,"桌啊椅啊"可以说,但"桌啊碗啊""灯啊椅啊"的,是不能进入这个格式的。第二,书面语里"X 啊"后面也可以加上逗号,如"桌啊,椅啊的横七竖八乱成一堆",加上逗号后格式就可以延长,成为"X 啊 Y 啊 Z 啊":如:

(41) 猪啊,鸡啊,羊啊,满院子跑。(词典)

(42) 他把老爸服侍得没了脾气,饭啊,汤啊,水啊,药啊,每天掐准时间送到老爸的床前,老妈可呆了:这孩子什么时候学来了这一套?(刊)

2.2.3 "X 就 X 吧"格式。这个格式有不介意或不满意的意思。"X 就 X 吧"格式和"X 就 X"格式不同。例如:

A. 吃了就吃了吧,下次再买嘛。

B. 吃了就吃了,有什么大不了的?

A. 东来顺就东来顺吧,咱们以后再去全聚德。

B. "今天你请客,到东来顺怎么样?""东来顺就东来顺。"

从 A、B 两组句子看,它们有共同的意思即"不介意""可以容忍";但 B 组并没有对已有的事实"不满意"的意思,而是"对提议和要求等不在乎"。[①] "不在乎"和"可以容忍"意思相仿。显然,A 组具有的"不满意"是由语气词"吧"传达的。

另外,倘若"X 就 X"中的 X 由"不 + 动词"组成,这个格式还有表示"假设条件"的意思,相当于"如果不……就一定不……"。[②] 例如:

(43) 他不干就不干,要干就真像个干的样子。(八百词)

(44) 不说就不说,一说就没完没了。(八百词)

"X 就 X 吧"中由于"吧"的前加成分的不同,可以有不同的类别。

(1) X 由动词性词语担任,可以是单个动词,也可以是动宾短语或动补短语:

(45) 看球就看球吧,砸什么瓶子打什么架呢!(词典)

(46) 吃完就吃完吧,他爹回来了我再做。(刊)

---

① 参见侯学超《现代汉语虚词词典》,北京大学出版社,1998 年。

② 参见吕叔湘《现代汉语八百词》,商务印书馆,1980 年。

一般来说,非动作动词很难进入这个格式,“是就是吧”“知道就知道吧”这种用法很少看到;这与“X就X”不同,后者对动词的要求不如带“吧”的严格:

(47)“是小李吧,别遮遮掩掩了。”“是就是,谁遮掩了?”(刊)

(48)知道就知道了,但不能说出去,这是纪律。(刊)

(2)X由名词性词语担任。例如:

(49)我本想对小余说,“大照片就大照片吧,这是人家个人的事……”(《刘心武文集》)

(50)爱立信就爱立信吧,以后有条件再买个其他牌子的。(刊)

在这个格式里的名词,大多都隐含了另一个对比的名词。“大照片”隐含着与“小照片”的对比,“爱立信”隐含着与其他牌子的对比,上述例句中的“东来顺”隐含着与“全聚德”的对比。不具有对比性质的名词一般不能进入这个格式。

三　话题影响和韵律影响

3.1　话题对语气词使用的影响

3.1.1　话题对语气词的影响主要是针对句中语气词而言的。“一般情况下,辨别话题的依据主要是语序,话题总是出现在句首,话题的后面是说明。……在话题部分和说明部分之间,可以出现一个较大的语音停顿,或插入一个句中语气词”。[①] 范开泰把汉语的话题分成两种形式,一种是一般名词语直接用在句子头上,可以称之为无标记话题;一种是介词结构出现在句子头上,可以称之为有标记话题。例如:

(51)这个人啊,一定是个好人。(刊)

(52)在这十五年里,他上完了小学、中学。(刊)

(51)例中的“这个人”是无标记话题,(52)例中的“在这十五年里”是有标记话题。[②]

---

① 参见范开泰《语用分析说略》,《中国语文》1985年第6期。

② 范开泰的分析只是对话题的简单分类,其实有些动宾结构,如方梅举例的“拍马屁啊,也得会拍,拍得不是地方倒坏了事。”中的“拍马屁”也可以看作话题,参见方梅《北京话句中语气词的功能研究》,《中国语文》1994年第2期。

话题对语气词使用的影响主要体现在两个方面:第一,话题是否有标记会对语气词的使用产生影响;第二,话题的语义类型会对语气词的使用产生影响。

3.1.2 无标记话题后的语气词的运用一般来说都比较自由,但并不是所有的句中语气词都是十分自由的。据真实文本的语料调查,在无标记话题后运用得最多的句中语气词是"啊"跟"嘛":

(53) 糊涂的石大爷啊,竟别过身也不搭理我就这样走了。(《刘心武文集》)

(54) 八妹啊,是不会失约的。(《刘心武文集》)

(55) 年轻人的恋情嘛,如顺水行舟,只要不翻船,就会迅速前进。(词典)

(56) 报纸上的文章嘛,不都是人写的?(刊)

其次,是句中语气词"呢":

(57) 现在呢,可好,那一行行的字真叫"龙飞凤舞"!(《刘心武文集》)

(58) 你呢,也别想不开。(词典)

语气词"吧"被大量地用在有标记话题后面,除此之外,"啊"也可用于有标记话题后面,而"呢""嘛"则较为少见。例如:

(59) 打小儿吧,我也以为自己是文曲星下凡……(刊)

(60) 对宋宝琦这样的人吧,我觉得还是应该严格点。(《刘心武文集》)

(61) 跟聪明人啊,我也不抖机灵儿了。(刊)

(62) 关于她啊,闲言碎语堆起来准有一大箩!(《王朔文集》)

3.1.3 话题乃至整个句子的意义对语气词的使用也有很大的影响。方梅认为,"啊"跟"吧"因为基本上没有语气意义,所以被看作是主位标记,但从真实文本的语料看,"啊"跟"吧"的分布上的差异还是比较大的,出现在"吧"的前面的话题主要是有标记话题,而其他用例则较少见,原因可能是如方梅所说的:"'啊'是被普遍接受的说法,'吧'则是40岁以下的北京人较多使用的形式,……'吧'可以看作是'啊'的社会变体"。[①] 话题后用"吧"的情况更多地受到话题语义的影响。例如:

(63) 拿邮票种类来说吧,首先要分清纪念邮票和特种邮票。(《刘心武文集》)

① 参见方梅《北京话句中语气词的功能研究》,《中国语文》1994年第2期。

(64) 对杭州人吧,最好是以绿茶招待,而对北京人,泡上茉莉花茶就行了。(报)

"吧"用在有标记话题后,这个话题往往具有"引起下文,举例说明"的意思,其他语气词很少能占据这个位置,即便是使用范围最广的"啊"。"吧"用在表示"举例说明"的话题之后,最明显的是在话题前加上表示举例的词语,如"比如""譬如"等。例如:

(65) 譬如一中吧,田径尖子特别多。(词典)

(66) 比如这个电视剧吧,毛病确实很多,可他们的立意还是好的。(《刘心武文集》)

语气词"呢"则经常使用在具有"转换谈话内容"意义的话题之后。例如:

(67) 产品质量不成问题,销路呢,就看你们营销科了。(词典)

(68) 那四位写了多少字,才给群众留下个印象。您呢,一句话就流传甚广。(刊)

侯学超(1998)从用法上把这种"呢"归为"用在对举或列举的最后一项",方梅(1994)则从语义上认为这种"呢"是用在后续句中的,"呢"的前面是一个新的话题。其他语气词也能出现在这个位置上,也有一定的"对比"意义,但在真实文本中,数量要比"呢"少得多。例如:

(69) 小涧算是落实了,小沁、小涓啊,就不知是什么命运了。(《刘心武文集》)

(70) 人是保下来了,钱嘛,就不用提了。(报)

3.2 韵律对语气词使用的影响

3.2.1 韵律究竟是属于语用平面,还是属于语音平面,这是在"三个平面"学说形成过程中有学者提出的又一个有争论的问题,但韵律对汉语词语结构、句法结构会产生很大影响,则是学者们都能看到的事实。无论从句法角度切入讨论语音问题,或从语音角度切入讨论句法问题,都能看到这种影响的存在。例如冯胜利在讨论韵律在构词、句式的形成过程中的作用后,得出过这样的结论:"韵律结构也是语言中相互作用的诸多层面的一个重要的、独立的层面。因为语言表层的复杂现象不仅受语义、句法等层面的规则的控制,同时也为韵律规则所支配。"①从

① 冯胜利《汉语的韵律、词法与句法》,北京大学出版社,1997 年。

理论上说，语气词的使用也一定会受到韵律结构的制约，但这种制约很少有人注意到。在大量真实文本语例的支持下，我们认为这种制约至少体现在以下两个方面：(1)句子重音的出现会影响语气词使用的频度；(2)语句节奏单位的长短会影响语气词出现的位置。

3.2.2 句子的重音指的是一个句子在没有特殊语境的情况下所表现出来的重音结构。汉语的重音结构赵元任归结为“最后的最强”的原则，这个原则经汤廷池分析后，又总结为“从轻到重”的原则。① 因为语气词总是位于句子的末尾，即便是句中语气词，语气词的后面也总是有一个停顿，而语气词又总是读作轻声的，因此，在句子重音“轻—重”的原则前提下，语气词的使用会受到这个原则的制约，表现为读作轻声语气词的出现频度会呈现如下规则：

(1) 一般来说一个句子中的语气词最多出现不超过三个。

(71) 交际花儿吧，总得盘儿是盘儿，条儿是条儿，二荷她就是把上万块一瓶的香水整天地洒到身上，又有哪点儿招人呢？(《刘心武文集》)

(72) 其实呢，当初真不如就让她在附近村子里插队哩，你说谁想得到呢？(《刘心武文集》)

(73) 我吧，一天到晚啊，忙得根本就没有时间打扮自己了。(刊)

(71)中出现两个语气词，其中一个是句中语气词，一个是句末语气词；(72)中出现三个语气词，其中一个是句中语气词，两个是句末语气词；(73)中出现三个语气词，其中两个是句中语气词，一个是句末语气词。

(2) 如果句子中有两个句末语气词，一般来说表示疑问和感叹语气的语气词居末。

(74) 承包，那不是如今政府支持的，过了明路的发财路子了吗？(《刘心武文集》)

(75) 那身上的衣褶自然自然的，仿佛伸手一拉就能拉动，可这幅画上的衣褶是怎么画的啊！(《刘心武文集》)

疑问语气是上扬的，感叹语气大多要延长的。所以这两种语气符合“后重”的韵律特征。上述(71)(72)例也是如此。

---

① 参见赵元任《汉语口语语法》(吕叔湘译，商务印书馆，1979年)，汤廷池《汉语词法句法论集》，台湾学生书局，1984年。

（3）一般来说一个句子中出现的句中语气词最多不超过两个。

（76）现在啊，我觉得这个北京市场上啊，洋快餐太多。（刊）

张谊生认为“在一个单句中，句中语气词的出现很少超过两次的，否则就会将完整的气息单位割裂开，违背汉语的节律特点。”[①]其实，这里还有一个原因，就是如果前面句中语气词出现太多，会打破“轻”与“重”的平衡，后面语句的“重”很难表现出来。

3.2.3　语句节奏的长短对句末语气词的使用没有影响，无论前面的句子多长，只要是表达的需要，都可以在句子的最后加上语气词。但对于句中语气词来说，这种影响是比较明显的。王洪君认为汉语有声调和节奏两套韵律系统，两套系统是相互作用的。汉语中的连读变化的辖域划分就是节奏的体现，汉语的连调域中必然有，而且只有一个凸现成分，它决定了连调域的分界。[②] 我们说的语句节奏实际上就是“连调域”，连调域的分界处才能添加句中语气词。这种添加具体表现在以下几个方面：

（1）语句节奏较短的口语语体，容易添加句中语气词。一般来说，口语语体中出现句中语气词的比率要高一些，而书面语体则相对少一些。在我们查找的文本中，大多数句中语气词是出现在对话、内省的话语之中：

（77）曼哈顿的灯火啊，哪一盏下面尚有关于我的一缕思绪？（《刘心武文集》）

（78）“因为呀，我想跟那个看不见的朋友结下一辈子的交情。”（《刘心武文集》）

（79）瞧吧，我才不是坏学生呢，我既不怕累，也不怕脏。（《刘心武文集》）

（80）弟弟对我这样议论过：“其实呢，如今又有哪个大学毕业生不是在托关系走门子给自己找好窝儿？”（《刘心武文集》）

相比之下，在口语中用得多的句中语气词是“啊”“吧”及“啊”的变体，而“呢”的口语色彩相对来说则是不明显的。

（2）较短的有标记话题容易添加句中语气词。有标记话题后添加语气词，话题的长度会影响语气词的分布，一般来说，当这个有标记话题比较长时，语气词是

---

① 张谊生《现代汉语虚词》，华东师范大学出版社，2000 年。

② 王洪君《汉语非线性音系学》，北京大学出版社，1999 年。

不适宜添加的：

对宋宝琦这样的人吧，我觉得还是应该严格点。—※对宋宝琦这样不想学习的人吧，我觉得还是应该严格点。

在大树下吧，总有一些人蹲着闲聊。—※在一棵有着几百年树龄的老槐树下吧，总有一些人蹲着闲聊。

语气词的不适宜添加与话题前的介词有关。而对于无标记话题后的语气词来说，所受的限制要小一些。例如下面这些用法都是成立的：

(81) 他那张饱经风霜、满是冤屈的脸啊，即便是以经常直视受教育者为习惯的张老师，乍一看也不免浑身起栗。(《刘心武文集》)

(82) 报纸上那些洋洋洒洒、文情并茂、催人泪下的文章嘛，不想看也自然不会有人强迫你。(刊)

(3) 切分后的部分成为一个气息单位后，容易添加句中语气词。所谓的气息单位，张谊生(2000)认为是节奏的基本单位，现代汉语通常的节奏是以四个到七个音节为一个气息单位。一个句子内部被切分需要停顿时，切分的前半部分的音节没有多大的限制，切分的后半部分不能小于四个音节。从这个理论出发，能够切分的句子最少是五个音节：

我呢，还是选择上复旦大学吧。—我呢，上复旦大学吧。—？我呢，上大学吧。—※我呢，上大学。—※我呢，上。

去五台山嘛，也不是不可以考虑。—去五台山嘛，可以考虑。—※去五台山嘛，能考虑。—※去五台山嘛，考虑。

有两种情况不受这个规则的限制。第一，如果句中语气词是用在句中位置$_3$的，语气词后面的部分也可以少于四个音节的：

(83) 来嘛，怕什么？(词典)

(84) 小俞碰碰我的胳膊说："抓紧点吧，都有事！"(《刘心武文集》)

第二，如果切分的后半部分是一个形容词性短语或动词性短语的，全句是感叹语气或者疑问语气的，也允许后半部分可以少于四个音节的：

(85) 你呢，太笨了！(词典)

(86) 这样差的条件么，怪谁？(刊)

参考文献

范开泰　1985　语用分析说略,《中国语文》第6期。
方　梅　1994　北京话句中语气词的功能研究,《中国语文》第2期。
冯胜利　1997　《汉语的韵律、词法与句法》,北京大学出版社。
胡明扬　1981　北京话的语气助词和叹词,《中国语文》第5—6期。
黄国营　1994　句末语气词的层次地位,《语言研究》第1期。
蒋绍愚　1994　《近代汉语研究概况》,北京大学出版社。
吕文华　1983　"了"与句子语气的完整及其它,《语言教学与研究》第3期。
马庆株　1999　层次、语法单位和分布特征,《语法研究入门》,商务印书馆。
齐沪扬　2000　《现代汉语短语》,华东师范大学出版社。
沈家煊　1999　《不对称和标记论》,江西教育出版社。
沈　炯　1985　《北京语音实验录》,北京大学出版社。
史有为　1995　主语后停顿与话题,《中国语言学报》第5期,商务印书馆。
〔日〕太田辰夫　1987　《中国语历史文法》,蒋绍愚、徐昌华译,北京大学出版社。
王洪君　1999　《汉语非线性音系学》,北京大学出版社。
张伯江等　1998　从话语角度论证语气词"的",《中国语文》第2期。
张谊生　2000　《现代汉语虚词》,华东师范大学出版社。
赵元任　1979　《汉语口语语法》(吕叔湘译),商务印书馆。
赵元任　1980　《语言问题》,商务印书馆。
朱德熙　1982　《语法讲义》,商务印书馆。

(作者通信地址:上海师范大学对外汉语学院,上海　200234)

从普通语言学和语言类型角度看汉语补语问题*

金立鑫

摘　要：语法是语义关系的形式化，语法成分在本质上是语义上的述谓或被述谓单位。典型的是主语和谓语，定语和名词以及状语和谓词。这是人类语言普遍存在的共同属性。汉语传统语法上的“补语”是个另类，可能分别与主语、宾语、动词以及其他成分存在述谓关系，有时甚至很难确定它在句法语义上的直接成分。本文从一般语言学以及语言类型学的角度出发，在汉语语序类型学各项参数的对照下，通过分析句子成分的关系进一步分析和认识汉语“补语”的本质属性，同时提出“补语”在教学上较为合适的处理方案。

关键词：句子语法成分的本质；句法关系；汉语类型语序学特征；移位；补语和 complement

○　引　言

拙稿《解决现代汉语补语问题的一个可行性方案》（《中国语文》2009 年第 5 期）发表后引起了不少争议。为避免一些不必要的争议，笔者在该文第一小节以“句法成分的功能和形式”为标题对句子成分的功能和形式做了一些简要的交待。但该文发表后还是引起了一些争议。争议的原因一部分来自对句法成分概念内涵和外延认识上的差异。如果讨论的一些基本概念认识或理论假设不同，问题就无法在一个共同的基础上讨论，也就不可能达成共识。为此，我们试图就“句法成

* 本文曾在 2010 年 11 月 28 日上海师大祝贺张斌先生 90 华诞学术纪念会上宣读，得到与会者的帮助，在此致谢！

分”的内涵和外延的理论假设重新表述，希望问题的讨论能够在这样的理论假设基础上进行。

一 句法关系和句子成分

人类所有语言都有一个最基本的功能，那就是叙述。所有的叙述都必须包含两个部分：叙述的对象和对对象的叙述。古代没有语法学，语法修辞逻辑不分家，句子的分析直接从逻辑学中借来了 subject 和 predicate，前者就是句子的主语，后者就是句子的谓语（这个翻译很好，“谓”表达了叙述的意思）。谓语内部还包括两个部分，那就是表达行为或属性的动词和动词所涉及的对象。所有语言中都有动词，而动词所涉及的对象，通常是行为施加的对象，就叫作宾语。宾语通常是动词词义的规定者，而主语不是。尤其是一些高频动词（如英语的 take，汉语的“打”“做”等）。人类语言中动词的数量总是少于名词，动词的词义也比较抽象，通常由宾语来确认。例如汉语中的“打”，在“打”的前面增加主语并不能确定“打”的意义，而在“打”的后面增加“酱油”“官司”“伞”“电话”“篮球”“枪”“报告”“井”等宾语，某个“打”的意义才能得到确定。因此很多语言学家认为宾语是动词的内部论元，这是有道理的。也因此，宾语和动词的距离更近，与动词合二为一，作为一个和主语相对待的句子成分，也是可以理解的。传统语法中动词和宾语合称为“谓语”，生成语法中一个句子可以转写为一个相当于主语的 NP 和一个相当于谓语的 VP 也是有道理的。

人类的语言首先是口语。口语交际中绝大部分都是结构简单的句子，通常只有一个叙述对象和一个对对象的叙述。一般情况下一个简单句就能完成交际任务。但是如果要在一个句子中表达一些较为复杂的意义，一个主语和一个谓语就可能不够用。必须使用主语和谓语之外的其他成分来表达。这时主语和谓语以外的句子成分才被发展出来。

假定一个简单的句子只表达一个简单的意义，这个简单的意义单位我们暂且用“一个述谓结构”来度量。一个述谓结构内只有一个主语和一个谓语（由此我们可以看出，句子成分只不过是意义之间的关系的形式化而已，以下的讨论也涉及这个基本道理)。如果一个人要表达两个简单的意义单位,那么理论上他要说的话就应该有两个述谓结构。如果这两个述谓结构他分别用两个句子来表达,那么问题就不会发生,如果永远这样或许人类语言就只有一个主语和一个谓语的简单句。但人类试图在一个句子中表达两个甚至更多的述谓结构,问题就产生了。如何在一个句子中安排这两个述谓结构?句子不可能是三维的,只能是一维的线性结构,如果一个语言社团已经约定 SVO 作为他们的基本语序,最前面的句法位置已经由主语占据,第二个位置已经由动词占据,最后一个位置由动词的宾语占据。第二个述谓结构如何安排?

要在一个句子中安排两个述谓结构,这两个述谓结构之间必定有一个共有成分,必有两个成分之间形成交叠,如果两个述谓结构之间的任何成分都不交叠,那么它们只能是两个句子而不可能合并为一个句子。假如说话人要表达的两个述谓结构分别为:

(1) 阿 Q 可怜巴巴

(2) 阿 Q 说

这两个述谓结构中互相交叠的成分是"阿 Q",这个"阿 Q"要同时接受两个谓词("可怜巴巴"和"说")的陈述,如何安排这两个谓词就成为当初人类要面对的语法问题。如果这个语言选择了 SVO 作为基本语序,那么这两个谓词中只有一个能够占据 V 的位置,另一个谓词只能另找位置。根据语义靠近原理(我们相信这是人类语言共同的潜规则)这个谓词应该尽量靠近它的陈述对象"阿 Q"。那么,理所当然最为合适的便是紧挨着"阿 Q"前面空着的位置或者它后面的位置。根据数学原则,可能出现的语序是:

(3) 可怜巴巴 de 阿 Q 说

(4) 阿 Q 可怜巴巴 de 说

汉语中(3)的"可怜巴巴"一般叫作"定语",(4)的"可怜巴巴"一般叫作状语(下面我们还会讨论这个问题)。因此,从本质上说,上面例子中的定语和状语也是一种谓语,是一种没有占据句子主要述谓位置的谓语。上面说的是交叠的成分是主语的情况。下面看另外两个述谓结构:

(5) 前面来了一位姑娘

(6) 这位姑娘很漂亮

在口语中这两个述谓结构很可能分别用两个句子来表达。但在书面语中这两个句子却很可能被整合为一个句子。这两个述谓结构互相交叠的成分是“姑娘”,这个“姑娘”在整合句子时可能处理为宾语或主语,如:

(7) 前面来了一位很漂亮的姑娘

(8) 一位很漂亮的姑娘从前面来了

定语的述谓性我们证明到此。用同样的方法我们来看句子中的另一个成分“状语”。如果说定语是对名词的述谓,那么状语就是对谓词的述谓。请看下面的述谓结构:

(9) 你走

(10) 走快点

(9) 中的“走”是述谓“你”的,而(10)中的“快点”是述谓“走”的。同样,这两个述谓结构在口语中也可能是两个短句。但是更多的时候它们可能合为一个句子,例如:

(11) 你快点走

(12) 你走快点

两个述谓结构被整合在了一个句子中。现在的问题,我们该如何看待(4)中的“可怜巴巴”和(12)中的“快点”? 如果根据一贯性原则(或同一性原则),应该把前者看作定语,把后者看作状语才合适。但由于汉语动词凸显的类型学特点(刘丹青,2010),原本用来修饰名词的定语也可能移位到动词前面做假性状语,由于类推动因和认知上的迁移性,原本修饰名词的定语处在动词前状语的位置就越来越明显地具有状语的表达功能,且其状语的意味也越来越重。使得这些原本是假性的状语成为真正的状语。这个过程我们必须看清楚。例如下面的例子:

(13) 松松地编了个大辫子

(14) 热热地喝碗茶

(13) 本来的意思应该是“编了个松松的大辫子”,但当“松松”移位到动词前充作状语之后,这个“松松”似乎也有了描述动作的意味。(14)同理。

但是对(11)和(12)的处理目前还存在一些争议(沈家煊,2010)。我们将在第三节中展开。

二　从汉语语言类型看汉语句子成分的分布及其变异

汉语，严格地说是汉语普通话，到底是SVO语言还是SOV语言，这是个必须回答的问题。因为这涉及与此相关的一系列语法现象。因为已经有证据表明，这两种不同的语言至少已经存在下面一系列倾向性对立（以下资料来自Dryer，1992，2008；Haspelmath，2006）：

VO语序相关	OV语序相关
（1）附置词-名词短语	名词短语-附置词
（2）系动词-述谓词	述谓词-系动词
（3）“want”-动词短语	动词短语-“want”
（4）时/体助动词-动词短语	动词短语-时/体助动词
（5）否定助动词-动词短语	动词短语-否定助动词
（6）标句词-句子	句子-标句词
（7）疑问词-句子	句子-疑问词
（8）偏正关联副词-S	句子-偏正关联副词
（9）冠词-名词	名词短语-冠词
（10）复数词-名词	名词-复数词
（11）名词-领属词	领属词-名词
（12）名词-关系小句	关系小句-名词
（13）形容词-比较基准	比较基准-形容词
（14）动词-附置词短语	附置词短语-动词
（15）动词-方式副词	方式副词-动词

以上倾向性对立绝不是偶然的，背后一定存在必然的原因。这个问题我们另文讨论。以上VO语言和OV语言的对立已经明显表现出前后项之间的倾向性。因此，或许可以参照这种对立来衡量汉语，看看汉语到底是倾向于VO语言还是OV语言。我们来看事实：

首先，我们需要约定一个临时性的前提：在下面的所有例子中，我们先只看事实。换句话说,我们可以不承认某种理论,但我们必须向事实低头。以下我们只看成分之间的依存关系,只看成分的句法功能:某成分与另一个成分之间是否存在句法上的依存关系,这种依存关系是否能得到语义上的解释(即是否存在语义基础。我们在上一小节中指出过:句法是语义关系的一种形式化)。根据以上Dryer等列举的倾向性对立,以下我们举一些汉语中存在的事实来证明汉语既不是典型的VO语言,也不是典型的OV语言。请看:

(15) 操场上站着一些人。桌子上放着一些苹果

(16) 本次列车开往北京南站。他一直走向前方

(17) 那些人站在操场上。苹果放在桌子上

(15)中的"上"实际上就是后置词(postposition),是OV语言的倾向;(16)中的"往""向"是前置词(preposition),是VO语言的倾向;(17)既有前置词又有后置词。

(18) 事实更胜于雄辩。他高过我

(19) 他比我高。事实比雄辩更有说服力

(18)是"形容词+比较基准"结构,VO语言的倾向,(19)是"比较基准+形容词"结构,OV语言的倾向。

(20) 慢点儿走。很快de说

(21) 走慢点儿。说de很快

(20)是"方式状语+动词"结构,OV语言的倾向,(21)是"动词+方式状语"结构,VO语言的倾向。

(22) 不遵守纪律的犯人一律关禁闭。老张娶了个很会做菜的老婆

(23) 犯人不遵守纪律的一律关禁闭。老张娶了个老婆很会做菜(VO)(Zhang,2008)

(22)是"定语从句+名词"结构,OV语言的倾向,(23)是"名词+定语从句"结构,VO语言的倾向。

普通话中否定的助动词形式前置和后置都有,但意义不同。例如:

(24) 这儿不能放

(25) 我不能吃

(26) 今天不能干

如果这些否定形式放在动词之后,表达的可能性不一样:

(27) 这儿放不下

(28) 我吃不了

(29) 今天干不成

(24)—(26)倾向于表达主观原因,而(27)—(29)倾向于表达客观原因。

(30) 谁吃?谁去北京了?

(31) 吃吗?他去北京了吗?

(30) 是"疑问标记+句子"结构,VO 语言的倾向,(31)是"句子+疑问标记"结构,OV 语言的倾向。

(32) 在院子里种树

(33) 树种在院子里

(32) 是"介词短语+动词"结构,OV 语言的倾向,(33)是"动词+介词短语"结构,VO 语言的倾向。

以上事实说明,汉语并不是一个纯粹的 VO 语言或者 OV 语言,它更像一个 VO 和 OV 的混合语①。它在很多重要参数上同时具有 VO 语言和 OV 语言的倾向。这种特征在下面的事实中更为清楚:

继日以夜　　继夜以日

*继日夜以　　*继夜日以

以夜继日　　以日继夜

夜以继日　　日以继夜

这个例子背后有一个四分表②:

	PN	NP
VP – PP	+	—
PP – VP	+	+

其规则是:如果附置词短语在动词短语之后,则附置词必须前置于名词。在上面合格的三个句式中,两个 PP 在动词短语前,倾向于 OV;但附置词却也有两个是前

① 更详细的证明请参见金立鑫、于秀金(2012)。

② 最早提出该例句并用四分表来解释的为刘丹青(2003:124),本文的四分表与刘丹青的四分表略有不同,本文的四分表所表达的是"如果 VP-PP 组合,则 VP-PN 组合"这样一个蕴含表达式。

置词，倾向于VO。因此这两个参项等量对立，2∶2。进一步说明汉语是个OV和VO语序基本对等的语言。从这个角度来看，汉语的状语前置于动词或者后置于动词，都是正常的，这是汉语的语言类型的系统造成的。

三 关于化解汉语补语难题的方案

传统英语语法中的补足语（Complement）是跟系动词相联系的，主要表现为"系动词后的形容词短语或名词短语，用来描述或限定主语。有些动词的补语在宾语后用来描写宾语"。（邵菁、金立鑫，2011）系动词是一个封闭类，典型成员是to be，另外有两大类，一类是现状系动词（如appear等），另一类是结果类系动词（如become等）。也就是说，在传统英语教学语法中，补足语的概念在逻辑上虽然不像定语和状语那样严格合乎逻辑上一对一的要求，但它明确对应特定的动词，内涵和外延相当清楚。它采用的是另一套逻辑标准，最重要的是，它不与定语和状语构成逻辑交叉。并不会引发任何系统上的混乱。如果教师告诉一个学习英语的外国学生这个成分是补足语或者complement，那么学生应该能清楚地理解这个成分的功能，同时也理解了这个句子中的动词。教学的目的也达到了。

在其他一些语言学研究中也有complement的概念，如生成语法和配价语法。但语言研究中的complement和教学语法中的补语是两回事。语言研究中的complement通常是指某个核心成分的依存成分。生成语法中的名词、动词、介词都有自己的补语，以构成一个名词短语、动词短语或介词短语。生成语法还区分complement和adjunct，complement是核心成分的姐妹节点，而adjunct则处在核心成分的上位节点（阿姨节点）。配价语法中complement主要指动词的必有论元。在所有语言学研究中，complement概念的内涵和外延都是经过严格定义的。

那么汉语的补语是什么呢？早期黎锦熙（1992：24—25）和杨树达（1984：39）都较为严格地遵循了传统语法中complement的内涵和外延。但是后来汉语"补语"概念的内涵却越来越小，外延越来越大。以致发展到涵盖了汉语动词后除宾语之外的所有句法成分（其过程可参见邵菁、金立鑫，2011）。以至于成为一个毫无解释意义的空壳名词。例如下面句子中动词后的成分一律冠以补语的帽子：

1）结果补语，如：洗（得很）干净，研究（得很）清楚

2）程度补语，如：好得多得多，聪明得没治了

3）趋向补语，如：走过来，跑过去，冲上去，端下去

4）动态补语，如：叫起来，写下去，停下来

5）状态补语，如：看得眼睛都直了，笑得那样自然、舒坦

6）可能补语，如，洗得干净，讲不下去，轻视不得，管不了

7）时间补语，如：站了一小时，死了三天

8）数量补语，如：去了一趟，踹了三脚

（徐枢 1985：150—166）

9）处所补语，如：走在大路上，站在操场上

假如我们暂时抛开以往所有的“语法理论”，不带任何“理论”的眼镜，从纯结构的角度来观察以上例子，只观察汉语传统语法上的补语和另外某个成分之间的依存关系（由语义到句法的——句法是语义关系的形式化，句法关系本质上是一种语义关系。如同我们在第一小节中认识定语和状语的方法那样），我们不难发现，这些所谓的补语内部是不一致的（内部一致性是任何集合的基本要求）。

汉语谓语动词后的成分大致分为三类：一，指称事物性的，多为名词性成分，通常看作宾语（符合一般人的语感）；二，修饰限制谓语动词的（如：他走得很慢，放在地上）；三，述谓句中某一实体成分的（如：他说得兴高采烈）。第二类和第三类以往统称为补语，我们认为不妥，因为它们的本质并不相同，以下分别讨论。

第二类成分与一般语言学上所说的状语同类，它们无论在语义上还是在句法上都是跟谓词直接相关，是对谓词的述谓（传统说法是修饰限定谓词的）。例如程度、动态、时间、处所和数量补语。有些是属于跟句子处在同一层面的，如可能补语，实际上是汉语的一种句“式”（mood，可能式），汉语中的可能式并不用词的形态来表达，而是通过“V 得 X”和“V 不 X”以及“V 得 X V 不 X”（如：放得下，放不下，放得下放不下）这样的句法形式来表达。至于是否将动态补语处理为“体”的表达形式，还可以讨论（不少学者认为汉语的“体”语法化程度并不高，词汇形式是表达语义体的重要手段之一）。这些语法化程度较低的成分如简单地处理为状语或许也是一种可以考虑的方案。

汉语中既有前置于谓词的状语，又有后置于谓词的状语，这与汉语这一混合

VO 和 OV 的语序类型特征有关（请参考本文第2节），一如它同时具有前置词和后置词的属性一样（与此相同的是，同时具有“形容词＋比较基准”和“比较基准＋形容词”的比较句特征）。

第三类成分则是处在句子主要谓词后面的第二个谓词短语，如上面的1）结果补语，5）状态补语。这一类成分的一个共同特点是，以其谓词的本质属性表现出对句中的某个名词性成分进行述谓。因此，与谓语的本质相同。由于汉语在整体上凸显动词地位（刘丹青，2010），或者动词处于显赫位置、具有强势地位的原因，汉语更重视时间顺序（时间是动词的最基本属性，这与哲学上说时间是运动的存在形式一致），这些所谓的谓语不得不安排在核心动词的后面，其意义不言而喻，先有核心动词表达的行为，后有这些补语谓词所表达的状态。从某种意义上说，核心动词表达的行为是补语谓词表达的状态的原因。先因后果，直接体现了汉语这一语言因动词凸显而表现出来的“时间原则”。

这一类成分到底处理为什么句子成分更能体现它的句法语义功能？一种是处理为补语，由于补语这个术语本身缺乏解释性，至少在解释性上不够明确，用补语这个术语来指称这类处于核心谓词后面具有较强述谓功能的成分，并不十分合适。为此，我们提出了“次级谓语”这个名称，它借鉴了国外语言学中的 secondary predicate 这个概念。意思是除了主要谓词之外的第二个谓词。而汉语中的大多数结果补语、状态补语恰恰与这个概念的意义相吻合。可谓名副其实。不仅如此，我们相信，如果在教学中采用这个术语，学生一定会不自觉地寻求这个次级谓语所要述谓的名词，一旦次级谓语和所述谓的名词配上对了，这两个成分之间的意义整合也就完成了，理解结构的目的差不多也达到了。如果学生再加上对汉语的时间顺序原则的把握，了解了核心谓词和次级谓语之间的先后或因果关系，那么他就能达到准确理解结构的目的，而这也正是我们语言教学的目的，也是我们提出次级谓语这个概念的初衷。

如果一个次级谓语是一个自足的主谓结构（如下例34中的“眼睛都肿了”），这个主谓结构整体作为谓语，它的主语便是全句的主语（如下例34中的“她”），根据汉语的时间顺序原则，次级谓语的主谓结构自然与主要谓语结构构成时间顺序以表达它们之间的因果关系。例如：

（34）她哭得眼睛都肿了

次级谓语“眼睛都肿了”述谓全句主语“她”,并与“她哭”构成先后顺序,“她哭”是主要述谓结构,“眼睛都肿了”是次要述谓结构。这样的解释应该比后者是“哭”的“补语”这样的解释要清楚得多,学生在理解这一类结构时也容易并准确得多。

因此,在我们的方案中,对主要句子谓词做出修饰的成分都可以处理为状语,无论其位置在主要谓词前还是在主要谓词后。这符合我们在本文第2节中讨论过的汉语语序类型上的基本特征:汉语不是一个纯VO或OV型基本语序的语言,它在“语言基因”上能够容纳状语既可出现在主要谓词前,也可出现在主要谓词后。当然这两个位置上的状语在表达意义上很可能有较大差别,这是通过不同语序位置来表达某些语义差别甚至细微的语义差别的手段。在其他语言中或许要通过词汇形式或语素形态形式表达的意义,在汉语中很可能通过语序位置得到表达。

传统上将处在谓词后的状语处理为补语,我们认为不妥的主要理由是:1)补语本身缺乏解释力;2)汉语语序类型支持状语后置的语序,与汉语语序类型一致;3)后置状语的承担单位的属性和功能与人类语言普遍语法一致(绝大多数语言中的这些单位都视为状语)。

但是我们并不将类似“可怜巴巴地说”处理为后置定语,这是因为:1)主语后谓词前的位置已经是典型的状语位置;2)定语前置于名词是多数语言采取的语序策略,OV语言倾向于前置于名词,VO语言的定语也可以前置于名词;3)如前所说,由于汉语动词的强势作用,动词能接受更广泛的描述修饰或限制,汉语容许形容词充当状语;4)这类成分更多的是表达伴随动作行为而产生的一种状态,它所描述的也是谓词而非名词。基于以上事实,我们并不主张将类似的例子处理为后置定语。

沈家煊(2010)的方案建议谓词后的成分全部归入补语,取消宾语;也有的方案将动词后的数量词(动量和名量)处理为宾语。考虑到汉语动词后的成分并不具有一致性,有动词论元成分(宾语),也有非动词论元成分(修饰成分),又考虑到与国际语言学界接轨(例如类型学中的VO或OV两大基本类型的描写),如果汉语中没有了宾语,都描写为VC,这些不仅会给研究造成更大的不便,也在教学上造成不便(补语类过于庞大,几乎失去了解释力)。如果将动词后的时量词和动量词(如7、8两类)都处理为宾语,这需要对它们的论元身份进行证明,限于目前我们的认识水平(时量词和动量词并不表达对象客体,与典型的宾语语义角色相距较远)。我们暂且将其处理为状语(与一般意义上的状语基本同类)。但名量词可看作宾语,如"买了一个"中的"一个"处理为宾语。

四 结 语

虽然作为研究,学者们可以自行定义补语的概念。但在一般语言学、语言类型学以及对比语言学和语言教学中,考虑到对句子结构的解释,所用术语最好具有解释性,如定语和状语那样一望而知。汉语补语几乎成为一个垃圾桶,对它进行清理是必要的。增加垃圾桶的容量不是个好办法。我们的方案是依据一般语言学中的一般看法,结合语言类型特征来还原一些成分的本来面目,如谓词后的一些状语性质的成分,是状语就是状语,实事求是是科学的灵魂。状语在谓词后也完全符合汉语的类型学属性。一些具有谓语性质的(主要是结果补语和状态补语)成分我们主张根据它与主要谓词的顺序关系,称为次级谓语。因为它能够较为准确地表达它自身的句法语义功能。当然,如果不改变,依旧称其为补语,也是个折中或保守的做法,也可以接受,但需要对补语的内涵加以严格限定。这不是个对与不对的问题,是哪个更有解释力的问题。

参考文献

金立鑫　2009　解决现代汉语补语问题的一个可行性方案,《中国语文》第5期。
金立鑫、于秀金　2012　从与OV—VO相关和不相关参项考察普通话的语序类型,《外国语》第2期。
黎锦熙　1992　《新著国语文法》,商务印书馆。
刘丹青　2003　《语序类型学与介词理论》,商务印书馆。
刘丹青　2010　汉语是一种动词型语言,《世界汉语教学》第1期。
邵　菁、金立鑫　2011　补语和complement,《外语教学与研究》第1期。
沈家煊　2010　如何解决"补语"问题?,《世界汉语教学》第4期。
徐　枢　1985　《宾语和补语》,黑龙江人民出版社。
杨树达　1984　《高等国文法》,商务印书馆。

Haspelmath Martin 2006 *Universals of Word Order* , http://email. eva. mpg. de/ ~ haspelmt/ 6. WordOrder. pdf.

Matthew S. Dryer 1992 The Greenbergian Word Order Correlations, *Language* (68: pp. 81—138).

Matthew S. Dryer 2008 *The Branching Direction Theory Revisited. In* Sergio Scalise, Elisabetta Magni, Antonietta Bisetto (eds.), *Universals of Language Today*, Berlin: Springer.

William Croft 2003 *Typology and Universals*, Second Edition, Cambridge: Cambridge University Press.

Zhang, N 2008 *Existential Coda Constructions as Internally Headed, Relative Clause Constructions. The Linguistics Journal* 3 (3): pp. 8—54.

（作者通信地址：上海外国语大学语言研究院，上海 200083）

现代汉语结果补语的客观义和已然义

张国宪　卢　建

摘　要:本文在前期研究的基础上,进一步探讨黏合式动补结构中补语的句位义。认为除了非可控义之外,结果补语还具有客观义和已然义。文章从"已发生事实的陈述""非规约状态的语义'错配'"和"言者取向表述范式的遏阻"三个方面窥视和阐述补语的客观义。动补结构含有完结的意思早已为汉语学界所普遍认同,这显然是受结果补语已然义诱发其有界化的后果。大量的语言事实表明,现代汉语的结果补语已经具备了表述体貌的某些特征。

关键词:结果补语;句位义;客观义;已然义

一　引　言

在现代汉语中,以谓语动词为轴心的修饰性句法成分是状语和补语。在句法位上,状语占据动词之前的位置,补语占据动词之后的位置,虽然都与谓语动词发生直接的句法关系,但在句法形式上却形成显性的句位对立。早期的学者有人把它们视为是同一性质的句法成分,如黎锦熙(1924)就将动词前后的修饰成分都称之为"副词性的附加成分"。孤立地看,现代汉语中的确不乏状语和补语可以互换的用例,在丁声树等(1961:68)看来,"'你错打了主意'和'你打错了主意'这两句话意思差不多",吕叔湘(1966)也觉得"'这一篇要熟读~读熟','错算了~算错了五毛钱','早来了~来早了十分钟',是成分相同,意思也差不多的"。可以说这种现象是"同一性质说"的认识基础。[①] 不过,就现代汉语而言,更多的现象是"动

① 在我们看来,这些用例的意思并不完全相同,仍有语义/语用上的差异。

形组合和形动组合一般不能转换"①。例如:(丁声树等,1961:67)

(1) a. 你刚才那段话多说了。

b. 你刚才那段话说多了。

丁声树等认为,"'多说了'是说'你刚才根本不必说话'。'说多了'是说'你刚才那段话太烦'。"语言现象的启迪促进了研究的深入,"状语和补语是不同的句法成分"的观念被越来越多的学者所接受。认知语言学的一个基本理念是"语法是约定俗成的语义结构序列"(参看 Langacker,1987:2)。某一词语状语位置抑或补语位置的句位占据和句位遴选正是迥异的语义内涵的形式折射,同时又是言者主观性的句位"明示"。例如:

(2) a. "你怎么有这毛病,到人家就乱翻。"吴胖子一边看电视一边说。(王朔《一点正经没有》)

b. 丈夫许立秋当过医生,有不少医学方面的书籍,已被妻子全部翻乱了,她如饥似渴地寻找资料,同时也在寻找着希望。(孙黎平《母爱》)

毋庸赘言,"乱翻"和"翻乱"蕴含着不同的语义内容和言者情感。张国宪(2006)认为,句法位置是语言线性特性的表现,是语言的句法形式表征。它除了凝结着语法学家公认的句法信息之外,还集结着尚需挖掘的丰富的语义信息和语用信息,并将这种句法位置所蕴含的句法、语义和语用信息称之为"句法位置义"(简称为"句位义")。由此,语言单位对每一具体的句法位置的占据都会自然地沾染上句位所赋予的某些更为抽象的信息内涵,以影响言者和听者对事件的认知组织或解读模式。如果不能有效地知晓和解读出句位所蕴含的信息内涵,就会出现不合汉语表达习惯的语言表述。李珠(1988)发现,"在教学中常听到外国留学生说'天冷了,老师让我穿多衣服'。'穿多衣服'、'吃多水果'这类错句带有普遍性。"成燕燕(2002)更是进行了比率统计,她通过对 30 名已经通过 4—6 级汉语水平考试的哈萨克族学生进行的问卷调查发现,将"我没听清楚广播里的话"说成"我没清楚地听广播里的话"的偏误比率是 98%;将"他拴结实了"说成"他结实地拴了"的偏误比率是 100%;将"我回答得很轻松"说成"我很轻松地回答了"的偏误比率是 100%;将"皮鞋擦得很亮"说成"皮鞋亮亮地擦了"的偏误比率是 76%。由于汉语

① 吕叔湘(1966)单音形容词用法研究,《中国语文》第 2 期。

的动结式 VR 结构不具有语言类型学上的普遍性，言语中的偏误固然有母语语法规则负迁移（negative transfer）的因素，但没有很好地习得和掌握补语和状语的句位语义更是导致偏误的主要诱因。粗略地说，补语（结果补语）和状语最显著的语义表征显现在控制度、客观性和已然等诸多方面。至于控制度的表现张国宪（2006）已经做了考察，本文将讨论黏合式动补结构中结果补语在客观性和已然层面的表现。

二 客 观 义

2.1 黏合式动补结构是一个彰显状态呈现的构式

使成（causative）是现实世界的一种基本情景，使成情景（causative situations）由使因微观情景和结果微观情景构成，其中，使因微观情景的主使者（causer）行使或发起某一行为作用于受使者（causee），以引发结果微观情景中的受使者在主使者的行为作用下产生一定的后果。例如：

（3）那天下午，老师叫我们在教室里等着欢迎新同学。（王小波《绿毛水怪》）

在例（3）情景中，主使者"老师"行使"叫"这一言语行为，作用于受使者"我们"，从而导致了受使者产生了"在教室里等着欢迎新同学"的结果。可见，这是一个典型的动力意象图式（force dynamics）。在使成情景内部，使因微观情景与结果微观情景之间构成逻辑层面的因果关系，以表达主使者通过使力的作用，引发受使者执行某一行为或经历某种情况或产生某种状态的过程。世界上几乎所有的语言都有运用词汇、形态抑或句法等语言手段来表现使成情景的方式，从而形成了一个特定的句法语义范畴——使成范畴。

据项开喜（2006）研究，现代汉语的使成表达形式主要有 5 种基本类型：

汉语使成句式	例句
（a）单动式	把蛇杀了。
（b）动结式	把他骂哭了。
（c）带"得"动补式	冻得他直哆嗦。
（d）"叫/让/使"字句式	让我非常生气。
（e）使令句式	命令部队立即出发。

在我们看来,现代汉语使成表达的5种基本构式各有其不同的语用功能。就事件的语义类型而言,事件可以大致分成行为事件和状态事件两类。典型的行为事件通常由行作动词表述,典型的状态事件通常由状态动词或形容词表述。尽管黏合动结式的语言单位属性〔海外学者习惯于视为复合动词,大陆学者则更倾向于认定为结构式(construction)〕学界有不同的认定,但黏合式动补结构包含着一个行为子事件和状态子事件则是共识。例如:

(4) 辛之先生把茶壶洗干净了。[a. 行为事件:辛之先生洗茶壶;b. 状态事件:茶壶干净。]

在由黏合式动补结构表述的使成情景里,行为事件与使因关联,状态事件与结果关联。在汉语学界,对于动结式的核心所在,学界尚未达成共识。多数学者持"动词说",李临定(1984)、马希文(1987)等持"结果说",而Gu(1992)则坚持"双核说"。按照动词中心说的观点,下面句子中的动结式具有不同的核心:

(5) a. 孩子哭累了。

b. 孩子累哭了。

c. 孩子吓哭了。

"哭"是动词,"累"是形容词,a句的"哭累"是核心在前,b句的"累哭"则是核心在后;"吓哭"中"吓"和"哭"都是动词,c句的"吓哭"则是双核心。①

其实句法核心是什么并不十分重要,重要的是需揭示动结式的表述功能。我们认为,行为事件和结果事件在黏合式动补结构中的地位并不等值。行为事件只是状态事件达成的方式或手段,是背景信息,状态事件才是言者表述的目的所在,是前景信息。不管句法核心在前或在后,抑或双核,它们都有相同的语义行为和共同的语用表述动机——用动结式彰显状态的达成。在此,需要说明的是,在构式的整体作用下动作动词、状态动词抑或形容词的语法属性并不十分的重要②,会受制于句法位置。不同语法属性的词占据述语位置抑或补语位置会产生意义浮

① 参看熊仲儒、刘丽萍 2005 汉语动结式的核心,《暨南大学华文学院学报》第4期。

② 这并不排斥动补结构中的两个谓词在句位的分布上有选择性要求。研究表明,黏合动结式中的述语比补语有更高的使动性语义要求,投射到句法层面就是动性从述语到补语呈递降态势。参看沈力《关于汉语结果复合动词中参项结构的问题》,《语文研究》1993年第3期;郭继懋、王红旗《粘合补语和组合补语表达差异的认知分析》,《世界汉语教学》2001年第2期;张国宪《典型补语的非可控句位义》,《中国语言学报》第12期,商务印书馆,2006。

现，沾染上句位所赋予的行为或状态情景语义，诱导听者的语义识解。

(5') a. 孩子哭累了。（背景信息：孩子哭；前景信息：孩子累了）

b. 孩子累哭了。（背景信息：孩子累；前景信息：孩子哭了）

c. 孩子吓哭了。（背景信息：孩子吓；前景信息：孩子哭了）

由此，在语义的表述上，黏合式动补结构的语义更近似于状态子事件：

(5'') a. 孩子哭累了。≈孩子累了。

b. 孩子累哭了。≈孩子哭了。

c. 孩子吓哭了。≈孩子哭了。

就本文所讨论的黏合式动补结构而言，我们完全有理由认定，黏合式动补结构是一个彰显状态呈现的构式，换句话说，是一种表述状态达成事件的构式，这与单动式、"叫/让/使"字句式和使令句式等凸显行为结果的使成构式形成鲜明的语义和语用功能对立。

黏合式动补结构是一种表述状态达成事件的构式的结论可以得到形式和语义上的证明：

首先，黏合式动补结构中代表行为事件的谓词只是表达抽象的使因概念，其核心功能在于指示状态达成的手段或方式，不一定非有十分具体精准的词汇意义。例如：

(6) 谁知道"拍"的一声，地面裂开一个大口子。架上的书，大的小的，七零八落地掉进地洞；他立脚不住，在崩塌的动力下，从乱书罅缝里直陷下去。变成了一切书冲撞的目标，给书砸痛了头，碰伤了肩膀，擦破了皮肤。（钱钟书《灵感》）

在我们看来，句子中"砸痛""碰伤""擦破"等动补结构中使因动词（causing verbs）的遴选，更大程度上是为了避免用词重复的语用行为。因此，在现代汉语中，动补结构中的使因动词也可以是傀儡动词。（张国宪，2006）

(7) 我娘常说地里的泥是最养人的，不光是长庄稼，还能治病。那么多年下来，我身上那儿弄破了，都往上贴一块湿泥巴。（余华《活着》）

"弄""搞"等是一个意义非常空泛的动词，它们可以跟许多表示结果子事件状态达成的"结果动词"（caused verbs）组合成动补结构，以表述非规约性的语义关系。这时，手段或方式更加抽象化，只是给出了一个抽象的使因概念。进而，当言者不需要着意表达使成时，言者完全可以让使因动词遮掩。例如：

(8) 记得有一回，正是丁香乍开的时候，也就是下午两三点钟吧，屋中就非点灯不可了；风是一阵比一阵大，天色由灰而黄，而深黄，而黑黄，而漆黑，黑得可怕。第二天去看院中的两株紫丁香，花已像煮过一回，嫩叶几乎全破了！（老舍《大明湖之春》）

使因动词"刮"没有出现，但这并不影响听者对使成意义的识解，听者完全可以凭借语境算子解读出"破"的使成意味。可以说，使因动词的傀儡化抑或使因动词遮隐等种种行为都是动补结构语义的形式投射。

其次，在语义层面，黏合式动补结构的补语是语义焦点所在，这与一般动词谓语句有着迥然不同的语义关注。试比较：

(9) a. 洗脸，你真的洗干净了吗？（http://club. renren. com/index. php? uri =/show_214 223330 1. html）

b. 工地不供热水，工人 10 天洗不成澡，见面先问"昨晚你洗了吗？"（http://www. anhuinews. com/zhuyeguanli/system/2010/11/10/003445700. shtml）

例(9)是两个疑问句，a 句的疑问点在补语"干净"上，行为"洗(脸)"是个默认值，言者关注的重点在于状态的呈现与否；b 句的疑问点则在谓语动词"洗"上，言者关心的是动作行为实施与否。可见，动补构式凸显的是状态，一般动词句凸显的是行为，其语义差异是构式赋予的后果。尽管对于第二语言习得者来说这种构式意义需经长期地语言实践而领悟或从教科书获得（可惜我们的教科书这种知识太少），但我们发现操母语的 2 岁幼儿已经初步掌握了这一构式意义：①

(10) a.（爸爸指着一辆脏兮兮的小汽车说："你看，这车多脏啊！"）"也不把它擦干净。"(2 岁 3 个月)

b.（幼儿用笔在桌子上乱画，爸爸说"你看，桌子弄得多脏呀！"）"那就把它擦擦吧！"(2 岁 2 个月)

a 句幼儿针对状态"脏"而应答，使用动补结构式，以表述没有使成"干净"的状态；b 句则针对动作"弄"而回应，以凸显行为"擦"。尤其值得注意的是，幼儿用了一个重叠形式，这种形式的语法意义是"强化动作行为主体的能动性"（参看朱

① 语料取自笔者的录音和随机笔录。

景松,1998;项开喜,2006),与状态呈现的动结式形成镜像。

无论从形式还是语义层面我们都会得出"黏合式动补结构是一个彰显状态呈现的构式"这一结论。这一结论是我们讨论客观性的基础,正是基于"状态呈现"这一意义层面我们说补语具有客观义,即现实性(actuality)。

2.2 客观义的表现

2.2.1 已发生事实的陈述

句子的陈述总是要指涉现实世界的一定事件,当这种陈述指涉现实世界中实际发生的事件时是现实句,而指涉未在现实世界中实际发生的事件时则是非现实句。作为叙实性的陈述句,以黏合式动补结构做谓语的句子在无标记状况下总是一种现实句:

(11)八国联军占北京时,乌世保也倒了点小霉。那只叭儿狗跑丢了。(邓友梅《烟壶》)

(12)挨打的原因大都是因为做错了事:纸裁歪了,灯罩擦破了。(汪曾祺《异秉》)

"那只叭儿狗跑丢了""纸裁歪了""灯罩擦破了"陈述的都是现实世界中已经发生的事件,它们在时间特征上也表现出与表示过去的时间词相容而对表示将来的时间词相斥的特性,如不说"明儿那只叭儿狗跑丢了"等。这是因为过去的事件是已经实现的,所以我们可以在时间轴上找到具体的时间点。

在现代汉语的语料中,我们不难发现许多状态谓词既可以做补语又可以做状语,它与其他句法成分共同构筑现实句,以陈述现实世界中实际发生的事件:

(13)a. 他对我却一视同仁,军帽戴歪了,他会叫我扶正,绑腿散了,也要批评。(邓友梅《别愿坚,忆当年》)

b. 过去你彪悍潇洒。歪戴着帽子,背着手枪,站在军舰的甲板上,我第一眼就爱上了你。(王朔《空中小姐》)

(14)a. 钟楼广场大钟跑快了。(《常州晚报—数字报纸》,2008.10.31)

b. 她带哭带嚷的快跑,头发纷散;待到她跑过那倒闭了的林家铺面时,她已经完全疯了。(茅盾《林家铺子》)

表示状态的谓词"歪、快"在a句中做补语,在b句中做状语。粗略地看,"军帽戴歪了"和"歪戴着帽子","广场大钟跑快了"和"她带哭带嚷的快跑"在现实性上像没有什么区别,其实不然。细究起来不难感悟,人们对于现实性的体验至少还可以分出“已知现实”(known actuality)和“当前现实”(Immediate actuality)两种不同的情景,前者是已经实现的现实,后者则是正在发生的现实。状态词做结果补语是表述已经实现的现实,所以常跟标记词“了”同现,而做状语则是表述正在发生的现实,所以常跟标记词“着”同现。因此,作为现实句时,两个句子与事件之间存在着下述关联:

结果补语句:陈述已经实现的事件

状态状语句:陈述正在发生的事件

这一关联模式还可以很好地解释和说明下列言语实例中的许多不对称现象:

(15) 幸亏跑得快,只是头上被砸破了一个窟窿,流了很多血,走到坑里后就再也走不动了。(刘醒龙《凤凰琴》)

(16) 杜小鹃不慎打碎一个盘子,表情很紧张。(王素萍《她还没叫江青的时候》)

(17) 突然间一齐膨胀起来,“砰”的一声把船撑炸了——那力量是非常之大的。(汪曾祺《故里三陈》)

在现代汉语中,可以有动补形式的“砸破、打碎、撑炸”,但却难以实现状中形式的“破砸、碎打、炸撑”等,构成形式上的不对称。这是因为“破、碎、炸”等都是瞬间性谓词,这种瞬间情状一旦发生,就只能作为已经达成的静态状态结果存在于现实世界之中,而不具备以动态的状态情景伴随着动作正在进行。换句话说,瞬间谓词所参与表述的情景一旦达成就是一个已经达成的事件而不可能是一个正在发生的事件,所以断送了它以状语方式来参与表述的可能。这种表述扭曲可以用下图表示:

	黏合式动补结构的补语	黏合式状中结构的状语
持续性谓词	+	+
瞬间性谓词	+	−

这种扭曲现象正是补语比状语客观义强的反映。因为在我们看来,“已知现实”比“当前现实”更具有客观性,理由是前者陈述的是一个既成的、不可变更的、已经成为了事实的现实,“已知现实”作为已经存在并不可更改的事件,具有极大的确定性。

我们也注意到，当谓语动词是表示“把持”义时，好像结果补语句和状态状语句的语用分工不是十分的明晰：

(18) a. 她走得极稳极慢，一进殿门，她双手握紧了斗篷，头上的野鸡毛从左至右画了个半圆，眼睛随着野鸡毛的转动，检阅了全殿的人。（老舍《四世同堂》）

b. 我甚至想象到“哈一机”被攻占后的惨景：男女老少的尸体横倒竖卧，人人死后手中仍紧握带血的武器。（梁晓声《一个红卫兵的自白》）

b 句“人人死后手中仍紧握带血的武器”固然是表述正在发生的事件，但是，a 句“她双手握紧了斗篷”好像发生了的事件也没有终止。其实这是一种误解，是谓语动词“握”的词项影响的结果。退一步说，即便是一个现实世界中正在发生的事件，言者也可以利用句式语义的语言手段，主观上是用状态状语句的形式表述正在发生的事件，用结果补语句的形式陈述自我“认定”是已经实现的事件。

当然，状语的主观性还表现在其他诸多方面。比如，它可以在陈述句中参与表述非真实(non-actuality)的情景等：

(19) 她用手紧握着每一个新鲜的早晨，而又放开手叹一口气让每一个黄昏过去。（何其芳《墓》）

(20) 他的亲切的笑容，他的在兴奋的交谈中就大睁着的眼睛，常常在一些往事的回忆中浮现在我面前。而我只能将我的哀念深埋在心中。（曾卓《诗人的两翼》）

例(19)的“她用手紧握着每一个新鲜的早晨”只是描绘纯粹构建出来的主观想象，例(20)的“我只能将我的哀念深埋在心中”也是一种虚拟情景，这些显然都是主观性的表现。为了凸显状态，言者甚至可以用重叠的形式来强化“量”在状态表现层面的张力。如“蒋颖一人留在家里，她倍感孤独，把对丈夫的思念深深埋在心中。（刘德元《越过屈辱觅真情》）”，重叠是言者主语“自我”的一种表现，所以更具有主观性。在这种虚拟的非真实情景中，结果补语都不能参与构建，这不能不说是其客观义掣肘的结果。

2.2.2 非规约状态的语义“错配”

根据使因与结果之间是否存在着最大的线索有效性，结果的达成有两种情状：一种是规约性的，如“晒干”（袜子晒干了），“干”是“晒”的自然使成结果；另一种是非规约性的,如"晒丢"(袜子晒丢了),"丢"只是"晒"的偶发性结果。就结果达成的可能性而言,规约性的结果是有限的,如"杀"的规约性结果是"死",而非规约的结果则是无限的,如"杀"的非规约性结果则可以有"错、腻、累、绝、傻、怕(杀鸡杀怕了)、红(杀红了眼)"等,难以穷举。同时这种无限性还表现在,如果以结果去溯因(使成手段或方式),那么其使因有无限的可能。如结果"破"为例,"可以作许多动词的结果补语"(马真、陆俭明,1997),其使因手段或方式可以是"写、走、跑、跳、煮、蒸、跪、洗、熨、放、听、泡、涂、叠、画、坐、蹲、踢、蹂、舔、擦、挖、踮"等等,同样是不可穷举的。由于状态的呈现受多种因素的掣肘,并非完全以人的意志为转移,所以在现实世界中,无论是规约的还是非规约的,只有当某种状态发生或实现时,我们才能认定某状态的存在。现代汉语中结果补语在叙实性的陈述句中出现的频度远远高于其他句类,这显然是客观义使然的结果。

我们在这儿想说的是,尽管黏合式动补结构中的结果补语都有客观义,但在客观等级上,不同规约性质的黏合式动补结构其客观义程度并非完全相同。由于规约性的结果是可以预期和推导的,所以规约性程度越高,语义信息价值的羡余度也就越大,其被动词蕴涵的可能性越强。也就是说,表现规约性的使成关系时,结果状态是一个默认值(default value),对语境没有特殊的依赖性。作为语义的折射,结果补语这一句法成分是非必需成分(optional)。在表达中可以缺省,缺省时语义没有损耗。由此,就真值语义而言,下面的两个句子并没有太大的区别:

(21) a. 张三把李四杀死了。→ b. 张三把李四杀了。

如果要说 a 和 b 的区别,那也是在语用层面:言者用 a 句动补构式凸显状态结果,用 b 构式强调动作行为,仅此而已。非规约性结果则不同,是现代汉语黏合式动补结构最善于表述的成分(张国宪,2006),换句话说,是结果补语的典型成员。其表述的情景都是现实世界中的"意外",具有不可预期性和推导性,因此,谓语动词所表述的行为对非规约性结果不具有蕴涵性,致使结果补语负载着独立的、较高的语义信息值。这种结果补语在语义上往往是信息焦点,在句法上是必需成分(obligatory)。由此,从表述上说,非规约性状态结果没有规约性状态结果那样有多种构式选择的自由(#表示不合语义):

(22) a. 张三把衣服洗污了。→ b. #张三把衣服洗了。

语言是现实世界的摹写,"意外"情景必然触发语法层面"动词谓语"与"结果补语”之间的语义“错配”。如果不联系具体的情景,静态、孤立地审视非规约性黏合式动补结构,即便是一个操现代汉语母语者,也很难不产生语义怪异之感,外国人看来更是匪夷所思。聊举几例:

(23) 炖炸　采酸　刨崩　坐折　写秃　叠烦　赌红　读串

这种组配不胜枚举。不过,只要给个情境,又都不是怪异的组配:

(24) 砂锅炖炸了。

采茶采酸了手。

刀口刨崩了。

眼镜脚坐折了。

论文把他的头给写秃了。

……

这种现象有助于说明,表面语义“错配”的动补结构赖以生存的语义基础恰恰正是客观现实,是结果补语客观义的反映。汉语的特性在于只要状态是因动作使成的结果,理论上都可以构成合乎现代汉语语法的黏合式动补结构,其本质上是一种语义驱动构造。在世界语言的家族里,这一现象并不具有语言类型上的普适性。因此,对于第二语言习得者来说,规约性的“动”与“补”之间属于同一个“命题认知模式”,可以依据事理进行正常的逻辑推导,所以规约性的补语易于学习和掌握;而非规约性的“动”与“补”之间不在同一个“命题认知模式”之中,使因和结果之间没有内在的必然的逻辑系联,表述的是一种偶发性事件,所以非规约性的补语则难于理解和运用。现代汉语的黏合式动补结构的结果补语恰恰是“善于表述非规约性语义”(张国宪,2006)。这一背离现象再次昭示,汉语黏合式动补结构的补语是以现实世界已经实现的情状为依托的,其句法位置具有强烈客观义要求。

2.2.3　言者取向表述范式的遏阻

语言学一个被普遍认同的法则是:不同的构式表达不同的意义,每种生存着的构式都有其特定的存在价值。在现代汉语中,黏合式动补结构的结果补语表述的是已然性的现实结果。由此,结果作为已经存在的、不可更改的事实,阻碍了言者取向(speaker-oriented)的许多典型的表述方式,遏阻了说话人的意志表白。

限于篇幅我们主要看一下道义情态(deontic modality)。我们知道,道义情态是主观的,以言者为取向的。道义情态与逻辑上的义务与允许有关,关注的是起影响作用的行动、状态或事件，表达言者对事件成为现实的可能性和必然性的态度。在现代汉语中，表达“义务”的情态的情态词有“应该、必须、一定、得”等，言者用这些情态词来表达说话人是否希望和阻止一个行动、事件或者状态的发生，而已经实现状态达成的非规约性的结果补语对于言者取向的“义务”情态有很强的拒斥性。如：

(25) 应该把灯罩擦擦。　　＊应该把灯罩擦破。

必须把灯罩擦擦。　　＊必须把灯罩擦破。

一定把灯罩擦擦。　　＊一定把灯罩擦破。

表达“允许”情态的情态词可以是“可以、能”等，结果补语同样表现出强烈的拒斥：

(26) 你可以跑。　　＊鞋底可以跑折。

你不能这样跑。　　＊鞋底能跑折。①

这是因为道义情态和将来时间有着一种天然的联系，它所表示的命题都是未实现的。说话人发出一个指令或者祈愿，他所希望被执行的指令或被实现的祈愿只可以发生在他的言语之后或者是几乎同时发生，但是绝不可能先于他的指令或者愿望发生。(参看李敏 2006:103)而结果补语句如前所述，陈述的是已经发生的事实。言者正是用这种“现实句”的形式表明他认为相关命题表达的事情是现存的、实际的，这恰好与表明说话人认为相关命题表达的事情只是可能发生或虚拟的道义情态的“非现实句”相左。作为已经发生的事实的佐证，黏合式动补构式可以用“居然”等表达确已发生的事件与言者预期之间的矛盾。例如：

(27) 灯罩居然让他擦破了。

鞋底居然跑折了。

例(27)所表达的是说话人对已经成为事实的事件表现出来的情感反应。我们注意到，现代汉语中有些结果补语，它们对于“义务”情态有较大的宽容度：

(28) 应该把灯罩擦干净。

必须把灯罩擦干净。

一定把灯罩擦干净。

① “能”有不同的义项，当“允许”讲时，这个例句不成立。

不难发现，这种现象只发生在规约性的黏合式动补结构身上。这是因为结构中的动词和补语之间有蕴涵关系。言者选择单动式（应该把灯罩擦擦）的目的是强调动作，选择动补式（应该把灯罩擦干净）的目的是强调动作后达成的状态。不过，我们认为这儿的补语性质已经发生了变化，其情态补语的意味更重。即便是规约性的动补结构，对言者“允许”情态的表白仍有抗拒。这是因为就道义情态所对应的社会法则（social laws）而言，“允许”比“义务”更具有言者主观性：

（29）#可以把灯罩擦干净。

#能把灯罩擦干净。

在缺乏语境诱导的情况下，这儿的“可以、能”更容易解读为主语取向的动力情态（dynamic modality）的“能力”（abilitive），将动作“擦”和补语“干净”之间语法意义理解为动作与目的的关系，这显然是结果补语客观义作用的后果。

三 已然义

汉语学界普遍认同动结式含有完结的意思（参看吕叔湘 1984，1987），这无疑是结果补语的已然义对动补结构的感染所致。

在叙实性的陈述句中，结果补语表述的都是一种已经达成的状态，其已然性与状语比较可以看得非常清晰。例如：

（30）a. 陶国芳说，她家的亚硝酸盐可能就是被其他人放乱了，而发生了这次误用中毒事件。http://www.cctv.com/program/shenghuo567_new/20060630/103926.shtml

b. 可是他在大学时就有个坏毛病，东西乱放。（礼平《小站的黄昏》）

（31）a. 空调室内机挂高了，应该在距地面 1.8 米—2 米的位置安装，这样比较节能。http://home.focus.cn/msgview/1632/164541453.html

b. 月儿高挂深邃的夜空，四个四十岁的女人依依惜别。（胡辛《四个四十岁的女人》）

“乱”在（30）a 中做补语是已然，在（30）b 中做状语则是未然；“高”在（31）a 句中做补语仍旧是已然，而在（31）b 中做状语则也是已然。由此，可以说动词或者形容词做补语时是已然，做状语时可能是已然也可能是未然，后者与状语的[动作伴随性]语义特征有关。①

在语言实践中，一些由动补结构做谓语的构式的确可以用于祈使，以表现补语的未然。不过，这种现象只发生在规约性动补结构的补语身上，大量的非规约性补语仍然不是祈使句允准的对象：

(32) a. 你把衣服洗干净！

b. *你把衣服洗脏！

我们认为，(32)a 的补语“干净”的未然语义的获得是句类赋予的结果，并不是结果补语本身具有的本质特征。因为祈使句与惯常句、从属句、疑问句等一样，都是“虚拟句”（沈家煊 1995 称之为“非事件句”）。再说，规约性补语只是黏合式动补结构家族中的少数成员，它与谓词做状语时表现出来的较为普遍的未然现象是不能同日而语的。

由于结果补语的已然义，它改变了前项述语动词虽然有起始点，但没有一个内在的自然终止点（或者说终止点是任意的）的体貌特征，促动了动补结构的有界化。沈家煊（1995）认为，动补结构带的宾语之所以有数量的要求正是其有界性使然的结果。反观状态状语的状中结构，我们则难以定性为是有界的。一个明显的对立是，动补结构不能跟“着”共现，而一部分状中结构则没有这个限制：

*放乱着　乱放着　*挂高着　高挂着　*戴歪着　歪戴着

*攥紧着　紧攥着　*飞低着　低飞着　*端平着　平端着

这是因为动补结构的有界性跟体标记“着”的持续性矛盾所致，同时也表明状中结构的非完结性跟“着”的持续性的相容。这种差异不能说跟补语表示已然、状语可以表示未然没有丝毫的关系。

正是结果补语的已然义，为后来表示抽象结果义的“完、成、见、好、掉、住、中(zhòng)”②等一些结果补语进一步语法化奠定了语义基础，逐渐形成一个相对稳

① 状语的语义特征请参看卢建(2003)。

② 玄玥对“见”有不同的看法，认为及物动词“见”不是虚化结果补语，从表示有结果的视觉动作，发展为表示其他感觉动作有结果，以及一般动作的完成结束，是自身词义的引申、扩展，是一种词义演变现象。见玄玥《“见”不是虚化结果补语——谈词义演变与语法化的区别》，《世界汉语教学》2010 年第 1 期。

定的语法范畴。高名凯(1948)、张秀(1957)、詹开第(1987)、陈前瑞(2003)等都认为这类虚化结果补语类似"完成体",柯理思(个人电子邮件通信交流,2007)甚至建议笔者将汉语的所有结果补语视同完成体。现代汉语的语言事实表明,结果补语具有改变前项述语动词的体貌特征的功能,表述动作行为的"完成"或"结束",使其有界化。不可否认,无论是虚化结果补语"完、成、见、好、掉、住、中(zhòng)",还是开放性的其他典型结果补语,它们与典型的完成体标记"了"在语法意义及至句法表现上都还存在着很大的差异,但是这些结果补语具有表示体貌特征的语法作用却是毋庸置疑的。

四 结 语

本文在两个参照维度上探讨现代汉语句法成分的句法位置义:

1. "谓语动词轴心"。句法位置的分布以谓语动词为镜像,现代汉语的修饰性成分[①]有两个句法成分对。a)"状语-补语"句法成分对(句法成分的确立相对于谓语动词);b)"主内定语-宾内定语"句法成分对(句法成分的确立相对于自身的中心语,但仍以谓语动词为镜像)。[②] 如图所示:

(33)

2. "句位义的相对性"。这一维度直接与句法成分对相关,也是持句位相对(形式层面)观念的必然结果。我们在探讨句位义时,是在各自句法成分对的框架内审视的结果。就本文所给出的结果补语的客观义、已然义而言,自然是就状语而论的,抛开状语这个对象,就无从谈及补语有客观义和已然义。比如,补语的客观义显然不及定语,而宾内定语又不及主内定语。当然,我们的最终目的是在各

① 对于补语的修饰语身份有不同的意见,但这并不妨碍我们将它与状语视为一个句位对,也不影响我们对句位义的概括和阐述。

② 有关主内定语与宾内定语的句位语义特征请参看张国宪、卢建(2010)。

自句位对的基础上进行深入的研究之后将句位义贯通起来,给出句位义的强弱连续统。如,客观义的连续统可以描述为:状语 > 补语 > 宾内定语 > 主内定语。不过,并不是所有的句位义都可以做如是描述,比如已然义就最适宜于在"状语-补语"句法成分对内部进行描述,而难以延伸到"主内定语-宾内定语"句法成分对。

最后有一点仍需重申,句位义是句法成分的语义"特征束",某一实际语料中的句法成分并不意味着需要拥有其全部的语义属性。这是因为作为语法范畴的句法成分与词类一样也是一个典型范畴,这些语义特征并不构成其赖以确立的必要和充分条件。

参考文献

陈前瑞　2003　《汉语体貌系统研究》,华中师范大学博士学位论文。

成燕燕　2002　哈萨克族学生学习汉语结果补语的偏误分析,《中央民族大学学报》第5期。

丁声树等　1961　《现代汉语语法讲话》,商务印书馆。

高名凯　1948　《汉语语法论》,商务印书馆1986版。

黎锦熙　1924　《新著国语文法》,商务印书馆1992版。

李临定　1984　究竟哪个"补"哪个:"动补"格关系再议,《汉语学习》第2期。

李　敏　2006　《现代汉语非现实范畴的句法实现》,华东师范大学博士学位论文。

李　珠　1988　"多(V+N)"的语义关系,《世界汉语教学》第1期。

刘振平　2007　《单音形容词作状语和补语的对比研究》,北京语言大学博士学位论文。

卢　建　2003　可换位摹物状语的句位实现及功能分析,《语言研究》第1期。

吕叔湘　1984　与动词后"得"与"不"有关之词序问题,《汉语语法论文集》(增订本),商务印书馆。

吕叔湘　1987　疑问·否定·肯定,《语文近著》,上海教育出版社。

马希文　1987　与动结式动词有关的句式,《中国语评论》第6期。

马　真、陆俭明　1997　形容词作结果补语情况考察,余霭芹、远藤光晓编《橋本万太郎記念中国語学論集》,内山書店。

祁　艳　2007　《现代汉语状语与补语易位现象研究》,南昌大学硕士学位论文。

沈家煊　1995　"有界"与"无界",《中国语文》第5期。

沈家煊　2003　现代汉语"动补结构"的类型学考察,《世界汉语教学》第3期。

项开喜　2006　《汉语使成表达研究》,中国社会科学院研究生院博士学位论文。

玄　玥　2011　现代汉语动结式补语是一种内部情态体——"完结短语"假设对动结式结构的解释,《华文教学与研究》第1期。

文　炼　1960　论语法学中“形式和意义相结合”的原则,《上海师范学院学报》第2期。

文　炼、胡　附　1984　现代汉语语序研究中的几个问题,《中国语文》第3期。

詹开第　1987　口语里两种表示动相的格式,《句型和动词》,语文出版社。

张国宪　2006　典型补语的非可控句位义,《中国语言学报》第12期,商务印书馆。

张国宪、卢　建　2010　定语的句位信息,庆祝张斌先生九十华诞及从教六十周年学术研讨会暨《现代汉语描写语法》首发仪式论文。

张　秀　1957　汉语动词的“体”和“时制”系统,《语法论集》第1集,中华书局。

朱景松　1998　动词重叠式的语法意义,《中国语文》第5期。

Gu, Yang　1992　*The Syntax of Resultative and Causative Compounds in Chinese*. Comell University. Ph. D. Diss.

Langacker, R. W.　1987　*Foundations of Cognitive Grammar*, Vol. 1. Stanford: Stanford University Press.

Lyons, J　1977　*Semantics*(V. 2), Cambridge: Cambridge University Press.

(作者通信地址:1. 北京建国门内大街5号中国社会科学院语言研究所,北京　100732; 2. 名古屋大学,日本)

从标记词"的"在相关分布中的隐现与位置看汉语前加词的性质*

张谊生

摘　要:前加词在指称性与修饰性动词前,不带"的"的均须分析为状语,附加"的"只能认定为定语。借助于"的",前加词的状与定的成分及其副与区的词性都能够互相转换,其后"的"与"地"的分工也难以各司其职、界限分明。前加词的状定分布与副区转类并没分化出不同的义项,表明实副词与区别词并非严格的兼类,而是同一上位词的不同下位小类。标记词"的"的隐现与位置对充当状、定的形容词只能划分成分而不能区分词类,也间接证明实副词与区别词的功能差别只是同一词类具有的两种不同功能。由于实副词与区别词同属一类词,所以,归入目前"副词"中那些表示词汇义的实副词理应退出划归前加词。

关键词:标记词;实副词;区别词;前加词;指称化;相似分布

0　前　言

0.1　20世纪80年代以来,语法学界的基本共识是:副词只能充当状语,区别词只能充当定语,都是单一功能前加词。至于"共同、自动、直接"等可以分别充当

---

*　本文曾在庆祝张斌先生九十华诞从教六十周年学术研讨会上宣读,根据与会专家,尤其是陆俭明、陆丙甫等先生的意见,做了多处修订。本文是国家社科基金项目(07BYY048)"近30年来汉语虚词的发展变化及其演化趋势研究"和上海市社科项目(2006BYY006)"语法化理论与汉语虚词的发展与演化"专题成果之一,并获得上海市重点学科三期"汉语言文字学(S30402)"的资助。笔者一并表示由衷的谢意。

状、定语兼有双重功能的前加词,一般都归入副区或区副兼类词[①]。值得进一步探究的问题是:a. 这种兼有状、定双重功能的兼类方式与名动、形动等一般意义上兼类,在性质上有什么不同? b. 具有状、定分布的兼类词在副、区两类词中究竟有多大的比率[②],在整个前加词系统中处于什么样的位置? c. "的""地"对于标示或分化兼类前加词的功能与类别又有哪些作用?

0.2 本文的基本观点是:1)汉语副词应该分为开放的实副词与封闭的虚副词两个大类,实副词以表词汇义为主,与区别词均属于前加词(下面统一标作 Q);而那些表示功能义或语法义的虚副词才是真正的虚词。2)实副词与区别词之间并无严格的界限,绝对 100% 唯状、唯定的实副词、区别词其实并不多,相当一些前加词都具有状、定双重功能[③];确定前加词的性质类别、兼类方式,只能根据各词的总体状、定分布率。3)标记词"的"的附着及其位置对前加词的句法性质、表达功用乃至小类归属都具有特定的标示作用[④]。

0.3 本文准备以"的"的隐现与位置作为切入点,从三个角度探讨汉语前加词的功能、性质、类别与特点。首先,从动词指称化的角度探讨摹状与属性、状语与定语、实副词与区别词的关系。其次,讨论不同的前加词在"QV 的 N""QVN"和"Q 的 VN"三种相似分布中的功能、词性、表达及其配合、兼属与转化的情况。最后,通过比较相似分布中标记词"的"对前加词与形容词所起的不同作用,进一步揭示前加词的兼类性质与词类地位。

0.4 本文例句大多选自通过人民网、百度网等检索到的当代新闻报道与博客,过长的例句有所删节。为使讨论相对集中且便于比较,本文所举例句尽量以"X 速"前加词为主;在最后一节论证中,则选用其他构词方式的前加词与形容词。

---

① 有关区别词与实副词研究现状,可以参看李铁范(2005)、张素玲(2006)和杨一飞(2007)的相关介绍。至于实副词的名称,我们曾经称为"状语"(张谊生 1995)和"描摹性副词"(张谊生 2000);也有学者称为"情态副词、情状副词"等,内涵与外延都有所不同。限于篇幅本文暂不讨论名称问题,称之为实副词。

② 张谊生(2000)曾列举了 78 个,杨一飞(2007)列举了 126 个,现在看来当时的研究存在着局限。

③ 参见张谊生(2011)。

④ 除了标记词的隐现与位置,标记词类别"的"与"地"的差异,也具有一定的标示作用,分析详后。

一 动词的指称、修饰功能与加词的摹状、属性特征

动词除了陈述,还能以有标或无标的形式用于指称和修饰。本节主要讨论各类 QV 充当主宾语和定语时,标记词“的”的隐现与位置对 Q 的功能、性质与表达所起的作用。

1.1 指称式中的摹状与属性

一般而言,实副词修饰谓词,区别词修饰体词,所以,动词直接充当谓语、述语时,其修饰语只要是由前加词充当的,必定是摹状性状语。例如:

(1) 在全球化的大背景之下,我国经济飞速发展,人民生活已经奔向小康,和谐社会的构建顺应时代的发展而产生。(《2010 年 3—4 月和谐社会研究概况》2010-08-04《党的文献》)

(2) 伟大的祖国不仅有飞速发展的经济、善良朴实的人民,更多的还有秀丽的山河,壮美的景色!(《与〈武神〉一起评选最壮美河山》2010-11-01 天涯社区)

另一方面,大多数动词都还能以无标或有标的方式指称化,以充当主宾语或介词宾语。例如:

(3) 经济飞速发展使商标形式也在不断创新,从传统的平面文字、图形商标,到三维立体、颜色商标,甚至出现了声音、气味、动态商标。(《商标法第三次修订:声音、气味能否注册》2010-09-03 新华网)

(4) 经济的飞速发展使原本普通的自行车正发生着巨大的变化,如今的自行车已不仅仅是简单的交通工具,而是成为健康、环保、进取的代名词,成为全世界范围内的环保健康新时尚。(《万科携手环中赛 打造中国顶级国际自行车赛事》2010-08-26 人民网)

“N + QV”与“N + 的 + QV”虽然都充当了主语,但指称化程度不同:前句“N”与“QV”之间还是主谓关系,而后句“N”与“QV”之间已转化为有标的定中关系,指称性更强。前“发展”仍是动词没有异议,后“发展”究竟是名动词还是动名词,是名物化还是指称化,历来存在不同的认识。我们认为,虽是定中短语,但中心语

"发展"在功能上还是动词性强于名词性,应该分析为"指称化的名动词",前面的Q"飞速"当然还是成分内的实副词状语。

那么,为什么指称化的"发展"不能认为已经转化为动名词了,"飞速"也不能分析为区别词定语呢？这是因为指称化V与指称性N在句法性质上仍然存在本质的区别。例如:

(5) 中国的飞速发展经济,很明显是以过度的资源消耗以及环境破坏为代价的,即使有少部分人受益,我也不觉得有何值得骄傲。(《世界粮食日:地球持续发烧,粮食安全迫在眉睫!》2009-10-16 人人网)

(6) 世界工业经济正在飞速发展,这对于任何一个产业来说都是一个机遇和挑战。(《让中国的工业清洗走向世界》2009-06-07 勤加缘社区)

"NP+的+QV"中的V虽然充当了主语及主语同位语,但仍保留着支配宾语或另加状语的功能,可见其动词性尚未彻底丧失。既然上述分布中的"发展"还是动词,那么,两个"飞速"自然还是实副词。当然,与陈述性V相比,该"发展"的表述性已有所弱化。试比较:

(7) 中国的股市指数倒是很清楚,虽然国民经济飞速发展了,可股市却是无缘无故地朝着相反方向去了,也曾从几千点一落千丈到几百点,"晴雨表"都不准确了,谁还能看准其真实走向？(《中国的楼市进入"数九寒天" 房价底部到底在哪里？》2010-07-10《世界财经报》)

(8) 伴随着国民经济的飞速发展(*了),我军战略投送能力在历次非战争军事行动中得到充分展示,向祖国和人民交上了一份份合格答卷。(《立体军交:支撑中国战略投送能力》2010-08-27《解放军报》)

后"NP的+QV"充当了宾语,其中的V作为有标的指称化动词,已丧失了动态的时体特征。

深入考察指称化V前面的附加语可以发现:凡是无标记的前加词,均须默认为实副词状语;但一旦将"的"附加到Q后面,那么,该成分就只能分析为区别词定语了。请比较:

(9) 作为长期从事中文教学及哈中历史关系研究的学者,我由衷地为中国飞速发展骄傲,为哈萨克斯坦与中国两国友好关系的日益深化而欢欣鼓舞。(《外国友人的中国记忆:为中国飞速发展骄傲》2009-09-11《人民日报》)

(10) 近三十多年来,中国的飞速发展引起了海内外的高度关注,有关中国道路、中国模式的探讨络绎不绝,但是大多数限于对中国改革开放三十多年,至多是对新中国成立六十多年的研究。(《中国道路与中国共产党》2010-08-27 人民网)

(11) 上海石库门的保护与开发就是一个很成功的利用文化遗产的例子,不仅保护了上个世纪初期的建筑风貌,而且上海新天地的旅游开发也反映了中国飞速的发展,人们住在里面很舒适。(《新华调查:古城保护勿让“利”字毁文脉》2008-10-22 新华网)

由于“的”的附着,“飞速”连同“中国”都转化为定语了。这种在指称性动词前充当有标定语的用法,可以认为是实副词“飞速”借助于“的”的标示作用而呈现的区别词功能,或者说是其尚未完全丧失的表属性功能,依靠特定的分布与“的”的标示而体现了出来①。

1.2 修饰语中的摹状与属性

QV 充当修饰性定语时,标记词“的”的使用与位移同样也能对确定、分化 Q 的功能与词性起到鉴别作用。譬如在三种相似分布中,只要将“的”附加到 Q 后面,那么,所有这一分布中的 Q,只能分析为表属性的区别词。先看区副兼词“高速”:

(12) 近年来,数字出版产业呈现高速发展的趋势,据统计,去年全国数字出版以近 800 亿的总产值超过了传统出版物。(《电子书市场渐繁荣 “版权焦虑”难休》2010-08-12 中国新闻网)

(13) 我国农村信息化水平以及 31 个省、市、自治区的信息化水平在 2005 年都呈现出明显的高速发展趋势。(《中国农村信息化发展之路》2007-11-14 农博网)

(14) 随着经济的发展,虚拟商品交易也呈现了高速的发展趋势,一些新兴的互联网公司正在崛起。(《虚拟商品交易平台是虚拟的阿里巴巴》2009-05-13 西部数码)

① 前面已指出,绝对唯状的实副词与绝对唯定的区别词,数量不多。所以,大多数实副词与区别词的差异,只是定、状分布频率的高低的差异。同样,即使比较典型的实副词,“飞速”的定语也还维持在 3% 左右。当然,这种定语功能的呈现是有条件的,一般都分布在指称性功能前,而且大多是有标记的。

上面三个短语用词、语序完全一致,只是标记词隐现与位置不同:首句的“的”只是VP的定语标记,与“高速”本身无关。就前加词Q而言,首句与次句都是无标句,两个“高速”的功能与语义相近,都是表摹状的,均为成分内副词性状语。而末句则是真正的有标句,与次句的功能、词性完全不一样:次句是表情状的无标记实副词状语,末句则是表属性的有标记区别词定语;尽管“高速”做定语本来无须标记,但这个“的”却是必需的。

区副兼类词在动词前须要借助于“的”体现其固有的区别词性,而副区兼类词更须要凭借“的”的插入呈现其兼有的区别词功能。就以“快速”为例——“快速”的状语分布率大大高于定语,是典型的副区兼类词。在下列分布中,三个“快速”在性质上与“高速”完全一致,前两个为成分内状语,摹状化的实副词,后一个是成分内定语,属性化的区别词:

(15)无论是售前服务、技术支持、还是量身打造、售后服务方面,发生任何问题,我们都有一个快速应急的机制。(《欧玛嘉宝专注中压》2008-11-27中国电力新闻网)

(16)三要建立健全突发事件发生后统计系统快速应急机制,及时调查掌握突发事件对国民经济和城乡居民生活的影响,并预测其发展趋势。(《2009年全市应急管理工作重点》2009-02-07威海政府网)

(17)让人心生温暖的是有一个专门的急救舱,对于孕妇和老年人突发的疾病有着快速的应急机制,卫生间里不光有残疾人专用设施,甚至设有婴儿的看护。(《体验郑西高铁“陆地飞行”》2010-02-05杭州19楼论坛)

与“高速”“快速”都不同,“飞速”充当状语的比率高达97%,是典型的实副词。不过,既然是表示词汇义为主的实词,那么,大多数实副词都存在着定语化的可能。例如:

(18)这次北京之行,全球董事合伙人大卫·肯尼在不断地和身边人分享着他所经历的数字化媒体飞速发展的过程。(《数字化媒体飞速发展 三屏合一从终端客户开始》2010-05-22《中国经营报》)

(19)在全球化脚步越来越快的今天,“科技与创新”被时代赋予了更多的负载,无论是企业还是社会的发展都离不开科技创新的推动,正处于飞速发展过程中的中国更是充满了创新的色彩和气息。(《通过科博会透析LG的

创新蜕变》2008-05-30 网易新闻)

(20) 另外,此类宾馆本身也有个飞速的发展过程,因便利、经济等原因逐渐被大家认可。(《时尚宾馆春城大行其道》2008-06-18《新文化报》)

就表达功用而言,不管 Q 是哪一类别的前加词,所构成的这三种格式之间都是有细微差异的:凡是不用标记词“的”的,通常都表示相对完整的定型概念——有些 QVN 甚至可以缩略化;凡是 V 或 Q 后附加“的”的,通常都表示临时修饰的复合概念——QV + 的 + N 主要表示 QV 对 N 内在性质的描绘,而 Q + 的 + VN 则重在显示 Q 对 + VN 属性特征的限定。试比较:

(21) 在一般人眼里,快速反应部队是一支神秘的部队,他们神通广大,反应迅速、神出鬼没、战无不胜。其实,快反部队都是由陆海空三军部队组成,只不过队员是经过严格挑选、严格训练的。(《中国快速反应部队揭秘》2010-6-8 三九军事网)

(22) 在海湾战争期间,美国有一支快速反应的部队,他们人数不多,但武器精良,机动性强。他们的主要任务就是以出其不意的方式,出现在敌人的后方,建立一块基地,然后以猛烈的炮火截住敌人的退路,配合正面部队,包围敌人,争取全歼。(《天兵天将 空降坦克》2010-01-12 奇迹百科)

(23) 为了组建快速的反应部队,支援前线装甲及步兵部队,德国将 20MM 毫米的防空炮安装于 IV 号坦克车上,有效增强装甲部队的防空能力。(《邪恶的杀人机器 德军旋风自走防空车》2009-12-09 铁血军事)

再比较一下下面这五组的矩阵,就可以更清楚地看出三种分布之间的细微而重要的区别:

(24) a. 快速反应系统——快速反应的系统——快速的反应系统
b. 快速检验装置——快速检验的装置——快速的检验装置
c. 快速发展动力——快速发展的动力——快速的发展动力
d. 快速审批通道——快速审批的通道——快速的审批通道
e. 快速计算机器——快速计算的机器——快速的计算机器

总之,不管其中心语 V 是指称性的主宾语,还是修饰性的定语,也不管 V 本身具有何种语义特征,就附加语 Q 自身的功能与性质而言,无论是区别词还是实副词,抑或是兼类前加词,在 Q + V 的分布中,只要 Q 本身不带标记“的”,就只能分析为状语，一旦附加"的"，就必须分析为定语。至于该定语是区别词的固有功能还是实副词的临时功能，则取决于各词的总体分布率。由此可见，实副词与区别词虽然被人为地归入了不同词类，但二者功能完全相通，可以兼属也可以转换，并无实质性的界限。所谓区兼副、副兼区的兼类与动兼名、形兼动的兼类，性质完全不同：前加词分别充当状定语时语义基本不变，两种偏正分布之间密不可分，其实质是兼有双重功能的同一词类的两种不同用法的选择性差异；而动名、形动之间的兼类，不但句法功能和语义性质不同，而且还有自指、转指，使动、对动等复杂情况①。

二 "的"与"地"在前加词后的不同作用与错位用法

本节结合具体用例考察标记词"的"与"地"的基本的标示功能与特殊的错位用法。

2.1 标记的选择性

通常都认为，"的"是定语标志，"地"是状语标志。然而，在前加词 Q 修饰 V 的分布中，有些区别作用非常清楚，有些则没有这么明显。首先，对于修饰动词的前加词，标记词的鉴别作用不但取决于隐现与位置，还要取决于不同的标记类别。例如：

(25) 据了解，中国卡车在俄罗斯的销售呈现急速增长态势。2006 年，俄罗斯几乎不进口载重量超过 20 吨的汽车。2007 年上半年，中国制造品牌豪沃(Howo)的销售量跃居俄罗斯新型卡车进口量排行榜第二名。(《中国汽车在俄销售连续三年猛增 卡车增速最快》2008-02-03 新华网)

(26) 然而，有专家认为，新飞冰箱目前的优势地位以及急速的增长态势，很大程度上归结为科龙、容声等品牌暂时"缺席"，此外，全球冰箱产业向中国集体转移的热浪也带来了周期性的增长。(《新飞专业化 独斗多元化》2006-10-27《东方今报》)

① "使动"是指"繁荣市场""纯洁队伍"中的"繁荣""纯洁"可以兼属动词；"对动"是指"宽大俘虏""冷淡客人"中的"宽大""冷淡"可以兼属动词。

两个QVN,前句无标后句有标,前"急速"是实副词状语,后"急速"是区别词定语,看似很清楚。其实,除了标记词的隐现与位置,书面上还要看究竟使用了哪个标记词。例如:

(27) 只要你乖乖地努力节制,肥肉总不会跟你死缠烂打的。下面小编就来为大家介绍几种有效的快速减肥方法,让你能找到适合自己的减肥方法,迅速甩掉赘肉!(《运动+节食 七种快速减肥方法速甩难缠赘肉》2010-08-23 爱美网)

(28) 如果你平时真的非常忙碌没时间减肥,那么不如让我们来告诉你一种简单、快速的减肥方法——环形吸脂减肥。(《一种简单快速的减肥方法》2010-03-15 北京黄寺整形外科官方网站)

(29) 快速地减肥方法是每个减肥人士都梦寐以求的,减肥的成果也是因人而异,并不是所有的人都适合一种减肥方法,那种减肥方法对别人有效……(《快速减肥方法搜狗问答》2010-08-13 万健美体网)

认定前后两个"快速"都是充当状语的实副词,中间的"快速"是充当定语的区别词,关键在于末句插入的标记词是状语标记"地"。据此可以得到的结论是:对于动词前的前加词而言,"的"是一个鉴别词性的功能标记,而"地"只是一个强化摹状的语用标记。

其次,少数前加词在相似分布中不能后附"的",仍不能证明该前加词的唯状性。例如:

(30) 灾情发生以后,火速增援的部队官兵正是受阻于都江堰通往汶川的高速公路,致使救援工作迟迟不能展开,经过连日来的军民联合奋战,道路终于在14日基本打通,这极大的缩短和提高了救援的时间和效率。(《地震之后,我们所要面对的几个问题》2008-05-16 人文空间)

(31) 如今的隆福寺,只有在每天早晨9时之前的早市才能看到往日的热闹,据说,这是东城区最大的集贸市场。九点钟以后,只见几位老大爷的一声哨响,所有的摊主,像火速增援部队一样听到号声,立刻打包,大包小包地神速消失。(《老商铺VS新商铺》2007-06-07 SOHO新闻中心)

与"飞速、快速"相比,确实只检索到"火速增援的部队"与"火速增援部队",没有搜索到"火速的增援部队"。这种附加"的"的选择性差异,表明"火速"的副词化程度比“飞速、快速”更高——因为副词化程度越高，就越难以在复合的有标记定语式中出现。但实副词“火速”没能进入“Q 的 VN”格式，并不证明其已经绝对唯状了。相反，正是借助于“的”的定语标记功能，“火速”在某些特定的场合仍然还可以有少量的区别词用法。例如：

(32) (他们)宁愿去“救火”、“应急”、“打蛇”，也不愿去做计划，因为这些活动看起来似乎更重要一些，也更能引起人们的注意，而且不经思考而做出火速的决策也似乎更富有情趣。(《管理者在计划工作中失败的原因会有哪些?》2009-04-30 阿里巴巴生意经)

(33) 据统计，目前为止，进入南京市场的奢侈品牌大约有20个左右。这个定义为“价格昂贵的，稀少的，尊贵的”奢侈品在以一种火速的姿态进入到中国每个存在巨大消费空间的城市，开始生根，并且萌芽。(《南京商场大量引入“奢侈品”引发观念上的冲突》2010-03-22 魅力 91 招聘网)

作为最典型的“X 速”实副词，“火速”的定语率在新闻语体中连 1% 都不到，但如果不认为上例都是误用，那么就只能承认：正是少数特例的存在使得 100% 唯状的实副词大为减少了。

2.2 标记的灵活性

毫无疑问，标记词“的”对于分化前加词的性质与类别，既具有作用也存在局限。而且，问题的复杂性还在于：言语表达中“的”的使用方式还相当的灵活。主要有两种标记词的灵活用法：首先，充当主宾语、介词宾语的动词，作为指称化的 V，其修饰语如果带标记，按理应当附加“的”，但实际使用时，由于中心语是动词，一些发话人会认为动词前的 Q 还是状语，就仍然选用“地”，而没有用定语标记“的”①。例如：

(34) 下坠是贝克汉姆任意球的标志，往往人们还以为这样飘乎乎的任意球不会进球时，贝克汉姆的球总是诡异的在制高点发生了急速地(的)下坠，而且，这样的下坠还带着强烈的旋转。(《贝克汉姆任意球讲解》2010-07-01 非主流数据库)

(35) 据黄冈中学惠州分校负责人唐先生介绍，报读黄冈中学网校惠州

① 在 20 世纪中叶以前，“的”“地”分工本来就不明确，比如老舍小说《四世同堂》《骆驼祥子》等的老版本，几乎就不用“地”，但 20 世纪 50 年代以后，在规范用法中，“的”与“地”还是有明确分工的。

分校的学生，有一普遍的现象：他们的学习成绩都能在短期内得到快速地(的)提高，通常每科提高20分左右，有的学生单科提高40～50分，一下子从“后进生”挤进“优等生”的行列。(《学生可快速地提高成绩》2010-06-11《惠州日报》)

那么，应该怎样看待上述现象呢？指称化VP充当主宾语时，对其前面的Q用“的”来标示其为定语是一种方式，这种方式句位与标记互相配合、协调一致。但如果仍然用“地”，应该也可以接受，因为状中式的陈述性主宾语在一定条件下也是可以存在的。区别在于：“Q的V”主宾语凸现句法位置的指称性，“Q地V”主宾语保留动词功能的陈述性。再比如：

(36)“宁可慢慢地来发展南岙，也不愿意看到由于高速地(的)发展，而破坏了南岙的原始味道。”莼湖镇党委书记方国波说。(《名气大了 村里面的小伙子讨老婆底气都足起来了》2007-02-27《都市快报》)

(37)看到我们的企业飞速地成长起来，就犹如看到我们国家飞速地变化，正是由于企业飞速地(的)成长，才看到我们国家经济飞速地进步。(《2003年中国经济并未过热》2004年1期《当代经理人》)

差别在于：用“地”时，“Q地V”是省略了主语的原因从句，“由于”还是连词；如果用“的”，则“Q的V”是体词性的原因宾语，“由于”是介词。由此可见，“的”与“地”的灵活使用，有时并不是所谓的对与错的问题，而是涉及表达过程中细微的功能调节与语用选择。

其次，进一步调查还可以发现，有相当一些“X的”居然用在了陈述性动词前面。例如：

(38)世界中心正向亚洲转移，亚洲以及中国正在飞速的(地)发展，但是作为新的领军者，不能只是肩负着商业的责任，而是要把企业的责任和世界的和谐相结合。(《把企业责任和世界和谐相结合》2007-09-07新浪财经)

(39)固态硬盘产品目前正在飞速的(地)发展，无论在性能上还是在容量上，而价格方面也在逐渐的降低，一些高端用户已经开始选择使用固态硬盘作为系统盘，来提升整机的存储性能。(《一分价钱一分货4款SSD硬盘性能大比拼》2009-09-08中关村在线)

按照一般的教科书和语法书的规定，上面两个“的”当然应该改为“地”，然而，在实际语料中,“的”出现在实副词状语后面的频率还相当不低,显然不宜简单地归入不规范的用法,更不能主观地、随意地判定为误用。再比如,副区兼类词“快速的”也经常这样用:

(40) 网站排名公司现在中国有近1亿网民,并且正在快速的(地)增长,如果在网络营销中不能做好第一步的定位工作必将浪费巨大的资金,得不到理想的效果。(《网站如何挖掘盈利点》2009-11-14 网页制作园地)

(41) 自2004年开始,澳洲留学生每年一直都在快速的(地)增长,虽然09年的数据还未明确,但从申请量上来看,澳洲留学生有增无减。(《留学生今昔生活“反差”巨大》2010-04-08 博百优)

那么,为什么在陈述性动词前面,发话人还要选用“Q的”而不是“Q地”呢?除了有些用例确实是发话人用词比较随意、不会或不愿做刻意的区分之外。还有一个可能的解释就是:因为“Q地”只重在描摹行为的方式,而“Q的”还可以兼表行为的情态①。试比较:

(42) 他来不及多想,也不直接通知王朋司机,他自己就急忙地开了一辆宝马展篷跑车,火速地赶到了医院。(《千古传》2009-03-12 爬爬书库)

(43) 星期二 凌晨5点 昨天晚7点我们火速的赶到医院,看到阿冲第一眼的时候,我有些慌乱。他看起来有些憔悴,有些躁动。(《救救我的同学——仙桃职院花季少年王成冲》2009-11-11 江汉热线)

“火速地”更突出摹状性,“火速的”还带有描述性。再如“快速的/地”的区别也一样:

(44) “哦,那得赶紧起来了。”我快速地穿好衣服,看到李凌也已经起来了,就剩林峰还再抱着枕头做他的春秋大梦。(《我与青春有个约定》2010-03-16 世纪小说网)

(45) “啊! 要迟到了!”我快速的穿好衣服,拿起昨天收拾好的包包,火速的冲出了家门,奔向学校。(《公子请留步》第一章《神秘的乌鸦》2009-08-24 飞卢小说网)

可见,至少在前加词后面,“的”和“地”的区别与分工并不像一般教科书和语

① 一个不容忽视的事实是,“真的、何等的、何其的”等情态化副词做状语时,通常都是“X的”形式。

法书上所规定的那样,是各司其职、界限分明的。相反,在实际言语中,句子状语和句法状语都可以灵活地使用“Q的”形式。据此得出的进一步结论是:由于汉语动词指称化与否,均可以没有标记,都可以充当主宾语,而实副词和区别词又没有截然的界限,再加上“的”与“地”的分工本来就有人为的痕迹,所以,标记词“的”用在QV之间时,并不能在任何情况下都作为标示定语、确定区别词性的标记。标记词“的”附着于前加词的基本作用依次是:标示句法功能与成分,区分加词小类与兼类,凸显特定的表达功能,调节细微的语用差异。

三 前加词与形容词后附标记词“的”的两种作用

本节先考察标记词“的”对其他构词方式前加词的标示与鉴别功能,进而通过“的”对动词前充当定、状语的形容词只能起划分句法成分的作用,以佐证前加词内部的一致性。

3.1 前加词与词性标示

从前面分析可以看出,“X速”前加词都兼有充当定、状的双重功能,当其在动词前面时,“的”的附加既可以标示功能也可以分化词类。下面就检验其他构词方式的各类前加词,以验证这一鉴别功能的普遍适用性。先看区副兼类词“横向”①:

(46)在短短的时间内,美国的五个部门建立这个横向联系的机制,它的信息怎么收集,怎么分享,怎么锁定目标,怎么样进一步的分析,这个机制的运作,……我相信对中国准备办横向机制是一个起头。(《在优质品牌保护委员会成立五周年庆典上的演讲》2005-05-15 中国外商投资协会)

(47)通过多渠道、多层次的联系与沟通,建立起了以行业配合、部门协作、引导申诉、信息交换为内容的横向联系机制,引导群众依法有序进行申诉,从而推进社会矛盾的化解。(《我院控申、民行多方位横向联系 积极推进社会矛盾化解》2010-04-06 安徽新闻)

(48)而且,佛山每年都制定全市“三旧”改造计划,并分解落实到所辖5

① 《现代汉语词典》(第5版,2005)认为“横向”是属性词,即通常所说区别词,基本正确。《现代汉语规范词典》(第1版,2004)将“横向”标为形容词,显然不妥,因为“横向”并不能充当谓语或补语。

个区和全部33个镇(街道),作为各级政府领导班子的工作考核目标之一。另外,建立市、区、镇(街道)三级纵向以及各有关部门之间横向的联系机制。(《佛山"三旧"改造之七大"秘诀"》2010-02-02《广州日报》)

在前两种分布中,"横向"同样只能分析为实副词状语,后一例因为附加了"的",自然应该认为是区别词定语。再看副区兼词"共同",也与同类的"X速"有着完全一致的分布:

(49) 其实大家的差异可能是具体的生活细节或者行为方式,但其实价值内核,对人类一些共有的价值的认同,对一些咱们和谐社会提的那些共同价值的追求都是一样的。(《中国人民大学学子做客新浪谈对母校的理解》2007-10-25 新浪教育)

(50) 科学发展观与和谐社会的共同价值追求就是以人为本。唯物史观认为,一切社会历史活动的主体都是现实的具体的人,人的全面发展是历史发展的最终目的。(《论科学发展观与和谐社会的内在统一性》2009年6期《马克思主义与现实》)

(51) 世博会是世界文明的际会,它面向未来,生机勃勃;而敦煌是历史文明的积淀,它守护过往,孕育久远;一个是象征当下的文明,一个是代表过去的文明,却都体现着人类文明共同的价值追求:创造、参与和共享。(《文化名人谈世博 王蒙:走向世界与走向我们》2010-04-30《文学报》)

除了绝大多数的前加词都可以具有这三种分布外,与"火速"一样,那些最为典型的实副也只能有前两种分布,譬如"秉公"可以有前两种状语分布,也没有相应的定语用法:

(52) 一是少数行政执法人员秉公执法的观念淡薄,导致这两年行政诉讼案件的败诉率呈上升趋势。(《关于"五五"普法依法治县工作规划实施情况报告》2010-06-19 普法网)

(53) 同时要在全局营造廉洁执法的浓厚氛围,树立秉公执法观念,时刻警醒自己,在是非面前要有辨别能力,在诱惑面前要有自控能力,在警示面前要有悔过能力,走好人生路,用好党和人民赋予的权利,当好一名执法者、守法人。(《昆山地税举办专题讲座》2009-11-13 昆山新闻网)

同样,虽然没发现"秉公的执法观念",但"秉公"也可以借助于"的"充当定语。

例如：

(54) 做一个秉公的人如此地难，请大家支个招。发帖的目的，并不是要博取同情，也非存心报复，只是我现在的处境很为难。(《做一个秉公的人怎么如此地难》2008年9月29日猫扑论坛)

(55) 这是秉公的回音，这是局机关花圃在破译和反射太阳的密码。动人还荡漾在露水河的波面上，那柔颤的曲线是涟漪吗？那是她温婉的情思，那是她淡静的灵魂，那是她厚道的人品，那是啊——那是风儿模拟毕加索，对她履历的抽象和勾画。(《多美的一株冰凌花》2010-03-18 吉林省林业厅政务信息网)

总之，标记词“的”对“X 速”的标示、鉴别功能适用于所用的实副词、区别词与兼类加词。

3.2 形容词与成分划分

形容词是谓词，而实副词、区别词是前加词，句法功能相差较大。但形容词与前加词都可以在词义不变的情况下，充当状语或定语。下面就比较一下形容词在相似分布中，标记词“的”的不同作用。先看“X 速”形容词“迅速”。例如：

(56) 今年以来，我县个体私营经济发展迅速，截至5月，新办私营企业154家，新发展个体工商户1260户。(《我县个私经济迅速发展》2009-06-18 怀远先锋网)

(57) 据《商业和金融时报》3月1日报道，由加纳学术界、商业界和政府部门代表参加的“加纳机遇2010研讨会”一致认为，加纳潜在的机遇众多，经济迅速发展指日可待。(《加纳潜在的机遇众多，经济迅速发展指日可待》2010-03-03 凤凰财经网)

(58) 与以往相比，新版“中国威胁论”鼓吹的已不仅仅是中国的迅速崛起对美国日本等发达国家构成了巨大的潜在威胁，更把矛头转移到中国与周边邻国的关系上，称中国产品的价格被不公平地人为压低，对那些严重依赖于低端行业的穷国造成沉重打击。在这份所谓的“联合国报告”里，经济的迅速发展竟成了一种“罪过”。(《经济迅速发展竟成“罪过” 谁在炮制新版“中国威胁论”》2006-07-06 国际金融报)

作为形容词，“迅速”可以做谓语，这一点与前加词不同，但“迅速”不但可以做状

语,也可以在无标或有标的指称化短语中做状语,而且,标记词“的”的位置也可以前后移动:

(59) 随着经济迅速发展,物价不断飞涨,曾经那种铁饭碗、死工资的挣钱模式已经渐渐不能满足人们致富的梦想,下海经商创业已经成为势不可挡的潮流。(《润和人家七彩豆腐势不可挡》2009-04-23 天下商机)

(60) 随着经济的迅速发展,中国在成为世界第一大资本输入国的同时也开始成为一个资本输出国。(《近半中国企业计划两年内投资海外》2005-03-07 中国水产科学研究院)

(61) 沈丁立认为,新建的大使馆体现出中国这一全世界人口最多国家,随着经济迅速的发展而产生的需求。(《中国驻美新使馆揭幕 高调展示中国形象》2008-07-30 东方早报)

上面三例都是指称化的“经济迅速发展”充当介词“随着”的宾语:首句无标,后两句有标,但位置不同。既然“迅速”是形容词,所以,与前加词不同,尽管前两个充当状语,后一个充当定语,但三者分布不同,词性却是一致的,都是形容词。再比较下面三句的差异:

(62) 虽然很多人在不懈的追求着这个胜境,却很少有人能够真正的得到。当代股神巴菲特说过“如果你问我迅速致富的方法,我很遗憾的告诉你我不知道,我只知道财富是一点点积累起来的。”(《财富背后的故事》2009-03-17 湖大人论坛)

(63) 很多垃圾邮件发送者,通过在电子邮件当中加入并登录一些网站的链接来促销诸如盗版软件及迅速致富方法等产品和信息。(《AOL 推打击垃圾邮件新方法:阻断发送者网站》2004-03-21 大众新闻网)

(64) 谁都知道拉土车是按次给钱的,一车土 200 到 300 块钱,一晚上跑快点 20 趟就是 4000 到 6000 块钱,只要有工程 3—6 月多拉土车的成本就回来了,跑的次数多少成了决定迅速回本的关键。这样迅速的致富方法,谁看了不热血上头。(《治理拉土车,大家献绝招,要够绝的》2009-10-29 西部网)

前两个“迅速”都是无标状语,后一个是有标定语。然而,既然充当状、定语都是形容词的基本功能,所以“的”只能划分状、定语,不能分化词性。同样,其他形容词充当状、定语时,后面“的”的作用也一样。譬如“仔细”在这三种分布中的词性,也是完全一致的：

(65) 在我仔细思考的过程中，我的内心出现了一种声音，这种声音是一种责任，我觉得我有责任告诉患有抑郁的朋友们，抑郁是完全可以治愈的。(《抑郁症是完全可以治愈的》2008-08-22 新浪博客)

(66) 以上是我对横刀夺爱的仔细思考过程。(《对寒蝉有爱的请进》2009-06-15 百度贴吧)

(67) 那声音沉默了一会儿，似乎经历了一个仔细的思考过程。末了，他说："活着。悲哀的时候，鼓励自己活下去，喜悦的时候，提醒自己还有很长的时间要活着。"(《无香花自开》2004 年 11 月 6 日百度网)

从表达功用看，形容词的三种分布与前加词倒是基本一致的：凡是不用"的"的，多表示相对完整的定型概念，凡是 V 或 A 后附加"的"的，多表示临时修饰的复合概念。试比较：

(68) 我爱"饭团"的尽责和带社团的认真，我爱阿卫的认真学习方式，我爱叶子的亲切感，我爱 Y 布的个性调调，我爱小 Q 的讲话方式，我爱"妙妙"的热情。(《一百个一辈子的愿望》2007-05-29 维基网)

(69) 对于近期的丰田"召回门"，不少人幸灾乐祸，还有人认为这是自主品牌发展的好机会。左延安代表对此也有不同看法，"丰田 TPS 精益化生产模式仍然是中国企业认真学习的方式，丰田的改善文化也值得学习。"(《2015 年产销 150 万辆 江淮习惯反周期运作》2010-03-11《中国青年报》)

(70) 这种认真的学习方式确实很值得提倡。但是，学生的感受如何？被动接受的效果如何？换种方式的效果会不会更好，学生的"齐心合力"和老师的一人之力到底哪个更大一些？(《学生自己动手，教师丰衣足食——例谈帮助学生增强自觉梳理知识的习惯》2009-07-23 山东省教师教育网)

既然形容词修饰动词时，无论在指称化还是修饰性的短语，"的"的隐现与位置的移动，只能划分成分不能区别词类，那么，据此可以得出的旁证就是：实副词状语与区别词定语的差别，其实也是同一句法功能的不同下位分布，实副词与区别词相互之间的关系只是同一个基本词类——前加词下面的两个小类而已。语法学界现在之所以会将其划归不同的词类，关键就在于预先已假定副词都是唯状的、区别词都是唯定的。然而，语言事实已经证明这种绝对的、刚性的词类划分标准是不切实际的。

四 结 语

综上所述,可以归纳为以下四点:一、从具体使用看,在指称性与修饰性动词前时,无论是实副词还是区别词,只要是不带"的"的前加词,均须分析为实副词状语,附加了"的"只能认定为区别词定语。由于谓词的指称化与修饰性表达及标记词"的"的使用,导致前加词的定、状分布可以互相转换,存在互变性。二、从兼类性质看,实副词与区别词并非性质与功能截然不同的两种词类,前加词的定、状兼类是同一词类两种分布的使用频率与附加标记的选择差异。随着"的"的隐现与移动,由前加词充当的状与定的句法成分及其副与区的词性类别大都可以调整与变动。而且,前加词后的"的""地"的分工很难做到各司其职、界限分明。三、从词性类别看,前加词在动词前面因"的"的附加而导致的状与定的转换、副与区的转类,并没分化出不同的义项,表明实副词与区别词只是同一上位词的不同下位小类。标记词"的"的使用对充当状、定的形容词只能划分成分而不能区分词类,也间接证明这种功能差别只是同一词类兼有的两种不同分布。四、从词类归属看,现代汉语应该有四大类开放性的实词:名词、动词、形容词与前加词①;至于实副词、区别词、兼类加词,只是前加词的下位词。由于实副词与区别词同属一类实词,与表示功能意义的虚副词性质截然不同,所以,目前归入"副词"中的那些表示词汇义的实副词理应退出而划归前加词。

参考文献

陈 一 1989 试论专职的动词前加词,《中国语文》第1期。

陈 一 1997 再论专职的名、动前加成分,《汉语学习》第2期。

李铁范 2005 《现代汉语方式词研究》,上海师范大学硕士学位论文。

李宇明 1996 非谓形容词的词类地位,《中国语文》第1期。

① 参见张谊生(2011)。

刘红妮　2009　汉语词汇化研究的发展历程,《上海师范大学学报》第5期。
陆丙甫　2003　“的”的基本功能和派生功能——从描写性到区别性再到指称性,《世界汉语教学》第1期。
陆俭明　1994　关于词的兼类问题,《中国语文》第1期。
杨一飞　2007　《现代汉语实义副词研究》,上海师范大学硕士学位论文。
杨一飞　2010　浅论实义副词的形成,《语言科学》第1期。
张素玲　2006　《现代汉语区别词研究》,上海师范大学硕士学位论文。
张谊生　1995　副词与状词的区别,《汉语学习》第1期。
张谊生　2000　《现代汉语副词研究》,上海:学林出版社。
张谊生　2010　表迅捷义的“X速”词族的功能、用法与发展,“走向当代前沿科学的现代汉语语法研究国际学术研讨会——纪念朱德熙教授诞辰90周年和庆祝陆俭明教授从教50周年会议(2010.8,北京)”论文。
张谊生　2011　从标记词“的”的隐现与位置看汉语前加词的性质,《汉语学习》第4期。
Adele E. Goldberg　1995　*Constructions: A Construction Grammar Approach to Argument Structure*. Chicago: University of Chicago Press.
Hopper J. Paul & Elizabeth Closs Traugott　1993　*Grammaticalization*. Cambridge: Cambridge University Press.

(作者通信地址:上海师范大学语言研究所,上海　200234)

汉语“主宾句位高效”的类型特征

储泽祥

摘　要：本文认为汉语具有“主宾句位高效”的类型特征。这主要表现在以下两个方面：1. 利用层次和语序安排多个主语，让不及物动词在特定构式中联系两个或多个名词性成分，尽量增加句位的数量。2. 不仅体词可以占据主宾语位置，谓词也可以占据主宾语位置，并且不同的语义角色都可以占据主宾语位置，让句位发挥出最大的功效。汉语主宾句位高效的主要原因是汉语以语序—层次、语义—语用为参项来组织结构和解读结构，汉语也没有安排虚词从根本上限制主宾句位的语义角色，使主宾句位具有了容纳各种各样语义角色的能力。

关键词：汉语语法；主宾句位高效；类型特征

○ 引　言

从理论上讲，汉语研究既要注重个性，也要关注共性。但是，人们通常更希望通过跨语言的比较来寻找汉语的个性或特点，因为汉语是因“异”而立的，而且求“异”存“同”这种偏向是认知的一种取向，是无可厚非的。问题是寻找汉语的“特点”并不容易，明显受制于比较对象的多寡，而寻找汉语的类型特征却显得更为科学。在类型学视野下探讨汉语的语法特点，则更为理想。20 世纪 80 年代到 21 世纪头十年这段时期里的一个显著转变，就是从汉语语法特点的寻找转向汉语语法类型特征的探求。汉语语法的类型特征是什么？看下面的例子：

（1）这种椅子坐着腰痛。

这个句子从类型特征看有三个方面值得重视：a. 格局构成上，这个句子是三个主谓结构叠加而成的主谓谓语句，“坐着腰痛”陈述的对象是“这种椅子”（S1），

“腰痛”陈述的对象是“坐着”（S2），而“痛”的陈述对象是“腰”（S3）。因此，从线性序列看，这个句子有从大到小三个主语。b.“坐着”是谓词性成分，充当主谓结构“坐着腰痛”的主语。c.“这种椅子”是“坐”支配的语义角色，但不是“痛”支配的语义角色，“这种椅子”更像个话题，例(1)也可以看作话题句。

a、b、c 这三个方面都能够体现汉语语法的类型特征，但都是次类的特征，这三个方面可以归结为一个关系汉语全局的类型特征——“句位高效”。储泽祥(2010)初步提出并论述了汉语“句位高效”的类型特征，本文在此基础上进一步探讨这个问题。

一 从汉语语法的特点到汉语语法的类型特征

1.1 为建立汉语语法体系而寻找汉语语法的特点

虽然从《马氏文通》到20世纪30年代甚至是20世纪50年代，西洋语法体系一直影响着汉语语法研究，但汉语语法的特点从来没有被置之不理，《马氏文通》也专门为汉语分出“助字”一类（王力，1956）。摈弃单纯模仿，依据汉语语法事实寻找汉语语法特点，建立汉语语法体系，20世纪70年代末以后逐渐占据主导地位。人们逐渐取得共识：只有尊重汉语语法的事实，发现汉语的语法特点，才能真正建立起汉语语法自己的体系（邢福义，1997:5）。那么，汉语的语法特点是什么呢？

吕叔湘(1989:99)认为，“汉语缺乏严格意义的形态变化”。这是普遍认同的汉语语法的特点，朱德熙(1985:2)、张斌(1998:6)都同意这种看法。汉语缺乏严格意义的形态变化，包括汉语词类没有形式标记这一次类特点。

朱德熙(1985:2—9)不同意汉语因缺乏形态而“词序和虚词显得特别重要”的观点，他认为汉语语法真正的特点主要有两条：“一是汉语词类跟句法成分（就是通常说的句子成分）之间不存在简单的一一对应关系；二是汉语句子的构造原则跟词组的构造原则基本上是一致的。”能集中体现第一个特点的是汉语的动词和形容词无论做谓语还是做主宾语，都是一个样子，并没有改变谓词性质。沈家煊(2007;2010)根据这种情形提出新的看法，认为汉语与名、动分立的英语不同，汉语的动词是名词所包容的一个次类。与沈的看法不同的是刘丹青(2010),刘文认为汉语是动词型语言,其中一个特征就是动词可以直接充当论元或修饰成分。

张斌(1998:6—9)认为汉语语法特点表现在三个方面:第一,名词可以直接修饰动词,如"书信联系"。第二,动词或形容词可以直接充当主语或宾语,如"坚持就是胜利"。第三,词语结构常常受单双音节的影响,如"进行学习"可以成立,"进行学"就不能成立。

综观这三家的看法,有同有异,有粗有细。概括一种语言的特点,至少要满足以下条件:一是关系全局的特点,不能过粗或过细;二是正面论述;三是用来比较的语言既要有代表性,又要有一定的数量。汉语缺乏严格意义的形态变化是事实,但不仅过于粗泛,而且不是正面论述。如果把"拥有处所词"作为汉语的特点(储泽祥,2006),就显得太细了。值得留意的是,这三家的看法主要是拿汉语与印欧语比较而得出的结论,这就有一定的局限性。说"有"易,说"独特"难。

1.2　在类型学背景下探寻汉语语法的类型特征

语言类型学通过跨语言比较寻求或验证语言共性,再以语言共性为背景更通彻地揭示具体语言的特点,并以此将众多语言归为若干类型(Greenberg,1963;Comrie,1981;Croft,1990;刘丹青,2003:5)。因此,语言类型学弥补了单一语言研究或少数几种语言比较的不足。更为重要的是,汉语某些现象可能只是某一语言类型的特征,并不是汉语独特的地方,如汉语的单音节、声调、量词等,与印欧语系语言比是很有特色的,但在汉藏语系语言里是不稀奇的,只有在与汉语同一类型的语言里都罕见的现象,才有可能是汉语真正的特点。但是,如果这个特点不是影响汉语全局的特征,价值也就不大。因此,探寻汉语语法的类型特征比寻找汉语语法的特点更策略一些,即使汉语语法类型特征与汉语语法特点所指内容相同,其参照和理论构架也不一样。关于汉语的类型特征,已经有一些很有价值的探讨。

Ⅰ. 汉语属于孤立型语言,基本语序是SVO。传统的语言类型学把世界上的语言分成孤立语、黏着语、屈折语和复综语四类,汉语、彝语、壮语、苗语等语言缺少词形变化,都属于孤立语(叶蜚声、徐通锵,1999:119—122)。汉语的语序类型虽然存在争议,但基本语序是SVO,是符合汉语事实的(刘丹青,2003)。

Ⅱ. 汉语属于话题突出性语言/话题优先型语言。LaPolla(1995)认为汉语是一种尚未将“主语”“宾语”等句法关系语法化(grammaticalization)的语言。如果把主语突出/优先和话题突出/优先作为类型参项,汉语就是话题突出性语言/话题优先型语言的主要代表。Li & Thompson(1976),徐烈炯、刘丹青(1998;2003),陈平(2004)都持这样的看法。

Ⅲ. 汉语属于非格标语言。汉语名词的特征早就引起了学者们的重视。吕叔湘(1989:146)指出,汉语的名词没有变格,区别主语和宾语失去主要的依据,只能在位置先后和施受关系上着眼。朱德熙(1985:6)也认为汉语的名词无论做主宾语还是做定语,都是一个形式。孙宏开、胡增益、黄行(2007)考察中国的语言,其结论也支持吕、朱的看法。在此基础上提出新的看法的学者是胡建华(2007;2010),他从形式语法的理论出发,认为语言可以分为格标语言和非格标语言,汉语属于后者。非格标语言中占据主宾语位置的NP无格,动词的题元可以不按常规释放,NP可以不通过题元位置来获得论元角色,NP所占据的句位可以不是题元位置。决定汉语语序以及论元选择和解读的关键(包括施事宾语的解读),是在句法—语义—信息结构接口运作的局部性与显著性之间的交互作用。

如果换个角度,把Ⅰ、Ⅱ、Ⅲ联系起来考虑,就可以发现汉语语法新的类型特征。汉语没有格标记、没有词形变化(属于特征Ⅰ),在这种情况下,汉语的句子采用三种办法安排多个名词性成分:一是尽量扩大主语的数量,分层次地安排两个或多个主语,如果把主语看作句法话题的话,汉语就是话题突出的语言(属于特征Ⅱ)。二是让主语和宾语位置发挥出最大的效益,使主宾语和施受关系不对称,施事、受事、对象、结果、工具、处所等语义角色都可以占据主宾语位置(特征Ⅲ)。三是利用介词安排一些名词性成分。第三种办法无法代替第一、二种办法,有介词的语言都会采用第三种办法,因此,第三种办法类型学价值不高,关键是汉语介词标示语义角色的能力受限制,这一点本文第三部分会具体论述。

汉语句子用第一、第二种办法来安排多个名词性成分,就体现出“主宾句位高效”的类型特征。这里的句位,是指句法位置。广义的句位是指任何一个语言单位在句子中所占据的位置,狭义的句位是指论元角色在句中所占据的主语位置和动词所带宾语的位置,本文这里所说的句位是狭义的,因此行文中的“句位高效”就是指主宾句位高效。

二　汉语主宾句位高效的主要表现

2.1　丰富句位:增加句位的数量

2.1.1　利用层次和语序安排多个主语。汉语动词的前后句位都可以安排名词性成分,从历时发展变化看,古代汉语的宾语句位比现代汉语丰富,如"问政孔子""酌士大夫酒""献玉斗范增""得玉璞楚山中"都是动词后安排两个宾语句位,只不过到现代汉语里宾语句位的安排发生了不少变化,双宾语结构的数量和范围都有所收缩。现代汉语的句位存在"前松后紧"的后限制现象,动词前 NP 数量、语序要宽松一些,动词后的情况受到限制(Huang,1982),汉语除"给他一杯水""去那边两个人"类双宾句外,动词后一般都只能带一个名词性成分。汉语的信息基本流向是前旧后新,动词后的句位是自然焦点,自然焦点通常只有一个,这就限制了动词后名词性成分的数量。那么,如果有多个名词性成分,动词前边只好承担更多的安排任务。因此,要想扩大句位的数量,只有增加主语位置(指句法结构上的主语,依据朱德熙(1985)的观点),形成双主语或多主语句,传统汉语语法学里称为主谓谓语句(如朱德熙,1982;陈建民,1986;吴继光,2003),强调话题的学者称为话题句(如徐烈炯、刘丹青,1998;陈平,2004)。依据层次和语序,多个主语可以分别称作大主语、中主语、小主语等。例如:

(2) 那套家具,老王最终还是把它买了下来。

(3) 自行车他骑走了。

(4) 这个问题王大刚的看法我有意见。

这三个例句,代表三种类型。例(2)、例(3)的大主语和小主语都是谓语动词的论元角色,不同的是例(2)用"它"回指了"那套家具"。例(4)"这个问题""王大刚的看法"不是动词"有"的论元角色(也有人认为可以叫"关事"或"涉事",如陈昌来 2002:77)。从话题的角度看(陈平,2004),例(2)属于左向移位话题句,例(3)属于话题化结构,例(4)属于悬置话题句。例(2)、例(3)这样的结构类型,在英语和其他主要欧洲语言中虽是常见的结构,如 John I know,但它是受限制的结构,是依附于 SVO 基本语序的非常态句式,John 可以看作宾语前置,汉语的主谓谓语句并不依附于SVO句式，而是与SVO平行的SSV句式，是“汉语里最常见最重要的句式之一”（朱德熙，1985:8），大主语往往都不能看成宾语前置。至于例(4)这样的结构式，被称作“汉语式话题”，在英语等欧洲主要语言里一般限于非常随便的口语，如My work, I' m going crazy，书面语或正式的口语中很少出现（陈平，2004:495）。因此，汉语属于双主语/多主语突出性语言，英语属于单主语突出性语言。

增加主语句位的数量，构成主谓谓语句，是句位高效的一个突出表现。汉语一个句子里有两个或多个主语，就是汉语重要的类型特征。如果囿于单主语观念，就会忽视或扭曲汉语的事实。

2.1.2 充分利用SVO的基本格局和V对S、O的阻隔作用，让不及物动词在特定构式中联系两个或多个名词性成分。汉语的存现性施事宾语句，可以让不及物动词的前后各出现一个名词性成分，也就是说，谓语动词是不及物动词时，也可以安排主语和宾语两个句位（储泽祥，2010）。例如：

（5）炕上坐着几个干部模样的人。

（6）她来了几个同学。

（7）父亲王福来，早就死了老伴。（杨沫《东方欲晓》）

这些例句的宾语都是广义的施事成分，可以看作施事宾语句。当动词不及物时，如果构成施事宾语句，充分利用动词后的句位，就腾出了主语句位，为处所、时间、领属者等语义成分充当主语留出了位置。实际上，就是丰富了句位。

句位丰富是相对而言的。汉语句子的结构块最多不超过九块（陆丙甫、李思旭，2010），因此，理论上最多也只能有八个主语句位，实际上四五个句位就已经很多了，如“这件事我现在脑子里一点印象也没有”就是五个层次、五个句位（陈建民，1986:169）。

2.2 高效利用：让句位发挥出最大的功效

2.2.1 不仅体词可以占据主宾语位置，谓词也可以占据主宾语位置。汉语里体词占据主宾语位置是常见的情况，不仅如此，谓词也可以占据主宾语位置，谓词充当主宾语的时候，还是谓词，语法性质没有发生根本的改变。英语等印欧语里，动词或形容词必须通过构词手段或句法手段转化为体词性成分，才能占据主宾语位置。因此，朱德熙（1985:5）认为，谓词也可以充当主宾语，是汉语区别于印欧语的一个非常重要的特点。例如：

(8) 改革不合理的规章制度很好。

(9) 吃了两服汤药挺管用。

(10) 小王勇于改正错误。

例(8)、例(9)都是述宾短语充当主语的句子,例(10)“改正错误”是述宾短语充当宾语。述宾短语属于谓词性成分。例(9)的主语“吃了两服汤药”不仅是述宾短语,而且还带有体标记“了”,说明它的确是谓词性的。

不仅如此,主宾语如果由联合短语充当,不仅可以是同类词联合短语(如“桌子椅子”“安定团结”),还可以是异类词联合短语,如“和平和发展是当今世界的两大主题”(主语),“忍受讥笑和耻辱”(宾语)。储泽祥、谢晓明(2003)对此做过较为详细的讨论。

汉语让体词和谓词都能占据主宾语位置,相对于只能让体词占据主宾语位置的语言(如英语)来说,汉语的主宾句位具有更大的效能。

2.2.2 体词充当主宾语时,不同的语义角色都可以占据主宾语位置。语义角色是以句法结构中谓语动词与体词的语义关系为基础的。主语通常是施事,宾语通常是受事,这是世界语言中的一个倾向,但这种倾向在不同语言中可能程度不同,因此可以成为一种类型参项。汉语的主宾语位置可以由多种多样的语义角色来充当,如朱德熙(1982:95—96)就列举了施事、受事、与事、工具、时间、处所六类充当主语的语义角色。陈平(1994)给出了充任汉语主语和宾语的语义角色优先序列:施事 > 感事 > 工具 > 系事 > 地点 > 对象 > 受事。从左向右优先充当主语,从右向左优先充当宾语。这说明汉语主语宾语的语义角色十分丰富,尤其是宾语位置,其语义角色的种类一直是汉语重要的研究课题(孟琮等,1987;李临定,1990;;俞士汶等,2003;魏红,2008)。吕叔湘(2005:93)甚至感叹“动词和宾语的关系确实是说不完的”。有时候,一个动词就可以带若干个语义角色类型的宾语。如“打”,如果不考虑义项上的差别,至少可以带六种语义角色的宾语。

打枣子(受事)　　打大锤(工具)　　打鼓帮(处所)

打家具(结果)　　打十字(方式)　　打　雷(施事)

跟藏缅语相比,汉语的宾语语义角色尤其显得丰富。戴庆厦、胡素华(2006:134)通过比较发现藏缅语的宾语类别较少,主要是受事宾语,汉语的工具宾语、方式宾语、处所宾语以及材料宾语等在藏缅语中几乎全是状语。孙宏开、胡增益、黄行

(2007:82)在充分观察中国语言的基础上发现有格标记的OV型语言里施事一般不做宾语,而像汉语这样没有显性格标记的VO型语言里,不及物动词后可以带施事宾语。

虽然主语句位可以适当增加,但宾语句位却不能随意增加,针对这种情况,汉语通过扩大宾语位置对语义角色种类的容量来解决这个问题,使宾语位置在承担语义角色方面得到充分利用。

2.2.3　占据主宾句位的体词,既可以是谓语动词支配的成分(如施事、受事、与事、工具、时间、处所等),也可以是谓语动词不能支配或支配关系很不明显的成分,如例(4)"这个问题王大刚的看法我有意见"里的"这个问题""王大刚的看法",例(6)"她来了几个同学"里的"她"。

2.2.4　某些构式的主宾语位置上,语义角色可以是同一类的。例如:

(11) 语文作业三班学生交了二十八个。

(12) 衬衫我一口气买了七八件。

(13) 讨论汉字简化的文章我们两篇都送《光明日报》。(陈建民,1986:168)

例(11)是一个"部分实现式施事宾语句"(储泽祥,2010),小主语"三班学生"与宾语"二十八个"都是施事成分(后者施事性更强),可以进入这类句子的动词十分丰富(易洪川,1997;沈家煊,1999;潘海华、韩景泉,2008;刘探宙,2009;潘海华,2009)。例(12)大主语"衬衫"和宾语"七八件"都是受事成分,徐烈炯、刘丹青(2003:220—241)称之为话题分裂句。例(13)的情况跟前两例不同,例(13)有大、中、小三个主语,其中大主语"讨论汉字简化的文章"和小主语"两篇"都是受事成分。这三个例子都是同一个句子中包含两个同类语义角色的现象,其中一个是数量结构。因此,这种现象的形成离不开汉语数量结构所具有的指称功能。

这三个例子的句位都比较丰富,句位越丰富,容纳语义角色的能力越强,为同类的两个语义角色可以共现于一个句子之中提供了条件。

三　汉语主宾句位高效的原因分析

3.1　汉语以语序—层次、语义—语用为参项来组词造句

汉语的名词没有格标记,动词没有形态变化,没有形态的制约,组词造句似乎比较自由。因此,着眼于这方面的分析可以帮助解释汉语句位高效的成因。胡建

华(2007;2010)的"汉语非格标语言论"可以从形式语法角度解释汉语句位高效的成因。汉语占据主宾语位置的NP无格,动词的题元可以不按常规释放,NP可以不通过题元位置来获得论元角色,NP所占据的句位可以不是题元位置。总之,汉语的句位可以多于题元的位置。因此,汉语的句位比较丰富。孙天琦、李亚非(2010)认为汉语的动词以词根形式进入句法结构,所有参与者都有可能进入句法操作,实现为论元。这样,不仅句位丰富,而且句位上的语义角色也可以多种多样。

这些分析无疑是有道理的,但是,强调汉语句子可以突破题元限制、实现论元的句法操作相对自由,还不能完全说明问题。汉语的组词造句不可能"无法无天",如信息结构的驱动、韵律的配置就可以起制约作用,不过它们都不是导致汉语句位高效的主要因素。汉语句位高效的根本原因是汉语以语序—层次、语义—语用为参项来组织结构和解读结构。当然,介词、连词、助词等虚词在组词造句上也有一定的作用(介词的作用见3.2的讨论)。

语序—层次参项可以为汉语组词造句提供形式上的规约。汉语属于SVO型,动词的前后句位都可以安排名词性成分。利用语序和V的"边界阻隔"作用,可以把V前后的名词性成分区分开来,这对于汉语这样的孤立型语言来说,是十分重要的。但是,如果动词前有多个名词性成分,光靠语序无法把它们有机地组合起来,还需要结构层次,结构层次对汉语来说是组词造句的关键。如"{讨论汉字简化的文章[我们(两篇都送《光明日报》)]}",动词前的三个主语句位就处在三个不同的层次。这种结构层次与话题优先型语言的多层级话题是相和谐的,结构层次使汉语的主语或话题也体现出层级性(大、小主语或主、次话题),为汉语句子安排多个句位提供了空间条件。

语序—层次参项只能为汉语组词造句提供形式上的规约,不能为解读汉语的句子提供精确的依据。真正能为汉语句子解读提供精确依据的是语义—语用参项。语义理据是语言编码的第一原则,如名词性成分的生命度、语义关系和特定构式的构式义不仅能制约组词造句,而且也是解读句子的关键所在。说话人对名词性成分定指度的选择、对名词性成分的强调、凸显或话题化等,也能帮助理解句子的组构和意义,本文称之为语用参项。语义—语用参项依赖解读者本身,因此是最灵活的解读,也是最终的解读。

汉语的语序—层次属于句法形式,语义—语用是句子意义和意义解读的依据,语序—层次与语义—语用的结合规律就是汉语语法组词造句的基本规律。因此,20 世纪 80 年代以来,中国汉语语法学界强调形式、语义和语用相结合的研究思路,可以说是抓住了汉语句法的实质和根本。

3.2 汉语介词对主宾句位语义角色的影响十分有限

汉语最接近格标记的虚词是介词。汉语介词的数量并不小,张谊生(2000:88)认为汉语的介词接近 130 个,陈昌来(2002:79)认为有 150 个左右。汉语的介词不仅数量较多,而且类别丰富,用法复杂(金昌吉,1996)。既然汉语有这么多的类别丰富的介词,那它们应该可以标示语义角色,从根本上影响主宾句位容纳语义角色类别的数量。实际情况并非如此。

3.2.1 汉语介词无法标示或限定主宾句位的语义角色。汉语的介词主要是把名词性成分介绍给动词,介词的使用与主宾句位的语义角色标示没有直接的关系。吕叔湘(2005:94)早就指出:“在表示动作和事物的关系上,几乎全赖‘意会’,不靠‘言传’。汉语里真正的介词没有几个,解释就在这里。”汉语的介词只能标示它所介引的名词性成分的语义角色,不能标示主宾句位的语义角色。因此,邢福义(1997)、陈昌来(2002)都认为介引功能是汉语介词的主要功能。看下面的例子:

(14) 他用新自行车跟我换那块戴了三年的手表。

例(14)中,介词“用”标示了“新自行车”的材料角色,介词“跟”标示了“我”的与事角色,但“用”和“跟”并不能标示“他”的施事角色和“那块戴了三年的手表”的受事角色,也就是说,“他”和“那块戴了三年的手表”的语义角色还是要靠“意会”。

介词不仅不能标示主宾句位的语义角色,而且有时也不能精确地标示它所支配成分的语义角色。有些介词本身所支配的语义角色并不都是单一的,如“用”(吴继光,2003):

用一个上午煨汤(“用”:时间)	用砂锅煨汤(“用”:工具)
用新方法煨汤(“用”:方式)	用排骨煨汤(“用”:材料)

当然,个别介词如“把”“被”的使用,可以直接影响到句位的数量,也能间接影响到主语的语义角色,如“被”字句的谓语动词一般不带宾语,“把”字句的主语通

常是施事,“被”字句的主语通常是受事。汉语句子中哪些论元可以共现、各自安排在什么句法位置,介词短语与述宾短语是否相互抵触等,都是需要深入探讨的重要课题(朱军,2009)。

3.2.2 汉语大部分介词虚化程度不高,难以影响主宾句位的语义角色。现代汉语的介词虚化程度高低不一,完全虚化的只有“把、被、对于、关于、从”等少数几个,大部分介词都还保留着动词的功能(朱德熙,1982:174)。为了讨论这个问题,本文统计了《读者》2010年第12期约14万字的文本里介词和介词短语的使用情况。《读者》2010年第12期里共使用介词46个,排在前15位的依次是“在、对、把、到、从、为、被、自、与、于、向、将、用、和、给”等介词,具体情况见表一。

表一:《读者》2010年第12期介词使用情况一览表

介词	次数	介词	次数	介词	次数	介词	次数	介词	次数
在	589	向	57	通过	15	因为	6	经过	1
对	106	将	51	跟	13	根据	6	自从	1
把	104	用	49	由	12	由于	5	据	1
到	89	和	42	除了	11	因	4	照	1
从	77	给	39	关于	10	同	4	沿	1
为	76	以	34	替	8	沿着	3	朝	1
被	74	当	27	连	7	冲	3		
自	65	比	21	对于	7	除	3		
与	60	为了	16	按照	7	以	2		
于	60	往	16	对着	7	按	2		

《读者》2010年第12期使用46个介词共构成介词短语1792个,分布在五个句法位置:谓词前(主语与谓词之间,做状语),主语前(句首状语),谓词后(做补语),定语位置(做定语),表语位置(做动词“是”的宾语)。介词短语出现在不同句法位置的频率情况如表二所示。

表二:《读者》2010年第12期介词短语句法分布频率一览表

谓词前	谓词后	主语前	定语位置	表语位置	合计
1158	390	190	45	9	1792
64.6%	21.8%	10.6%	2.5%	0.5%	100%

统计数据可以充分说明汉语介词虚化不均衡,大部分介词还保留着动词的功能。

首先,汉语介词短语的主要句法功能是在谓词前做状语,占64%以上。为什么介词短语最常见的句法位置是在主语和谓词之间?这是介词带有动词的性质造成的,朱德熙(1982:160)就把“介词短语+谓词性成分”看作连谓结构的一类。在“主语+介词+宾语+谓词性成分”的句子格局里,多数介词具有“准二价”的性质,直接支配着所带的宾语,在一定程度上还支配着主语,如“我用锤子砸核桃”,介词“用”就联系着“我”和“锤子”两个成分。介词虚化程度越高,与主语的联系越弱,如“我把水喝光了”,“把”与主语“我”的语义联系就很弱。

其次,汉语介词短语充当补语的能力正在减弱,这体现在如下两个方面:一是谓词后的介词绝大多数是表示空间或时间的单音节介词,《读者》2010年第12期里主要是“在、到、自、于、给、向、往、以”8个,双音介词不能跟在谓词后边。二是谓词和介词有合为一体的趋势,《读者》2010年第12期里“V到”后出现体标记“了”的有14例,“V在”后出现“了”的有6例。朱德熙(1982:175)把“动+介+宾”分析为述补结构带宾语,即分析为“(动+介)+宾”。谓词与介词合成一体,时间长了,介词标示语义角色的能力就可能逐渐减弱,如“属于”“至于”“善于”里的“于”,已经失去了标示语义角色的能力。

再次,汉语的介词短语很少做定语,虽然许多介词短语都可以做表语,但从统计数据看只是偶尔这样用。这说明汉语的介词短语很少与体词组配,基本上只与谓词组配,邢福义(1997:214—217)就把介词分为“涉动介词”和“涉形介词”两类。英语是介词虚化程度较高的语言,英语的介词短语经常做状语和定语,充当表语也比较自由(张道真1991:317—318)。汉英介词短语句法功能上的差别就表现在充当定语上。汉语只有少数介词可以构成介词短语充当定语(朱德熙,1982:175;张谊生,2000:117;陈昌来,2002:117)。本文介词短语做定语的统计数据如表三所示。

表三:《读者》2010年第12期里介词短语做定语情况一览表

介词	中心语是体词	中心语是谓词	合计
关于	7	0	7
对	3	26	29
对于	1	0	1
在	4	1	5
和	0	2	2
同	0	1	1
	15	30	45

表中的数据表明,介词短语做定语共有45例,涉及“关于、对、对于、在、和、同”6个介词。“介词短语+中心语”的定中短语里,中心语为谓词的占30例,如“对高尔夫的酷爱”“和丈夫的彻夜长谈”,中心语为体词的占15例,如“关于死亡的话题”“对消费的态度”“英特尔公司在美国或其他国家的商标”。这说明介词短语做定语时,中心语偏向谓词,介词短语与谓词的组配倾向在定中短语中也能表现出来。不仅如此,除“关于”外,介词联系两个名词的情形更为明显,如“我对咱们小区的印象”里,介词“对”就联系着“咱们小区”和“我”两个名词性成分,介词“对”仍然保留着一定的动词性质。

3.2.3　汉语介词有时可以省略不用,这降低了它的角色标记作用。关于介词省略的问题,张谊生(2000:134—136)做了基本的讨论,如“(对于)女方的种种要求,我了解很少”“基本上都是(用)小车接送”。可以标记语义角色的介词如果省略不用,说明它的标示功能并不都是强制性的。朱军(2009:350)通过观察大量的事实找出了受事宾语句中论元标记隐现的基本规律:受事宾语句中,施事很少使用介词标记,时间论元使用标记的频率也不高,处所使用标记和不用标记的情况相近,其他论元倾向于使用标记。张、朱以及储泽祥、彭建平(2006)的研究表明汉语介词的主要功能不是标示语义角色,而是在结构中起联络或介引作用,用不用介词,主要是组词造句的需要,而不是满足标示语义角色的需要。

汉语的介词短语主要做谓词的修饰成分(状语、补语),很少做定语和表语,主要与谓词组配,有时介词可以省略不用,再加上汉语大部分介词保留着动词的功能,虚化程度不高,有助于组词造句,但与格标记的作用有明显不同,不仅不能标示主宾句位的语义角色,就连它直接支配的语义成分,也不一定都能做出精确标示。因此,它无法从根本上影响主宾句位上的语义角色。

汉语没有安排虚词从根本上限制主宾句位的语义角色,就使主宾句位具有了容纳各种各样语义角色的能力。换个角度看,汉语主宾句位得到了充分的利用。

四　结　语

从汉语语法特点的寻找转向汉语语法类型特征的探求,具有鲜明的时代性。如果以主语优先和话题优先为类型参项,汉语就是话题优先型语言的主要代表;

如果以有无格标记为类型参项,汉语属于非格标语言;如果以主语数量和主宾语语义角色数量为类型参项,汉语属于"主宾句位高效"语言。汉语主宾句位高效体现在双主语或多主语突出、尽量安排主宾句位、主宾语既可以是体词又可以是谓词、主宾语可以容纳各种语义角色等方面。

汉语主宾句位高效的成因主要有两个方面:一是汉语以语序—层次、语义—语用为参项来组织结构和解读结构;二是汉语没有安排虚词从根本上限制主宾句位的语义角色,介词对主宾句位语义角色的影响十分有限。

汉语句位丰富且利用充分,具有"主宾句位高效"的类型特征。话题优先,非格标,以及沈家煊(2007;2010)的"汉语大名词说",刘丹青(2010)的"汉语动词型语言说",与句位高效是相互联系的,并不矛盾,也可以说是从不同侧面、不同角度观察汉语类型特征所获得的不同结果。如果汉语的句法结构可以比作袋子,那么汉语的词类就可以比作要装进袋子的物件,强调袋子多、能装各种各样的物件是一种视角,强调物件种类并不多,基本上就是一种物件,所以容易装进袋子,是另一种视角。袋子与物件相互适应,可能是更加全面、准确的观察。

参考文献

陈　平　1994　试论汉语中三种句子成分与语义成分的配位原则,《中国语文》第3期。

陈　平　2004　汉语双项名词句与话题—陈述结构,《中国语文》第6期。

陈昌来　2002　《介词与介引功能》,安徽教育出版社。

陈建民　1986　《现代汉语句型论》,语文出版社。

储泽祥　2006　汉语处所词的词类地位及其类型学意义,《中国语文》第3期。

储泽祥　2010　汉语的施事宾语句与SVO型语言施事、受事的区分参项——兼论汉语"句位高效"的类型特征,《民族语文》第6期。

储泽祥、彭建平　2006　处所角色宾语及其属性标记的隐现情况,《语言研究》第4期。

储泽祥、谢晓明　2003　异类词联合短语研究,《中国语文》第3期。

戴庆厦、胡素华　2006　《汉语与少数民族语言语法比较》,民族出版社。

胡建华　2007　题元、论元和语法功能项——格标效应与语言差异,《外语教学与研究》第3期。

胡建华　2010　论元的分布与选择——语法中的显著性和局部性,《中国语文》第1期。

金昌吉　1996　《汉语介词和介词短语》,南开大学出版社。

李临定　1990　《现代汉语动词》,中国社会科学出版社。

刘丹青　2003　《语序类型学与介词理论》,商务印书馆。
刘丹青　2010　汉语是一种动词型语言——试说动词型语言和名词型语言的类型差异,《世界汉语教学》第1期。
刘探宙　2009　一元非作格动词带宾语现象,《中国语文》第2期。
陆丙甫、李思旭　2010　论"整体—部分、多量—少量"优势顺序的普遍性,中国语言的比较与类型学研究国际研讨会(香港科技大学)论文。
吕叔湘　1989　《吕叔湘自选集》,上海教育出版社。
吕叔湘　2005　《语文漫谈》,辽宁教育出版社。
孟　琮、郑怀德、孟庆海、蔡文兰　1987　《动词用法词典》,上海辞书出版社。
潘海华　2009　句子结构与信息结构的相互作用——谈汉语不及物动词带宾语现象,"句子功能"国际学术研讨会论文,华中师范大学,2009年10月17日—19日。
潘海华、韩景泉　2008　汉语保留宾语结构的句法生成机制,《中国语文》第6期。
沈家煊　1999　《不对称和标记论》,江西教育出版社。
沈家煊　2007　汉语里的名词和动词,《汉藏语学报》第1期,商务印书馆。
沈家煊　2010　英汉否定词的分合和名动的分合,《中国语文》第5期。
孙宏开、胡增益、黄　行(主编)　2007　《中国的语言》,商务印书馆。
孙天琦、李亚非　2010　汉语非核心论元允准结构初探,《中国语文》第1期。
王　力　1956　语法的民族特点和时代特点,《中国语文》第10期,又见王振昆、谢文庆、刘振铎编《语言学资料选编》(上册),中央广播电视大学出版社,1983年。
魏　红　2008　《面向汉语习得的常用动词带宾情况研究》,人民出版社。
吴继光　2003　《现代汉语的用事成分与工具范畴》,华中师范大学出版社。
邢福义　1997　《汉语语法学》,东北师范大学出版社。
徐烈炯、刘丹青　1998　《话题的结构与功能》,上海教育出版社。
徐烈炯、刘丹青　2003　《话题与焦点新论》,上海教育出版社。
叶蜚声、徐通锵　1999　《语言学纲要》,北京大学出版社。
易洪川　1997　汉语口语里的一种施事宾语句,《语言教学与研究》第4期。
俞士汶等　2003　《现代汉语语法信息词典详解》(第2版),清华大学出版社。
张　斌　1998　《汉语语法学》,上海教育出版社。
张道真　1991　《实用英语语法》,商务印书馆。
张谊生　2000　《现代汉语虚词》,华东师范大学出版社。
朱　军　2009　《现代汉语受事宾语句中论元共现规律及管控机制研究》,中国社会科学出版社。
朱德熙　1982　《语法讲义》,商务印书馆。
朱德熙　1985　《语法答问》,商务印书馆。
Comrie, B.　1981　*Language Universals and Linguistic Typology*. Chicago: The University of Chicago Press.(沈家煊译《语言共性和语言类型》,华夏出版社1989年版)
Croft, W.　1990　*Typology and Universals*. Cambridge:Cambridge University Press.
Greenberg, J. H.　1963　Some Universals of Grammar with Particular Reference to the Order of Meaningful Elements. In *Universals of Language*, 1963, Cambridge: MIT Press.(陆丙甫、陆致极译《某些主要跟语序有关的语法普遍现象》,《国外语言学》1984年第2期)

Huang, C.-T. James 1982 Logical Relations in Chinese and the Theory of Grammar. Ph. D dissertation. MIT.

Li, Charles N. & Sandra A. Thompson 1976 Subject and Topic: A New Typology of Language. In: Charles N. Li (ed.) *Subject and Topic*. New York: Academic Press, pp. 457—489.

Randy J. LaPolla(罗仁地) 1995 Pragmatic Relations and Word Order in Chinese. In *Word Order in Discourse*, ed. by Pamela Downing, Michael Noonam, 1995, University of Wisconsin-Milwaukee, John Benjamins, Publishing Company, Amsterdam/Philadelphia.

(作者通信地址:华中师范大学文学院,武汉 430079)

句末语气词及其句类系统

王　珏

摘　要：本文拟从句末语气词出发建立一套崭新的句类系统，包括四个部分。一、论证语气词的语体功能是口语对话句的标记，句类功能是充当四大句类的非核心成员的标记。二、论证语气词在句子里的层次仅低于语篇衔接语的情态层，在情态层里的层次高于语气副词、助动词，更高于句法成分（包括语调），是口语对话句的可选性标句词。三、将语气词聚合系统暂定为16个成员，包括8个单音节语气词和8个复合语气词；连用系统暂定为101个模式，包括41个一般模式和60个经济模式。四、依据现代汉语语气词聚合系统与连用系统尝试提出一个较为清晰的四级句类系统，以弥补现有句类系统之不足。

关键词：句末语气词；语体功能；句类功能；情态功能；句类系统

○ 引　　言

自章士钊《中等国文典》（1910）第一次将汉语句类（sentence type；speech acts）划分为陈述句、疑问句、命令句与感叹句以来，汉语句类研究刚刚走过100年的历程，句类系统研究由粗转精，由浅入深，取得了骄人成果。但由于对语气词的功能属性及其在句子里的层次地位认识不足，导致了在句类划分实践中，不是抬高就是降低语气词作为划分句子功能类别的作用。或者将句调与语气词视为一体，依据二者的异同建立起四分（或五分）的句类格局；或者将语气词视为书面语的要素之一而提出所谓书面语语气句类系统。这两种对语气词在句类划分中的作用的认识和处理，似乎都很难得出符合实际情况的现代汉语句类系统来。有鉴于此，下文仅从句末语气词出发讨论现代汉语句类系统问题，包括四个部分：语气词的语体与句类功能属性；语气词的情态功能属性；语气词的聚合与连用系统；尝试提出一个崭新的语气词句类系统。

一　语气词的语体功能

现代汉语语气词功能的讨论中，多集中于情态（或话语特征）功能、信息结构功能（或篇章功能）和语篇衔接功能，而对其语体功能重视不足。事实上，现代汉语语气词作为语体功能即句类标记的功能，主要表现在以下三个层次上。

1.1　语气词是口语句类的标记

现代汉语绝大部分语气词几乎只能出现于口语语体中，是口语语体的标记之一，以此对立于书语语体。首先，语气词与句调密切相关，“汉语中语气词数目之多，当亦为‘口语风格’的表现。”（薛凤生，1998）其次，就频率而言，语气词在现代汉语口语里的出现频率为6.2%，在书语里是0.1%，前者是后者的59倍。（郭锐，2004：276）另据我们统计，带单语气词句在书语里虽然有所出现，但多语气词连用句几乎只出现于口语。最后，语气词的自由音变与条件音变都是大量的（郭小武，2000）。这些都足以有力说明语气词是汉语口语语体的重要表现。

1.2　语气词是对话句类的标记

现代汉语语气词主要出现于口语语体的对话句（或对白）之中，是对话句的标记之一。初步统计发现，在口语里语气词在对话句里出现频率约为52%，非对话句里的出现频率则极低。①

语气词作为口语句里的对话句的标记，在古今汉语都是一贯的。赵长才（1995）发现《论语》所有语气词连用形式均只在对话中出现，而《论语·乡党》这种没有对话的篇目，虽然篇幅较长，却没有出现一次。其他同时代典籍的情况也大致如此。郭锡良（1988；1989）与裘燮君（2000）等也发现了这一点。②

① 另据史金生（2000），“呢”主要出现于对话语体里。

② 即使某些外语也如此。如俄语口语中1,000个词的文本出现116个语气词，而同样词语数量的科技语体中只出现16个（田君，2002）。

二　语气词的句类功能

学界往往将语气词视为不同交际功能句类的标记，这无疑高估了语气词在句类划分中的地位。实际上，前面的讨论已经告诉我们，语气词不可能在最高层面发挥句类标记功能，而只能在较低层面上才具有标记句类的功能，即作为口语之对话句的标记，与不同句类的下位成员之间存在着双向选择。

首先，就句类一方而言，疑问句与祈使句的对话色彩最强，陈述句与感叹句的对话色彩则低得多，各自对语气词的选择必然呈现出不均等分布：疑问句与祈使句较多选择使用句末语气词，陈述句与感叹句较少选择使用句末语气词。

其次，各句类作为原型范畴，其内部成员之间存在着核心、非核心与外围之分，它们对语气词的选择必然也是不均等的。换言之，各句类的核心成员是无标记成员，几乎不需要语气词；只有非核心与边缘成员才以语气词作为标记，以此有别于核心成员。

最后，就语气词对句类的选择而言，也有典型与非典型之别。如陈述（或传信）语气词“的”“了”“呢”经常用于非核心陈述句而非直陈句。（岳方遂，2004）如：

（1）孩子们到餐厅吃饭 φ。

（2）a. 孩子们到餐厅吃饭了。

b. 孩子们到餐厅吃饭的。

c. 孩子们到餐厅吃饭呢。

d. 孩子们到餐厅吃饭了呀。

（3）孩子们不能不到餐厅吃饭。

以上三例都是口语里的陈述句，由于语气词有无、异同、多少而语气各有不同，形成陈述句的不同下位类型：（1）代表核心陈述句即直陈句，（2）代表非核心陈述句，（3）代表边缘陈述句。吕叔湘（1942）就曾指出，“啊”的作用是“在普通的直陈语气之上加上一层感情色彩，使语气更加精辟，更加敏锐。”“大率老老实实的问话不大用语气词，用语气词较富于疑讶的神情。”张德禄（2009）甚至认为，“在陈述句中，通常没有语气词。所有有语气词的陈述句都是在某种程度上有标记的。”

疑问语气词“吗”主要用于是非问句(一般问句)而非特指问。胡壮麟(1994)发现现代汉语是非问句里“吗”的出现频率高达48.7%,“吧”与“啊”合起来也仅有22.5%;特指问句里“呢”最高,也只有26.3%,“吧”与“啊”合起来也仅有4.9%。①

祈使语气词“吧”主要用于祈使句的商度句而非命令句。马清华(1995)发现,“过半数的祈使句是不带语气词的。在不带语气词的祈使句中,有些是可以添加语气词的,但添加后口气有所改变,……这说明,无语气词的祈使句有其独立性。另外,有些祈使句因为受到句法、节律或情景等方面因素的制约,根本不带语气词。”此外,庄重、正规的祈使句,不能添加语气词;言辞肯定、坚决,说得紧张、急促,也很难与语气词相容。齐沪扬、朱敏(2005)发现,现代汉语祈使句句末语气词的分布存在选择性,这与肯否句式、主语的人称都有关系。

感叹语气词“啊”主要用于非独词感叹句而非感叹词句。(岳方遂,2004)

句类核心成员与非核心成员是否用语气词可以例示如下:

句类的核心成员　　　　非核心成员

(4) a. 我不说出去。　　　b. 我不说出去的。(陈述句)

(5) a. 谁是厂长?　　　　b. 他是厂长吗?(疑问句)

(6) a. 别进来!　　　　　b. 别进来了吧。(祈使句)

(7) a. 嗨!　　　　　　　b. 太阳出来啦!(感叹句)

以上两个方面互相选择的结果可以归纳如表1所示。

表1　语气词与交际功能句类非核心成员之间的对应关系

	陈述句			疑问句					祈使句						感叹句	
	直陈	语陈	强陈	特指	是非	测度	选择	正反	命令	禁止	请求	劝谏	戏谑	提醒	独词	有标
的		+														
了		+														
呢				+			+	+								
吧						+					+	+	+			
吗					+											
啊																+
哎																
哦																

① 或许正是由于如此,才有人认为疑问语气词是传导羡余信息的辅助疑问手段(陈妹金,1995)。但实际情况是,“吗”主要在一般问句中出现,比例高达48.77%;疑问语气词也出现于特殊问、选择问中,后者为数较少。

表1显示,“(1)在任何类型的小句中,语气词都不是必需的,也就是说,任何类型的小句都可以没有任何语气词;(2)在用语气词的同类结构中,可用的语气词其中之一(或者从其中派生出来的)是典型的。”也就是说,“语气词是一个可选择范畴。当它们出现时,每一个范畴都有一个典型语气词,其他的不是标识这个类别的语气词,而是表达附加的人际意义。”(张德禄,2009)

至此可将“一”与“二”所论语气词的语体功能与句类功能归纳如下:

语体功能句类　　交际功能句类

句末语气词的功能:**[+ 口语[+ 对话]]　[+ 句类非核心成员]**

而且还可以进一步将语气词的语体句类、交际句类的功能属性归纳如图所示。

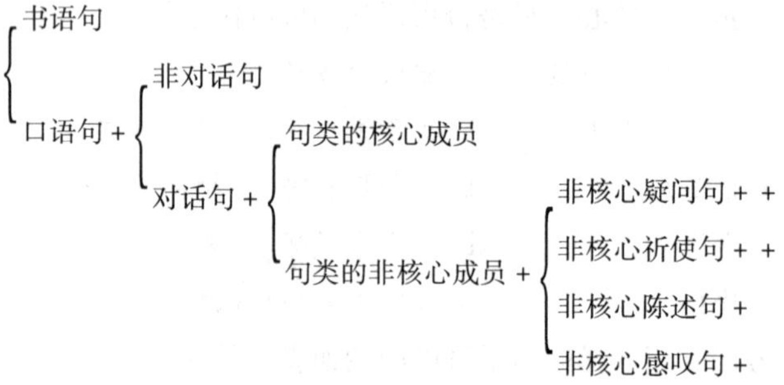

图1　语气词的语体与交际功能句类示意图

说明:图中后加“ + ”者为句末语气词标记的句类,加“ + + ”者为句末语气词高频出现的句类。

三　语气词的情态功能

3.1　语气词在句子层面的分布

句子是言语句(或语篇句),理论上由句法成分、情态成分和语篇衔接语依次由内而外构成,是三者的结合体。语篇衔接成分处于句子的最外层或最高层,它将孤立的句子连贯成为语篇,并为句子在语篇里定位;中层是情态成分,最内层是句法成分。(王珏、谭静、陈丽丽,2008;王珏、李妍,2010)

语气词属于句法词类,在句子里充当句法成分,这一观念可谓根深蒂固。然而事实上,语气词并不参与句子的句法结构,不充当句子的句法成分(主、宾语等)。换言之,语气词之有无、异同或多少一般不影响句子是否成立。如很少有人提到语气词是完句或足句成分;即便有人将语气词视为完句成分,但所举例句即使去掉语气词,只要出现于一定语境中,也几乎都能成句。如:

(8) a. 爷爷睡觉呢。→爷爷睡觉 ø。(回答:爷爷干什么?)

b. 王师傅传授徒弟经验呢。→王师傅传授徒弟经验 ø。(回答:谁传授徒弟经验?)

c. 老何找你来着。→老何找你 ø。(回答:谁找我?)

d. 枫叶红着呢。→枫叶红 ø。(回答:什么红?)

由上可见,在句子层面,语气词不是分布于句法结构——句子核心层面,而是分布于情态层面,即句子的句法结构之上的层面。

3.2 语气词分布于情态层面的最高层

3.2.1 层次切分法的证明

句子的情态成分可以由多种手段表达,如特定结构、叹词、语调、语气副词、助动词和语气词等。如不考虑特定结构、叹词两种特殊情态手段,语调与其他三类词的基本分工如下:

语调表示陈述、疑问、感叹和祈使等句子的言语行为类型;

语气副词表达情感情态;

助动词表达评判情态;

语气词表达功能情态,即言者基于人际关系和交际目的之考虑而采取的话语态度。①

如果暂不考虑语调,参考贺阳(1992)与齐沪扬(2002:177),语气副词、助动词和语气词与句法句之间理论上的线性顺序可以表示为如下公式:

言语句:语气副词 > 助动词 > 句法句 > 语气词

如果对一个语篇衔接语为零的言语句进行层次切分的话,理应有如下三种方法:

---

① 据贺阳(1992)与齐沪扬(2000、2002),语气词、语气副词与助动词的分工不同。虽然他们对语气副词、助动词表达的语气所属子范畴有分歧,但对语气词的看法则是一致的,即主要负责表达"功能语气",包括陈述、祈使、疑问和感叹等子范畴。

(9) a. ＊或许|会||下雨|||了||||吧。

b. 或许|会||下雨了吧。

c. 或许|||明天||||会|||||下雨||了|吧。

句a严格遵循传统的“先左后右”的切分顺序，但没能正确处理语气词在句子里的层次问题；句b里“了、吧”下面的圆点是传统分析法用来表示附着于句子的成分的标记，意味着实际上已经注意到了语气词分布于句子而非句法结构（或短语）层面，但在切分时似乎没有认真对待它的层次问题；句c是本文尝试提出的新的层次切分法，可以暂且称之为“先右后左”切分法。具体做法分为两步：首先按照“先右后左”顺序切分出语气词；而后其余成分按照“先左后右”顺序切分语气词之前的句法结构成分。新层次切分法可用框架图表示如(10)：

(10) 或许　会　下雨　吧

|____________||__|…………1(先右后左)

|____||_______|………………2(先左后右)

|__||____|………………3(先左后右)

上例第1步“先右后左”切分显示语气词“吧”与其前句法结构的组合，语气词层次高于其前的句法结构；第2步“先左后右”切分显示语气词副词与其后句法结构的组合，语气副词层次高于其后句法结构；第3步“先左后右”切分显示助动词与其后句法结构的组合，助动词的层次高于其后句法结构。可见，第一步所代表的新层次切分法证明了：语气词在情态成分里层次最高，①语气副词次之，助动词最低，而句法句“下雨”的层次又低于助动词。

与传统层次切分法只对音段成分进行切分而不考虑句调一样，新切分法也没有考虑句调及其与语气词的关系。为了解决语调与语气词的关系问题，我们需要借助于生成语法的中心语理论。

3.2.2　中心语理论的证明

为解决句子也是一个向心结构的问题，生成语法提出了中心语理论。中心语(head)可以是实词，也可以是虚词乃至形态成分（徐烈炯，2009：220—242）。生成语法学认为，标句词(complementizer，简称C)是组成句子的一个重要的词类，句子

① 最高层次的语气词分布于句末，也就是更接近另外一个句子的位置。由此，句末语气词也就有了衍生出语篇连贯功能的条件（屈承熹，2008；赵国军，2009）。

是一个标句词短语 CP。汉语语气词往往被分析为标句词,并且在句法里扮演重要的角色(参见邓思颖 2010)。Cheng(1991)最早提出汉语语气词是用来标示句类的标句词。Chomsky(1995:4)赞同 Cheng(1991)的观点,进一步提出标句词跟语态(mood)或"语力"(force)相关,认为标句词的功能决定句类。这得到了不少学者的赞同。但邓思颖(2010)发现,汉语语气词与其他语言的标句词存在如下分布差异:

	根句	嵌套小句
日语的标句词疑问助词	+	+
英语的标句词 whether	−	+
汉语的语气词	+	−

由此他质疑道:如果汉语语气词是标句词,为什么只能在根句出现?如果语气词只在根句出现,那么汉语嵌套小句的句类又靠什么手段来标示?由此他认为,具有句类功能的语调是标句词(C),语调构成标句词短语(CP)即小句,而且可以出现于根句和嵌套小句;语气词位于标句词短语之外,而且只能在根句出现。这意味着:(一)汉语句子必须具备语调和语气词两个必需要素;(二)语气词位于语调制约之外。邓文观点对处理语调与语气词之间的关系固然不失为一个颇具新意的假设,但显然还难以解释如下事实:

(一)非语气词语言的句子结构里只有语调而没有语气词。

(二)汉语大多数句子不带语气词。

(三)汉语句子里的语调对语气词的音高具有一定的影响。①

(四)汉语一般词语都能在不带语气词的情况下自由充当词组或句法结构成分,甚至独立成句;一旦带有语气词,就不再能充当词组或句法结构的成分了,而只能和语调一起独立成句或充当"言语行为提示语"的宾语小句(黄国营,1994)。如:

充当句法成分　独立成句　做"说"等的宾语

(11) a. 吃饭的人　b. 吃饭!　c. 我说吃饭。

(12) a1. 吃了(过)饭的人　a2. 吃了(过)饭!　a3. ? 我说吃了(过)饭。

① 李明(1996)发现,语气助词的音高不仅要受它前面非轻声音节的影响,还要受语调升降的影响。张彦(2006、2007)发现,重音能够对句末语气词的时长和能量都产生比较大的影响。

b1. 吃着饭的人 b2. ＊吃着饭。 b3. ＊我说吃着饭。

(13) a1. ＊吃饭吧的人 a2. 吃饭吧。 3. 我说吃饭吧。

b1. ＊吃(了)饭了的人[①] b2. 吃(了)饭了。 b3. 我说吃(了)饭了。

(五) 汉语语气词与句子的句法结构无关,既不与核心谓词发生语义关系(不受核心谓词的制约),也不具备为主语赋格的功能。即使承认语气词是汉语句子的中心语,整个句子是它的最大投射,但它与生成语法所说英语类语言的中心语也有所不同。

鉴于上述,在吸收胡建华、石定栩(2005)和邓思颖(2010)两家合理因素的基础上,本文提出:汉语句子包含双重标句词,即语调和语气词均为标句词,只是二者功能有所不同。

首先,语调是强制性、独立性标句词。强制性指语调在人类语言的句子里是一个必有要素;独立性指短语一旦具有了特定语调就可以实现为小句或句子。

其次,语气词在汉语里是可选性、辅助性标句词。可选性指语气词不是汉语句子的必要成分,主要是口语对话句的可选性标句词;辅助性指语气词对于汉语而言不是短语实现为句子的充分必要的独立性要素,即短语即使有了语气词也不一定就能实现为句子,而在于将语调构成的标句词短语(CP)转化为口语对话句。换言之,语气词仅是汉语标句词短语(CP)实现为口语对话句的可选性成分或标记。

就二者之间的关系而言,作为强制性、独立性标句词,语调是第一标句词;作为可选性、辅助性标句词,语气词是第二标句词,是在语调标句词短语的基础上发挥作用的,是在语调决定了句子的言语行为类型的基础上表达各种人际功能的。由此,汉语句子可以分为两大类,即带有语气词的语气词句和不带语气词的非语气词句。非语气词句与语气词句的结构可以分别示为A、B两个公式(X代表句子的句法结构部分;圆括号表示语气词不是强制性成分,而是可选成分):

A:非语气词句 = X + 语调

B:语气词句 = [X + 语调](+语气词)

公式里的X可以是结构助词、介词、连词、叹词和语气词之外的任何词语序列,也

① 邓思颖(2010)认为类似的关系小句可以成立,而我们认为不能成立。

包括语气副词、助动词等。如：

（14）a. 或许明天会下雨。　b. 或许明天会下雨吧。

b. 明天下雨吧。（省略语气副词和助动词）

c. 或许会吧。（省略句法成分）

d. 会吧。（省略句法成分和语气副词）

e. 或许吧。（省略句法成分和助动词）

其实，A、B 两个公式还可以合并为公式 C：

C：句子 = [X + 语调] ± 语气词

“ ± 语气词”表示理论上汉语的句子有一个语气词位置，①该位置有两个参数可供选择：语气词取值为“ - ”是非语气词句，语气词取值为“ + ”是语气词句。普通话语气词句最多只能出现三个语气词，②参照例（10）可以切分如下：

[X + 语调]|||语气词$_1$||语气词$_2$|语气词$_3$

换言之，整个句子是以语气词$_3$ 为中心语的短语，语气词$_2$ 短语是以语气词$_2$ 为中心语的短语，语气词$_1$ 短语是以语气词$_1$ 为中心语的短语。这就等于说汉语句子理论上有两个标句词，即第一标句词语调和第二标句词语气词。前者是静态语言单位成为动态言语单位的标记，后者是口语对话句、句类非核心成员句的标记。③

进而言之，公式 C 同样适用于所有人类语言：语气词语言的句子里，语气词位置取值为“ + ”；非语气词语言的句子里，语气词取值为“ - ”。

3.3　语气词在词类系统里的归属

在词类系统里，语气词不属于句法词范畴，而应属于情态词范畴。这源于它在功能、分布及句法切分诸方面都具有一些异于同类的特点：

（一）语音上是绝对轻声，即既是词汇轻声又是语流轻声，以此有别于叹词、语气副词、助动词。

---

① 汉语普通话句子里的语气词位于句末，其他方言或语言的语气词位置不一定在句末，也可以位于句首或句中（刘丹青 2005），如泉州话有五个句首语气词，忻州壮语既有句首语气词、句中语气词，还有大量句末语气词。

② 有些方言里最多可以有 5 个至 6 个，主要参见涂光禄（1993）、林华勇（2007）、宋秀令（1994）等。

③ 张彦（2008）指出，句末语气词语音上表达的语气意义与本身携带的语气意义共同为句子增添更为丰富的语气，从而更加显示出语气词强大的语气表达功能。但这只能在口语中才能得到充分体现。

（二）即使带上语调也不能独立成句，以此有别于叹词、助动词、部分语气副词。如：

（15）a. *吗？　　b. 哎呀！　　c. 能。　　d. 或许。

（三）不参与句法结构的构成，不充当句法成分，也不参与句子的命题。换言之，语气词之有无、异同、多少，不影响句子的句法结构加上语调是否成立。这与语气副词虽然有几分相似，但分布位置则截然对立：语气词分布于句末，语气副词分布于句首。

（四）具有将语调标句词短语转化为句子（尤其是口语对话句）的功能。这一点有别于语气副词、助动词、叹词等。

3.4　语气词内部成员的功能差异

参照齐沪扬（2000）、Palmer（2007）、鲁川（2003）、屈承熹（2006）和徐晶凝（2008）等众多学者的观点，语气词所语法化的是，言者基于交际关系和目的的考虑而采取的交际态度——对命题的信疑态度和对交际者的处置态度。[①] 如“吧”对命题做出弱推测并交由听者认可，因而无论出现于何种句类里，所表达的口气都较为婉转。如：

（16）a. 大概这就是幸福吧。（陈述句）

b. 行，你就看着办吧。（祈使句）

c. 小姐，请给换个房间吧。（请求句）

d. 师傅回来了吧？（疑问句）

语气词内部不是同质的。首先，单纯语气词侧重表达基于交际关系考虑而采取的话语态度侧面，是针对“人”的；复合语气词侧重表达对命题的态度侧面（参见史有为，1997：173—182；史冠新，2006；王彦杰，2010）。[②] 最为直接的证据是，二者连用时复合语气词往往位于单纯语气词之前，也就是更靠近表达命题的句法句。所以，相对于单纯语气词而言，复合语气词似乎只是语气词范畴的边缘成员。它

① 相比之下，语气词语法化程度最高，语气副词次之，助动词最低。

② 史有为（1997）只承认“罢了、来着、来的、着呢”四个复合语气词，而将“就是了、也罢、也好、不是、不成、是吧”六个另名为“后附表态成分”，“表示各种说话人的语态”，“都具有述谓功能”，有时候可以实现为小句。史冠新（2006）将语气词分为准语气词（“的、了”等）、核语气词和后语气词（“啊”等）三类。核语气词在连用时处在中心位置，前边可出现准语气词，后边可出现“后语气词”。核语气词又分三类：单纯语气词（包括“啊、哎、吧、吗、呢”等）、结构语气词（包括“似的”等）和关联语气词（包括“啊吧、罢了、的话”等）。

们大都具有较弱的述谓功能，即便全轻声的“着呢”也仍能强调微弱的性状，所以复合语气词所在句子的谓语部分往往排斥程度状语或程度补语，而同样具有增强语气功能的单纯语气词“啊”则不受此限制。如：

(17) a. 他俩要好！　b. 他俩要好着呢！　c. 他俩要好啊！

(18) a. 他俩特别要好！　b. * 他俩特别要好着呢！

c. 他俩特别要好啊！

(19) a. 他俩要好得很！　b. ？他俩要好得很着呢！

c. 他俩要好得很啊！

二者的功能差异可以从源头上得到部分解释。单纯语气词直接源于本就虚化程度很高的虚词，如源于副词的“吗、吧”，源于叹词的“啊、欤、呕”，源于体态词的“了”和源于结构助词的“的”。复合语气词除“着呢”外，多源于虚化程度不高或不太高的谓词性词语，如学界认可的“就是、不是、不成、没有、罢了、得了、好了、算了”以及“来着、来的、也好、也罢”等，都是如此。

其次，单纯语气词内部也并非同质的，在语音、分布、功能上都存在着一定差异，此处恕难详论。

3.5　小结

“一”至“三”依次从语体功能、句类功能、情态功能等方面依次讨论了语气词的功能属性：语体属性是口语句对话句的标记；句类功能是句类非核心成员的标记；在句子里所处层次仅低于语篇衔接语的情态层，而高于语气副词、助动词，更高于句法句（包括语调）。同时，语气词成员内部单纯语气词与复合语气词、单纯语气词内部也都存在着分布层次、功能等差异。这说明，对语气词功能的研究不能将眼光限于一隅，而应从与之有关的诸方面去系统、全面地考察，才有可能观察得到语气词的全貌。

四　现代汉语语气词系统

4.1　语气词的鉴别标准

我们（王珏，2011a）在学界已有研究的基础上，暂且确定出现代汉语语气词具有三个独有特点：（一）后附句子及其语篇成分且紧跟停顿；（二）右向递进连用；

(三)功能上充当可选性标句词。这三个独有特点都使得语气词明显有别于其他任何词类和句调。

基于如上独有特点并参考其他非独有特点,可以暂且提出如下语气词的界定标准:

(一) 分布标准:黏着性,即黏附于句子及其语篇成分并后跟停顿。

(二) 句法标准:不参与句子的句法结构,不充当句子的句法成分。

(三) 语义标准:表示言者的主观性,不参与句子及其成分的语义(概念和命题)。

(四) 语体、句类标准:口语句对话句的句类非核心成员的标记。

另外,词汇轻声或语流轻声也可以作为界定语气词的参考标准。

4.2 现代汉语语气词聚合系统与连用系统

4.2.1 聚合系统

运用上述暂定标准,从学界提出的众多语气词里①,我们(王珏,2009)暂且界定出现代汉语语气词聚合系统包括16个语气词:8个单纯语气词、8个复合语气词。

表2 现代汉语语气词总表

分类	A组			B组		C组		
单纯语气词(8)	A1 的	A2 了	A3 呢	B1 吧	B2 吗	C1 啊	C2 哎	C3 哦
复合语气词(8)	a1 就是	a21 罢了[2] a22 得了 a23 好了 a24 算了 a25 不成 a26 不是	a3 着呢					

4.2.2 连用模式及其系统

4.2.2.1 连用模式

参照学界研究,②单纯语气词自相连用的顺序可以概括为如下基本模式(>表示"先于",/表示"择一出现"):

① 主要参见黎锦熙(1924)、赵元任(1926)、胡明扬(1981)、朱德熙(1982)、刘月华等(2002)、史有为(1997)、赵元任(1979)、孙也平(1982)、孙汝建(1999)、吕叔湘(1996)、王启龙(2004)、郭锐(2004)等。

② 主要见胡明扬(1981)、朱德熙(1982:208)、丁恒顺(1985)、胡裕树(1995:376—377)、张谊生(2000)和邓思颖(2010)等。

A1 的 > A2 了 > A3 呢 > B1 吧/B2 吗 > C1 啊/C2 哎/C3 哦

基本模式规定:(一)语气词连用必须遵守基本模式规定的顺序,不能逆序连用;①(二)一次连用可出现两个语气词,最多出现三个语气词;(三)A 组语气词能同组自相连用,也能与邻组或跨组连用;B、C 组只能与邻组或跨组连用。换言之,一次连用里,B、C 组语气词只能择一出现,不能自相连用。② 基本模式及其规则虽由单纯语气词自相连用归纳而来,同样适用于复合语气词与单纯语气词连用。

对语气词连用顺序的制约机制,学界已经提出多个原则,③本文补充另外三条原则。

音韵原则:声母语气词先于元音语气词,具体表现为(> 表示“先于”):舌头音 > 唇音 > 零声母。

音响原则:单纯语气词的音响度高低原则(< 表示“左侧音响度小于右侧”):的/了/呢 < 吧/吗 < 啊/哎/哦。

层次原则:连用中语气词的“先-后”顺序与其所处层次“低-高”呈对应关系,层次高低决定了线性顺序的投射。语气词所处层次“由低到高”或辖域“由小到大”原则更具概括性,反映了不同语义或功能类别在句子结构里的层次高低。

制约语气词连用的音响原则是物质形式原则,层次原则是语义或功能原则。其形式与其语义或功能类别的分布层次之间的关系可表示为如下公式:

层　次:低(的、了、呢)　　中(吧/吗)　　高(啊)

————————————————→

音响度:低　　　　　　　　中　　　　　　高

上面公式说明,语气词小类的音响“由低到高”与其分布层次“由低到高”之间存在着象似性,即音响高低象似于层次高低。这对于古今汉语以及各方言可能都具有普遍性。④ 至于音韵原则,可能仅仅适合于北京话和普通话,而不适合于汉语

① 该顺序规则并不适合于所有汉语方言,原因待考。

② 可能是受“同形/同义相斥原则”的制约。

③ 如信疑原则(马建忠,1983;齐沪扬,2002);“结构(或时态)·语气助词·辅音语气词加元音语气词”顺序原则(胡明扬,1981);语义功能原则,即时态 > 疑问与祈使 > 态度与情感顺序原则(朱德熙,1982);信息量“小-大”顺序原则(或“不易认知 > 易于认知”原则)(袁毓林,1999);“情态优先,语气殿后”原则(戴昭铭,2009)。

④ 如《论语》单纯语气词连用大体遵循如下语音规律:焉 ian > 而 ȵiə 已 iet > 耳 ȵiə > 也 ʎia > 矣 ɣiə > 乎 ɣɑ/邪 ziɑ/与 ʎiɑ > 哉 tsə/夫 piwɑ。(王珏,2011b)

各方言,因而不具有普遍性。①

4.2.2.2 连用模式系统

现代汉语语气词连用模式可以从多个角度进行观察。② 运用模式推导与语料验证相结合的方法,我们得出以下表格所列语气词连用模式系统。

表3 现代汉语语气词连用的现实模式表(41)

<table>
<tr><td rowspan="6">单纯语气词连用(22)</td><td rowspan="5">二合(18)</td><td>的了</td><td>的呢</td><td>的吧</td><td>的吗</td><td>的啊</td><td>的哎</td><td>的哦</td></tr>
<tr><td></td><td>了呢</td><td>了吧</td><td>了吗</td><td>了啊</td><td>了哎</td><td>了哦</td></tr>
<tr><td></td><td></td><td>呢吧</td><td>呢吗</td><td>呢啊</td><td></td><td></td></tr>
<tr><td></td><td></td><td></td><td></td><td>吧啊</td><td></td><td></td></tr>
<tr><td></td><td></td><td></td><td></td><td>么啊</td><td></td><td></td></tr>
<tr><td>三合(4)</td><td></td><td>的了呢</td><td>的了吧</td><td>的了吗</td><td>的了啊</td><td></td><td></td></tr>
<tr><td rowspan="9">复合与单纯连用(19)</td><td rowspan="8">二合(16)</td><td>就是了</td><td></td><td></td><td></td><td></td><td></td><td></td></tr>
<tr><td></td><td></td><td></td><td></td><td>罢了啊</td><td></td><td></td></tr>
<tr><td></td><td>得了呢</td><td>得了吧</td><td>得了吗</td><td>得了啊</td><td></td><td></td></tr>
<tr><td></td><td></td><td></td><td></td><td>好了啊</td><td></td><td></td></tr>
<tr><td></td><td></td><td></td><td></td><td>算了啊</td><td></td><td></td></tr>
<tr><td></td><td>不成呢</td><td>不成吧</td><td>不成吗</td><td>不成啊</td><td></td><td></td></tr>
<tr><td></td><td></td><td></td><td>不是吗</td><td></td><td></td><td></td></tr>
<tr><td></td><td></td><td>着呢吧</td><td>着呢吗</td><td>着呢啊</td><td></td><td></td></tr>
<tr><td>三合(3)</td><td></td><td></td><td>就是了吧</td><td>就是了吗</td><td></td><td></td><td>就是了哟</td></tr>
<tr><td></td><td></td><td colspan="4">甲类:24</td><td colspan="3">乙类:17</td></tr>
</table>

表3所列甲类24个连用模式里的语气词都是声母语气词,语流里不能构成合音语气词或合音形式,从语音到语义都各自独立。这种连用可以称之为"一般模式"。17个乙类连用模式里,后一个语气词都是元音语气词,它们都能与前个语气

① 由于"任何方言的语气词都统一于自己的方音系统(少数例外),这样有多少种方言,就有多少个语气词系统。"(袁家骅,2003)所以音韵原则仅适合于北京话和普通话,而不适合所有北方方言,更不适合南方方言。如湖北孝感话、安陆话"的""了"连用顺序只能是"了的",而不是普通话的"的了"。(王求是,2003;盛银花,2007)

② 主要有以下三个观察角度。就语气词两大类别而言,连用有两类:单纯语气词 + 单纯语气词;复合语气词 + 单纯语气词。就一次连用中使用的语气词数量而言,语气词连用可以分为两类:二合连用,可以符号化为 XPn = 2;三合连用,可以符号化为 XPn = 3。就连用语流中前后两个语气词或音节是否发生自然合并现象而言,可分为两类:一般模式,即连用而不合并;经济模式,即连用而合并。前者是两个语气词合并为一个音节,后者是复合语气词中的一个音节与另一个语气词合并为一个音节。

词合成合音语气词或合音形式,可以称之为"经济模式"。①

表4　现代汉语语气词连用经济模式表

	啊	哎	哦
合音语气词(13)	嗒:的啊	dai/dei:的哎	dou/do:的哦
	啦1:了啊	嘞1(咧/唻)(lai/lei):了哎	喽1(咯、啰)(luo/lou/lo):了哦
	哪1:呢啊	奈1(nai/nei):呢哎	呶1(nou/no):呢哦
	罢:吧啊	呗(bai/bei):吧哎	啵(bou/bo):吧哦
	嘛1:么啊		
合音形式(10)	啦2:罢了啊、得了啊、好了啊、算了啊	嘞2(lai/lei):罢了哎、得了哎、好了哎、算了哎	喽2(lou/luo/lo):罢了哦、得了哦、好了哦、算了哦
	唦:就是啊	shai:就是哎	shou:就是哦
	nga:不成啊		
	哪2:着呢啊	奈2(nai/nei):着呢哎	呶2(nou/no):着呢哦

表4所列合音语气词是指连用的两个单纯语气词在语流里临时构成一个新音节。与一般连用模式相比,合音语气词具有鲜明特点:(一)作为经济模式,与一般连用模式可以替换使用。因此,合音语气词不应视为单纯语气词的变体,不应视为语气词的基本成员,更不应视为典型成员。(二)"尽管合成一个音节,结构上仍旧没有直接的关系"(朱德熙,1982:207),"各自的功能不变"(赵元任,1979:354),即声母负载前一个语气词的意义,韵母负载后一个语气词的意义,而且韵母负载的意义位于高层并最终决定整句的语气。由于后一个语气词都是C组,所以合音语气词往往具有增强语气的功能。②(三)如果忽略有音无字的dai(dei)、dou(do),仅仅有音有字的11个合音语气词还可以前加单纯语气词语,构成37个连用模式。它们表面看去与二合连用无异,实际上都是三合连用的经济模式,是基本经济模式的延伸。如:

(20) a. 余德利:行了,行了,顾你自个儿吧。我这儿不想呢嘛?(《编辑部的故事》)

① 语气词连用的经济模式,赵元任(1926)称之为"特别读音的结合语助词",并对北京话语气词的经济模式进行过很好的研究。

② 早在20世纪40年代,何容(1942)曾经担心说:"我们中国语言里的语句,并不是都要用助词(即语气词。——笔者)的。依助词所表的语气来分别句类,就有许多语句是无类可归的了。"由上面所论可知,何氏之忧似乎是多余的,因为汉语大量的非语气词句仍然具有语气,只是表达手段不是语气词而已。

b. 小姑奶奶想回来过八月节了呗，我这就帮她收拾屋子去！（《皇城根儿》）

合音语气词与单纯、复合语气词连用的37个模式可以归纳如表5所示。

表5　合音语气词与单纯、复合语气词连用模式表

	嗒	啦1	嘞1	喽1	哪1	奈1	呶1	罢	呗	啵	嘛1
的		的啦1	的嘞1	的喽1	的哪1			的罢	的呗	的啵	的嘛1
了					了哪1			了罢	了呗	了啵	了嘛1
呢								呢罢	呢呗	呢啵	呢嘛1
吧											
吗											
啊											
哎											
哦											
就是		就是啦1	就是嘞1	就是喽1						就是啵	就是嘛1
罢了											罢了嘛1
得了											的了嘛1
好了					好了哪1			好了罢	好了啵	好了呗	好了嘛1
算了					算了哪1			算了罢	算了啵	算了呗	算了嘛1
不成					不成哪1			不成罢			不成嘛1

表5所列的合音形式由复合语气词末音节与C组单纯语气词连用形成。10个合音形式都是“复合语气词+单纯语气词”连用的经济模式。合音形式是复合语气词与单纯语气词连用的经济模式，其声母不代表前一个语气词，韵母却代表后一个语气词。

4.3　小结

由上述可知，汉语语气词聚合系统至少包括8个单纯语气词，8个复合语气词，一共16个语气词；语气词连用系统至少包括101个模式，一般模式41个，各种经济模式60个。

五　现代汉语语气词句类系统

依据前述语气词聚合系统与连用系统，以及连用的一般模式与经济模式，可以为现代汉语语气词句类系统初步建立起图2所列四级句类系统。

一级句类　二级句类　三级句类　四级句类

- 语气词句类系统
  - 非语气词句
  - 语气词句
    - 单语气词句(16)
      - 单纯语气词句(8)
      - 复合语气词句(8)
    - 二语气词句(34)
      - 单纯＋单纯(18)
        - 一般模式(14)
        - 经济模式(4)
      - 复合＋单纯(16)
        - 一般模式(10)
        - 经济模式(6)
    - 三语气词句(7)
      - 单纯＋单纯＋单纯(4)
        - 一般模式(3)
        - 经济模式(1)
      - 复合＋单纯＋单纯(3)
        - 一般模式(2)
        - 经济模式(1)

图2　现代汉语语气词句类系统图

说明：二级至四级句类后括号里的数字表示，该句类据语气词及其连用数量而相应拥有的下位句类数量。如“单纯语气词句”后的“8”表示，该类语气词有8个，该句类相应地拥有8个小类。

图2所展示的语气词句类系统尚不曾将五级句类详细展开。但仅就上图所示的四级句类而言，它在现代汉语句类系统里理应具有不可或缺的作用，是对现有句类系统的重要补充。具体表现为以下四个方面。

（一）充分考虑书语句与口语句、对话句与非对话句的对立，在语体层面上将已有句类系统分化如下图。

- 书语句……………………………非语气词句
- 口语句
  - 非对话句……………低频语气词句
  - 对话句………………高频语气词句

图3　语气词对书语句与口语句、对话句与非对话句的分化示意图

书语句与口语对话句在语体层面相互对立：书语句可以视为无标记（即无语气词）句类，口语对话句是有标记（即有语气词）句类。

（二）充分考虑句类内部核心成员句与非核心成员句的对立，在句类下位成员层面将已有句类系统分化如下图。

疑问句{核心疑问句……………………非语气词句
非核心疑问句………………语气词句
祈使句{核心祈使句……………………非语气词句
非核心祈使句………………语气词句
陈述句{核心陈述句……………………非语气词句
非核心陈述句………………语气词句
感叹句{核心感叹句……………………非语气词句
非核心感叹句………………语气词句

图 4　语气词对已有句类系统的二分示意图

非语气词句是句类的核心成员句小类，语气词句是句类的非核心成员句小类；前者是无标记的，后者是有标记的。

（三）充分考虑语气词连用在句类系统中的作用，单语气词句的人际功能是单一的，两语气词句的人际功能是双重的，三语气词句的人际功能是三重的。

（四）充分考虑语气词连用一般模式与经济模式之间的对立，表现为语速快慢的对立，语缓慢说为一般模式，语急快说为经济模式。

六　结　　语

本文主要就以下问题进行讨论，并初步得出了如下主要结论：

（一）语气词的语体功能是口语对话句的标记，句类功能是充当四大句类的非核心成员的标记。

（二）语气词在句子里处在仅低于语篇衔接语的情态层，在情态层里高于语气副词、助动词，更高于句法成分（包括语调），是口语对话句的可选标记。

（三）语气词聚合系统可以暂定为 16 个成员，包括 8 个单音节语气词和 8 个复合语气词;连用系统暂定为101个模式,包括41个一般模式和60个经济模式。

(四)依据上述,现代汉语语气词句类至少可以建立起一个较为清晰的四级句类系统,以弥补现有句类系统之不足。

参考文献

陈妹金 1995 北京话疑问语气词的分布、功能及成因,《中国语文》第1期。

戴昭铭 2009 汉语叠合语气词的结构化,《语文研究》第2期。

邓思颖 2010 汉语句类和语气的句法分析,《汉语学报》第1期。

丁恒顺 1985 语气词的连用,《语言教学与研究》第3期。

郭 锐 2004 《现代汉语词类研究》,商务印书馆。

郭锡良 1988 先秦语气词新探(一),《古汉语研究》第1期。

郭锡良 1989 先秦语气词新探(二),《古汉语研究》第1期。

郭小武 2000 "了、呢、的"变韵说——兼论语气助词、叹词、象声词的强弱两套发音类型,《中国语文》第4期。

何 容 1942 《中国文法论》,商务印书馆1985年版。

贺 阳 1992 试论汉语书面语的语气系统,《中国人民大学学报》第5期。

胡建华、石定栩 2005 完句条件与指称特征的允准,《语言科学》第5期。

胡明扬 1981 北京话的语气助词和叹词,《中国语文》第5—6期。

胡裕树 1995 《现代汉语》(增订本),上海教育出版社。

胡壮麟 1994 英汉疑问语气系统的多层次和多元功能解释,《外国语》第1期。

黄国营 1994 句末语气词的层次地位,《语言研究》第1期。

黎锦熙 1924 《新著国语文法》,商务印书馆1956年版。

李 明 1996 语气助词的音高分析,《世界汉语教学》第4期。

林华勇 2007 广东廉江方言语气助词的功能和类别,《方言》第4期。

刘丹青 2005 句类及疑问句和祈使句:语法调查研究手册(节选),《语言科学》第5期。

刘月华等 2002 《实用现代汉语语法》(增订本),商务印书馆。

鲁 川 2003 语言的主观信息和汉语的情态标记,《语法研究和探索》(12)。

吕叔湘 1942 《中国文法要略》,商务印书馆1982年版。

吕叔湘 1996 《现代汉语八百词》(增订本),商务印书馆。

马建忠 1983 《马氏文通》,商务印书馆。

马清华 1995 论汉语祈使句的特征问题,《语言研究》第1期。

齐沪扬 2000 情态语气范畴中语气词的功能分析,《南京师范大学文学院学报》第3期。

齐沪扬 2002 《语气词与语气系统》,安徽教育出版社。

齐沪扬、朱 敏 2005 现代汉语祈使句句末语气词选择性研究,《上海师范大学学报》第2期。

裘燮君　2000　先秦早期不同文体文献在语气词运用上的差异,《徐州师范大学学报》第4期。
屈承熹　2006　《汉语篇章语法》(潘文国等译),北京语言大学出版社。
屈承熹　2008　关联理论与汉语句末虚词的语篇功能,《华东师范大学学报》第3期。
盛银花　2007　《安陆方言语法研究》,华中师范大学博士学位论文。
史冠新　2006　《临淄方言语气词研究》,山东大学博士学位论文。
史金生　2000　传信语气词"的""了""呢"的共现顺序,《汉语学习》第5期。
史有为　1997　完句和完句标记,《汉语如是观》,北京语言文化大学出版社。
宋秀令　1994　汾阳方言的语气词,《语文研究》第1期。
孙汝建　1999　《语气和口气研究》,中国文联出版社。
孙锡信　1999　《近代汉语语气词》,语文出版社。
孙也平　1982　语气·语调·语气词,《齐齐哈尔师范学院学报》第3期。
田　君　2002　语气词与实义切分,《长春理工大学学报》第3期。
涂光禄　1993　贵阳方言语气词初探,《贵州大学学报》第1期。
王　珏　2009　现代汉语语气词系统初探,待刊。
王　珏　2011a　现代汉语语气词特点的再认识,待刊。
王　珏　2011b　单音节语气词系统的语音格局历时变迁初探,待刊。
王　珏、李　妍　2010　三层语法假说与对外汉语语法教学,《第九届国际汉语教学研讨会论文集》,高等教育出版社。
王　珏、谭　静、陈丽丽　2008　句子的三层结构及其分析程序,《华东师范大学学报》第3期。
王彦杰　2010　"着呢"句式中形容词性成分的使用情况考察,《世界汉语教学》第2期。
王启龙　2004　现代汉语助词及其再分类,胡明扬主编《词类问题考察续集》,北京语言大学出版社。
王求是　2003　孝感(孝南)话语气词"了"和"的"的连用,《孝感学院学报》第5期。
徐晶凝　2008　《现代汉语话语情态研究》,昆仑出版社。
徐烈炯　2009　《生成语法理论:标准理论到最简方案》,上海教育出版社。
薛凤生　1998　试论汉语句式特色与语法分析,《古汉语研究》第4期。
袁家骅　2003　《汉语方言概要》(第二版),语文出版社。
袁毓林　1999　定语顺序的认知解释及其理论蕴涵,《中国社会科学》第2期。
岳方遂　2004　论语气三角和句末点号,《安徽大学学报》第6期。
张德禄　2009　汉语语气系统的特点,《外国语文》第5期。
张　彦　2006　陈述语气的语气词实验分析,《语言文字应用》第4期。
张　彦　2007　句重音与句末语气词的时长和能量,《玉林师范学院学报》第2期。
张　彦　2008　语气词韵律特征研究综述,《语言教学与研究》第2期。
张谊生　2000　《现代汉语虚词》,华东师范大学出版社。
赵长才　1995　先秦汉语语气词连用现象的历时演变,《中国语文》第1期。
赵国军　2009　表假设的"吧"与"的话",《汉语学习》第4期。
赵元任　1979　《汉语口语语法》(吕叔湘译),商务印书馆。
赵元任　1926　北京、苏州、常州语助词的研究,《清华学报》第2期;又见吴宗济、赵新那编

《赵元任语言学论文集》,商务印书馆,2002。
朱德熙　1982　《语法讲义》,商务印书馆。
Cheng, Lisa L. -S.（郑礼珊）　1991　*On the Typology of Wh-questions*. Doctoral dissertation, MIT.
Chomsky, Noam　1995　*The Minimalist Program*. Cambridge, MA: The MIT Press.
Palmer F. R. *Mood and Modality*, Cambridge: Cambridge University Press & 世界图书公司,2007.

（作者通信地址:上海交通大学国际教育学院,上海　200240）

“指称”的含义*

王红旗

摘　要：指称发生在实际的言语作品中，是语用现象，但我们假设存在词的层面的指称，特定句子中种种的指称现象是以词的层面的指称为基础的。我们假设，在词的层面上，用来指称的是词位，词位的所指物是一类事物，而在句子的层面上用来指称的是词位变体，其所指物既可以是一类事物，也可以是类的成员。有了这样的假设，我们就可以说明词如何借助自身的词汇形式、语法位置和语境在句子中获得那些种种指称性质，我们也可以说明“指称”这个概念在语言学诸分支学科中的不同含义。

关键词：指称；所指物；陈述；词的层面；句子层面

○　引　　言

“指称”（reference）是现代语言学的一个基本概念，在词汇语义学、语用学①、语法学中广泛使用。指称包括用来指称的单位和所指物两个方面，从这两个方面来看，以上几个语言学分支学科中所使用的“指称”概念的含义并不相同。

汉语词汇语义学的“指”和“称”都是“指称”义，比如《现代汉语词典》（第5版）对“福气”的释义是“指享受幸福生活的命运”，对“健将”第一个义项的释义是“称某种活动中的能手”。这里用来指称的单位是词，所指物是一类事物，分析

---

* 本文是“现代汉语指称研究”项目的一部分，得到2007年教育部社科项目（项目批准号：07JA740003）和2007年天津市社科项目（项目编号：TJZW07-2045）的资助。感谢陈一教授、博士生吕为光为本文提出很好的意见。

① 本文对语用学做广义的理解，包括话语分析。

词的所指物时不考虑语境。语用学和功能语法中的“有指”与“无指”、“有定”与“无定”、“定指”与“不定指”等指称概念,是对体词性成分而言的,其所指物是一类事物中的成员,分析体词性成分的所指物必须考虑语境。以朱德熙为代表的汉语结构主义语法中的“指称”概念,则是对体词性成分和谓词性成分而言的,但分析指称时并不关心所指物的性质及其与语境的联系。

由此可见,词汇语义学、语用学、语法学中“指称”概念的含义确有差异,但其间却也有内在的联系,准确地分析、解释、理解“指称”在以上几个语言学分支学科中的含义及其之间的联系,将有益于这个概念的使用以及以上语言学诸学科的发展。

指称发生在实际的句子中,是言语现象,但我们可以假设还存在一个词的层面的指称,句子层面的指称是词的层面指称的实现,这样就可以很好地解释言语中的种种指称现象。我们假设,在词的层面上,用来指称的是概括的词,是词位,词位的所指物是一类事物,而具体句子中的词是个体词,是词位变体,其所指物的性质则要根据句子的意义以及语境来解释。借助这样的假设,就可以说明词位是如何借助自身的词汇形式及其在句子中的语法位置以及语境获得各种指称性质的,我们也可以说明名词、动词、形容词在句子中的指称功能和陈述功能是如何得来的,本文的第二节将对此做具体的分析。这样的假设不仅可以很好地解释种种语言事实,也符合语言研究的实践。词汇语义学为了概括词义,脱离特定的句子而研究概括词的指称;语用学、功能语法学为了揭示句子的词语与语境的联系及其对句法的作用,研究特定语境的句子中词语的指称;结构主义语法学采用静态的研究方法,研究脱离语境的句子中词语的指称功能。总之,词汇语义学、语用学、语法学所研究的指称是在不同的层面上,即使同是句子层面的指称,如功能语法和结构主义语法,也因研究方法不同而使“指称”有不同的含义。

假设指称存在于词和句子两个层面,不仅可以说明这两个层面上用来指称的单位与其所指物的差别,还可以清晰地阐释“指称”的含义。词的层面的指称,是句子层面的指称的基础,句子层面的指称是词的层面指称的实现。因此,我们先分析这两个层面的指称及其之间的联系,然后分析不同语言学科中“指称”的含义,希望本文能把语言学各个学科中“指称”的含义及其之间的联系解释清楚。

一　词层面的指称

在言语交际中，我们感受到的是具体的言语作品，即一个个句子和一串串的句子，在这些无限的句子中，存在着反复出现的词和语法规则，即语言。语言并非独立于言语作品而存在，而是存在于言语作品之中，是我们在观念上把它从言语作品中抽象出来的，或者说，语言是假设的、是静态的、概括的（或抽象的），是高于具体的言语作品一个层次的系统。这里所说的词的层面，就是这种假设的、静态的、概括的词，而非特定言语作品中的词。

词的层面的指称，可以用奥格登和里查兹（1923）的“语义三角”来说明：

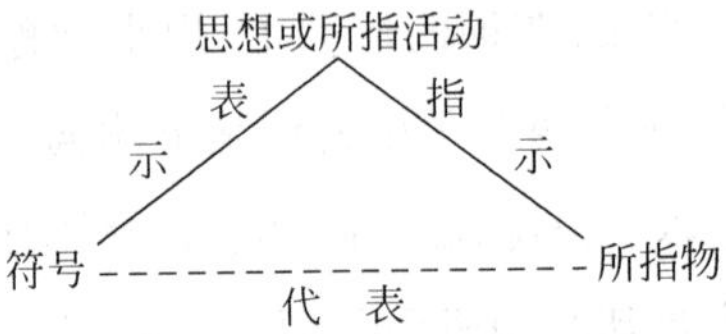

对“语义三角”的分析和评价，可参看石安石（1993）。本文的目的是讲清楚词的层面的指称，因此只讨论“语义三角”中关于指称的几个问题。

1.1　“语义三角”的左下角的符号应该理解为双面的词。

石安石（1993）认为“语义三角”的左下角的符号是单面的，也就是语音。但读奥格登和里查兹（1923）的原文，也看不出左下角的符号是单面的语音还是双面的音义结合体。我认为，“语义三角”的左下角的符号应该是双面的音义结合体，即词，属于语言世界，顶角的“思想或所指活动”属于概念世界，右下角的“所指物”属于真实世界。

符号与所指物之间，即词与物之间，是代表关系，也就是指称关系。词就是给其所指物命名，就是其所指物的名称，词与其所指物之间的指称关系，就是命名关系。但词给所指物的命名是在语言系统中进行的[①]，这方面最有代表性的就是亲

① 索绪尔批评把语言看作分类命名集的观点，认为把语言看作给事物简单的命名是没有把语言看作系统。见索绪尔著、高名凯译《普通语言学教程》，第100页，商务印书馆，1982年。

属词和军衔词,每个亲属词和军衔词都是一个名称,但彼此之间不是孤立的,而是处在一定的关系之中。

词与所指物之间不是直接联系的,而是通过了思想的中介,这是“语义三角”的核心思想。这种思想自古就有,比如亚里士多德以及其后的斯多葛学派、中世纪的方式学派都已经有类似的思想,他们都认为词语不是与事物直接联系的,而是有思想的中介①。不过,古人的思想表达得都不明确,直到奥格登和里查兹,才用几何形式把这种思想清楚地表达出来,才使人们对词与物之间的指称关系有了清醒的认识。

语素和词都是音义结合体,但语素是构词单位,参与的组合是词法组合,而词是造句单位,参与的组合是句法组合。只有参与句法组合的造句单位,才能与真实世界的实体建立联系,才有指称能力。所以,语素不能用来指称,词和词组可以。

1.2 “语义三角”左下角的符号指的是实词,而不是虚词,只有实词才有所指物,而表达语法意义、只起语法作用的虚词没有所指物,虚词的语法意义必须在组合中才能表达出来。

以汉语为例,实词包括名词、动词、形容词、区别词、代词、数词、量词等。这就是说,所有的实词都有指称对象,不过指称的对象有所不同,如名词的指称对象是事物,动词的指称对象是动作、活动、变化,形容词的指称对象是性质、状态,区别词的指称对象是性质,数词的指称对象是数,量词的指称对象是事物或动作的量,代词代替什么词就有与所代替词相同的指称对象。总之,所有的实词都有指称功能,只是不同词类的词所指称的对象不同。

实词就是所指物的名称,不同词类的实词,是不同所指物的名称。当给一类事物命名的时候,人们就从这一类事物中抽象出了它们的本质特点,用来表示这一类事物中本质特点的声音就是语音,也就是词的读音。词既具有意义,也有特定的所指物。例如:

词类	例词	词义	所指物
名词	学生	在校学习的人	真实世界上符合词义条件的事物

① 见徐志民《欧美语言学简史》(修订本),第19页、第34页,学林出版社,2005年。

	主见	对(事情的)确定的意见	真实世界上符合词义条件的事物
动词	跑	两只脚或四条腿迅速前进	真实世界上符合词义条件的动作
形容词	馋	看见好的食物就想吃	真实世界上符合词义条件的性质
区别词	袖珍	体积小、便于携带的	真实世界上符合词义条件的性质
数词	三	二加一后所得的数目	真实世界上符合词义条件的数目
量词	斤	等于十两的计量单位	真实世界上符合词义条件的计量单位

给一类事物命名,或者说用词来指称一类事物,是与词义的产生同时发生的,也就是说,用词来指称一类事物的时候,这个词就有了意义,词因指称一类事物而获得的意义就是词的词汇意义,可见,词的指称与意义是密切相关的,是同一个现象的两个方面。词的意义,就是用语音表示的一类事物的特征。因此,那些指称一类事物的词都包含着所指称事物的特征,比如"学生"的意义"在校学习的人"就包含"在校""学习""人"三个特征。因此,可以说每个名词的理性意义都是一束语义特征。因为名词的理性意义是一束语义特征,所以就可以借助一定的句法条件,比如做定语、谓语和"是"的宾语,把自己的特征赋予其他成分,即用来陈述,也就是述谓(predictive)。指称动作、行为、变化的动词和指称性质、状态的形容词也如此。因此,我们说,词包含的所指物的特征是用来陈述的基础,也可以说指称是陈述的基础。

在实词与所指物的联系方面,有两个问题不好解决。第一,有些实词的意义很虚,它们的所指物是什么?例如汉语的动词"是""有""加以""进行""做(领导)""当(演员)"。第二,代词和专有名词有指称对象,但没有意义。根据"语义三角",符号是通过思想(单位是概念)与所指物联系的,代词和专有名词没有意义,它们表示概念吗?如果没有概念的中介,它们是如何与所指物联系的?

1.3 "语义三角"左下角的实词是词位,而非词位变体。

我们知道,言语作品中的词可以指称语境中的某个特定事物①,即可以专指化,可以把言语中的若干个词概括为一个词位,那么,言语中的这几个词就是一个词位的几个变体。词位也称为"词型/概括词",词位变体也称为"词例/个体词"。词位变体可以指称语境中的事物。例如:

① 言语中的词不一定都指语境中的客体,比如类指的词就可以不指语境中的客体,如"老虎是危险的动物"中的"老虎"。

(1) 这山又高又陡。 (2) 山上终年积雪。 (3) 陕北的土山才能挖窑洞。

(4) 满山都是红杜鹃。 (5) 光秃秃的山上一棵树也没有。

每个例子中的“山”都指一个特定的事物,但这些不同的事物都是地面上由土、石形成的高耸的部分,因此,可以把这些特定的事物概括为一个类,用“山”这个符号来指称这个类,这个“山”的所指物就是具有“地面上由土、石形成的高耸的部分”这种特点的一类事物。因此,词位指称的是从语境中的事物中抽象出的类。

1.4 词的层面指称的特点

词的层面上指称的单位是抽象的、概括的词,是词位,其所指物是事物的类。概括的词只是具有与真实世界的一类所指物的对应关系,并没有用来指称真实世界上的事物。因此,词的层面的指称只是一种可能性,一种没有实现的指称关系,只有词被用来造句,词与语境中的所指物建立了联系,词与其所指物之间的指称关系才能实现,才变为现实的指称。根据莫里斯符号与其所指物之间的关系是语义关系的观点,词的层面的指称是语义现象,词借助指称获得的意义是词汇意义。

二 句子层面的指称

2.1 句子的层面

句子是言语的最小单位,总是出现在特定的语境中,特定句子中的词,是被使用的词,是词例、词位变体,它总是有具体的所指物,词的层面的指称可能性在句子层面变为现实。概括的词,即词位,指称一类所指物,在特定言语作品中的词位变体既可以指称一类所指物(即类指),也可以指称一类所指物的某个或某些成员。

不同词类的实词有不同的语法功能,充当不同的句法成分。名词既可以做主语和宾语,也可以做谓语和定语;动词、形容词既可以做主语和宾语,也可以做谓语和定语、补语,形容词还可以做状语;区别词只能做定语;数词和量词极少单独做句法成分,绝大多数情况是组成数量结构,即数量词,一起做定语。不管实词充当什么句法成分,其指称功能都在,实词只有变为虚词其指称功能才可能消失。

实词做主语和宾语,只是用来指称,实现了其指称能力。莱昂斯(1977)说得好，不是词自己在指称，而是人用词来指称，因而，句子层面的指称是语用现象，句子中词语的指称功能是语用功能。实词做谓语是用来陈述，陈述是词在句子层面实现其指称功能的同时又获得的语用功能，是词把从所指物中概括出的特征赋予其他成分，因此，词的层面的指称功能是陈述功能的基础，没有词的指称功能就不可以用来陈述。

谓语是用来陈述主语的，由于一个小句只有一个谓语，小句中如果有第二个用来陈述的成分只能降级，定语、状语都是降级的陈述成分（degraded predicte）①，其修饰功能就是降级的陈述功能，汉语的补语也是降级的陈述成分，其说明述语的功能就是降级的陈述功能。

偏正结构（包括定中结构和状中结构）和述补结构，不一定在句子的第一个层次上，可能是从句子的主语、宾语和述语中切分出来的，尽管如此，这两种结构也在句子层面上，因为它们都是从特定的句子中切分出来的自由词组，组成这些词组的都是词位变体，它们在特定句子中有特定的所指物。在分析词组的语法结构时可以不考虑词组与语境的联系，静态地分析词组内部的语法关系，但不等于这些词组与语境没有联系。

把句子层面与指称有关的问题都解释清楚之后，下文将分析每一类实词是如何实现其指称功能的。

2.2　名词

名词在句子中既可以用来指称，也可以用来陈述，指称性用法是名词经常的用法，其陈述性用法则受限制。名词用来指称时，又有几种不同的用法。

2.2.1　名词的指称性用法

1）类指

作为词位或概括词，名词指称一类事物，在句子中名词的某个词位变体，仍可指称一类事物，即类指。例如：

（6）老虎是危险的动物。　（7）苹果谁都爱吃。　（8）他喜欢饺子。

可见，类指是词位与其词位变体的指称对象相同的指称，也可以说是词型/概括词与词例/个体词的指称对象相同的指称。

---

① 见叶斯柏森著、何勇等译《语法哲学》，第145页，语文出版社，1988年。

2）无指

无指是词语的指称对象是任何可能的实体的指称（王红旗,2007），在非叙实的句子中，光杆名词就有可能是无指的。例如：

（9）我想买了房子再结婚。（10）他爱打小孩。（11）他一喝酒就骂人。

无指词语要么不能被回指，如（10）（11）中的下画线名词，要么可以被回指，但包含回指词语的句子的情态是非叙实的（王红旗,2007），如（9）。这三例中的下画线名词都是无指的，指称的对象不是一类事物，而是任何可能的事物。

3）有指

有指是词语的指称对象是语境中的实体的指称（陈平,1987），有指再分为定指和不定指两类。下面（12）中的"鬼子"是定指的，（13）中的"鬼子"是不定指的：

（12）鬼子来了。（13）来鬼子了。

在有指用法上的名词，指称的是语境中的某个事物，都专指化了。

2.2.2 名词的陈述性用法

名词做谓语和定语是陈述性用法，名词在陈述性用法上是非指称成分（王红旗,2006），下面分别分析。下面几例是名词谓语句：

（14）鲁迅浙江人。（15）今天星期三。（16）这个孩子黄头发。

这几例中做谓语的名词性成分，既有指称功能，也有陈述功能。比如（14），"浙江人"指称浙江人这一类事物，因为是做谓语，因而在这里不能专指化，谓语名词"浙江人"是对"鲁迅"进行陈述，即说明鲁迅属于浙江人。（15）也应同样分析。（16）中的"黄头发"在这里转指黄头发的人，在指称的同时也陈述主语名词，即说明主语名词的归属。

下面是名词做定语的例子：

（17）木头桌子、塑料瓶子、苍蝇拍子、酱油桶、酱牛肉

做定语的名词与谓语名词一样，在具有词的指称功能的同时又获得了句子层面的陈述功能。比如（17）中的"木头桌子"，定语名词"木头"仍然指称木材和木料一类的事物，因为是做定语，因而不能专指化。由于中心语名词"桌子"表示一种产品，就激活了关于产品的认知框架，其修饰语名词应该是表示材料、用途、产地或生产方式，"木头"指称木材和木料，于是它就赋予"桌子"以材料的性质。

2.3 谓词(动词和形容词)

2.3.1 谓词的指称性用法

朱德熙(1982)提出,谓词性成分做主语和宾语有指称性的和陈述性的两类。下面例子中(18)—(23)的主语谓词是指称性的:

(18) 去应该,不去不应该。　　(19) 卫生是首要的。

(20) 商量很有必要。　　(21) 审查是必需的。

(22) 赌博让他家破人亡了。　　(23) 虚伪最可恨。

以下几例的动词宾语是指称性的:

(24) 赞美谦虚　　(25) 研究犯罪

(26) 我同意调查。　　(27) 他讨厌虚伪。

2.3.2 谓词的陈述性用法

谓词做谓语是用来陈述主语的,事实上,光杆动词和形容词做谓语的频率很低①。光杆动词、形容词做谓语只在回答问题、对举时出现,此外,光杆动词谓语还可在祈使句、感叹句以及舞台提示语等几种语境条件下出现(陆俭明,1986;董自国,2010)。例如:

(28) (兔子吃吧?)兔子吃。　　(29) (你俩谁高?)我高。

(30) (我写),他念。　　(31) 他好,(我不好)。

(32) 你说!　　(33) 我抗议!

(34) 他俩结婚。　　(35) 音乐起。

这些句子的谓语谓词,都陈述主语名词,说明主语名词的动作、行为、性质,这些谓词在行使其陈述功能的同时,仍然具有指称功能。除了(32),其他例子中谓词所指的动作、行为、性质都已经出现,有特定的时间、地点、动作者,(32)中的说的动作尽管未出现,但也有特定的地点、动作者,因此,这些句子中的谓词都不再指称一个抽象的类,而是指称一个特定的动作、行为、性质,即专指化了。

莱昂斯(1977)对名词指称的观点可以推广到陈述,是人用词来陈述,不是词自己在陈述,因此,陈述同样也是语用功能。在屈折语中,陈述已经语法化了,比如在屈折语中表示谓语与主语一致关系的词形变化,就可看作陈述的语法化的标

① 关于光杆形容词做谓语的统计,参见贺阳《性质形容词句法成分功能统计分析》,载胡明扬主编《词类问题考察》,北京语言学院出版社,1996 年。

志。黏着语，比如日语的谓语后加不加两可的です或だ，也可看作陈述语法化的标志。所以，陈述可以看作语法功能，事实上，通常把主谓结构的语法意义概括为陈述，就是把陈述看作了语法现象。因此，我们说，动词与名词做谓语是一样的，都是以指称对象的特征为内容来陈述主语的，通过指称表达的是词汇意义，通过陈述表达的是语法意义，陈述的同时也有指称。

更常见的情况是，谓词不是以光杆形式，而是与其他成分组成状中结构、述宾结构、述补结构，这些动词性成分做谓语陈述主语名词。以动词“吃”和形容词“漂亮”组成的谓词性成分为例：

(36) 兔子嘎吱嘎吱地吃起野菜来了。

(37) 我吃了两大碗面条。

(38) 你吃得满脸、满桌子都是饭粒。

(39) 他半夜里偷吃炖肉。

(40) 这花园漂亮极了。

(41) 这姑娘超凡脱俗地漂亮。

这几例中的“吃”“漂亮”组成的谓词性成分陈述主语的同时，都指称特定的吃的动作和漂亮的状态，都是专指化的。

双音动词做定语与双音名词组成的是定中结构，其中的定语动词既有指称的功能，也有陈述的功能。例如：

(42) A 出租汽车、调查提纲、参考文献、比赛场地、表演才能、飞行速度

B 进口电器、压缩饼干、回忆文章、处理商品

这些例子中的动词都指称一个活动，比如A组的“出租”指称把东西出让给人使用而获利的活动。作为定语，“出租”陈述中心语名词的一个性质，即用途，B组动词陈述中心语名词的一个性质，即方式，如“进口电器”中的“进口”。这种作为定语的陈述，通常称为修饰。单音动词与名词或双音动词与单音名词组成的是定中式复合词。例如：

(43) 烤地瓜、烧牛肉、煮花生仁、煎鱼、烩饼、炒菜、炖豆腐、

烙饼、讲演稿、淘汰赛、组织部、演说词、跑步机、运输队、

监察局、结算科

这些例子中的修饰成分是动词性的语素组，不能独立的指称，本文不讨论。

形容词做定语的定中词组也应与动词做定语的定中词组做同样的分析，定语形容词在修饰中心语名词时也在指称一种性质。例如：

(44) 红苹果、大屋顶、深水、浅池子、漂亮衣服、新房子、辣酒、新水

同理，谓词做补语的述补结构，补语谓词既有陈述功能，也有指称功能。例如：

(45) 领走、带来、打哭、切破、教会、送去、吵醒、点着

吃饱、洗干净、刷白、吃烦、装满、垒高、排整齐、烧红

这些例子中的补语谓词在指称一个动作、状态的同时，都补充说明述语动词的结果。

形容词做状语的状中结构，状语形容词既有修饰功能也有指称功能。例如：

(46) 慢走、快说、少吃、多干、勤来、清楚说明、老实交代、仔细听

2.4　区别词

区别词只能做定语，做定语的区别词修饰中心语名词时仍有指称功能。例如：

(47) 男演员、正处长、总经理、金戒指、银项链、公蚂蚁、母老鼠、单眼皮、袖珍词典、大型工程、黑白电视、上等材料、多幕话剧、草本植物

这些区别词定语，都陈述了中心语名词的一个性质，比如“袖珍词典”中的“袖珍”，陈述了中心语名词“词典”的体积小、便于携带的性质。在陈述中心语名词这个性质的时候，“袖珍”显然指称了这个性质，否则不能赋予中心语名词这一性质。

2.5　数词

汉语数词也有指称用法，只是在表达运算意义的时候。例如：

(48) 五减三等于二。　　(49) 六比五大。

汉语数词的主要语法功能是与量词组成数量词，数词与名量词一起修饰名词，与动量词一起做动词的准宾语。数词与量词组成的数量词是偏正结构，数词修饰量词，量词是中心语，可以证明这个观点的一个证据是数词与量词中间可以插入形容词，例如“一大张”“两满碗”“三小把”“一整车”，其中的形容词修饰的是量词，数词修饰后面的“形 + 名”偏正结构。与动词、形容词、区别词做修饰语一样，数词在修饰量词的同时，也指称了数，如“五只羊”“五筐梨”“五碗饭”中的数词“五”在陈述了后面量词的数的同时，也指称了“比四大、比六小的正整数”。

2.6　量词

量词是表示计量的单位，因此，把量词叫作"单位词"更确切①。量词总是与数词一起组成数量结构，俗称数量词。

最常见的情况是，量词与数词组成数量词，一起做句法成分，名量词做定语修饰中心语名词，动量词做动词的准宾语。在数量词中，量词是中心语，受数词的修饰，因此，数量词中的量词是用来指称的，是专指化的。例如，"一斤米"中的"斤"、"一斤鱼"中的"斤"、"一斤油"中的"斤"都专指特定的相当 10 两或 500 克的重量单位。

量词只在把计量单位看作独立的事物的时候单用，这种条件下的量词自然是用来指称的。例如：

（50）粮食论斤　　　　（51）中药论克

2.7　句子层面指称的特点

与词的层面的指称相比，句子层面的指称则复杂得多，表现在以下几个方面。

第一，特定句子中用来指称的单位是个体词。

第二，特定句子中个体词的所指物很复杂，比如，名词既可以指一个类，也可以指类的成员，后者又分为有指的和无指的。

第三，在特定句子中，某些实词在指称的同时还获得了陈述功能。陈述功能也是语用功能，用来陈述的成分与被陈述的成分之间的语用关系被语法化了，成为句法关系。所以，通过陈述获得的意义是语法意义，词语陈述的时候它通过指称获得的词汇意义仍然存在，也就是说，一个陈述成分，如谓语、定语、状语和汉语的补语既表达陈述的语法意义，也表达指称的词汇意义，做谓语、定语、状语和汉语补语的实词兼有指称和陈述的两种功能。

三　语言学各学科中的"指称"

3.1　词汇语义学中的"指称"

词汇语义学在汉语学界也称词汇学，其主要研究对象是词义及其之间的关系，词汇语义学中的词是概括词，是词位。词汇语义学研究词的指称，目的是从词

① 见郭锐《现代汉语词类研究》第 201 页，商务印书馆，2002 年。

的所指物中概括一类事物的特点，比如上文（1）—（5）中“山”的所指物虽各不相同，但都可以从中概括出“地面上由土、石形成的高耸的部分”这种特点。所以，词汇语义学中的“指称”属于词的层面的“指称”，用来指称的单位是所有的实词词位，实词词位的所指物是事物的类。

3.2 语用学中的“指称”

语用学属于索绪尔所说的“言语的语言学”，以言语中的规律为研究对象。语用学研究特定语境中的词的意义、词的指示作用、词的指称对象、词在连续的话语中的功能（如实体的引入与追踪）、词与上下文之间的同指关系等。可见，语用学研究的词是个体词，即词位变体，词的所指物不是一类事物，而是特定语境中的特定事物，像“有指”与“无指”、“有定”与“无定”、“定指”与“不定指”“专指”这些指称概念都是就具体句子中的个体词而言的。所以，语用学中的“指称”属于句子层面的“指称”，用来指称的单位限于体词性成分，包括名词、代词及其组成的词组，语用学里讨论指称不涉及谓词。

3.3 语法学中的“指称”

语法学的研究对象是存在于句子中的结构规律，语法学家从大量的句子入手，希望从中概括出组织词语的有限的规律。句子是出现在特定的语境中的最小言语单位，句子中的词语与语境有密切的联系，但语法学对句子与语境之间的联系却有两种不同的研究取向，即结构主义①和功能主义的取向。

结构主义和功能主义的语言学流派都很庞杂，两个流派内部的研究旨趣有很大的差异，但两个流派在对待句子与语境的联系上却有大体一致的做法。结构主义语法是就语法而研究语法，只研究句子内部的组成成分之间的关系，即组合和聚合关系，不太考虑句子与语境的联系，这种研究方法是静态的。与结构主义不同，功能主义语法把语法现象放到语境中，放到更大的篇章中，观察和考虑它们与语境的种种联系、它们在语境中所起的作用、它们与语境的互动，因此，这种研究方法是动态的。因此，功能语法的“指称”与语用学中的“指称”相同，都属于句子层面的，用来指称的单位也都是体词性成分，其所指物是类的成员，包括有指的和无指的两类，前者是可能存在的事物，后者是语境中的事物。

---

① 生成语法与结构主义都把语言看作同质的，在这个意义上可以把生成语法归入结构主义。

以朱德熙为代表的汉语结构主义语法延续美国描写语言学的传统①,用静态的方法研究语法,不太考虑句子与语境之间的互动。朱德熙(1982;1983)提出“指称”“陈述”的概念,对于朱德熙的关于“指称”“陈述”的论述,朱景松(1997)做了很好的梳理和评价,对朱德熙提出的指称与陈述的形式验证,彭可君(1992)、王莉莉(2000)曾提出商榷。本文的目的是解释各个语言学科中“指称”的含义,因此,我们在这里不对朱德熙的“指称”“陈述”进行评价和讨论。

汉语结构主义语法由于采用静态的方法,所研究的句子是脱离语境的、抽象化的句子,严格地说,这样的句子与词组很接近。因此,尽管汉语结构主义语法所研究的指称都是在句子层面上的,但在这种高度抽象化的句子中,指称对象与语境的联系则没有必要考虑了。另外,汉语结构主义语法所研究的指称,用来指称的单位是句子中的体词性成分和谓词性成分。可见,汉语结构主义语法研究的指称既不同于词汇语义学,也不同于语用学、功能语法,指的是抽象的句子中的体词性成分和谓词性成分的指称能力,是句法层面的语义现象。

四 结 论

总结全文,不同语言学科中“指称”的含义有以下三种。(1)词汇语义学中的指称是尚未实现的,准确地说是指称的可能性,这种指称是对所有的实词词位而言的,其所指物是事物的类。(2)语用学、功能语法中的指称是已经实现的指称,这种指称只是对特定言语作品中的体词性成分而言,其所指物的性质复杂,但都是类的成员。(3)汉语结构主义语法中的指称是对抽象的句子中的体词性成分和谓词性成分而言,是抽象的句子中的体词性成分和谓词性成分的指称能力。

指称是实词本身固有的功能,句子里的所有实词都有指称功能,而陈述则是实词在句子中才获得的功能,一个实词是否用来陈述既与自身的语法性质有关,也与所充当的句法成分有关。因为指称是实词本身固有的功能,所以指称可以脱

① 美国描写语言学派的语法研究回避意义,只研究语法形式,而汉语结构主义语法则根据意义与形式相互验证的原则研究意义与形式之间的联系,这是汉语语法与结构主义语法的区别,也是对语法理论的发展。

离陈述,但陈述却不可以脱离指称,必须以指称为基础。归根结底,指称与陈述是性质不同的两种关系,指称是词与外部世界之间的关系,而陈述则是语言符号的链条上符号与符号之间的组合关系。

参考文献

陈　平　1987　释汉语中与名词性成分相关的四组概念,《中国语文》第 2 期。

董自国　2010　《光杆动词谓语句研究》,南开大学硕士学位论文。

郭　锐　1997　论表述功能的类型及相关问题,《语言学论丛》第 19 辑,商务印书馆。

郭　锐　2000　表述功能的转化和"的"字的作用,《当代语言学》第 1 期。

陆俭明　1986　现代汉语动词作谓语问题浅议,《语文论集》(第二集),外语教学与研究出版社。

陆俭明　1993　《八十年代中国语法研究》,商务印书馆。

马庆株　1998　指称义动词和陈述义名词,《语法研究和探索》(7),商务印书馆。

彭可君　1992　关于陈述和指称,《汉语学习》第 2 期。

石安石　1993　《语义论》,商务印书馆。

石定栩　2005　动词的"指称"功能和"陈述"功能,《汉语学习》第 4 期。

王红旗　2006　非指称成分产生的原因和基础,《汉语学习》第 1 期。

王红旗　2007　论无指成分,《语言学论丛》第 35 辑,商务印书馆。

王莉莉　2000　"指称性主语、陈述性主语"分类质疑,《山西大学学报》第 1 期。

王淑华　2005　现代汉语指称与陈述问题研究综述,《广西社会科学》第 5 期。

朱德熙　1982　《语法讲义》,商务印书馆。

朱德熙　1983　自指和转指,《方言》第 1 期。

朱景松　1997　陈述、指称与汉语词类理论,《语法研究和探索》(8),商务印书馆。

Lyons, John　1977　*Semantics*. Vol 1. Cambridge: Cambridge University Press.

Ogden C. K. & Richards I. A.　1923　*The Meaning of Meaning: A Study of the Influence of Language upon Thought and of the Science of Symbolism*. New York and London: Hartcourt Brace Jovanavich.

Ogden C. K. & Richards I. A.　1949　*The Meaning of Meaning*(10th). London.

事件称谓性NV构式及其指称功能解析

吴为善　高亚亨

摘　要：本文以概念整合理论和构式语法理论为背景，在学界已有研究成果的基础上，对现代汉语中的事件称谓性NV构式（2+2）的属性、功能、来源以及熟语化倾向进行了进一步的考察，试图做出更为合理的解释。主要讨论三个问题：（1）构式赋义与理据同一性；（2）统计优选与熟语化倾向；（3）语言接触与自主性动因。在此基础上，本文对一些与方法论、认识论有关的普遍现象提出了自己的观点。

关键词：概念整合；构式语法；事件称谓；统计优选

一　NV构式与研究综述

现代汉语中2+2的NV构式显示出较强的能产性，在书面语中的使用频率越来越高。典型实例如下：

煤炭运输	产权转让	人事安排	思想汇报	法律修订
信息搜索	财务管理	食品生产	报刊审查	铁路建设
经验总结	感情交流	资产评估	环境污染	交通管制
资金积累	成本核算	石油勘探	油田开发	外资引进
黄金储备	空气调节	人员培训	资源消耗	环境保护
观念转变	干部选拔	资源配置	船舶制造	项目申报
污水处理	人才培养	市场监管	汽车修理	能源开采
情报评估	外币兑换	物资调拨	住房分配	产品销售
语法研究	体制改革	结构调整	职能转换	日程安排
成本控制	商品交换	人口调查		

1.1 对此类现象,学界早有关注。吕叔湘(1963)曾指出汉语四音节(2+2)优势的倾向表现在某些组合里一个双音节成分要求另一个成分也是双音节。其中有一种就是名词在前动词在后的组合,整个组合是名词性的,如"钢铁生产、余粮收购、货物运输、地质勘探、音乐欣赏、干部培养"等。杨建国(2009:100—107)基于动态流通语料库的平台,对2001—2003年《人民日报》的词语进行了切分和考察,其中"N+V"式四字格就很活跃。他还特别提到了其中的一类黏合定中结构,如"技术转移、公路建设、市场管理、导弹防御、信息处理、图书出版"等。上述学者是基于汉语韵律模式来考察此类NV构式的。齐沪扬等(2004:19—71)提出了"定心动词"的概念,如"调动、安排、保养、编写、处理、筹备、研究、制造、建设、提炼、总结、流通、交流、预告"等,指出这些动词在"N + V"短语中只能跟前边的名词构成定中关系。该研究还对此类结构的句法功能、语义关系进行了描写,并对N和V的特点、分类进行了考察。傅爱平(2004)讨论了汉语中含有动词的黏合式名词短语NP(即NV),用以下三个条件来界定该结构:一是自足的名词性结构;二是不含有结构助词"的";三是直接成分中含有表示事件意义的动词。上述学者是立足句法语义分析来考察此类NV构式的。

1.2 值得注意的是,既然学界都将NV构式定性为黏合定中结构,属于名词性短语,那么就需要对后边V的功能做出解释,这就涉及汉语动词的指称化问题,近些年来又重新成为学界讨论的热点。笔者认为问题的关键并不在于动词是否具有指称功能(这是毋庸置疑的事实),而在于揭示哪些动词具有可指称化的特征,而它们在指称化程度方面又有什么样的差异。朱德熙(1982:60)较早提出了"名动词"的概念,从分布特征界定了这个动词次范畴,即可以充任准谓宾动词的宾语、可以直接修饰名词、可以被名词修饰的动词。其中最后一个分布框架就是本文讨论的NV构式,如"历史研究、农村调查、数学分析、物质保障"等。陆丙甫(2009)在此基础上进一步讨论了基于宾语指称性强弱的及物动词分类(共分为5类),他认为第1类"模态动词"(即助动词)的宾语完全没有指称化,第5类"唯体宾动词"(即只能带体词性宾语的动词)的宾语是自然指称类,而其他三类中间状态的宾语都可能有程度不同的指称化。其中第2类"真谓宾动词"(如"以为、打算"等)的宾语虽然没有指称化,但却可以"指代化";第3类"一般谓宾动词"(如"开始、继续"等)的宾语可以不同程度地指称化,但指称化的强弱取决于语境;第

4 类“准谓宾动词”(如“进行、加以”等)的宾语根本没有指称化,其指称性是先天“胎里生”的,不需要“化”就已经有了,按现在流行的说法它们在词库里就是指称性的。吴怀成(2012)持有相似的观点,他比照英语动词的功能形态,把动词的指称化程度从低到高依次分为三个等级:个体事件(相当于英语动词的不定式)、类别事件(相当于英语动词的分词形式)、物化事件(相当于英语中带-ing、-tion 等名词后缀的词)。这三个等级与陆丙甫的三个中间状态类基本吻合。本文所讨论的 NV 构式属于“物化事件”,其中的 V 是指称化最高的动词类。上述学者都是从动词的句法分布特征来考察动词的指称性强弱及其等级差异,值得关注。

1.3　近些年来,随着认知语言学的兴起与发展,Fauconnier Gilles & Mark Turner(1994,1998)等学者提出了概念整合理论。所谓概念整合(conceptual blending)指的是对两个来自不同认知域的概念有选择地提取部分意义整合起来,进而形成一个复合概念结构的过程。概念整合理论认为,语言成分的整合效应依赖于两个因素:一个是整合的“框架”,比如各类句式是一种结构框架,论元结构是一种语义框架,节律模式是一种韵律框架;另一个是输入的“元素”,即被选择、提取出来参与整合的语言成分。在“框架”的作用下“元素”产生整合效应,浮现新的意义(emergent meaning)。但输入元素必须具有潜在的语义因子,这就是选择条件。“框架”和“元素”是内因和外因的关系,这就好比适宜的环境(时间、温度)能使小鸡孵出鸡蛋,却不能使一块石头产生同样的后果。笔者认为,概念整合理论和近些年来学界流行的构式语法理论(construction grammar)有异曲同工之妙,前者注重概念整合的过程,后者注重概念整合的结果。如果从构式语法的角度来看,所谓“框架”就是一个“构式”,构式一旦成型就会产生一种句法、语义的“规定性”,能激活输入元素潜在的语义因子,导致“构式义”(即“浮现意义”)的产生,这就是“构式强制”(construction coercion)的效应(参见 Goldberg Adele E. 1995,2006)。本文即以上述理论框架为背景,进一步对现代汉语中的 NV 构式(2+2)的属性、功能、来源以及熟语化倾向进行考察,试图做出更为合理的解释。

二　构式赋义与理据同一性

关于事件称谓性 NV 构式,有三个界定特征:(1)韵律模式为 2+2 的韵律词,属于复合称谓概念;(2)句法属性为黏合定中,中间没有结构标记“的”;(3)语义关系为行为与关涉的对象范围的组合,其中 V 为行为类抽象动词,N 的原型语义角色是“受事”或“产物”。

2.1 首先值得澄清的是,事件称谓性 NV 构式有些可以变换为述宾 VN 式(如“语法研究”→“研究语法”),于是给人的印象定中 NV 式是述宾 VN 式换序的结果。语料表明这是一种假象,其实 NV 能否变换为 VN 是有条件的:N 的语义越具体,换序的可能性就越强;N 的语义越抽象,换序的合格度就有问题。例如:

a. 零件制造　汽车制造　飞机制造　船舶制造　机械制造

制造零件　制造汽车　制造飞机　?制造船舶　?制造机械

b. 桥梁建设　铁路建设　矿山建设　文化建设　法制建设

建设桥梁　建设铁路　建设矿山　?建设文化　?建设法制

c. 酒店管理　学校管理　城市管理　信息管理　制度管理

管理酒店　管理学校　管理城市　?管理信息　?管理制度

可见 N 的语义具体性和 VN 的可换序性存在如下的正向共变关系:

N 语义具体性:强————————→弱

V N 可换序性:强————————→弱

这个道理很容易解释,VN 是述宾短语,要求 N 具有较强的受事性,因此 N 的语义越具体,受事性就越强,换序的可能性也就越大。事实上 NV 构式中的 N 都是双音节的通指类名,语义都有不同程度的抽象;而 NV 构式中的 V 是双音节的行为动词(非动作动词),语义也都有不同程度的抽象。因此两者的搭配符合认知范畴层次的同一性原则(参见吴为善,2011a:48—50),而这本身就是 NV 构式在整合过程中对输入元素的选择条件。因此,认为 NV 式是述宾 VN 式换序的结果,这是一种误解。从方法论来说,也许具有承继关系(inheritance link)的构式之间会具有可变换性,但不能认为凡具有可变换关系的不同构式都一定具有内在的承继关系。比如朱德熙(1982:187)曾指出:过去有的语法著作认为“把”字的作用在于把动词后头的宾语提前,因此“把”字句可以看成是“主—动—宾”句的变式,而这种说法是有困难的,因为大量的“把”字句是不能还原成“主—动—宾”句式的,其实跟“把”字句关系最密切的不是“主—动—宾”句式,而是受事主语句。笔者认为朱德熙的观点无疑是正确的。

笔者认为 NV 构式属于在线构成,其构成动因是称谓性黏合定中构式类推的后果，是构式能产性（productivity）的体现。因此要揭示 NV 构式的形成机制，就必须先弄明白称谓性黏合定中构式的形成机制。陆丙甫（1988）曾用"称谓性"和"非称谓性"的对立来概括。朱德熙（1982:148）提出的"黏合式"与"组合式"定中结构的语义区别。例如：

黏合式：黑鹅　老歌　白衬衫　新房子　木头桌子　呢子大衣

组合式：黑的鹅　老的歌　白的衬衫　新的房子　木头的桌子　呢子的大衣

上面所举黏合式都是称谓性的，组合式都是非称谓性的（描写性）。所谓"称谓性"就是"可命名性"，即用 DN 的语言形式给某一类事物赋予一个通名（genere），如生物分类学给某一物种命名。其中前一成分具有"分类性"，对后边成分加以某种规约性的分类（参见张敏，1998:232—252）。就句法层面来分析，中间不能插入结构标记"的"，这是因为结构标记"的"的基本功能是"描写性"，陆丙甫（2007）对此有详尽的论证。黏合定中的称谓构式是名词性的，就原型性来说，该构式中心语成分都是名词，是一种"事物称谓"。但构式成型后，动词也能进入该构式，NV 构式后边的 V 是一个具有事件意义的动词，可以认定是一种"事件称谓"，N 是从关涉的范围对象方面对 V 加以分类。事实上，NN 事物称谓和 NV 事件称谓具有句法、语义上的同一性，试比较：

a. 市场份额　干部素质　情报数量　图书质量　信息特征

b. 市场计划　干部考核　情报分析　图书编辑　信息研究

c. 市场监管　干部选拔　情报搜集　图书出版　信息处理

上述实例中，a 类的中心语是典型名词，属于 NN 事物称谓；c 类的中心语是"名动词"（具有指称用法的动词），属于 NV 事件称谓；而 b 的中心语是所谓的名动兼类词，处于中间状态。但是从语感上我们看不出它们有什么区别，中心语 N 从名词到动词，整体构式从"事物称谓"到"事件称谓"，表现为一种非离散性的连续统，显然具有同构性。

2.2　上述解释需要进一步论证的是 NV 中的 V 的属性，主要涉及两个问题：

其一，为什么动词能进入名词性称谓构式并处于中心语位置？按照认知范畴观的解释，名词和动词的区别取决于人们对客观事物感知的"视点"。Givón（1980）就曾为语法范畴的区分提出了一个基于语义的本体论基础，他认为主要的语法形式类反映了它们所代表的现象在感知中的时间稳定性（temporal stability）

方面的差异。在时间稳定性尺度上的一端是在时间中相对稳定的经验集束(phenomenological clusters),在另一端则是在宇宙状态中表称快速变化的经验集束。这一尺度的两端在语法范畴上直接显现为名词和动词,而居于中间状态的则是形容词。Langacker(1987)则从认知原则出发提出了一个更为精细的实词语义模型,他提出了"基底"(base)和"侧面"(profile)两个重要概念,并认为一个述义(predication,即某个语言表达式的语义极)的基底即它的认知域,基底的某个下属结构(substruc-ture)若被提升到一个认知上非常显著的层面,成为表达式所标示的对象(designatum),它就是对这个基底勾勒出的一种侧面(正像浮雕上凸出的部分)。如英语中的 explode、explosive、explosion 这三个词分别是动词、形容词和名词,它们在概念内涵上自然有共同点,但勾勒的侧面显然不同。动词凸显的是"过程",形容词凸显的是"非时间关系",而名词凸显的是"事物"。笔者认为 NV 构式中的 V 受到框架的制约,表现为一个光杆动词,潜在的与行为动作相关的时间因素隐退了,"过程"实现为一个事件行为类别的"概念"(类似于名词),这是 V 能进入称谓性构式并占据中心语位置的理据。

其二,哪些类型的动词具有进入名词性称谓构式的资格?我们注意到不是所有的双音节动词都具备这种条件,这取决于动词本身的语义属性。陈宁萍(1987)采用 Ross 的连续统词类分析模式,使用分布标准测量汉语的动词是否具有名词的功能,得到的结论是"汉语的名词类正在扩大,双音节是移向名词的必要条件,使汉语由普遍动词型向普遍名词型漂移"。那么为什么双音节动词是移向名词的必要条件呢,王灿龙(2002)曾对句法组合中单双音节选择进行了认知方面的解释,他认为双音节动词跟单音节动词在基本层次范畴和原型性方面有较明显的对立。从表义方面看,单音节动词通常表示的都是人或事物(含动物)的基本动作,动作性都较强,动作义也很具体。在人们的认知范畴中有一个明晰的、有界的关于某一动作的意象与表示该动作的动词相对应。而双音节动词的情况则不同,由于它是两个语素的结合,无论其中的两个语素或某一语素的动作性有多强,整个词的语义只能是两个语素义的最大公约数,这样所得的语义就相对比较抽象、比较间接。当然双音节动词的语义抽象性与内部构成有密切的关联,张国宪(1997)的研究证明双音节动词的"动性"强度存在差异,他根据语料的概率分析将双音节动词的强度等级序列描述为:

前加/后附 > 偏正 > 补充 > 陈述 > 支配 > 联合(强→弱)

该等级序列表明:联合式双音动词的动性最弱。也就是说动词性功能的弱化导致了名词性功能的强化。事实上,本文所列举的 NV 构式实例,后边的 V 主要是联合式双音动词,这可以说是名词性称谓构式对动词准入条件的限制。

2.3 虽然我们不赞同定中 NV 构式是述宾 VN 构式换序的结果,但某些能互相换序的用例作为结构上的对立格式还是成立的,因此我们可以通过对比分析的方法来进一步揭示 NV 称谓构式的句法功能。事实表明两者的功能差异在宾语位置上的表现比较显著,NV 和 VN 都可以做宾语,但差异极大,受到动词次范畴类的制约。NV 属于名词性短语,可以出现在如下动词之后,而 VN 是不能出现的。例如:

(1) 形式动词:

进行学生交流　＊进行交流学生

从事石油勘探　＊从事勘探石油

予以业务指导　＊予以指导业务

(2) 行为动词:

加强城市管理　＊加强管理城市

开展经验交流　＊开展交流经验

保障铁路建设　＊保障建设铁路

(3) 关系动词:

属于财务管理　＊属于管理财务

称为标志设计　＊称为设计标志

(4) 泛义动词:

搞煤炭运输　＊搞运输煤炭

做人口普查　＊做普查人口

上述动词类都要求带名词性宾语,因此对动词性的述宾 VN 构式都不相容。相反某些谓宾动词要求带谓词性宾语,那么情况正好相反,VN 能顺利进入而名词性的定中 NV 构式却受到排斥。例如:

禁止买卖合同　？禁止合同买卖

渴望晋升职称　？渴望职称晋升

打算选拔人才　？打算人才选拔

提倡申报课题　？提倡课题申报

有些动词对宾语的选择性比较灵活，可以带名词性宾语，也可以带谓词性宾语，则VN和NV都能顺利进入。例如：

开始比赛足球　开始足球比赛

停止审批项目　停止项目审批

三　统计优选与熟语化倾向

Goldberg(2006)在近年来的构式语法研究中提出了Statistical preemption的概念，意为"统计优选"，主张以实际语料使用频率的统计作为构式优选的依据。笔者认为，实际语料使用频率统计的有效性是相对的，作为语言研究的依据必须谨慎对待。换一句话说，对语言事实的判定，实际语料统计数据不是必要条件，但作为充分条件是毋庸置疑的，关键是如何调查，如何统计。

3.1　凡称谓性构式的一个重要属性就是具有熟语性，表现为在更大的组合中总是保持结构层次上的稳定性，可以延伸却不可以离散，事件称谓性NV构式自然也不例外。杨建国(2009:104)提供了一个有说服力的例子，在语料中切分出来的四字段"公路建设"，在约2700万字的语料中一共出现178次。作为一个2+2的四字段，要么单用，要么包蕴在更大的结构串中。只有1次呈离散状，例句为：

把四川省川主寺至九寨沟的公路|建设成公路与自然环境和谐统一的示范工程。

其他都是黏合式，或跟别的词语构成更长的复合称谓形式（延伸的定中结构），多数是固定搭配。例如：

高速公路建设　村级公路建设　西部公路建设　乡镇公路建设

川藏、青藏公路建设　高等级公路建设

公路建设者　公路建设项目　公路建设事业　公路建设文明单位

农村公路建设项目　重点公路建设项目　高速公路建设管理局

笔者也对本文所举实例在北京大学语料库（CCL）逐个进行了调查统计，凡超过 400 次以上用例的调查结果如下：

NV 构式	用例总数	离散例数	NV 构式	用例总数	离散例数
产权转让	427	6	铁路建设	1 154	3
人员培训	493	3	资产评估	1 174	9
食品生产	502	6	产品销售	1 294	30
石油勘探	507	13	环境污染	1 891	5
财务管理	651	1	结构调整	3 470	8
污水处理	709	2	环境保护	5 000	3
人才培养	1 149	10	体制改革	5 000	3

注：其中“环境保护”“体制改革”搜索总数分别为 5 493、9 416，但只能浏览到 5 000 例。

从上表可以看到，NV 构式在实际使用中，呈离散状的用例极少，熟语化倾向不言而喻。

3.2　其实就 NV 构式来说，如果置于更大的结构中，至少有两种能使 NV 离散的结构框架（分归两个非定中关系的直接成分）。一个是“把 N / V……”（“把”字句）。例如：

环境保护：把环境/保护好……。

产品销售：把产品 / 销售到……。

另一个是“N / V……”（受事主语句）。例如：

环境污染：环境/ 污染了……。

项目承包：项目/承包给……。

但事实上，此类可能出现的形式在实际语料中出现频率极少（见上表），两者比例极端悬殊，笔者也感到非常意外。这至少说明：其一，事件称谓 NV 构式的熟语化程度很高，这与参与整合的 N 和 V 本身的语义抽象化程度高是相匹配的；其二，通常“把”字句、受事主语句就构式原型性来说是表述一个具体事件的，因而词语的语义也比较具体，抽象义的词语进入该构式就受到一定限制。更引起我们注意的是这个现象似乎具有普遍性，给我们的启示是：能说不能说是一回事，会说不会说是另一回事，即使会说还有一个说多说少的问题，不能全凭主观臆测。从这一点来看，Goldberg 提出的“统计优选”的主张，还是具有相当的合理性的。

四　语言接触与自主性动因

对于此类构式的来源，学界倾向于把它看作是语言接触的后果，是一种欧化格式。王力（1944:493—494）最早提出这个观点，他认为：

依中国语法，叙述词（动词）必须在它的目的语（宾语）之前。例如“杀人”不能倒过来说成“人杀”。若要把这种谓语形式转成首品，必须加上一个“之”字，例如“爱莲”可以转成“莲之爱”；单说“莲爱”是不成话的。自从欧化以来，这种拘束是被打破了。西文里有 action-nouns（行为名词），而中文没有，于是那些 action-nouns 译成中文就变成了动词或动词性仂语。例如 administration of industry and commerce，只能译为“工商管理”。

贺阳（2008:52—64）赞同王力的观点，并在此基础上对 NV 构式进行了较为详尽的考察，认为此类构式是 20 世纪 20 年代开始在汉语书面语中出现的，并对 NV 构式的发展进行了文献的抽样调查、统计，结果表明这种结构的高频使用并非汉语固有的传统，是“五四”以来受到欧化格式的影响才兴起与发展的一种书面语现象。

4.1　对于上述观点，笔者认为值得商榷。王力的观点有两个倾向：其一，默认 NV 格式是 VN 格式中 N 前移变换而成的，对于这一点笔者上文已有论证（详见 2.1），不再赘述。其二，正因为基于这种看法，他认为汉语没有英语中那类“行为名词”，NV 构式是为了对译英文而产生的欧化格式。就事实而言，汉语的 NV 格式确实常用来对译英文的同类格式。例如：

business management	企业管理
gas and smoke emission	烟气排放
infrastructure construction	基础建设
physical examination	体格检查
soil and water conservation	水土保持
space exploration	空间探索
air pollution	空气污染

但是这无法证明 NV 这种格式不是汉语自身就存在或可能存在的格式。

贺阳指出 NV 格式是 20 世纪 20 年代开始在汉语书面语中出现的，这也是事实，下面是他提供的文献调查、统计结果，能说明这个现象（笔者略做删减）：

语料来源	语料年代	样本字数	NV 例数
《水浒》	14 世纪	10	0
《西游记》	16 世纪	10	0
《儒林外史》	18 世纪	10	0
《红楼梦》	18 世纪	10	0
《鲁迅全集》（第 3 卷）	1925—1927	10	8
《毛泽东选集》（第 1 卷）	1925—1937	10	95
《胡绳文集》	1979—1994	10	115
《政治与市场》	1991	10	177

上面的统计结果表明：从 14 世纪到 18 世纪，文献中并没有出现 NV 格式，20 世纪 20 年代以后 NV 格式开始出现并得到了长足的发展。但从历时的观点看，“五四”以后由于新文化运动的兴起，书面文体发生了质变，出现了大量新的书面表达格式，NV 格式也是在这样的背景下出现的，但这同样无法证明 NV 格式就一定是受到欧化格式影响才产生的。

4.2 笔者认为，语言接触的后果对于词汇而言比较显著，表现为语言中的“借词”；但对于句法格式就必须谨慎对待了，因为一个新格式的出现很可能是外因通过内因起作用而产生的。事实上，汉语 NV 格式在书面语中的出现就是属于此类现象。贺阳自己就提供了一些古代汉语的 NV 用例。如宋代负责为朝廷祭祀活动供应牛、羊的官署叫作“牛羊供应所”（宋史·职官志四）；清代负责批验盐引的机构叫作“盐引批验所”（清史稿·职官志三），负责批验茶引的官职叫作“茶引批验大使”（清史稿·食货志五）。这说明汉语中本来就存在 NV 格式，它通常出现在一个更大的复合称谓结构中，用来作为官职或机构的称谓，使用语域相对专一。其实在现代汉语中，这种现象更为普遍。例如：

人口普查员　废品回收站　地质勘查队　贵宾接待室

婚姻登记处　商品销售点　文物陈列馆　违章处罚单

血样采集库　噪声检测仪　火力配置图　信息发布栏

图书展示区　事故调查组　户籍调查科　住宿安排表

因此，合理的解释是汉语中本来就存在 NV 格式，当英文中含有 action-nouns

的短语需要译成中文时,我们就很自然地采用这个格式去对译,并由此成为独立构式广泛进入书面语域。在这个过程中,英文的 action-nouns 格式是"外因",汉语本来就存在的使用于官职或机构的 NV 格式是"内因",而外因必须通过内因才能产生作用。

4.3 值得说明的是英语名词中有 action-nouns 这个次范畴类,词典明确标注为名词,依据是形态标记。其实汉语中也有类似的现象,如 NV 中的 V 就是一个典型的具有事件指称义的动词,实际上它们在词库里就应该属于"行为名词"(详见 1.3)。只不过汉语中动词的指称用法没有形态标记,所以词典仍然标注为动词。但实际使用中指称用法(功能相当于名词)非常普遍,NV 构式中的 V 就是其中的一种表现。例如:

pollute [vt.] pollution [n.]

→污染[动]:污染环境/环境污染是可持续发展的障碍。

manage [vt.] management [n.]

→管理[动]:管理酒店/酒店管理是一门学问。

construct[vt.] construction [n.]

→建设[动]:建设公路/公路建设必须由地方政府负责。

emit [vt.] emission [n.]

→排放[动]:排放污水/污水排放属于环保部门监管。

examine [vt.] examination [n.]

→检查[动]:检查食品/食品检查一定要落到实处。

explore [vt.] exploration [n.]

→探索[动]:探索空间/空间探索对人类来说具有重大意义。

从认知角度来分析,汉语中的此类"行为名词"是动词本体隐喻的结果,产生了指称用法,属于"自指"现象(吴为善,2011b)。

五 结 语

概括上文论述,笔者认为以下几点值得引起我们重视。第一,从方法论来说,也许具有承继关系(inheritance link)的构式之间会具有可变换性,但不能认为凡具有可变换关系的不同构式就一定具有内在的承继关系。NV 构式是一种“事件性称谓”，它不是 VN 述宾构式换序构成的，而是黏合定中称谓构式类推的结果，是构式能产性的表现。第二，判断语言事实，实际语料的使用频率不是必要条件，但作为充分条件是毋庸置疑的，能说不能说是一回事，会说不会说是另一回事，即使会说还有一个说多说少的问题。语料表明 NV 事件称谓熟语化程度极高，使用频率占绝对优势。第三，语言接触的后果对于词汇而言比较显著，表现为语言中的“借词”；但对于句法格式就必须谨慎对待了，因为一个新格式的出现很可能是外因通过内因起作用而产生的。事实上，汉语事件称谓性 NV 格式 20 世纪 20 年代以后在书面语中的大量出现就属于此类现象。

参考文献

陈宁萍　1987　现代汉语名词类的扩大，《中国语文》第 5 期。

傅爱平　2004　黏合式名词短语结构关系的考察和分析，《中国语文》第 6 期。

龚玉婷　2011　复合名、动、形的功能转指及转喻的单向性优势，《语法研究和探索》(16)，商务印书馆。

贺　阳　2008　《现代汉语欧化语法现象研究》，商务印书馆。

陆丙甫　1988　定语的外延性、内涵性和称谓性，《语法研究和探索》(4)，北京大学出版社。

陆丙甫　2007　“的”的基本功能和派生功能——从描写性到区别性再到指称性，《汉语词汇·句法·语音的相互关系》(徐杰、钟奇主编)，北京语言大学出版社。

陆丙甫　2009　基于宾语指称性强弱的及物动词分类，《外国语》第 6 期。

吕叔湘　1963　现代汉语单双音节问题初探，《中国语文》第 1 期。

齐沪扬等　2004　《与名词动词相关的短语研究》，北京语言大学出版社。

王灿龙　2002　句法组合中单双音节选择的认知解释，《语法研究和探索》(11)，商务印书馆。

王　力　1944　《中国语法理论》，《王力文集》(第一卷)，山东教育出版社 1984 年版。

吴怀成　2012　《现代汉语动词指称化的层级分布及其类型学思考》，上海师范大学博士学位论文。

吴为善　2011　《认知语言学与汉语研究》，复旦大学出版社。

杨建国　2009　《基于动态流通语料库的汉语熟语单位研究》，北京语言大学出版社。

张国宪　1997　“V 双 + N 双”短语的理解因素，《中国语文》第 3 期。

张　敏　1998　《认知语言学与汉语名词短语》，中国社会科学出版社 2008 年版。

朱德熙　1982　《语法讲义》，商务印书馆 2008 年版。

Fauconnier Gilles 1994 *Mental Spaces*. New York: Cambridge University Press.

Fauconnier Gilles & Mark Turner 1998 Conceptual Integration Networks. *Cognitive Science* 22 (2).

Givón, T. 1980 The Binding Hierarchy and the Typology of Complements. *Studies in Language*, No. 4.

Goldberg Adele E. 1995 *Constructions: A Construction Grammar Approach to Argument Structure*. Chicago: Chicago University Press. 吴海波译,北京:北京大学出版社,2007。

Goldberg Adele E. 2006 *Constructions at Work: The Nature of Generalization in Language*. Oxford: Oxford University Press.

Langacker. R. 1987 Nouns and Verbs. *Language* ,Vol. 63, No. 1.

(作者通信地址:上海师范大学对外汉语学院,上海 200234)

也说“‘了$_2$’的行、知、言三域”

张宝胜

肖治野、沈家煊发表在《中国语文》2009年第6期上的论文“‘了$_2$’的行、知、言三域”（以下简称《三域》），给句尾语气词“了$_2$”的语义刻画提供了一个很实用的框架。笔者读后，获益良多，并进一步地深入思考了这个问题。一得之见，补缀于后。

一　行、知、言三域的交叉

《三域》文中第五部分论及“行域”“知域”和“言域”交叉的情形，举出了“行域”和“知域”、“知域”和“言域”交叉的例子。并且指出，“交叉的情形比我们现在想到的要复杂，还可以深入研究”。

首先，《三域》没有举出“行域”和“言域”交叉的例子。张宝胜（2006）在讨论复句三域的问题时，曾经论及“行域”和“言域”交叉的情况。对“了$_2$”而言，同样会有“行域”和“言域”的交叉。例如：

(1) 快看，外面下雨了。

《三域》认为这个句子（该文例53）里的“了”是“了$_{行}$”，而我们认为这个句子里的“了”是“了$_{行+言}$”，即“行域”和“言域”的交叉。因为，它既可以理解为说话人在陈述“外面下雨”这一客观事实，又实实在在地可以理解为说话人把这一事实告诉听者：快看哪，我告诉你们，外面下雨了。这正好符合《三域》正确提出的“了$_{言}$”的鉴定格式：

我说[P]了。

《三域》说，可以借助一些形式标志来区分不同域的“了”。如表示事态实现的副词“已经”可以用在“了$_{行}$”句里，而“了$_{知}$”句和“了$_{言}$”句不能直接加“已经”。总体上说，这一结论是正确的，但似应稍做修正：单纯的“了$_{知}$”句和“了$_{言}$”句不能直接加"已经",交叉的"了$_{知+行}$"句和"了$_{言+行}$"句都可以直接加"已经"。《三域》已经给出"了$_{知+行}$"的例子:

(2) 这双鞋太小了。　这双鞋已经太小了。(《三域》例56)

其实,"了$_{言}$"句更容易加"已经"。我们把《三域》例(16)的4个"了$_{言}$"句拿来做试验,发现基本上都可以加"已经"。

(3) 主席:现在开会了。　　主席:现在已经开会了。

老师:安静,上课了。　　老师:安静,已经上课了。

经理:你被录用了。　　经理:你已经被录用了。

拍卖师:这件拍卖品归你了。拍卖师:这件拍卖品已经归你了。

为什么"了$_{言}$"句更容易加"已经"?这不难解释。"了$_{行}$"句是陈述一个客观事件,如果这个"陈述"只是自说自话,那是单纯的"了$_{行}$"句。如果是把一个客观事件陈述给别人听,不就有了"说""宣布""声称"的意味了吗?而这些都是表示言语行为的概念,所以,在实际言语中,一定会有不少"了$_{言}$"句和"了$_{行}$"句联系甚为密切、形成交叉的"了$_{言+行}$"句。这就是"了$_{言}$"句很容易加"已经"的原因。同时我们还应该注意到,如果"了$_{言}$"句表示"许诺""命令""劝告""请求"之类,则它们跟陈述客观事件的"了$_{行}$"句毫无瓜葛,是单纯的"了$_{言}$"句,这类句子正如《三域》所指出的,都不能加"已经"。如:

(4) 这事儿看我的了。　　＊这事儿已经看我的了。

(5) 睡觉了。　　＊已经睡觉了。

(6) 明天别走了。　　＊明天已经别走了。

(7) 帮帮我了。　　＊已经帮帮我了。

所以,《三域》提出用副词"已经"来区分不同域的"了",基本正确,稍做修正,便臻于完善。

二　以河南汝南方言"了$_2$"的不同读音,证实"'了$_2$'三域"说

张宝胜(2008)曾以河南汝南方言"了"的不同读音(了$_1$[·liau],了$_2$[·lɛ])证明了北京话区分"了$_1$"和"了$_2$"是正确的,尽管北京话"了$_1$"和"了$_2$"读音相同。受

到《三域》的启发,我们注意到,汝南方言的"了$_2$"读成[·lɛ]的,只是"行域"里的"了$_2$"。下列句子的"了$_2$",按照汝南话的发音,都不能读成[·lɛ],而应该读成[·lə]:

(8) 再见了[·lə]。

(9) 谢谢你了[·lə]。

(10) 走了[·lə],走了[·lə]。

稍做分析,不难发现,这三个句子中句末的"了$_2$"都不是"了$_{行}$",而是"了$_{言}$"。这就是说,汝南方言里"了$_2$"有两个不同的读音:[·lɛ]和[·lə]。前者一定是"了$_{行}$",后者一定是"了$_{言}$"。

(11) 他闺女学习可好,今年考上北大了$_{行}$[·lɛ]。

如果这个句子只是单纯地陈述客观事实,则句中的"了"是"了$_{行}$",读[·lɛ]。如果我们把这个句子稍做变动,"了"的读音就会发生变化:

(12) 你知道呗,他闺女今年考上北大了$_{言}$[·lə]。

句首有"你知道呗",表明下面是我要告诉你的内容,自然属于"言域",因此"了"就得读成[·lə]。

当然,(11)的句首虽然没有"你知道呗",用以明示句子属于"言域",但它依然可以理解为"言域",即说话人告诉听话人一个事实。所以,(11)的"了"读作[·lə]亦无不可。不过,一旦读作[·lə],那就是一个"言域"里的句子了。

我们逐一检查了《三域》里的"了$_{言}$"句的例子,如该文的例(24):

再见了/保重了/走好了/请了/拜年了/对不起了/没关系了/咱们坐了/请喝茶了

上面所有的"了"在汝南方言里都读成[·lə]。因此,可以有把握地说,汝南方言的"了$_{行}$"读[·lɛ],"了$_{言}$"读[·lə]。汝南方言的语音证据,完全支持"了$_2$"区分"行域"和"言域"。

但是,上文已经指出了"行域"和"言域"交叉的情况,在汝南话里,如果是"了$_{言+行}$",则读[·lɛ]和[·lə]均可。如:

(13) 天冷了,下雪了。

这个句子既可以是陈述天气发生变化的事实(行域),又可以是告知别人这一事实(言域),所以读[·lɛ]和[·lə]均可。下面句子的语用功能是"告诫",是"了$_{言}$"句,则句中的“了”只能读[·lə]：

(14) 天冷了[·lə]，你出门可得多穿点儿衣裳啊。

我们汝南一带有一首儿歌最能说明“了$_{行}$”和“了$_{言}$”是不同的读音。这首儿歌是：

(15) 下大了，麦罢了，豌豆角子长大了。

如果孩子在屋里说唱这首儿歌，“了”读[·lε]和[·lə]均可，因为孩子可能是自说自话(行域)，又可能是告知别人这一事实(言域)。但如果孩子在雨中跑到大街上去说唱这首儿歌，则“了”只能读成[·lə]，因为他要对人宣称他知道的事实，这是典型的“言域”。

在汝南方言里，“了$_{知}$”的情况不同于“了$_{言}$”。单纯的“了$_{言}$”读音一定是[·lə]，而单纯的“了$_{知}$”，读音却是[·lε]和[·lə]两可。如：

(16) 他肯定入党了。

(17) 小王应该结过婚了。

(18) 当兵，这孩子年纪太大了。

这三个句子里的“了”是地道的“了$_{知}$”，据笔者的语感，它们都可以有[·lε]和[·lə]两个读音，咨询从来不说普通话的老乡，皆认同。这是否不支持“‘了$_2$’三域”说呢？我们不这样看。

前文已论，在汝南方言里，单纯的“了$_{行}$”读[·lε]，单纯的“了$_{言}$”读[·lə]，这是没有问题的。我们认为，透过“行域”“知域”“言域”三者互相交叉这一语言事实，未尝不可以把“行、知、言”三域看成一个连续统：

行域———→知域———→言域

这样考虑问题的逻辑基础是：人们认识事物形成“知域”，一定要以客观事实(行域)为基础。当人们有了认识(知域)之后，才有资格说三道四、评头论足(言域)。

而汝南方言里“了$_{行}$”“了$_{知}$”“了$_{言}$”的读音的情况，正好跟“行、知、言”三域的连续统相一致：

了$_{行}$———→ 了$_{知}$ ———→了$_{言}$

[·lε] [·lε]/[·lə] [·lə]

行文至此，可以得出结论：汝南方言里“了$_2$”的三种不同读音，完全可以支持“‘了$_2$’行、知、言三域”说。

参考文献

沈家煊 2003 复句三域"行、知、言",《中国语文》第3期。
张宝胜 2006 也说"复句三域",《语法研究和探索》(13),商务印书馆。
张宝胜 2008 河南汝南话的"了$_1$"和"了$_2$",《21世纪汉语方言语法新探索》,暨南大学出版社。

(作者通信地址:河南大学文学院/语言科学与语言规划研究所,河南开封 475001)

心理空间概念的整合：汉语新型“最＋NP”结构的名词性

陈文博　张旺熹

摘　要：汉语新型“最＋NP”结构的出现是一种新兴的语言现象。本文认为由于副词“最”所具有的空间属性，使得“最＋NP”这一结构产生的语法意义仍具有名词性，并且表达了言者“主观认定某人或某物达到NP属性的极点”。新型“最＋NP”结构的本质不是组合性的，而是来源于人们心理空间概念的整合性。

关键词：最＋NP；名词性；空间性；概念整合

一　引　言

1.1　问题的提出

现代汉语中的“最”是一个比较常用的程度副词，它最常见的用法是用在形容词或心理动词前表示程度高，“最”能修饰形容词和某些动词结构，已是人们的共识。但是，近一二年来在报纸杂志、文学文艺作品及网络媒体上出现了一种“最”的新用法——“最”之后直接加名词性成分NP（名词或名词短语），我们将这种“最”的新用法称为汉语新型“最＋NP”结构。例如：

（1）一条乌托邦胡同里的“最北京”（新京报，20100423）

（2）最世博展馆：中国航空馆（羊城晚报，20100430）

（3）本报“全媒体”报道团为读者奉献两会“最新闻”（上海证券报，20100302）

（4）图文：金牌总监杨羽携“80金牌”打造国内“最音乐”（人民网天津视窗，20100318）

(5) 温家宝答问之“最语言”:为什么总拿中国做文章?(新闻中心-中国网,20100314)

(6) 游艺《最三国》:黄金短缺?取之于民!(网页游戏门户,20100326)

(7) 最女生:饶雪漫抢郭敬明生意(图)(北京娱乐信报,20090316)

(8) “最财经的猜想”:央行二总部导演金融一体化?(网易,20060113)

在这些例句中,“最”作为一个程度副词,直接与典型的名词性成分“北京”“世博”“新闻”“音乐”“语言”“三国”“女生”“财经”等结合构成“最+NP”结构。如果按照传统语法分析,这种用法是不合语法的(黄伯荣、廖序东主编的《现代汉语》增订三版在叙述名词的语法特征时谈到,“名词前面……一般不能加副词”)。但事实上这种用法目前已大量存在并广泛应用于报纸杂志及网络媒体,副词“最”不仅用在了名词性成分前面,而且其与名词性成分的结合产生了新的语法意义。那么,“最”具有怎样的特殊性?“最+NP”结构表达怎样的新语法意义?为什么“最+NP”结构与一般的“副词+名词”结构不同?语言的使用者是如何将“最”与“NP”整合在一起应用的?本文尝试对以上问题进行分析并阐释其整合应用机制。

1.2 语料来源

本文的语料来自人民网报刊检索资料库及互联网,我们从《新京报》《羊城晚报》《北京娱乐信报》《上海证券报》等报纸杂志和互联网中提取了所有含“最”字的例句共36 718 620例,从中挑选出新型“最+NP”超常搭配结构215例。

二 汉语新型“最+NP”的结构类型

2.1 “最+NP”结构的基本类型描写

我们将搜集到的215例“最+NP”结构进行分析,可以看出“NP”有以下两类六种情况(“最”与方位名词的组合暂不讨论):

第一类 最+专有名词

专有名词又有四种:

1. 最+NP_1[国名]

(9) 雷佳用“最中国的声音”唱响“最俄罗斯”剧院(合肥在线,20100915)

（10）第七届最法国电影节 即日《从文化开始》（中国广播网，20100423）

2. 最 + NP_2［地名］

（11）这里“最浙江” 世博浙江馆亮点细细数（杭州日报网，20100417）

（12）青岛打造大型海景实景演出“山海城帆”呈现“最青岛”（新浪，20100502）

3. 最 + NP_3［人名］

（13）申花小将冯仁亮一战成名 山寨巴萨他“最梅西”（新民网，20100410）

（14）一本最“法拉奇”的书《好莱坞的七宗罪》（东北网，20100928）

4. 最 + NP_4［物名］

（15）郭敬明《最小说》为啥那么火 赵长天：这只是一种消遣（网易，20100402）

（16）《最体育》杂志专访满文军 谈高尔夫谈老虎伍兹（华体网，20100407）

上述例（9）、例（10）句中的“中国、俄罗斯、法国”是国名；例（11）、例（12）中的“浙江、青岛”和例（1）中的“北京”是地名；例（13）、例（14）中的“梅西、法拉奇”是人名；例（15）、例（16）中的“小说、体育”是物名。以上专有名词本不能受程度副词“最”修饰，但在上述例句中却与“最”构成“最 + 专有名词”，像这类结构的还有：最巴黎、最丹麦、最上海、最大连、最成都、最重庆、最申花、最童话、最音乐、最卡梅隆、最漫画等。

第二类 最 + 普通名词

在“最 + 普通名词”中的 NP 的结构又各不相同，主要有以下两种：

5. 最 + NP_5［偏正型］

（17）五一一起体验迷你家居阿凡达 打造最蜗居世界（新浪，20100430）

（18）最人气：赵薇、最另类：李宗盛、最高潮：蔡依林（新京报，20100923）

例（17）、例（18）中的“蜗居、人气、另类、高潮”均为偏正结构的 NP_5，其中有的 NP_5 是抽象名词，有的 NP_5 是具体名词，本不能受程度副词“最”修饰，但在上述例句中却与“最”构成“最 + NP_5［偏正结构］”，像这类结构的还有：最核心、最房价、最悲剧、最主流、最绿色、最车迷、最焦点、最旺角、最立体、最牛气、最高速、最电脑等。

6. 最 + NP_6［联合型］

（19）世界杯日记：最热世界杯明珠德班承办最死亡之战（体坛网，20100528）

（20）最地带音乐版权你“持股”了吗？（《数字商业时代》，20100318）

例(19)、例(20)中的"死亡、地带"均为联合结构的抽象名词NP_6,本不能受程度副词"最"修饰,但在上述例句中与"最"构成"最+NP_6[联合结构]",像这类结构的还有:最财经、最时光、最语言、最朋友、最江湖、最价值、最生活等。

以上"最+NP"例句中的"NP"均为双音节,此外,还有单音节和多音节的。例如:

(21)佳能EOS 500D成为最"家"的选择(驱动之家,20100505)

(22)邯郸发布对接世博旅游线路及"最成语榜"(邯郸之窗,20100515)

(23)最大国风范:中国穷时"铮铮铁骨"发达时永不称霸(新闻中心-中国网,20100314)

2.2 "最+NP"结构的NP结构类型统计

结构归类	结构关系	语例	占所搜集语料比例(215条)
最+专有名词	最+NP_1[国名] 最+NP_2[地名] 最+NP_3[人名] 最+NP_4[物名]	最法国 最青岛 最卡梅隆 最小说	22.3%
最+普通名词	最+NP_5[偏正型] 最+NP_6[联合型]	最蜗居 最朋友	72% 5.7%

从搜集的语料中,我们发现:(1)能进入"最+NP"结构的"NP"主要是双音节,也有单音节和多音节的词和短语。(2)"最+NP"中NP的构成成分较为复杂,既有专有名词,也有普通名词。专有名词占所搜集语料的22.3%,偏正型的普通名词占所搜集语料的72%,联合结构的普通名词占所搜集语料的5.7%。

三 "最"的语义特征及语法化轨迹

3.1 副词"最"的语义基础和特征

众所周知,现代汉语的虚词绝大多数是由古代汉语实词中的动词演变过来的,很多实词的虚化都跟其使用的语境有关,但是虚化的先决条件是实词自身的语义,而语境等因素只有在这个语义基础之上才能发挥作用。实词在其虚化的过程中,往往遵循着语义相宜性原则,即以一定的词汇语义为基础并沿着一定的路径方向发展。简单地说,有什么样的原始意义,它就会朝着什么样的方向去语法化(张旺熹,2006),基于这一认识,我们先来考察一下副词“最”的语义基础。

《说文解字》将“最”释为“犯而取也,从冃从取”(许慎,1963),本义就是“取敌首级(人头)——用于战事,进犯敌阵”,后来逐渐引申用来表示“军功第一(即达到军功的极点)”。先秦时期,由表示“军功第一”的动词“最”又扩展成为表示各种事物在各类维度(dimension)上的“第一”,即可以理解为“达到……的极点”。因此,我们认为,副词“最”的语义基础是表示“达到极点、顶点”的意思。这个“极点、顶点”就是指空间里的某一点,“最”含有[+空间属性]特征。

3.2　“最”从动词到名词再到副词的语法化

武荣强、赵军(2006)认为先秦时期,表示“军功第一”的动词“最”由于词义的泛化,从而扩展成为表示各类事物顺序的“第一”。同时,句法功能也发生了变化,由对事物的陈述转向对事物的指称,转变为名词。在这一语法化过程中,“泛化”机制是最重要的因素,促使了“最”由表示“军功第一”逐渐演化为可以表示“事物所具有的区别于其他事物的特性”——[+序列/时空/级次中的端/极点]。我们十分认同这样的观点,“最”在语法化的过程中由一个动词,表示“军功第一”,后演化为表示“[+序列]、[+时空]、[+级次中的端]、[+极点]”的名词,最终虚化为一个相对程度副词。在这一过程中,“隐喻”机制是最关键的,同时也离不开“泛化”机制。但是,“最”的虚化并没有因此停滞,在主观化的推动下,相对程度副词“最”也可以用来表示绝对程度。与之同步进行的还有“最”的语素化。“最”的语法化过程可以表示为(按时间顺序):语法化→主观化→强化。在此过程中,已经形成了一个“连续统”,即有相对程度副词“最”和绝对程度副词“最”。

3.3　名词“最”的语义特征对副词功能的影响

由于“最”在语法化的过程中由一个动词,后演化为表示“[+序列]、[+时空]、[+级次中的端]、[+极点]”的名词,又虚化为一个相对程度副词,最终虚化为绝对程度副词,这其中,作为名词“最”的语义特征制约了后起副词语义功能的演变方向,使得程度副词“最”不仅可以用来修饰形容词及形容词短语、动词及动词短语,还可以置于某些名词及名词短语前,从而凸显该名词和名词短语的指称功能和属性特征。随着使用频率的逐步提高,“最”的组合能力也随之得到了扩展,表现为"最"可以和三大类实词较自由的搭配。当然,其中的选择限制还是存在的,下面我们讨论"最+NP"结构中"最"对名词和名词短语"NP"的限制。

四 "NP"的语义特征分析

从对所搜集语料的统计情况来看,"最+NP"中"NP"的成分是名词或名词性的词组,除了少部分是联合结构的NP外,大部分为专有名词和偏正结构的NP。我们把"NP"具有的两类六种情况的语义概括为[+特指]、[+程度性]和[+空间性]三个语义类别。

4.1 NP的[+特指]语义特征

进入"最+NP"结构中的名词NP,其语义在具体语境中指向NP所代表的那个特定对象,进一步说,它激活的是特定对象所具有的特定属性。例如:

(24) 骑行踏春 7条最北京街巷慢逛手记(新华网,20100402)

(25) 沪"最囧楼"蹿红网络 满墙画窗可见"蓝天白云"(亿房网,20100925)

例(24)"最北京"特指的是"最具有北京特色的街巷",它激活的是对北京街巷特定属性的联想义;例(25)"最囧楼"特指的是"满墙画窗"的"囧楼",激活的是"囧楼"的特定属性的性质义;所有这些,都是在"最+NP"中对以NP所具有的某种[+属性]特征的激活为基础的。人们在运用语言进行交际的时候,在具体语境的作用下,可能会对名词所指人或事物的某些特点产生联想,这里"最北京、最囧楼"就是人们在"最+NP"这一框架下对"北京、囧楼"的词义的某种[+属性]特征的联想。

4.2 NP的[+程度性]语义特征

进入"最+NP"结构的NP本身含[+程度性]。程度性不是名词的主要语义特征,而是隐藏在词义结构中或由名词所指而产生的附加语义特征。如:

(26) "史上最丑鞋"UGG何以变成摇钱树?(慧聪网,20100312)

(27) 视频:沪航高铁试运行时速416.6公里 刷新世界铁路最高速(搜狐,20100928)

"丑鞋、高速"都是偏正结构的名词,其偏的成分正好就表明了这一名词特征的程度性,例(26)名词“丑鞋”是丑的,例(27)名词“高速”的速度是高的,这些名词的词义结构本身就含某种[+程度性]的语义特征。从人们的认知心理来看,这种名词所具有的性状的[+程度性]极易于与表极限的程度副词“最”结合,以便凸显这些偏正结构的名词性状达到的极致。

4.3 NP的[+空间性]语义特征

进入“最+NP”结构的NP含[+空间性]。名词的空间性不是对客观事物空间性的简单摹写,还有作为认知主体的人的作用。例如:

(28) 二手车博览会将于24日举行 记者揭秘“最看点”(东北新闻网,20100419)

(29) 五一荧屏攻略:新三国最抢眼 世博最焦点(时光网,20100501)

(30) 最大连最旺角——悦泰·街里售楼处专访(购房者网站,20100416)

例(29)、例(30)句中“看点、焦点、旺角”为偏正结构的名词,之所以能与“最”搭配且具有名词性的语法意义,一方面是由于“最”的表义特点,另一方面由于这些名词含[+空间性],都是表空间位置的、固定的地点,这个固定点不是一个孤立的点,而是处于一系列的固定点之中,在这个固定点系列中处于极端位置,而且“看点、焦点、旺角”这些名词所表示的位置及性状程度在人们的认知心理上是固定的,所以能与“最”组合,而且这些表示方位性状义的词与表极限的程度副词组合后,除了自身表示的单纯的空间义和性状外,还强调了空间点和性状所达到的极致。

刘顺(2003)指出,事物的空间性是名词空间性的基础,并排列出了一个名词空间性强弱的等级序列(从左至右空间性由强至弱):

个体名词/专有名词/群量名词>物质名词>事件名词/抽象名词>无量名词

可见,专有名词的空间性较强,这一点也可以从出现较多“最+专有名词”中得到证明。

我们从统计中发现,进入“最+NP”框架最多也最容易的是偏正型的NP,原因有二:一是偏正型的名词[+程度性]特征较为明显;二是偏正型的名词本身就带有一定性状的[+空间性]特征。“最+NP”结构的出现与名词NP空间性的强弱有着密切的关系。偏正型的名词NP表性状的空间性比联合型的名词空间性强,因而偏正型的NP进入“最+NP”框架的最多。

以上分析表明,进入"最+NP"结构中的NP所具有的语义特征主要有三种:[+特指]、[+程度性]、[+空间性]。我们认为,无论是[+特指]、[+程度性]还是[+空间性],都可以进一步抽象为[+属性]特征。因此,我们可以做如下概括:"最+NP"结构中的NP,具有[+属性]特征,"最+NP"结构凸显的是NP的某种属性特征达到极致。

五 名词性:"最+X"结构的特征

通过对215条语料的分析,我们发现"最+NP"结构整体上具有名词性特征,其句法功能相当于名词。表现在:

5.1 "最+NP"结构的指称功能和属性说明功能

很多"最+NP"结构被用于给歌曲、网站、杂志、小说、游戏等命名,具有名词的指称功能。例如:

(31) 拳击宝贝潘若瑶登陆《最体育》暴力狂野香艳逼人(商都网,20100401)

(32) 四川快女人气满棚 曾轶可《最天使》全场合唱(金鹰网,20091101)

例(31)"最体育"是一体育杂志名称;例(32)"最天使"是一歌曲名。例(6)"最三国"是一游戏名称;例(7)"最女生"和(15)"最小说"均为书名,后又用于给杂志命名;此外,还有"最地带"指一音乐网站名,"最时光"指一网站留言板的名称,"最僵尸"指一小说阅读网站的名称,"最地产"指报纸开辟的栏目等。

以上"NP"本身是名词,与副词"最"整合后指称另一事物,即"最+NP"等于"另一个NP(专有名词)",具有名词性特征。那么"最+NP(普通名词)"不等于专有名词时,是否仍具有名词性呢?回答是肯定的。我们来看"最+NP_5(偏正型)"的例子:

(33) 波兰战后最悲剧:总统专机俄坠毁88政要全遇难(文新传媒,20100411)

(34) 木星合月陶醉追星人 最圆月约会最亮星(人民网青岛视窗,20100924)

例(33)"最悲剧"是指"悲剧之最","最"激活了"悲剧"这一名词的属性特征,特指"悲的程度达到了极点"的悲剧;例(34)"最圆月""最亮星"指称的也是名词,特指的是那个"最圆的月亮"和"最亮的星星",并且都说明了NP属性达到了极

致,仍具有名词性特征。再看"最 + NP_6(联合型)"的例子:

(35) 什么是最朋友(QQ,20090713)

(36) 最江湖——新手入门攻略(966 网页游戏,20100927)

例(35)"最朋友"是指"朋友之最",特指"朋友的属性特征达到了极致"的那个朋友;(36)"最江湖"是指"江湖之最",特指"江湖特色达到了极致"的那个游戏,同样具有属性说明功能,因而也是名词性的。

5.2 "最 + NP"结构的句法功能

从句法分布上看,"最 + NP"结构作为一个相对完整、独立的句法单位,常常出现在宾语、主语和定语的位置上,有时也出现在谓语的位置上,其功能相当于名词的句法功能。例如:

(37)《最地产》重建楼市新闻样本(地产中国,20100107)

(38) 东上航合并正式启动 上海本地股重组"最新闻"(证券之星,20100112)

(39)《温情橄榄球》:2009 年好莱坞最黑马的影片(中国日报,20100312)

(40) 娱乐圈"品学兼优"十大美女明星 范冰冰家照最韵味(搜房网,20100514)

名词的主要句法功能之一是充当主语、宾语、定语。例(37)"最地产"做主语;例(38)"最新闻"做宾语;例(39)"最黑马"做定语;充任谓语是名词次要的语法功能,例(40)中"最韵味"结构出现在谓语的位置上,表示的是主语名词具有的某种性质,但在所搜集的例句中这种"最 + NP"做谓语的比例只占 2.3%。可见,"最 + NP"结构与名词的分布范围大致相同,显然具有名词的性质。

5.3 "最 + NP"与"很 + NP"的区别

很多学者认为"副词 + 名词"这一结构中名词的功能和意义发生了改变,词性变为或活用为形容词。我们以"很 + NP"为例:

(41) 拥有中国名爱写毛笔字 南京老外生活"很中国"(中国新闻网,20091211)

(42) 语文试题很生活 理化合卷很基础(中国网,20100628)

例(41)"很中国"指老外"生活方式和中国人很像"。例(42)"很生活"指"很简单、平凡,像日常生活一样"。这里"中国""生活"等名词受"很"这一程度副词修饰后性质就改变了,具有了形容词的属性。

而新型“最+NP”的直接组合不但没有改变名词的性质和功能，而且还强化、凸显了NP的某种属性，由于“最”所具有的空间属性，激活了与之搭配的NP的某种属性特征，因而“最+NP”仍具有名词性。试比较：

（43）“和”当选“最中国”汉字　体现中国人哲学思想（搜狐，20101028）

（44）京地铁4号线“减碳最生活”公益活动引领乘客绿色出行（网易，20100520）

例（43）“最中国”是指“中国之最”，特指“达到中国某一特色的极致”的汉字；例（44）“最生活”是指“生活之最”，即减少碳的产生是最具有生活特色的，适宜生存。这里“中国”“生活”等名词与“最”这一程度副词结合后性质仍未改变，其结构产生的语法意义仍具有名词性。

作为程度副词的“最”加“NP”构成的新型“最+NP”结构与同样为程度副词的“很+NP”的组合是不同的，二者比较如下：

最+NP→NP	很+NP→AP
X最中国＝X是中国之最	X很中国＝X很像中国的人或物（但X≠中国的人或物）？X是中国之很
X最生活＝X是生活之最	X很生活＝X很像生活＝X简单、平凡？X是生活之很
X最女生＝X是女生中之最	X很女生＝X很像女生＝X娇柔、可爱？X是女生之很
X最北京＝X是北京之最	X很北京＝X很像北京的人或物（但X≠北京的人或物）？X是北京之很

可见，“X最NP”就是“X是NP之最”，“NP之最”的结构本身就是名词性的，新型“最+NP”中的“NP”与“最”组合，其结构仍具有名词的性质和功能，而“X很NP”不能说“X是NP之很”，“很+NP”组合具有属性化，其结构产生的语法意义具有形容词性。

“最”和“很”同样是表示程度的副词，为什么“最+NP”是名词性的而“很+NP”是形容词性的？我们认为这与虚词“最”的语义基础和“最”本身所具有的空间属性有关，“最”与“NP”组合，即其结构产生的语法意义仍具有名词性；而“很”是高量级绝对程度副词，没有特殊的表义要求，只是一般地表示对某一程度的确认(张谊生,2004),因而与"NP"组合时具有属性化,其结构产生的语法意义具有形容词性。

作为一个整体,"最+X"结构凸显了个人主观感知程度的"极致",具有一定的主观评价性。从搜集到的215个例句中可以得知,"最+NP"结构多见于报纸杂志及网络媒体文章的标题,包含的主观化成分较多,再加上"最"的使用本身就带有主观性,我们认为"最+NP"结构就是为了表达言者的主观性而采用的结构形式。

可见,"最+NP"结构已被赋予了新的意义并形成了一个新型的句法框架。这一结构表达的意义就是"主观认定某人或某物达到了NP特有属性的极致或顶点"。

六　整合性:汉语新型"最+NP"的结构关系

从认知方式看,新型"最+NP"结构的本质不是组合性的,而是来源于人们心理空间概念的整合性(Fauconnier and Turner,2002)。我们通过对实际语料和具体语境的考察,可以得知"最+NP"这种新型结构形成的内部动因和机制,就是整合。汉语新型"最+NP"结构的意义不能简单地从其组成成分"最"和"NP"的词汇意义中推知出来,其"浮现意义(emergent meaning)——主观认定某人或某物达到了NP特定属性的极致或顶点"的产生是由"最"的语义特征和"NP"所包含的属性特征经过概念合成和推理的结果,具体如下:

6.1　"最"和"NP"内涵义的完善融合

"最"和"NP"内涵义的整合具有隐喻特征。就拿例(19)中的"最死亡"来说,当"最"和"死亡"进入"最+NP"的整合框架时,程度副词"最"作为输入空间1,进入人们心理时就激活了关于"最"的概念图式,其中[+序列]、[+时空]、[+级次中的端]、[+极点]的特征被激活,名词"死亡"作为输入空间2,"死亡"的概念图式在人们心里空间中所包含的特征及其内涵义"失去生命、不顾生命、拼死、不可调和、固定、不能动……"等也被激活,这两个图式首先通过概念组合、完善,即通过两个图式域中的[+极点]和[+失去生命]的整合关系加以完善整合,最后使输入2具有[-生命]特征的"死亡"在"最"[+空间属性]的这一表征载体中形成了各个输入空间以前均不存在的新关系——"达到了不顾生命的极点",这种整合过程也正是一种新范畴或新意义构建的过程。可见"最+死亡"结构的语义的理解就是人们将"最"字句概念中含有[+时空]、[+达到……极点]的特征元素提取出来再与"死亡"概念中的[+失去生命]内涵义通过组合融合而成。结合当时的语境信息——世界杯比赛,人们的脑海中就会浮现"精彩、激烈"等场景,由此产生"最死亡"的信息整合过程:

承办世界杯比赛就像组织激烈的战斗(战斗中会有死亡)→(为办比赛)不顾生命→(为办比赛)达到失去生命的极点→<u>最死亡</u>

"最死亡"的整合图式如下:

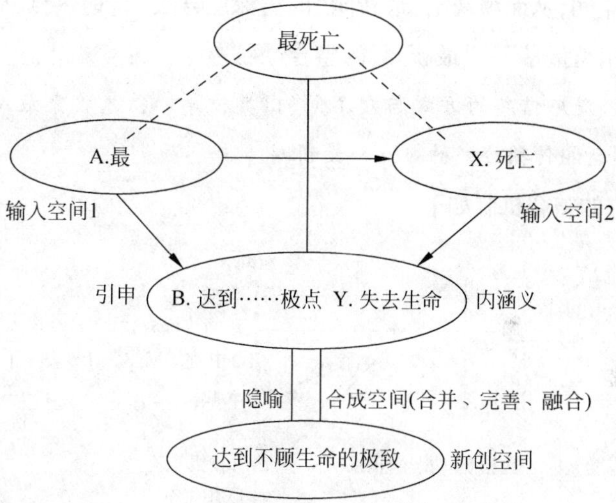

这里"最"与"死亡"的整合是两个相关概念在其引申、隐喻基础上的整合,二者是"截搭"构句(沈家煊,2006),也是一种相对高级的整合(张云秋、王馥芳,2003)。由此,当人们表达"达到不顾生命的极点"的含义时,就可用"最死亡"来表达。

6.2 "最"和"NP"联想义的扩展融合

"最"和"NP"联想义的整合具有转喻特征。从认知经验来讲,当某些名词与"最"相结合构成了"最+NP"后,潜藏在人们心理空间的概念和相关信息就会被激活。这种心理空间的整合和映射其实就是一种新的概念化过程,即一个由旧有知识、旧有经验描述新经验,形成和理解新概念的过程(余渭深,2004)。比如例(3)中"最新闻"的整合,当"最"和"新闻"进入"最+NP"结构以后,旧有知识和旧有经验告诉我们,"最新闻"的含义不能简单的认为是"最新的新闻",而是分别作为两个输入空间进入"最+NP"框架,"最"的意义潜式"达到……极点"被激活,潜藏在人们心理空间的概念"新闻的性质以及新闻(报纸、广播、电视、网络、手机报)传播的方式等"联想意义也被激活,通过两个词各自激起的心理空间,对两个输入空间投射到合成空间所构成概念部分元素的组合,在新创结构中就形成了各个输入空间以前均不存在的新关系——达到了新闻传播方式的极点,这种组合过程也正是一种新范畴或新意义构建的过程。这个类属空间继续扩展,由新闻的传播方式,进而转喻为信息的搜集,在"最+NP"结构中合成"最及时、最权威、最全面的信息"的类属空间,从而浮现出"最新闻"的更深层含义"传递热点、提炼信息的方式与众不同、出类拔萃"。"最新闻"的整合过程为:

传递热点、提炼信息的方式与众不同、出类拔萃→信息搜集最及时、最权威、最全面→达到新闻传播方式的极点→最新闻

"最新闻"的整合机制如下:

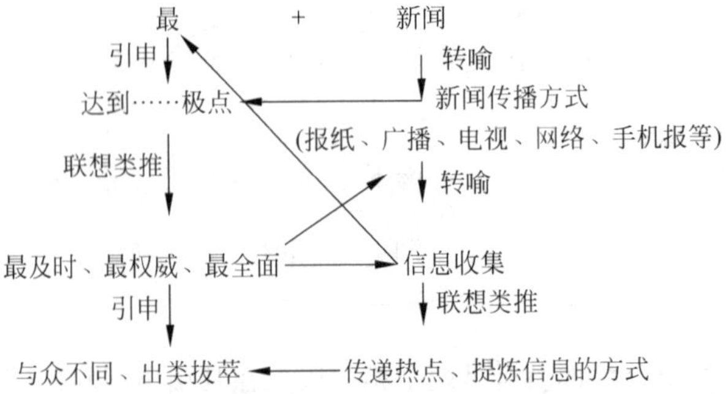

"最"与"新闻"的整合经过了一系列的引申、联想类推和转喻的过程,是较为复杂的组合扩展融合,因而也是一种相对高级的整合,其中既有相似概念的整合,也有相关概念的整合,是"糅合"加"截搭"型构句(沈家煊,2006)。

6.3 "最"和"NP"附加义的完善扩展融合

"最"和"NP"附加义的整合也具有转喻特征。比如例(1)中"最北京"可以是"最"的概念图式与"北京"的概念图式(地理位置、气候、该区域人的外观形象、该地区的吃、穿、住、行的特色等)的整合,二者的整合也就是两种概念图式的相互映

射，而在组合、完善、扩展过程中，“北京”概念图式中的“北京特色”的情景被激活，联想到“北京的吃、穿、住、行的特色”进而根据具体语境推理至“北京胡同”，因而“最北京”的信息整合过程为：

北京街巷的特点是有胡同→胡同能代表北京街巷特色→(胡同)达到最能代表北京特色的极点→(胡同)<u>最北京</u>

“最北京”的整合机制如下：

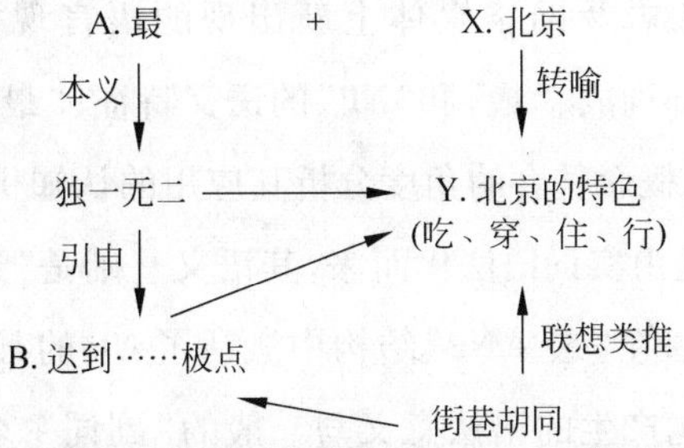

这里“最”与“北京”的整合是两个相关概念在其引申、转喻和联想类推基础上的整合，是从概念AB中抽取一部分A，从概念XY中抽取一部分X，是“截搭”构句(沈家煊，2006)。也是一种相对高级的整合(张云秋、王馥芳，2003)。由此，当人们表达“(某物)达到北京特色的极点”的含义时，就可用“(某物)最北京”来表达。

6.4 “最”和“NP”比喻义的融合

“最”和“NP”比喻义的组合融合实际上是可接受度比较高的整合，因为NP的比喻义就是根据其特征的象似性产生的，是象似性图式特征的激活，而有特征就有程度的差别，所以很容易与表示最高程度的“最”融合，如“最天使”就是“最”和“天使”的比喻义——“天真可爱的人”的整合。当“最天使”分别作为两个输入空间而进行组合、完善、扩展时，实际上人们已经加入了对这两个词语所蕴含的所有意义的推理，其中也包括比喻义的推理输入。“最天使”的信息整合过程为：

神的使者→天使→形象天真可爱的人→达到天真可爱的极致的人→最天使

“最天使”的整合机制如下：

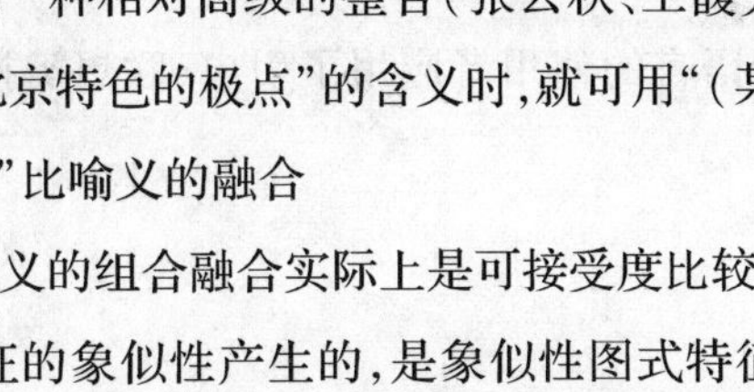

综上可见,上述"最+NP"结构的本质都不是组合性的,而是概念整合性的。"最+NP"结构的认知和应用机制是整合。

七 结 语

本文根据报纸杂志及网络媒体上新出现的语言现象,尝试对汉语新型"最+NP"结构的内部构成、"最"和"NP"的语义特征、"最+NP"的结构特征及其关系进行描写并从概念整合的角度分析其应用的认知机制。本文认为:由于表程度的副词"最"是由实词语法化而来,其语义基础是"达到……极致"之意,其本身具有空间属性,在"最+NP"结构中激活了NP的某种属性特征,从而使得"最+NP"这一结构产生的语法意义与一般的"副词+名词"不同,具有名词性特征,主要充当主语、宾语和定语,具有指称和属性说明的名词性句法功能。汉语新型"最+NP"结构表达了言者"主观认定某人或某物达到NP特定属性的极点"。我们认为"最+NP"结构的本质来源于人们心理空间概念的整合性,这一结构的产生是由于语言的使用者应用了引申、联想类推、隐喻和转喻进行整合的结果。

参考文献

黄伯荣、廖序东 2002 《现代汉语》(下)(增订版),高等教育出版社。
刘 顺 2003 《现代汉语名词的多视角研究》,学林出版社。
沈家煊 2001 语言的"主观性"和"主观化",《外语教学与研究》第4期。
沈家煊 2006 "糅合"和"截搭",《世界汉语教学》第4期。
武荣强、赵 军 2006 "最"的语法化和主观化,《湖南科技学院学报》第6期。
许 慎 1963 《说文解字》,中华书局。
余渭深 2004 复合空间模式在语言理解研究中的应用,载束定芳主编《语言的认知研究——认知语言学论文精选》,上海外语教育出版社。
赵 军 2009 "最"类极性程度副词的形成和发展,《宁夏大学学报》第4期。
张旺熹 2006 《汉语句法的认知结构研究》,北京大学出版社。

张云秋、王馥芳　2003　概念整合的层级性与动宾结构的熟语化,《世界汉语教学》第 3 期。
张谊生　2004　《现代汉语副词探索》,学林出版社。
Fauconnier & Turner　2002　*The Way We Think: Conceptual Blending and the Mind's Hidden Complexities*. New York: Basic Books.

(作者通信地址:1. 新疆农业大学语言学院,新疆　830052;
2. 北京语言大学汉语水平考试中心,北京　100083)

语用平面中的语篇起始标记衔接语探讨*

邢　欣、郭　安、孙敬辉

摘　要：本文主要从三个平面角度研究口语中的语篇起始标记衔接语。指出了起始标记衔接语的元话语特征，并对它在语篇中的位置进行了分析。由于起始衔接语主要是以语篇的衔接和关联为目的，是组织语篇的表达手段，也能反映出作者的态度，所以本文重点对起始衔接语的语用功能进行了分类分析。从总体的角度探讨了起始衔接语的共性规律。

关键词：起始；衔接语；元话语；语用功能

〇　引　　言

现代汉语中的三个平面是胡裕树和张斌合作一起提出的重要语法论述，经过范晓、王维贤和范开泰等学者的深入研究探讨，发展和完善了这一学术观点，形成了重要的三个平面理论。三个平面理论提出之后，现代汉语语法研究开始了对语法结构、意义和语用分开来深入探讨的新局面，由此带来了汉语语法从注重结构转向注重功能研究的转折点，也引发了延续至今的多角度研究视角。从这个角度来看三个平面理论，其开创意义是显而易见的。而近年来的语篇衔接语研究也是在语用平面基础上的深入发展。本文主要探讨语用平面中的语篇衔接语问题。

---

* 本文所研究起始标记衔接语语料主要来源：(1)邢欣硕博研究生讨论班集体思考、讨论所得。对本文成文做出贡献的成员有高岩、赵毅玲、孙圆圆、申云玲、李宏亮、张永涛、张倩文、孟建军、童沁、马超、王静、肖希冉、翟崇笑、程涵、任婧瑶、丁泽良等，向他们表示感谢。(2)文中的衔接语词语主要从电视剧人物对话、日常对话、电视节目访谈等中收集。而本文所用例句大部分来自于北京大学汉语语言学研究中心的语料库(BDCC)。文中有一些词语已有许多学者在个案研究中有所提及，诸如“你说”“我告诉你”等，但本文主要探讨这些衔接语的总体规律，不涉及他人文中的观点和分析，也就不再一一列举，仅此说明。

在语篇衔接语研究中,对于元话语标记的研究表明,语篇可以分为命题信息结构和元话语结构,元话语不参与命题信息内容的表达,只是语用平面里的表示关联功能的一些衔接词语等。我们根据这一依据重点探讨语篇中表示起始的一些词语。在以往的研究中,对于书面语篇的研究较为详尽,而对口语中的元话语研究探讨较少,因此本文重点探讨口语中的起始标记。

一　语用语篇中的衔接语

1.1　元话语与话语标记衔接语探讨

在近些年的语篇研究中,已将注意力转到了对于语篇中的一些起关联作用的衔接语研究上,而对这些衔接语的功能探讨主要集中在由元话语引发的话语标记、语用标记等新的研究领域(李佐文,2001;冯广武,2004;冉永平,2000;彭宣维,2000;吴亚欣、于国栋,2003;任绍增,2007 等)。有关汉语中的话语标记的探讨也日渐增多,探讨的主要是语用标记以及由语法化、主观化构成的话语标记(沈家煊,1998/2001;方梅,2005;李晋霞,2005;陈振宇、朴珉秀,2006 等)。学界的研究表明,元话语是指在语篇中不属于命题信息结构的一些词语。如英语中的“well”等,据李佐文(2003)介绍,元话语(metadiscourse)通常称为“关于话语的话语”,是一种常见的话语现象。Crismore(1989)认为,无论是哪种形式的言语交际,话语都包括两个层面:基本话语(primary discourse)和元话语。基本话语表达关于话题的命题信息。元话语告诉读者如何理解、评述关于话题的命题信息。基本话语和元话语的区别体现在以下三个方面:(1)内容不同。基本话语传递命题信息,它们是言语交际的主体,如叙述某个事件,论证某种观点等。元话语并不介入话语的基本命题内容,只是起到组织话语结构,表明发话者态度的作用,元话语是言语交际过程的调节和监控。(2)目的不同。基本话语的目的是传递信息,元话语的目的是调控和组织话语,使听话者更好地接受信息。从这个意义上来讲,基本话语和元话语的终极目标是一致的,即顺利完成交际任务。(3)作用方式不同。基本话语可以使受话者直接获取信息,而元话语只能通过对话语的组织和调控间接地使受话者获取信息。可见元话语和基本话语之间有很大的不同。但必须强调的是元话语作为一种话语现象,与基本话语联系密切,是不能截然分开的,它们的共同作用是促使交际任务顺利完成。而 Ken Hyland(2008)对元话语的探讨则使得这一研究领域更为深入。根据 Schiffrin (1987)的研究,如上所述的元话语都是话语标记(discourse markers)。话语标记是指依存于前言后语、划分说话单位的界标(任绍曾,2007)。这些词语在语篇中主要起衔接作用和关联作用,保持会话连贯。由于会话中的起始标记衔接语的主要作用与元话语基本相同,用于会话的连贯,因此,可以归入元话语中。

1.2 关于衔接语的关联功能探讨

以衔接语为核心,可以看出语篇的不同功能。我们按照语篇内容划分出两种不同的功能,即信息功能和关联功能。语篇的最高层级只含有关联性功能。关联性功能(屈承熹,2008)反映语篇的构成模式,而信息功能主要反映在语句内在的意义上,反映语篇的命题意义,可以称作信息模式。由此我们将语篇分为以关联性为主的模式和以信息模式为主的模式。在不同的语篇中这两类模式的特点也不同。含有衔接语构成的关联功能模式,主要指含有一定泛化信息的模式,如发话模式、应答模式和延续模式等。这三类中都包含有元话语标记衔接语。如发话模式词语"喂/那",应答模式词语"嗯/行",[①]延续模式词语"那么"等。

1.3 交际策略中的衔接语

根据 Ken Hyland(2008)的探讨,在话语中,说话人/作者和听话人/受众构成了会话中的交际双方,会话的顺利进行包含了双方的互动和语言交换。由此,我们可以从交际策略的角度来看起始标记衔接语的元话语特点。说话人在话语中往往会考虑到受众的接受角度来组织衔接语,用更策略的方式使会话达到预期的效果。这几种策略用语如下。

1.3.1 招呼语

在会话开始时,交际中的发话人首先要跟受众方打招呼。招呼语也都有固定的词语和句式表达,如:"你好""吃了吗""去哪儿"等。这些招呼语虽然形式上凝固成一个整体,语义上也仅表达打招呼之义,但还不完全属于元话语衔接语,还含有一些命题信息内容,从应答句中可以看出其信息意义。例如:

---

① 本文主要讨论发话模式和延续句模式中的衔接语,关于应答衔接语的讨论见邢欣、徐善玉(2010)。

发话人:	答话人:
(1) 你好。	你好。
(2) 吃了吗?	吃了。
(3) 去哪儿?	去图书馆。
(4) 干吗去?	去食堂吃饭。

我们所说的元话语起始标记,是指只表示关联意义的衔接语,如:“喂、那个谁、来来来”等。这些词语已经失去了原来的词语含义,成为虚化的语篇标记,表示会话将要开始,并且不需要受众方对这些词语做出回应。

1.3.2 礼貌语

这一类衔接语是从尊重受众的角度来开始发话。在表达自己意思或观点时使用礼貌用语作为句子起始衔接语,例如:“请问、请让让”等。

1.3.3 委婉语

委婉语是指发话人顾及受话人情绪和可接受程度,将敏感的话语用可接受度高的方式表达出来,这一类衔接语只有一小部分是作为句子起始衔接语,大部分都用于句子延续中和句子结尾,已经有不少关于这方面的研究。比如:“是不是、好不好、是吧”等。

二 起始标记衔接语的特点

起始标记衔接语是指在语篇中或话语中处于句首位置的一些主要起关联作用的元话语标记词语。这些标记词语中典型的发语词在现代汉语中很少,只有招呼语和延续句起始衔接中才有几个,例如:

招呼语:喂　哎　噢　嗨

延续语:嗯……

大部分都是由语法化后的词语转化而来的。

2.1 起始标记衔接语的语法化特征

衔接语的最主要特征是语法化特征,即语用语法化(沈家煊,1998)。其探究语法化的原因,主要引用主观化(沈家煊,2001)的说法。语法化包括以下两种:

2.1.1 实词虚化

这一类由原来的动词、形容词转化为衔接词,有些虽然还属实词里的副词,但其作用只表示语篇的关联衔接,起关联作用。例如:

(5) 干脆

a:形容词:他说话很干脆。

b:副词:干脆你别去了。

(6) 犯不着

a:动词:你犯不着为此生气。

b:副词:犯不着冲我发火吧。

2.1.2 固化结构

固化结构指由短语或小句凝固而成的衔接语。这一类经过重新分析后已经固化下来,相当于一个词,在句中起关联作用。又可以按照结构特点分为:

A. 短语类。例如:

也就是说、大概其、也许是

B. 小句类。例如:

我猜、我说、这么跟你说、你说说你、我告诉你、你听听

由短语或小句固化而来的衔接语,这一类还带有主观性,含有弱信息功能,可以看作是语用标记。

2.2 连续统特征

从语篇的会话结构来看,语篇中的语句可分为命题信息结构的语句和关联功能的词语两大类。关联功能只表示语篇的连贯,不涉及命题信息的内容。从衔接语的特点来看,从关联功能到命题信息是一个连续统,因此,有些衔接语只表示关联功能,如"嗯""那么"等。有些衔接语含有较弱的信息量,有些泛化的语用义,如表示猜测语气"似乎是""好像是",表示确信语气的"真的""的确"等。起始标记衔接语也反映出从关联功能到信息内容的连续统特征(邢欣,2007/2008)。连续统特征是指衔接语虚化的过程中出现的非离散特征,是由于语义不断虚化形成语法化转变的过程。从语义角度来看,语义虚化形成了一个语义连续统。在连续统中,起始衔接语的语法化过程是一个语义逐渐轻量化或减量、关联功能不断强化的过程。例如:

(7) 我说

我说得他哭了——→我说我不行,你非说行——→我说兄弟——→我说,刚才那个人,你了解吗?

"我说"从主谓句中的主语和谓语发展到引出引语,开始虚化为语用标记,再进一步虚化为句内衔接语,最后虚化为语篇开头的起始标记。

(8) 来

我来了——→来一斤——→来两个——→少来了——→来来来,过来见个面吧——→来,动下腿,让我过去——→来,要不要摁个手印

"来"从最初的动词发展为买和要的意思,进一步虚化为表示不满情绪的表达,再进一步虚化为移位后表达的打招呼,最终虚化为起始衔接语中的招呼语。

这些词语在由实义词语或句式向衔接语转化的过程中,语义逐渐虚化,变为表关联的元话语标记。

三　语篇中的位置分析

起始标记衔接语在语篇中虽然都处在语句句首的位置,但根据语篇布局的特点,又呈现出不同的位置特点。

3.1　按照语篇衔接形式的位置分析

语篇的特点是具有完整性和连贯性,无论书面语篇还是会话语篇,都用一定的关联手段组织篇章结构,显示出语篇的连贯性。从形式上看,起始标记衔接语的语篇位置也有所不同。

3.1.1　发话句或起始句位置

这一类衔接语可以在会话的话轮发语句首或语篇的起始句句首位置。在古代汉语中,有许多发语词表示这种衔接语。主要有:夫、维(唯、惟)、若夫、盖。举例如下:

(9) 夫将者,国之辅也。

(10) 惟辟(国君)作福,惟辟作威。

（11）若夫淫雨霏霏，连月不开。

（12）盖闻君子不弃义以取利。

在现代汉语中，由于发语词的缺失，处于发语位置的衔接语较少，典型的发语衔接语只有以下几个：喂、嗨、哎。

这几个的语用功能含义也不完全等同于古汉语的发语词，更多的是表示招呼，更像是独词句。这种缺失便由其他语法化后的词语来填充。主要有：我说、说、问题是、来（来来）、不兴……、就兴、没准、犯不着、敢情、生怕、但凡、我告诉你啊。

3.1.2　延续句位置

延续句是指语篇中处在起始句之后位置或在应答句位置的句子。这一类中的衔接语较多，大部分起始衔接语都是处在延续句开头的位置上。例如：好、省得、生怕、嗯、那么、这个、那个、不错、然后、这样。

3.2　按照语句衔接形式的位置分析

这一类是指处在一个独立句子或复句开始位置的衔接语。这一类又可分为两个小类。

3.2.1　句外位置

这一类指位于一个语句之前，但不属于这一语句内部的词语。在书面上往往用逗号隔开，在口语中有明显的停顿，或可加上语气词。例如：

（13）我先告诉你啊，这么做不对。

（14）我说啊，你别对着干了。

（15）说实话，我也不想去。

3.2.2　句内位置

这一类也往往位于句首，不过与语句关系更为密切，中间没有停顿，包括句首插入语在内。例如：

（16）别说你不会，我也不会。

（17）保不准他就不回来了。

（18）没准又走了。

（19）其实我不想去。

四 语用功能分析[①]

由于起始衔接语主要由词语虚化或固化而来，在语篇中主要是以语篇的衔接和关联为目的。这些元话语词语帮助构建连贯的语篇，帮助了解说话人对语篇内容和受众态度的标记，是组织语篇的一些表达手段，也能反映出作者的态度。从言语行为角度来看，这些元话语衔接语还含有语用中的以下功能。

4.1 提示功能

起始标记衔接语最主要的功能是提示功能，所以，几乎以下其他各类的衔接语都首先具有提示功能。也可以说，提示功能是语用功能中的最常态用法。这一类衔接语关联度最高，语义也最虚，可以说是典型的起始标记衔接语。

4.1.1 发话模式中的起始衔接语

这一类中起发话作用的主要有：就说、是说、说、这、那、来、那个谁、喂、要说、别说、那个、说起来。举例如下：

(20) 就说大众旅馆吧，已经住进160多户了。

(21) 说要把大象装冰箱，总共分几步？

(22) 那有事故啊，排除啊，是怎么处理呀。

(23) 这要再生不出儿子，就……。

(24) 那个，你们都信我就对了。

(25) 要说这个确实，这我说咱们这牛街变化是特别大。

4.1.2 招呼衔接语

起招呼作用的主要有：那个谁、喂、啊、嗨、来来来。举例如下：

(26) 那个谁？司马相如曾经写过一个《上林赋》。

(27) 来来来，让一下。

(28) 喂，干什么去？

---

① 应答模式是一个值得进一步探讨的模式，在这一章的语用分析中暂不做考虑。

4.1.3　延续模式中的起始衔接语

有些衔接语也表示话语延续的意思。主要有：嗯、那么、这个、那个、不错、然后、这样。举例如下：

(29) 那么我们再看看这个问题如何解决。

(30) 这个，当时是跟那个元朝有关系的。

4.2　征询功能

具有询问功能的语篇起始标记衔接语都是有疑而问的。根据是否有预设又可以分为两类。

4.2.1　无预设类

这一类发话人只是希望听话人有所回应，但是对回应的态度没有预期的要求。主要有：请问、我问你、你知道吗。举例如下：

(31) 请问你对这个事件有什么评价？

(32) 我问你，你到底哪儿来的那么多钱？

4.2.2　有预设类

这一类则是在征询意见时有一个心理预期，希望得到对方肯定。这一类词语有：要不、要不然、是吧、怎么着、你知道吧。举例如下：

(33) 要不这样吧，我帮你热一热。

(34) 怎么着？你们到底要不要？别老摩挲着看个没完，光笑不说话都给摸小了。

4.3　提醒功能

这一类起始衔接语有引起听话人注意的提醒作用。主要有：那啥、知道吧、你看(瞧)、我看、(你)听我说、我说、你说、这么跟你说吧、你看你、你说说你、你看、我看、你听听(看看)。举例如下：

(35) 我看刘备和孙权两家，表面很亲热，实际上互相猜忌得厉害。

(36) 你看，我出生在北京我就没离开这个海淀区。

(37) 你说不折腾，孙子能出来吗？

(38) 你看你怎么聊上了。

(39) 我说，要这么点儿事儿，就把你气成这样，你这心眼儿也太小了。

(40) 你看看，我不就随便一说嘛。

4.4 告知功能

这一类起始衔接语主要用来表明以下话语是作为新的信息或内容。主要有:我告(诉)你、你听着、我跟你说啊。举例如下:

(41) 我告诉你,苏群他现在的处境很危险。

(42) 我跟你说啊,你还真得好好儿动点儿脑子了。

4.5 补充功能

这一类起始衔接语一般用在延续句中,既有对前一内容的回应,又主要提示后续内容是对前一内容的补充。主要有:还有、还有就是、这么着吧、对了、噢,对了、换句话说、省的、也就是说、我的意思是、确切地说、就是说、怎么说呢。举例如下:

(43) 这么着吧,你们回去好好想想,前后左右都想到了,要是觉得有问题就算了。

(44) 对了,小曾刚结婚,真为他高兴。

(45) 也就是说,地球总是斜着身子在绕着太阳旋转。

4.6 猜测功能①

这一类起始衔接语说明说话人对后续命题信息的不确定和没把握,主要有:说不定、架不住、保不齐、我猜、大概其、我估摸(约莫、琢磨)着、照理说、按理说、好像是、看上去、看起来。举例如下:

(46) 说不定,有朝一日还会送到什么博物馆里去。

(47) 我估摸,他一定不清楚自己的病情。

4.7 意外功能

这一类起始衔接语说明话语中的内容有意料之外的含义,也就是没有在心理预期之内的含义。

4.7.1 一种是表示前一话语是意料之外,后续句表示结果。这一类有:怪不得。举例如下:

(48) 怪不得这几位环卫工人说:"在这里当清洁工,轻轻松松。"

4.7.2 另一种是表示后面所述内容出乎自己意料。有:哎哟。举例如下:

① 本文表示猜测功能起始衔接语用例部分来源于张倩文未发表论文"可能补语肯定、否定形式的非对称性及语法化研究"。

(49) 哎哟,你怎么瘦成这样了。

4.8 干扰功能

这一类起始衔接语往往出现在延续句中,表示对说话人话语的中止并开始新一轮话语。可以分为两类。

一类表示前一话题结束,既有应答功能,又有提示功能。主要有:得了、拉倒吧、去(去你的)、哪有。举例如下:

(50) 得了,你就别装了,你看得眼睛都快对起来了。

(51) 拉倒吧,看书都看不下来写啥书啊。

另一类表示主观上不赞成,只有提示功能,完全虚化了。主要有:不是、别介、真是的。举例如下:

(52) 不是,那个,怕建国听见不合适。

(53) 别介,我不就这么一说嘛。

4.9 总括功能

这一类起始衔接语也出现在延续句中,表示对前面所有话语的总结,也有要结束对话的意思。主要有:好、那今天就到这、那行、那就这样吧、反正。

4.10 引述功能

这一类起始衔接语一般表示后面的内容有转述的含义或是一种引用语。主要有:听说、据说、有消息说。举例如下:

(54) 据说,受刘小雄骗的女孩不下几十人,其中一个叫许丽的女孩被骗得最惨。

(55) 听说安排我星期四出院。

4.11 确定功能

这一类起始衔接语表示后面的话语中有说话人的主观态度,表明说话人确信话语中内容的真实性。主要有:真的、的确、说真的、照实说、说实话,到底、实际呢。举例如下:

(56) 真的,那天看到他这儿吃一点那儿喝一点,群众可高兴了!

(57) 说真的,你怎么放这样的片? 不怕没人看吗?

五 结 语

关于语篇起始衔接语的研究是近年来的语篇功能研究热点。许多学者从某一个别词语的语法化角度、语篇言者说角度、话语和语用标记角度进行了大量充分的研究。但是从一个总体角度探求这一类衔接语共性规律的著述并不多见，所以本文试图从三个平面角度找出一些共性规律，尽管我们也发现了这一类衔接语的元话语特征、句法位置分布特点和语用功能特点，但语用功能远非以上探讨的几个类别，而衔接语本身又呈现出语义的连续统上的多义特征，具有兼类功能，所以在我们的探讨中，也发现了一些很难归类的衔接语，这些词语如下：

反正、不管怎么说、就、但凡、简直、要是、到底、都、只要、如果、就算、敢情、那当然、当然是、先甭管、自然就、生怕、没准、不兴、就兴、说起来、别怪、或者说、犯不着、原来、本来。这些现象有待更深入的探讨。

参考文献

陈振宇、朴珉秀　2006　话语标记"你看"、"我看"与现实情态，《语言科学》第3期。
方　梅　2005　认证义谓宾动词的虚化——从谓宾动词到语用标记，《中国语文》第6期。
方　堃　2009　《对于含有"说"这一结构的篇章功能分析》，中国传媒大学硕士学位论文。
冯广武　2004　汉语语用标记语的语用、语义分析，《现代外语》第2期。
李晋霞　2005　论话题标记"如果说"，《汉语学习》第1期。
李佐文　2001　论元话语对语境的构建和体现，《外国语》第3期。
李佐文　2003　元话语：元认知的言语体现，《外语研究》第1期。
彭宣维　2000　主题发展与衔接，《语言文字学》第4期。
屈承熹　2008　关联理论与汉语句末虚词的语篇功能，《华东师范大学学报》第3期。
冉永平　2000　国外话语标记语的语用学研究综述，《外语研究》第4期。
任绍曾　2007　《话语标记》导读，《话语标记》(Schiffrin 著)世界图书出版公司、剑桥大学出版社。
沈家煊　1998　语用法的语法化，《福建外语》第2期。
沈家煊　2001　语言的"主观性"和"主观化"，《外语教学与研究》第4期。
吴亚欣、于国栋　2003　话语标记语的元语用分析，《外语教学》第4期。

邢 欣 2005 从X-阶标理论对小句的分析看小句中枢说,《汉语学报》第4期。
邢 欣 2007 视角转换与语篇衔接语,《修辞学习》第1期。
邢 欣、白水振 2008 语篇衔接语的关联功能及语法化——以部分感观动词语法化构成的衔接语为例,《汉语学习》第3期。
邢 欣、徐善玉 2010 语篇中元话语功能应答衔接语探讨,《语篇衔接与对外汉语教学》,世界图书出版公司出版。
Crismore 1989 *Talking with Readers*: *Metadiscourse as Rhetorical Act*. New York: Peter Lang.
Halliday, M. A. K. & Hasan, R. 1976 *Cohesion in English*. London: Longman.
Ken Hyland 2008 *Metadiscourse*(元话语). 北京:外语教学与研究出版社。
Schiffrin, D. 1987 *Discourse Markers*. Cambridge: Cambridge University Press.

(作者通信地址:中国传媒大学)

汉语中有屈折形态吗?*

杨锡彭

摘　要:汉语中的所谓屈折变化只是通过词内语音变化(包括声、韵、调)造成另一个不同的词,这是各种类型的语言都有的造词手段。一般说汉语缺乏形态,主要是说汉语缺乏词形变化构成的表示语法范畴的构形形态。有关著述报道的上古汉语或现代方言中的内部屈折都只是构词屈折,而关于方言中构形屈折的报道和分析都是不能成立的。

关键词:构词;构形;屈折形态

马建忠(1983:246)说:"中国文字无变也,乃以介字济其穷。"金兆梓(1983:18)说:"英人 Joshua Marshman 博士(1767—1837)是研究中国文法最早的一个人,他说'中国的文法,完全依靠在位置上。譬如一个"大"字,其根义(Root meaning)作 being great 讲,却可把它用作名词,作 greatness 讲;用作静词,作 great 讲;用作动词,作 to be great 或 to make great 讲;用作副词,作 greatly 讲。'英人 Henry Sweet 亦说'中国文字文法上的关系,是全靠着文位和虚字表示出来。如拉丁文字虽亦用虚字,但全靠字的形变(Inflection)的。所以中国文字是一种独立制文字(Isolating language),拉丁文字却是一种形变制文字。'"

所谓"中国文字无变"或"独立制文字(Isolating language)",说的是跟拉丁语等屈折语相比,汉语无屈折变化的形态。无屈折变化是指一个词在句法结构中处在不同位置、具有不同功能时,词的形式没有变化。然而,一直以来,一些著述认为汉语也有屈折变化的狭义形态。其实都是误解。汉语中的所谓屈折变化只是通过词内语音变化(包括声、韵、调)及附加词缀造成另一个不同的词,例如似乎已

* 本文为江苏省社科基金项目"汉语广义形态研究"(08YYB006)成果的一部分。

成定论或共识的上古汉语清浊声母的交替区别自动词和他动词,就只是通过音变造成了不同的词,而不是构造同一个词表示不同语法范畴的不同词形。金理新(2006)所说的上古汉语形态只是构词形态(例如"背*,peg-s,补妹切,脊背;背*,beg-s,蒲昧切,弃背"),而一般所说的汉语(包括上古汉语)没有形态或缺乏形态是指没有构形变化的狭义形态。因此,金理新(2006:1)对学界否认汉语(包括上古汉语)有形态的批评是不能落到实处的。

综观语言学著述关于形态的分析,常见混淆构形形态和构词形态的情形。张斌(1998:34)对狭义形态和构词形态做了明确区分。一个词可以通过不同的词形表示不同的语法范畴,这是严格意义上的屈折形态。例如英语 foot 和 feet,see 和 saw,take 和 took,都是同一个词的两个不同形式,不同的词形表示不同的语法意义。food 和 feed、full 和 fill 却是不同的词,尽管它们的差别也是通过词内元音交替形成的,但是元音交替构造出两个不同的词,而不是构造了同一个词表示不同语法意义的两个词形。如果要把这样两种内部屈折加以区别的话,通过词内音位交替形成同一个词的两个以上不同词形的内部屈折是构形形态,通过词内音位交替造成不同的词的内部屈折是构词形态。此外,附加附缀性成分也是一种屈折变化,但也有构词和构形的区别。例如英语 work 和 worker 是两个不同的词,-er 是构词成分,虽然也有表示语法范畴的功能,但附加在 work 上造成的是另一个词,而不是构成同一个词的不同词形。work、works(-s 表示现在时、第三人称、单数)或 book、books(-s 是名词复数后缀)则是同一个词的两个不同词形,-s 是构形成分。前一种附加属于构词形态的附加,后一种附加则属于构形形态的附加。

构词形态的内部屈折是不同类型语言都有的造词手段,不管是屈折语、孤立语还是黏着语,都采用音变的手段造词(包括以超音段要素的变化造词,例如以重音变化、音高变化、长短音的区别造成不同的词),而屈折构形则主要是屈折语的语法手段。一般说汉语缺乏形态,主要是说汉语缺乏构形形态。至于构词形态,包括词内语音屈折或附加词缀造词,汉语中当然也有。当然,汉语用附加所谓词缀的方法造词跟屈折语的附加词缀造词也是有差别的,汉语的词缀在很多情况下有一定的任意性,例如比较"棍子"和"长棍"可以看出,"子"并不是必有的。印欧语中的构词词缀性质则不同,有无词缀是两个不同的词,例如英语 work 和 worker。所以汉语中词缀跟印欧语中的词缀其实是不一样的。汉语中词缀的确定有很多问题(杨锡彭,2003),但是一般讨论构词法时也用词根、词缀之类的术语,其实只是“权宜”之说,但也无不可。不过,无论如何,汉语只有构词形态,而无构形形态。说汉语缺乏形态,主要是说汉语没有屈折语那样表示语法范畴的构形形态。

从音变构词来看,上古汉语曾经有过变化一个词的声母或韵母或改变声调以构造新词的方法,王力(1993:56)称之为“滋生”。从“滋生词”实例来看,改变声母、韵母或声调的结果只是造成了另一个词,尽管造成的词可能意义、语法功能都不相同,但不属于构形变化,因为不是“滋生”出同一个词表示特定语法意义的不同语法形式。

周祖谟(1966)讨论“四声别义”的性质,指出:“以四声区分字义,远自汉始,至晋宋以后,经师为书作音,推波逐澜,分辨更严,至陆德明经典释文,乃集其大成。”该文胪列了丰富的四声别义实例,包括因词性不同而变调和因意义不同而变调这样两种情况,实际上都是通过变调造成不同的词。

“滋生”或四声别义造成的词留存到现代汉语中,但是“滋生”或四声别义的造词方法在现代能产性已经很弱,尤其是在普通话中,已经几无造词能力。方言中也有大量的“滋生”或四声别义造成的词,但在现代方言中这类造词方式无疑也已衰落。袁家骅等(1989:50)指出,陕西商县话人称代词利用声调的变换表示单复数,“我”“你”“他”读上声(53)表示单数,读阴平(21)则表示复数,这样的变调构词不一定是上古汉语的留存,很可能是创新的结果。因为缺乏文献或其他佐证,方言中这类词的历史层次大都不清楚。即使是相对于上古汉语来说是创新,但“新”到什么时间层次,也是难解之谜。

不少著述报道了现代汉语方言中的内部屈折形态,刘雪霞(2007)则根据有关汉语方言形态的报道认为上古汉语为屈折语说是可信的。但是,有关著述报道的汉语方言形态都只是构词形态,而所谓构形形态的报道和分析都是不能成立的。汉语方言中的内部屈折形态并不能证明汉语中有狭义形态,当然更谈不上证明上古汉语是屈折语。

从构词形态的内部屈折来看,有关报道包括:江苏赣榆话人称代词利用音素的增减表示单复数(袁家骅等,1989:50);河南郑州、原阳、获嘉一带的方言中的“变韵”相当于加词缀“子”(袁家骅等,1989:51);广东增城话、惠州话人称代词单数与复数的对立是通过变调来形成的(何伟棠,1993;刘若云,2003);山西洪洞话用变韵加变调形成人称代词单数和复数的区别,万荣话人称代词通过改变音长和声调区别单复数(乔全生,1996);等等。所有这些内部屈折都是通过词内语音变化造成不同的词,而不是构造同一个词的不同语法形式,因此只是构词屈折,不是构形屈折。

关于方言人称代词通过语音屈折区别单复数的报道特别多。但是,汉语中人称代词的"人称"和人称代词单复数的"数"都只是词汇意义上的"人称"和"数",而不是语法范畴的"人称"和"数"。英语人称代词的"人称"和"数"其实也是词汇意义的"人称"和"数"。跟人称代词有语法上"一致关系"(agreement)的是动词的"人称"和"数",动词的"人称""数"才是真正的语法范畴。动词"人称""数"的对立影响句法。在句子中,动词有相应的表示"人称""数"的形式变化。例如当主语是I时,与之相应的动词be的现在时形式是am;当主语是we时,与之相应的动词be的现在时形式是are;当主语是he或she时,与之相应的动词be的现在时形式是is。如果表示"过去",与I形成"一致关系"的动词be的形式是was,与we形成"一致关系"的动词be的形式是were,与he或she形成"一致关系"的动词be的形式是was。对照起来看,汉语人称代词的人称不同也好,单复数也好,动词都没有相应的表示语法范畴"人称"和"数"的形式变化。"我是……""我们是……""他是……",其中的动词"是"都一样。即使是表示"过去",也不是由"是"的词形变化来表达的,而是由其他成分(例如虚词)或手段来表达的。对比着看,所谓汉语方言人称代词通过内部屈折表达单复数,其实只是用语音变化构造出不同的代词,表达了词汇意义上的"人称"和"数"而已,跟作为语法范畴的"人称"和"数"是根本不同的。

再看"变韵"相当于加词缀"子"之说。汉语中的附加性成分"子"可以与一个动词性、形容词性的实义语素组合起来,构造一个名词性的派生词(例如"动词性语素+子"的"抹子、扳子、冲子、塞子、拐子、推子、探子、折子","形容词性语素+子"的"疯子、乱子、岔子、傻子、瘫子"),"子"具有造成名词的功能。但"子"前是名词性语素时,"子"在很大程度是可有可无的,往往只有韵律上凑补音节或区分同音词的作用,如"毡子、獐子、榛子、鞋子、蝎子、棍子、椅子"等。同时,汉语中单音节单位可以不通过任何词形变化而实现语法上"转类",例如动词性的"说"转类成名词性的"说"(学说、著书立说、有此一说)。所以,"子"作为名词后缀,并不是不可或缺的。

所谓变韵相当于加词缀“子”,其实只是用变韵构造了一个不同于原音节的新音节,其作用或者构成同一个单位的不同语音形式,或者造成了另一个词。因此,一方面没有必要把变韵看作相当于加词缀“子”,因为汉语的名词性单位并非一定要用后缀“子”;另一方面,变韵的实质是构造声母相同韵母不同的另一个语音形式,如果词性、词义相同,如“桌 tʂuo(阴平)→tʂuau(阴平,桌子)、院 yan(阴去)→ya(阴去,院子)”(河南原阳话,袁家骅等,1989:51),就只是构造了同一个词的不同语音形式(异读),但不构成语法上的对立;如果词性、词义不同,如“瞎 çia(阴平)→çiau(阴平,瞎子,和‘嚣’同音)”(河南原阳话,袁家骅等,1989:51),则是构造了另一个不同的词。这两种情况都不是构造同一个词表示不同语法范畴的构形变化。所以,变韵只是一般的造词手段,即使归之于形态,归之于内部屈折,也只是构词屈折、造词手段,而不是构形屈折、构形手段。

在语流中,“我们、你们、他们”的“们”发音弱化可能导致韵母脱落,以至于读成[wom]、[nim]、[t'am],[m]似乎是个表示复数的后缀。其实[wom]、[nim]、[t'am]只是连读音变造成的合音。弱读导致[mən]的韵母脱落,[m]似乎成了韵尾(其实也是自成音节的)。不能因此把“我[wo]、你[ni]、他[t'a]”和“我们[wom]、你们[nim]、他们[t'am]”的语音差异看作通过内部屈折造成的单复数形式对立。对于方言中的类似情形,是否构成一种内部屈折,也需要仔细斟酌。李如龙(2003:164—165)指出:“有人看到闽南话的[gua-guan、li-lin、i-in]的单复数对比,就连忙说这个是用‘内部屈折’的方式来表示‘数’的范畴。正如上文所述,那是一种合音形式,来自‘我侬、汝侬、伊侬’。”这样的合音也只是构词手段,而不是构形手段。此外,李如龙(2003:162—166)对于汉语(包括方言)中表示“数”“格”等语法范畴的构词形态的评析很值得借镜,对于动辄就发现一种方言中有所谓内部屈折可以表示“数”“格”的报道或分析,无疑具有清醒作用。

与方言中的构词屈折相比,更值得关注的是关于方言中构形变化的报道和分析,倘若这些方言中的构形变化是事实,我们对于汉语语言类型的认识必将改变。但是,所谓方言中屈折构形的报道和分析都是值得讨论的。

例如方言中的语法变调表示“完成”,张成材(1958)报道了陕西商县方言动词完成体的内部屈折,何伟棠(1993)报道了粤方言增城话动词变调表示“完成”。但是，到底是动词变调表示了“完成”的语法意义，还是结构中本来就不一定需要动态助词表示完成，或是句子中或上下文中的其他因素起作用，或是动词所在句子中别的虚词所表达的语法意义，等等，有待探究。例如陕西商县话动词变调表示完成的句子：刮多少芋头啦。你给我帮大忙啦。他借你的东西弄啥去啦（动词“刮”“借”“帮”有变调）。这些句子在普通话中或者在其他北方方言中都是很普通的句子，动词并不需要变调就可以表示“完成”。参照起来看，所谓“完成”体的意义是否跟动词的变调有关，是大有疑问的。而就粤方言增城话动词变调表示“完成”来说，是所有的动词或某一类动词都有变调，还是仅仅几个动词有变调？如果就那么几个动词有变调，形成变调的原因是什么？是不是语法上的要求？如果没有变调，句子中的动词是否就不能表示“完成”？所有这些，都值得进一步探究。

再看一例新近的报道。李仕春、艾红娟（2009）认为，山东莒县话、博山话“动＋宾”格式中动词变调相当于“动＋了/着/过/到”；济阳话“动＋宾”动的动词变调相当于“动＋了”，例如“今晚上俺家里放一盘鞭$_{鞭炮}$了，就不再放了”（前一动词“放”有变调，此处调值标注从略）。动词的一个变调居然能够表示“了/着/过/到”等不同虚词表示的不同语法意义，作用如此之多之大，实在匪夷所思。以“今晚上俺家里放一盘鞭$_{鞭炮}$了，就不再放了”这个句子来说，到底是动词因变调而具有了“完成”的语法意义，还是别的什么因素表示了“完成”的语法意义，是值得推敲的。其实，只要看一下普通话，例如“他去北京了，就不去广州了”之类的句子，就知道山东方言中的这类句子并没有什么特殊性，所谓“完成”的语法意义未必跟动词的变调有关系。

汉语普通话中表示完成体的“了”在某些句法环境中可以表现为零形式。吕叔湘（1980：316—317）指出，在“动＋了$_1$＋宾＋了$_2$”的格式中，当“动”表示结束性动作时，“了$_1$”常可省略；在“动/形＋了$_1$＋数量＋了$_2$”的格式中，当“动”表示结束性动作时，“了$_1$”有时可省略，等等。李兴亚（1989）讨论了动态助词“了$_1$”的隐现，指出决定“了$_1$”自由隐现的因素主要有：（1）动词前面有表示过去时间的词语。（2）动词后面有数量短语。（3）有表示连续动作的后续小句。（4）动词后面有结果意义的补语。（5）句末有“了$_2$”。这些有关普通话中“了$_1$”隐现的研究著述，似乎可为关于方言语法变调表示“完成”的分析所借鉴；而莒县、博山、济阳“动＋

名$_{处所}$ +了”的格式中,动词变调相当于“动 + 在/到”的分析(李仕春、艾红娟,2009),则似应参考一下研究普通话动词后“在/到”隐现问题的有关著述。

其实所谓变调也需要辨析。林焘、王理嘉(1992:143)指出:“根据窄带语图或可见音高仪测量基频频率自然要比五度制标调精细得多。对不同的人单独说普通话四声时的不同基频变化加以测量,转换成五度制标音,就会发现调值有种种变化,阴平可以是[55][44],阳平可以是[35][25][325][425],上声可以是[214][213][212],去声则一般都是[51]。因人和语言环境的不同而变化。目前一般把普通话的阴平定为[55],阳平定为[35],上声定为[214]。去声定为[51],因为这种调值之间的对立在单独发音时最常见,也最能表现调值之间的区别。”林焘、王理嘉(1992:143)还指出,声调的调值是相对的,不只每个人调域的调值范围不同,就是同一个人,说话时的调域也是有变化的,而且每一个调类的调值在一定的调域范围内也并不是很稳定的。由这些分析参照起来看,对于方言中的所谓变调,就需要仔细推敲,到底是真的变调,还是本来就有不同的声调,是大有疑问的。即使有变调,是不是稳定的和表示语法意义所必需的形式,也需要深究。

近年来方言研究越来越重视方言语法的研究,而方言形态的研究似乎又是一个热点。方言语法与普通话语法是有差异的,但是这种差异绝不至于大到需要重新认识汉语语言结构类型的根本性质和根本特点。汉语作为词根孤立语(Root-isolating language),其语言结构类型的性质决定了汉语不可能有屈折语那样表示语法范畴的内部屈折形态。综观现有关于汉语形态的报道和分析,不仅不能证明汉语有表示语法范畴的内部屈折形态,反而表明汉语确实没有构形变化的狭义形态。现代汉语是如此,上古汉语也是如此;普通话是如此,方言也是如此。

参考文献

何伟棠　1993　增城方言的语法特点,《方言》第2期。
金理新　2006　《上古汉语形态研究》,黄山书社。
金兆梓　1983　《国文法之研究》,商务印书馆。
李如龙　2003　《汉语方言的比较研究》,商务印书馆。
李仕春、艾红娟　2009　山东方言里的一种语法变调,《方言》第4期。

李兴亚　1989　试说动态助词"了"的自由隐现,《中国语文》第5期。
林　焘、王理嘉　1992　《语音学教程》,北京大学出版社。
刘若云　2003　惠州话词内屈折变化形式刍议,《语言研究》第2期。
刘雪霞　2007　汉语方言中的形态范畴与"古汉语是屈折语说",《语言研究集刊》第四辑,上海辞书出版社。
吕叔湘　1980　《现代汉语八百词》,商务印书馆。
马建忠　1983　《马氏文通》,商务印书馆。
乔全生　1996　山西方言人称代词的几个特点,《中国语文》第1期。
王　力　1993　《汉语词汇史》,商务印书馆。
杨锡彭　2003　关于词根与词缀的思考,《汉语学习》第2期。
袁家骅等　1989　《汉语方言概要》,文字改革出版社。
张　斌　1998　《汉语语法学》,上海教育出版社。
张成材　1958　商县方言动词完成体的内部屈折,《中国语文》第6期。
周祖谟　1966　《四声别义释例》,《问学集》,中华书局。

(作者通信地址:南京大学文学院,江苏南京　210093)

同位结构及相关问题
——兼论三个平面的分与合

高顺全

摘　要:文章首先讨论了同位结构的句法性质、句法意义以及区别同位语和本位语的形式标准。接着指出了同位结构的语用功能、同位结构中指代词用与不用的规律、人称代词是否能表达语用功能。最后以同位结构为例讨论了三个平面的区分和结合问题,认为如果没有完备的区分作为基础,就谈不上很好的综合解释。句法研究如果不充分,语用方面的结论就可能不可靠。

关键词:同位结构;三个平面;句法;语用

○　引　言

由胡裕树、张斌等先生首倡的语法研究要正确区分并有机结合句法、语义和语用的三个平面理论从提出到现在已经近三十年,它对现代汉语语法研究的贡献和影响是有目共睹的。不过,关于区分三个平面的必要性和可能性,也还存在着不同的理解。近年来,功能主义成了汉语语法研究的主流思想,语义和语用在语法研究中得到了强调,句法反倒成了可有可无的概念。

其实,句法是语法研究的基础。“如果抛开句法,语义和语用的描写将失去依据,无法使之条理化。况且句法本身有它的表义作用,不是语义和语用所能替代的。——无论如何,总得有一定的术语来称呼它们。有人认为主谓之类的术语可以不要了,也未免失了偏颇”(文炼,1991)。张斌先生二十年前说的这段话,今天读来仍然具有极大的指导意义。

以同位结构为例,近年来,有不少学者对同位结构进行了比较深入的研究。

“深入”的角度主要有两个：一是从语义（意义），着重研究同位结构的两个成分之间在语义上的上下位关系以及组配规则、认知机制，如刘街生（2004）、王忠（2005）、杨爱姣（2006）、黄阳（2008）等；二是语用，主要是对一些特殊同位结构及其构成成分的语用功能的研究，如韩蕾（2009）、张伯江（2010）等人的相关研究。可是我们发现，由于关于同位结构的句法研究还不够充分，因此有些语用方面研究的结论就不那么可靠。

本文将在描写同位结构句法性质的基础上，讨论其语用功能，并就语法研究三个平面的分与合这一问题谈谈自己的看法。

一　同位结构的句法性质

对汉语同位现象的研究，始于《马氏文通》：“凡名代诸字，所指同而先后并置者，则前者曰前次，后者曰同次”。20 世纪 20 年代，黎锦熙先生在《新著国语文法》中第一次提出“同位”这一术语，他给出的定义是：“两个或更多的名词同在一个位置，而又同指一个事物的，叫做同位”。到了 50 年代，吕叔湘和朱德熙两位先生在《语法修辞讲话》中把同位结构定义为“同位成分指相同事物的两个词或短语，把它们重叠起来用在句子里，用一个做句子的成分，用另外一个来解释它，我们说第一个是本位语，第二个是第一个的同位语。”这个解释在句法上更进了一步，即把同位结构的两个构成成分区分为本位语和同位语。此后不同版本的高等学校《现代汉语》教材大都提到了同位现象。

同位结构的“同”表现在两个方面：两个构成成分语义上指同一事物，句法上占据同一位置。可是，同位结构是不是一种独立的句法结构，是一种什么句法结构，换句话说，对同位结构构成成分之间有无句法关系、（如果有）是一种什么样的句法关系这一问题，语法学界一直存在着争议。有人把同位结构看成偏正结构，有人则处理为并列（联合）结构，还有人主张取消同位结构，因为它是“依据非基本语法关系确定的”（刘泽民，1997）。

之所以有这样的争议，跟判断句法结构的标准有关。正如张斌先生指出的那样，“实际上句法上的概念都有意义的基础，通常所说的联合、偏正、主谓、述宾莫不如此”，“逻辑关系也属事理关系，它是语义范畴”（文炼，1991）。如果根据语义标准分析，很可能只会得出这样的结论：“同位结构构成成分之间的关系既包含一定的修饰性又包含一定的并立性，是一定修饰性和一定并立性的统一”，“同位结构既不同于定中结构也不同于并列结构，但是又具有两者的特点”，“是介于定中结构和并列结构之间的一种结构”（王忠，2005）。

1.1　同位结构的形式特征

同位结构包括两个独立的语言成分，其中一个是本位语，记作 X；另一个是同位语，记作 Y。如果判断标准只有线性顺序这一个，即前面的是本位语，后面的是同位语，那么就只有 XY 这么一种排列，同位和本位的区别就没有什么价值。吕叔湘和朱德熙两位先生主要根据线性顺序区分本位语和同位成分的，不过他们又说，有时“同位语可以加在本位语的前面”。这样一来，同位结构就有 XY 和 YX 两种序列。问题是，如何区分本位语和同位语呢？

以往的研究者很少讨论到这个问题。我们提出一个形式上的标准：本位语不能扩展，而同位语则是可以扩展的。例如：

（1）a. 黄原先生　　b. 黄原老先生

（2）a. 活雷锋郭明义　　b. 当代活雷锋郭明义

（3）a. 江城武汉　　b. 著名江城武汉

（4）a. 你们美国人　　b. 你们这些美国人

c. 你们这些唯我独尊的美国人

（5）a. 你三连长　　b. 你这个三连长

c. 你这个不称职的三连长

有时 XY 和 YX 两个序列可以添加相同的语言成分，但添加后形成的结构性质却不同。试比较：

（6）a. 总理温家宝　　b. 关心群众生活的总理温家宝

（7）a. 温家宝总理　　b. 关心群众生活的温家宝总理

（6）b 仍然是一个同位结构，“关心群众生活”是“总理”的修饰语；而（7）b 则首先是一个偏正结构，“关心群众生活”是同位短语“温家宝总理”的修饰语。这是因为“总理温家宝”中的“总理”是同位语，所以可以扩展；“温家宝总理”中的“温家宝”是本位语，不能扩展——如果本位语前面有修饰性成分，那么这个成分修饰的是整个同位结构而不是本位语。

区分了本位语和同位语,再结合以往的研究,我们就可以认为,同位结构在句法上有独立的特点和要求,它应是一种独立的句法结构。具体说来,同位结构有下面几个形式特征:

第一,本位语和同位语在更大的结构中处于同一句法位置。作为一个整体,同位短语可以像其他普通名词性短语一样进入多个句法位置:主语、宾语(包括介词宾语)、兼语、定语和中心语等。

需要指出的是,这个句法位置是属于本位语的,因此本位语不能删除(删除后,充当原来同位语的名词性成分的所指会发生改变,或者所指不明),而同位语则是可以删除的(删除后损失的只是关于原同位语名词所指的附加信息而已)。例如:

(8) a. 解放思想,我们老同志有这个任务。

b. 解放思想,我们有这个任务。

c. *解放思想,老同志有这个任务。(所指改变)

(9) a. 就是涉及我这个市委书记,能不能查?也是可以查的嘛!

b. 就是涉及我,能不能查?也是可以查的嘛!

c. *就是涉及这个市委书记,能不能查?也是可以查的嘛!(所指改变)

(10) a. 同样一个海盐,在黄源老先生那里和在我这里成了两个完全不同的记忆。

b. 同样一个海盐,在黄源那里和在我这里成了两个完全不同的记忆。

c. *同样一个海盐,在老先生那里和在我这里成了两个完全不同的记忆。(所指不明)

第二,本位语和同位语之间不能插入虚词性成分,比如表示偏正关系的"的"和表示并列关系的"和"。这是它区别于偏正结构和并列(联合)结构的地方。

第三,同位成分可以扩展,本位成分不能扩展。扩展的成分不外乎两种:修饰性成分和限定、指别性成分。例如:

(11) a. 革命圣地延安　b. 位于陕西北部的革命圣地延安

(12) a. 你大记者　　b. 你这个大记者

c. 你这个省里来的大记者

(13) a. 你们男人　　b. 你们臭男人

c. 你们这些臭男人

(14) a. 你方雨林　　b. 你这个方雨林

c. 你这个不知好歹的方雨林

与此有关的是,有些同位结构(人名+表示身份的名词)可以缩略为一个复合词,缩略的一般是本位成分,但同位成分也可以缩略。例如:

(15) a. 蔡振华局长　　b. 蔡局长　　c. 蔡局

(16) a. 张强大队长　　b. 张大队长　　c. 张大队

d. 张大

第四,同位结构可以有层次,其直接成分也可能是一个同位结构。例如:

我的师父蔡振华局长("蔡振华局长"是同位结构充当的本位语)

1.2　同位结构的类型

以往的研究者把同位结构分为上位居前和下位居前两种(刘街生,2004;王忠,2005;黄阳,2008)。我们认为,尽管同位结构的两个构成成分在语义上确实大多存在逻辑上的上位和下位关系,但是"有意义基础并不等于用意义做标准"(文炼,1991)。区分了本位语和同位语,就可以把同位结构分为两种类型。

第一种:"本位语+同位语"。这类结构中的本位语包括人名和人称代词两种。例如:

王非教授　　蔡振华局长　　你大作家

你们美国人　　你们这些美国人

我这个市委书记　　你这个老队员　　你这个坏蛋　　你个坏蛋

你方雨林　　我西门庆　　他王小波

第二种:"同位语+本位语"。这类结构中的本位语主要是专有名词(包括人名和地名),也有通指名词做本位语的情况。例如:

教授王非　　歌星那英　　我最好的朋友姚明

及时雨宋江　　飞人刘翔　　铁人王进喜

首都北京　　江城武汉

博士画家　　　画家博士

总的来看,充当本位语的主要有人称代词、专有名词和通指(generic)名词三类,都具有很高的定指(definite)性质,不过人称代词和专有名词是单指定指,其定指程度高于通指(高顺全,2004a)。与此同时,人称代词必须在狭义的语境中使用,具有现场性,其定指程度又高于专有名词。

观察前面所举的语言事实可以发现,通指名词更多地充当同位语,很少充当本位语(充当本位语时,其同位语也得是通指名词);专有名词一般充当本位语(同位语是通指名词),但可以充当人称代词的同位语,而人称代词只充当本位语。这样,充当本位语的语言成分就存在这样一个优先序列:

人称代词 > 专有名词 > 通指名词

这一序列和三者的定指程度差异完全一致。其实人称代词的优先地位除了定指程度最高以外,还因为代词本来就属于句法范畴,充当句法成分是它首要功能。

这个优先序列可以帮助我们有效地判断本位语和同位语:如果同位结构中含有人称代词,人称代词总是本位语,而且是本位居前的同位结构;如果没有人称代词,专有名词总是本位语,虽然形式上可以有本位居前和同位居前两种,但以本位居前为多;如果两个成分都是通指,则后一个为本位语。

1.3　同位结构的句法意义

同位结构在形式上既然有自己不同于其他结构(并列和偏正)的特点,那么它就可以算作是一个独立的句法结构。

符号和符号组合成一个句法结构,组合后符号之间的关系就是句法意义。本位语和同位语之间的关系既不是并立,也不是修饰和被修饰。我们不妨就称之为同位。那么,本位语和同位语之间的关系意义是什么呢?

吕叔湘和朱德熙先生认为同位语是用来解释本位语的,赵元任(1968)先生把"他们外国人不会吃瓜子儿"看作是插入同位,其中"外国人"是谓语性质(可以在前面加"是",因此不能认为跟前面的词语并列),赵先生的谓语和主语关系也是说明和被说明的关系。受这些观点的启发,我们发现,无论是 XY 还是 YX 结构,本位语和同位语之间都存在"X 是 Y"这样的变换关系。例如:

总理温家宝　→　温家宝是总理

首都北京　→　北京是首都

活雷锋郭明义→　郭明义是活雷锋

蔡振华局长　→　蔡振华是局长

你们美国人　→　你们是美国人

你们差生　→　你们是差生

你许世友　→　你是许世友

"是"是用来说明或解释的。因此,我们可以把同位关系理解为说明-被说明或者说解释-被解释的关系。同位语是用来说明或解释本位语的,它可以用来"表示本位的属性,限定本位的所指范围"。(廖巧云,2007)

二　同位结构的语用功能

同位结构是人类语言里普遍存在的一种结构形式。其产生的动因大致有两个。第一,从认知的角度看,是人类认识事物的需要。"对同一事物的认识可以有不同的视角","本位成分和同位成分是表达对同一事物不同角度的认识"(廖巧云,2007),如"首都北京""活雷锋郭明义"和"王非教授"之类;第二,从篇章/话语表达的角度看,是语篇中的回指和"指示先用"原则的需要(王忠,2005),如"你们这些美国人""你许世友""我这个人"之类。

很多研究者都已经注意到同位结构具有特殊的语用功能。问题是,同位结构的语用功能主要是由谁承担的呢?要从根本上回答这个问题,还得从句法入手。

2.1　同位语的语用功能

在句子层面上,同位语没有独立的句法地位,它依附于本位语。本位语承担的是句法、语义功能,而同位语承担的则是语义、语用功能。由于两者在语义上所指相同,因此,可以认为同位结构的本位语主要承担句法功能——充当句子成分,而同位语则主要承担语用功能,在句法上完全是多余的。

同位语的语用功能在于凸显本位语所指事物的特征或者与其他事物的区别,这一特征或者区别正是说话人想要强调表达的。例如"首都北京"凸显的是北京的首都地位,"江城武汉"凸显的武汉的城市特色;"蔡振华局长"凸显的是蔡振华的局长身份，"小李广花荣"凸显的是花荣像神箭手李广的一面；"博士画家"凸显该画家不同于其他画家的博士身份，而"画家博士"则凸显的是该博士不同于其他博士的画家身份。再看下面的例子：

(17) "嘿嘿，这次考试我加了一面小旗！"差生 XXX 说。"得意什么啊，我加了两面小旗呢！你们差生永远只能加一面！"优生 XXX 说。(优生 PK 差生)

(18) 雅？我就不懂得什么叫雅。只有你江雁容才懂得雅。(韩蕾 2009 例)

"你们差生"中同位语凸显的是本位语的身份属性，"你江雁容"中同位语凸显本位语不是别人，上面两个例子都表明了说话人对听话人的主观态度。

从信息传递的角度看，同位语负载的是说话人认为有必要追加的信息，因此这一信息往往比本位语负载的信息更重要。也可以说，同位结构是一个"次要信息 + 重要信息"结构。这可以从重音上看出：同位语的发音总是较本位语为重。

2.2 同位结构中的指示代词

同位结构 XY 和 YX 大都可以转换成"X + 指示代词 + Y"，指示代词是同位语的一个组成部分。例如：

总理温家宝 → 温家宝这个总理

歌星宋祖英 → 宋祖英这个歌星

首都北京 → 北京这个首都

活雷锋郭明义→ 郭明义这个活雷锋

蔡振华局长 → 蔡振华这个局长

你们美国人 → 你们这些美国人

你们差生 → 你们这些差生

你许世友 → 你这个许世友

指示代词(这个/些/种)的基本功能就是指别：是某事物而不是其他。非人称代词做本位语的同位结构，其同位语部分一般不用指示代词，因为同位语本身就表示凸显区别。这和指示代词的指别功能是一致的，因此这种同位结构大都可以转换成带指示代词的同位短语。

人称代词做本位语的同位结构，其同位语部分大都可以加上指示代词：有些同位语部分，有没有指示代词都可以；有些则必须加上指示代词，否则就不合法。指示代词用与不用，大致有以下规律：

第一，如果人称代词是单数，同位语是光杆通指名词，那么指示代词一般是必需的。例如：

（19）a. 要不是你这个事篓子啊，也招不来这么一帮赶海的。（＊你事篓子）

b. 我还真得直言一句，你这种机器人儿啊，可太不实用了。（＊你机器人）

c. 我说过了我不换，我就是不换！你这个姑娘怎么这么讨厌！（＊你姑娘）

通指名词表示的是某一类事物的特征（高顺全，2004b），通指本身就可以表示凸显特征或者区别。因此指示代词“这个”的功能更多的是表示同位语和本位语之间数量上的一致关系。口语里“这”还可以不说。例如：

（20）我就不干净，我就骂你。骂你个聋子，骂你个哑巴。什么东西？在外边跟人家一聊起来就没完，回家跟老婆就没话。

第二，如果人称代词是复数，同位语是光杆通指名词，由于不需要表示数量上的一致关系，指示代词是可有可无的。例如：

（21）a. 你们这些男人没一个好东西。

b. 你们男人没有一个好东西。

第三，通指名词的功能就是给事物分类，光杆普通名词表示的都是“建立好的类（well-established kinds）”。“形容词＋名词”的情况比较复杂，有些是“建立好的类”，如“大学生”，有些则不是，如“好姐姐”。如果同位语是一个简单的“形容词＋名词”形式表达的通指，用不用指示代词取决于“形容词＋名词”表示的通指是不是一个“建立好的类”。如果是，就可以不用指示代词；如果不是，就需要指示代词。例如：

（22）a. 我是一个农民，但我看不起你们这些大学生。

b. 这个矮冬瓜指着我说：你们大学生太自私了。

（23）a. 难怪金枝老跟我夸你这个好姐姐啦，周全，忍让，贤慧，通情达理……

b. ＊难怪金枝老跟我夸你好姐姐啦，周全，忍让，贤慧，通情达理……

通指的核心语义是“特征性”，即指称具有某一共同特征或属性的事物。通指名词属于人类的常识范畴，是人类对事物分类的结果。越是熟悉的，分类就会越详细，越是生活中的基本概念，越容易表现为词的形式（高顺全，2004b），即“建立好的类”。

是不是“建立好的类”，有些属于社会大众的常识范畴，如“中学生”；有些则取决于部分语言使用者：对于大众来说，有些分类是不必要、不重要或者说不敏感的，但对有些语言使用者来说却不然。“好学生”和“差生”的区别对于社会大众来说不敏感，不是“建立好的类”，但对学生特别是中学生来说，“好学生”和“差生”是两个非常熟悉和重要（敏感）的类，因此进一步分类是必要的，因此在学生那里或者描写学校生活的作品里，“好学生”就是一个“建立起来的类”，指示代词是可以删除的。例如：

（24）a. 不过我想，你们这些好学生一定没有兴趣加入什么打架小组的吧。

b. 不过我想，你们好学生一定没有兴趣加入什么打架小组的吧。

第四，如果同位语是一个比较复杂的“描写/分类性定语 + 名词”通指形式，不论人称代词是单数还是复数，指示代词都倾向于用。因为这种形式不是一个“建立好的类”，而是一个临时建立的类。例如：

（25）a. 你这种只被爸爸妈妈吻过的小毛头也配说他？

b. *你只被爸爸妈妈吻过的小毛头也配说她？

（26）a. 不知道城里的坏人天一黑就都出来了，专门收容你这种离家出走的妇女？

b. *不知道城里的坏人天一黑就都出来了，专门收容你离家出走的妇女？

（27）a. 你这个幼儿园的好阿姨要多学文化啊！

b. *你幼儿园的好阿姨要多学文化啊！

（28）a. 真的不知道怎么说你们这些个误人子弟的辛勤园丁！

b. *真的不知道怎么说你们误人子弟的辛勤园丁！

（29）a. 要是你这省里来的大记者能被她相中，娶了她，不就可以把她拔出去了吗！

b. ？要是你省里来的大记者能被她相中，娶了她，不就可以把她拔出去了吗！

第五，如果同位语是一个专有名词（人名），由于专有名词具有唯一性，自身具

有区别于其他事物的功能,因此指示代词可用可不用,一般倾向于不用。例如:

(30) a. 你去问问,我西门庆什么时候说话不算数?(韩蕾 2009 例)

b. * 你去问问,我这个西门庆什么时候说话不算数?

这样的同位结构,有生成语法学者认为人名前含有一个默认的零形式的限定词即指示代词(何元建,2001;转引自张伯江,2010)。其实指示代词有时也是可以出现的。例如:

(31) 你个刘卯不学习,胡说个啥?赵镢头有些生气了。

总的来说,"指示代词 + 名词性成分"是汉语中的一种定指表达形式,或者说指示代词是表达定指的一种句法手段。专有名词(人名)的定指程度很高,因此倾向于不用指示代词;光杆普通名词大都是"建立好的类",可以表达通指,定指程度较高,只有在需要表示数量一致的时候才需要指示代词;"形容词 + 名词"有的是"建立好的类",可以表达通指,有的则不是,因此做同位语时有的需要指示代词,有的则不需要。至于较为复杂的名词性短语,由于一般不是"建立好的类",需要加上指示代词以后才能表示定指。

在"指示代词 + 名词性成分"充当的同位语中,指示代词的作用是整个同位语的定指程度,进而很好地表达其语用功能:凸显本位语所指事物的特征或者与其他事物的区别。

2.3 人称代词充当本位语的同位结构

人称代词充当本位语的同位结构主要有两种:"人称代词 +(指示代词)+ 名词"和"人称代词 + 专有名词(人名)"。很多研究者都注意到它们具有特殊的语用功能,具有较强的主观性。

已有的研究大都从人称代词的角度研究这种同位结构的语用功能。首先被关注的是人称的区别,如陈群(2000)认为"我 + 姓名"体现了说话人自傲自负、自得自大的心态或自尊自爱的心理,"你 + 姓名"带有不满、嘲讽、贬斥的意味;黄瓒辉(2004)认为"他 + NP"常用于对他人的不屑、不满或怀疑的情绪等(转引自韩蕾 2009)。但是韩蕾用语言事实证明了"我 + 姓名"也可以自嘲自损,"你 + 姓名"也可以吹捧抬高,"他 + 称谓"也可以强调对他人的满意佩服等情绪。

张伯江(2010)认为上述说法都不是从句法特征推导出来的。他先用删除法考察了"人称代词 + 指示代词 + 通名"这类结构中人称代词和指示代词哪个是真值语义的负载者。下面是张文举的例子：

(32) a. ＊我喜欢你们乖孩子。

b. 我喜欢这些乖孩子。

(33) a. ＊信上说他们老头现在特发愁。

b. 信上说他们那帮老头现在特发愁。

(34) a. ＊徐伯贤拍拍他的肩膀，"我要长期聘请你电脑工程师呢"。

b. 徐伯贤拍拍他的肩膀，"我要长期聘请这位电脑工程师呢"。

张文认为删去指示代词的句子都是不合法的，删去人称代词，句子在语法上都是合法的，语义上也基本符合原意，只是比原来模糊些，所以句子基本句法语义功能的承担者是"指示代词＋名词"部分，人称代词可能起到的是语用表达的作用。他同时注意到"乖孩子"等都是带有主观感情的词语，也就是说，每个"人称代词＋指示代词＋通名"出现的句子，都是具有某种主观情感意义的。

我们同意"人称代词＋指示代词＋名词"出现的句子都有某种语用意义的看法，但不认为这一语用意义是人称代词表达的。

首先，我们在上一小节中讨论了这类结构中指示代词的使用有时确实是句法上的要求。但主要原因是其中的名词不是一个"建立好的类"。例(32)a 中的"你们乖孩子"是有点别扭，但跟"乖孩子"主观情感意义差不多的"好学生"就没有问题。例如：

(35) 你们好学生看不惯我们差生，可以，我们还看不惯你们呢！(小荷作文网)

例(33a)中的"他们老头"别扭的原因跟"老头"这个词过于口语化，不是一个"建立好的类"有关。跟"老头"类似的"老年人"就是一个"建立好的类"，指示代词就可以删除。例如：

(36) 很多的老年朋友都在感叹城市变化的巨大和带来的实在幸福感，笑称他们老年人都是城市变化带来的受益者。

例(34)a 中"你电脑工程师"不能说的原因是人称代词是单数，而"电脑工程师"既是复数(通指)，也不是个"建立好的类"。

更重要的原因是，张文把"人称代词＋指示代词＋名词"中的人称代词看作是"同位定语"，我们则认为同位结构不是偏正结构，人称代词是本位语而不是"同位定语”。本位语承担的是句法功能，语用功能是由同位语负载的。它凸显的是代词所指对象的身份属性（区别于其他身份）以及不同的身份具有的特点。这一身份的主观情感意义有时比较明显，如“乖孩子”“好学生”“臭男人”等，有时则不那么明显，如“老年人”。

至于“人称代词＋专有名词（人名）”这种同位结构，张文采取生成语法的观点，认为专有名词前面有一个“零形式指示词”。接着用删除法来证明删去人称代词之后，原句特殊的语用意义就会消失。例如：

（37）a. 搞掉了我张国焘，还有四方面军吗？还有你许世友吗？

b. 搞掉了张国焘，还有四方面军吗？还有许世友吗？

张文的结论是：在专有名词已经具有既量足又准确的信息内容的情况下，人称代词的使用只能是一种语用目的，即增加说话的现场性，拉近说话人与专名那个人物的心理距离。总起来看，“人称代词＋专名”里的人称代词不论是第一、第二还是第三人称，在纯客观的专有名词之外增加了不同程度的主观色彩，可以统一概括成“说话立场的转移”，人称代词表示了说话人“移情”的方向——说话人自己认同该人称代词所代表的那个人的说话/认识立场。

我们认为，删掉了人称代词会使语用意义消失并不能证明语用意义是由人称代词负载的。因为删除后的“零形式指示词＋人名”不再是同位结构，专有名词也不再是同位语，因此变成了只表示客观意义的句子成分。但如果换个角度，把专有名词删去，只保留人称代词，原句特殊的语用意义也会消失。这样也可以说专有名词的使用也是出于语用目的：“人称代词＋人名”中的人名都是语境中出现过的。

另外，说使用人称代词是为了“移情”、表示“说话立场的转移”或者“拉近说话人与专名那个人物的心理距离”有难以解释的地方：其一，如果是第一人称，没有专名也一样是移情，而且在语篇开始的时候就已经“移情”了，没有必要再用专有名词；其二，尽管陈群（2000）和黄瓒辉（2004）等关于“人称代词＋人名”语用意义的概括不够全面和准确，但有相当一部分这种结构所在句子的不满、嘲讽、贬斥等主观意义确实存在，这样就不会是“拉近心理距离”，在话语中尤其如此。例如：

（38）不要老认为自己了不起，老话还说嘛，一个好汉三个帮，我就不信你田大道能永远这么横下去。（韩蕾 2009 例）

韩蕾(2009)用预期理论解释“人称代词+专名(姓名)”,认为话语里所呈现的强烈的主观性,最终目的是服务于违反某种预期的需要。其实反预期并不是这类同位结构的功能,一方面,正如韩文观察到的,该结构的句法位置比较复杂,而韩文所分析的反预期结构都只是该结构居于主语位置的情况。最多只能说“代词+人称+VP”是一个反预期话语结构(韩文也发现这种结构也可以传达中性信息)。另一方面,即使在主语位置,把姓名去掉或者说不用同位结构表达而直接用代词表达,反预期的情况仍然存在。例如:

(39) 桂花:你说话算数?

西门庆:我西门庆什么时候说话不算数?/我什么时候说话不算数?(韩蕾 2009 例)

三　三个平面的分与合

三个平面理论的精髓在于它要求在语法研究中把句法、语义和语用三个平面“既界限分明地区别开来,又相互兼顾地结合起来”。在对汉语语法事实和规律还没有做出完备的描写之前,强调区分是非常必要的。区分既是为了更清楚地说明某一语言形式和意义的本质属性,又是为有机地结合做好准备。

诚然,语言本身并没有截然区分的三个平面。但语法结构往往都是句法、语义、语用三个平面的综合体。“不加区别的混在一起,就失之于笼统”(胡裕树、范晓,1985)。

如何进行有效的区分?最重要、也是最基础性的工作就是对语言结构做出正确的句法描写和解释。句法、语义、语用“三者之中,句法是基础,因为语义和语用都要通过句法结构才能表现,而要了解语义或语用,也往往离不开句法结构”(胡裕树、范晓,1985)。

本文讨论的同位结构也是一个句法、语义、语用的综合体。同位结构有其独立的形式特征,本位语和同位语可以根据这些特征区别开来;虽然有本位居前和同位居前两种语序,但它们的句法(关系)意义是一致的,这一意义既不同于并列,也不同于偏正,不妨就叫它同位关系。尽管经常使用在话语/语篇中,但我们仍然可以把它抽象为一种独立的句法结构。在短语层面上，同位语有自己的句法地位，不妨就叫它同位成分。

同位结构是一种经济高效的语法结构：在句子中只占据一个句法位置，却可以传递至少两种以上的信息。从句法（句子层次上）的角度看，同位语完全是多余的；但从语用的角度看，同位语却有着重要的存在价值。换句话说，本位语承担的主要是句法功能，而同位语负载的是则纯粹是语用功能——它传达的是说话人想强调或突出的关于本位语的重要信息。

由于其句法属性此前还没有被很好地揭示，在这种情况下进行的语义研究就会在上位、下位关系上打转转，其实上下位关系属于逻辑事理意义，不是跟句法相关的语义。而用上下位关系代替句法关系，用上位居前或者下位居前描写同位结构的语序特点，其实都是用语义研究取代句法研究；也正是出于对其句法属性的有选择性的认识（把它归入偏正结构），就会认为本位语是同位结构的定语，可以对它采用删除法，进而得出本位语表达语用功能的结论。实际上，在句子层次上，句法位置属于本位语而不是同位语。删除了本位语或者同位语中的任何一个，剩余的就不再是同位结构。此外，尽管其语义和语用特点比较突出，但可以抽象为一种句法结构。如果在话语层面考察，就会给它加上一些本来不属于它的功能（如表达反预期）。

近年来，认知（功能）语法在汉语语法研究领域大行其道。研究者为了追求语法解释的概括性，认为如果能够找出一个认知原则对三个平面的语言现象做出统一的说明，就没有必要也不应该对三个平面的现象逐一做出解释（沈家煊，2000）。这样的研究导向当然有道理，但最好有一个前提，那就是区分工作已经做得相当充分。

如果没有完备的区分/分析描写作为基础，就谈不上很好的结合/综合解释。要不要区分三个平面，取决于研究的目的。个人的理解是，如果是纯粹的理论性研究，当然可以追求解释的高度概括性。可概括性高了，就可能会有失条理，变得笼统。如果希望解释有一定的应用价值，牺牲一些概括性还是值得的。在目前还没有对汉语语法事实做出充分的区分性描写的情况下，强调区分还是应该的。

参考文献

高顺全　2004a　《三个平面的语法研究》,学林出版社。
高顺全　2004b　试论汉语通指的表达方式,《语言教学与研究》第 3 期。
韩　蕾　2009　"人称代词 + 称谓"序列的话题焦点性质,《汉语学习》第 5 期。
胡裕树、范晓　1985　试论语法研究的三个平面,《新疆师范大学学报》第 2 期。
黄　阳　2008　浅谈现代汉语 N_1+N_2 同位结构,《广西大学学报》(增刊)第 2 期。
廖巧云　2007　英语同位语的认知研究,《外语学刊》第 6 期。
刘街生　2004　《现代汉语同位组构研究》,华中师范大学出版社。
吕叔湘、朱德熙　1998　《语法修辞讲话》,辽宁教育出版社。
沈家煊　2000　认知语法的概括性,《外语教学与研究》第 1 期。
王　忠　2005　《同位结构的认知机制及语义关系研究》,上海师范大学硕士学位论文。
文　炼　1991　与语言符号有关的问题——兼论语法分析中的三个平面,《中国语文》第 2 期。
杨爱姣　2006　汉语同位结构的理性意义限制,《湖北大学学报》第 3 期。
张伯江　2010　汉语限定成分的语用属性,《中国语文》第 3 期。
赵元任　1968　《汉语口语语法》(吕叔湘译),商务印书馆 1979 年版。

(作者通信地址:复旦大学国际文化交流学院,上海　200433)

句内隐含与自指*

金昌吉

摘　要：汉语的"VdeC"不是一个单一结构，它可以进一步细分为不同的下位类型。本文讨论"Vde + adj"结构。我们认为"V的"和"V得"在现代汉语中是两类不同的结构。"V的"是名词性的，而"V得"则依旧保留着动词性的功能。"V得"从语义上来说是自指，与"V得"和形容词相关的语义论元，如时间、速度、方式等，并不出现在句子的表层结构中，但"V得"与其后的形容词可以重组为一个新的较为稳定的述谓关系。这种述谓关系以句内隐含和自指为语义基础。尽管从语义搭配上来看，似乎只是一种临时组合，但这种临时性的组合框架一旦形成，便可以固定为一种特殊的构式从而成块地加以运用。

关键词：句内隐含；自指；述谓关系；构式；论元

2001年和2003年我们分别以中韩对照以及最简方案的理论和方法讨论过现代汉语"V得C"结构①，当时的讨论局限于给"V得C"结构进行下位分类，其中针对"动 + 得 + 形"有过一些简单的探讨，但并不十分详尽。本文拟针对"动 + 得 + 形"，如"他跑得快"等结构，从句内隐含以及"自指"和"转指"的角度，再做一些进一步的讨论。

我们曾经说过，现代汉语的"动 + 得 + 形"结构不是一个单一的类，还应该做进一步的分类。我们看以下这些例句：

（1）他跑得快。　（2）他写得很累。　（3）他写得很大。

---

* 本文为庆祝张斌先生90华诞及从教60周年学术研讨会提交论文，发表后，与会同人提出了一些很好的意见，在此一并致谢。

① 有关"得"字补语的相关研究文献很多，本文文末的参考文献只列举出了本次写作中必须引用的一些资料，其他相关文献请参看金允经、金昌吉（2001）和金昌吉（2003）。

表面上看起来，这三个句子的结构基本相同，但实际上，三者之间的语义关系以及派生过程完全不同（金允经、金昌吉，2001：111—112）。例（1）中形容词“快”的语义指向为动词“跑”；而例（2）中的形容词“累”的语义指向则是“他”，即：他写，他累；例（3）的形容词“大”的语义指向则是句中动词“写”的没有出现的受事，如“字”，即：他写字，字很大。例（2）和例（3）的派生过程，按照述谓关系理论的分析方法可用树形图表示如下：

他写得很累。

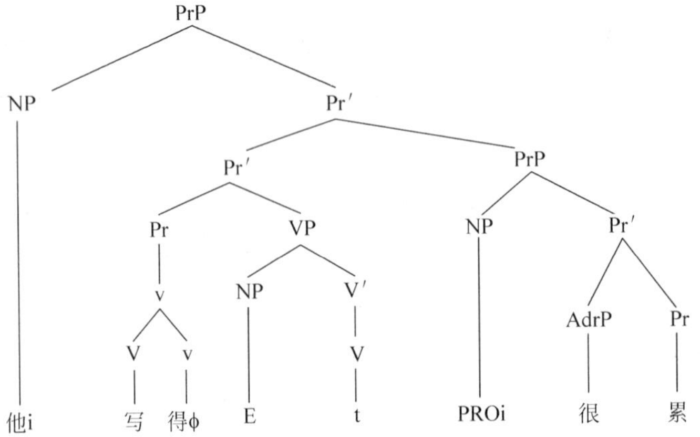

他写得很大。

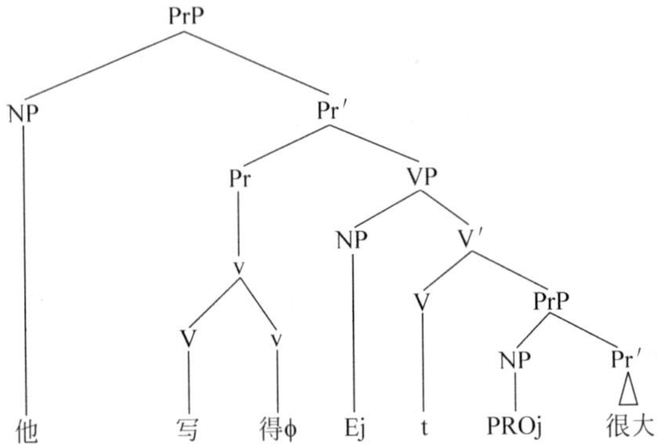

问题在于例（1）。金允经、金昌吉（2001）和金昌吉（2003）年曾经对这个句子进行过如下的分析：

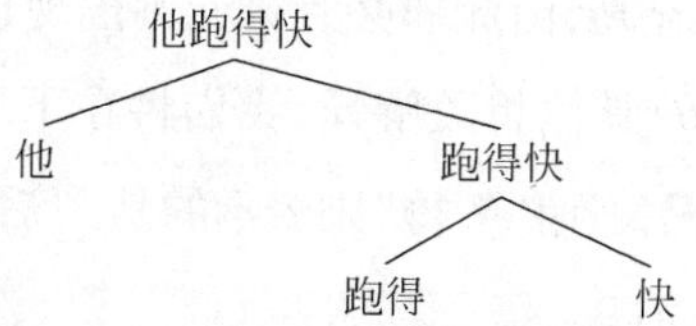

现在看来,这种结构分析显然太简单化了一些,因为它无法解释与此相关的重动句表现,如:他跑步跑得很快。为此,我们需要对此问题进行一些重新分析和探讨。

本文主要探讨例(1)类的"V得+形"结构。

一 "V的"与"V得"的区别

我们认为,"V的"与"V得"在以下几个方面存在着明显的区别:第一,"V的"与"V得"中的"的"和"得",在普通话中虽然都发作de,但从方言的角度来看,发音上却有着明显的不同。朱德熙(1982:134)说:"从方言看,动词后缀'得'和助词'的'是不同的东西,例如上海话,前者是[təʔ],后者是[gəʔ];广州话,前者是[tɐk],后者是[kɛ]。"第二,"V的"已经完全转化为名词性结构,具体的句法功能与其他类型的名词并无二致,而"V得"则依然具有动词性的一些特征,可以出现在重动句中便是其具体表现之一,如:他跑步跑得很快。第三,"V的"是一个可以独立存在和应用的句法结构,而"V得"则是一种句内临时构造,无法独立存在,也无法自由运用。第四,从语义上来看,"V的"或转指施事,或转指受事,必有相关的提取成分,而"V得"在某些具体的句子中虽然可以理解为某种名词的缺省,但不存在句法成分的提取,而且实际上也并无所谓的省略。2001年我们曾经指出,"跑得快"中的"跑得"正好对应的是表自指的"VP的",与表转指的"VP的"形成互补。有些同行在引用我们的这一论述时,以为我们"是把'得'等同于'开车的技术'的'的'"(刘勋宁,2006:203),其实这是误解,因为他们没有注意到我们后面的相关论述:"我们还不能用'提取'来表述'V得'这类结构,因为它还没有名词化,而且实质上也没有提取什么。一方面,与动词相关的非必有论元可以有很多不同的种类(随动词的不同而有所变化),只有在具体的句子中才能确定……;另一方面,由于'V得'后有另一个谓词性成分V2,V2的语义类属以及两者之间的搭配关系也足以使句义十分显豁，因此非必有论元不出现也就可以理解了。”（金允经、金昌吉，2001：105—106）具体相关解释，我们将在下一节中进一步加以论述。第五，“V 的”与时间表现无关，而“V 得”则表示的是 V 后性质或状态。

二 “V 得 + 形”结构的语法分析及理论阐释

将“V 得 + 动/形”看作是主谓关系，最早是赵元任（1948：18）提出来的观点，苏联的龙果夫（1958：96）也有类似的看法，近年来又有李立成（1997），赵金铭（1999），金允经、金昌吉（2001），金昌吉（2003），刘勋宁（2006）等文章相继对这一认识进行了更为详细的补充论述。就目前我们所看到的材料来讲，将“V 得”看作是主语，后面的动/形看作是谓语，大概有以下一些支持论据。

第一，“得”后可有停顿或停顿助词。如：

（4）他唱得，好听。

（5）他唱得嘛——太响。

（6）这件事怪得啊，真叫人猜不透就里。（刘勋宁，2006：198）

第二，正反问句一般是在“V 得”后进行。如：

（7）他跑得快不快？（赵元任著，吕叔湘译，1979；C. -T. James Huang 1988 等）

第三，“V 得”和“形”之间可以插入其他成分，如否定词或其他副词等；可以扩展，也就是说，和一般谓语相同的一些句法变化是在后面的部分进行的。如：

（8）他跑得不快。（C. -T. James Huang，1988）

（9）他写得又快又清楚。（赵元任著，吕叔湘译，1979）

（10）写得好→写得很好～写得非常好～写得确实好～写得好极了（刘勋宁，2006）

第四，时态变化是在“V 得”后的谓词部分进行的。如：

（11）他们哭得眼泪流了出来。（C. -T. James Huang 1988）

第五，只要不引起误解，“得”以前的成分往往可以略去不说。如：

（12）（怪得）真叫人猜不透就里。（刘勋宁，2006）

但是,以上一些论证都有一些相反的论证,如C.-T. James Huang 1988曾对第二、第三、第四的论据有过具体的反驳,而对第一,同样也可以找到相反的例证。如:

(13)你啊,唱得好听。(赵元任著,吕叔湘译,1979)

至于第五,则很难说它是支持"V得+形"为一个主谓结构的论据。其实,以上相关论述中,最大的问题还是在于将"V得+动/形"结构弄得太简单化了,在我们看来,"V得+动/形"结构本身乃是一个很复杂的大类,其中只有例(1)类的"V得+形"结构我们才认为是真正的主谓结构。例(1)类"V得+形"结构是一种特殊的述谓关系,其中的"V得"按照陈述和指称的理论和方法来分析的话,属于一种句内自指。"V得"既然是"V+得",那么V的一些固有的语义特性就必然还存在。按照自然界的常识来看,凡动作,必有时间、速度、方式或样态、频率等。这些语义特性是所有动作动词本身就蕴含的内容,当属非必有论元,而至于其必有论元(如施事、受事),则是动作与外在世界的某种关联,可直接显现为句中的相关成分(如主语、宾语等)。"V得"表自指,这一点,刘勋宁(2006)和金昌吉(2003)的文章中都曾加以论述,其所指称的语义内容必当为动作本身蕴含的内容,而非外在的论元成分。动作动词V进入句子以后,这些动作本身所蕴含的语义内容就会成为一种句内隐含。问题在于怎么将这种句内隐含明确化或显性化。

有意思的是,"V得+形"中的形容词恰好有一类是属于针对动作来进行描述的。张国宪(2006)将其称为"述行形容词"。我们来看看他所说的述行形容词的定义和范围:

"述行形容词是对动作行为状态的描述或是动作行为过程的评判,其表述对象是一种行为。"动作的状态主要分布在以下几个语义区域内:

表时间:长久　短暂等;

表范围:广泛　全面　深入等;

表速度:及时　迅速等;

表方式:草率　巧妙　顺利　庄严　仓促　紧急　精确等;

表程度:过度　过分　深刻　适度　轻微　简要　透彻　扼要等;

表态度:果断　匆忙　从容　盲目　片面　强烈　慎重　踊跃　周到等;

表频度:频繁等;

表评判:精巧　精当　精审　粗率　细致　轻狂　轻率等。(参看该书P78—79)

张国宪的述行形容词的范围相对来说比较宽泛,有些已经超出了动作本身蕴含的语义特性,如表态度和评判等,这两类严格来说,属于说话者对动作的主观认识,是外在的观察。因此我们将“V 得形”中的述行形容词主要限定在以下几类:一,表时间,如:早、晚等;二,表速度、频率等,如:快、慢、频繁等;三,表方式、样态,如:好、漂亮、巧妙、顺利等。从以上的语义分类上来看,述行形容词本身也蕴含着时间、速度、方式、样态等内在的语义论元,只是在句中没有显性的表现,也是一种句内隐含。述行形容词的句内隐含与前面的“V 得”的句内隐含正好相匹配时,就构成一种相对稳定的句内临时性陈述。如:他跑得快。由于“跑”是一个表示运动的动词,既是运动,必有时间和速度,这是自然界的常识。而“快”的隐性论元也恰好是“V 得”所隐含的句内论元,这一点我们从《现代汉语词典》对“快”的释义中可以清楚地看出:“快①形速度高:走路、做事等费的时间短(跟‘慢’相对)”(该词典 P794)。两种句内隐含在这里恰好相互匹配,因此就构成了一种相对稳定的句内临时述谓关系,其他例句再如:

(14) 你今天来得很早啊。

(15) 说得真好。

(16) 他打得漂亮极了。

句内隐含是无法补出的语义内容,但可以理解。2001 年,我们曾比照朱德熙自指的“VP 的”,举过以下例子:

(17) 他(开车)开得好。(开车的技术)

(18) 他(说话)说得很好听。(说话的声音)

(19) 她(走路)走得很好看。(走路的样子)

(20) 列车(到站)到得很晚。(到站的时间)(金允经、金昌吉,2001:105)

从语义理解的角度来说,这种解释并无大错,但这里存在两个问题:1. 如此一来的话,很多人就会误解为必须将“V 得”改写为“V 的”,而“V 得”和“V 的”正如我们以上所述,它们本是两种性质不同的结构。2. 事实上,自然语言中也不存在“他跑得速度很快”或者“他跑步跑的速度很快”这样的句子。语义内容和形式表现在这里并不一致。

“V 得形”构造中，形容词的语义指向有时很难确定和判断，例如杉村博文（1982：46）曾举过这样一个例子：

（21）高师傅给我们上课，讲了汽车制造厂的厂史。他讲得很好，很生动。

“很好，很生动”是他讲话的方式，还是他讲话的内容？徐丽华（2001：57）也曾指出，“大多数的情况下，‘得’后成分表现为双语义的指向”。而李立成（1997：123）更是举出了以下一些例句来说明语义指向的复杂性：

（22）他写 de 又多又快又好。

（23）他长 de 又高又胖又结实。

（24）他唱 de 跳 de 都很有水平。

（25）他炒 de 炸 de 都很好吃。

其实，这些问题并不难解释。正如我们上面所述，“V 得”属于一种句内自指，也就是说“V 得”在句中所指称的是动词所代表的动作本身所隐含的内在的所有语义内容，动作的任何一个语义侧面都可以通过其后的述谓，即形容词来加以固定和显现，而这种显现可以是动作的一个侧面，也可以是多个侧面。因此我们可以说：

（26）他说得很快，很清楚。

很多名动词也可以很好地说明这个问题。如：

（27）他的演讲很好，很生动。

这里的“好”和“生动”都是针对演讲本身而言，没有必要去纠缠究竟是演讲的方式还是内容。也就是说，“V 得”后的形容词是对 V 这个动作本身来加以陈述的，具体是动作的哪个侧面，我们通过句中“V 得”与形容词的搭配，可以很清楚地把握和理解。

三　有“V 得 + 形”结构的句子的语法分析及理论阐释

我们认为，在汉语的句子中，有一个谓词性成分的存在，就一定有一个述谓关系存在。由“V 得 + 形”结构构成的句子中存在着两个述谓成分，因此也就有两层述谓关系（金允经、金昌吉，2001；金昌吉，2003）。这类句子之所以能出现于重动句中，其成立的动因是什么？这是值得我们进一步探讨的问题。

有关重动句的成因以及相关结构分析，前贤和时贤都有过一些相关的论述，也都非常精彩。这里我们想从另外一个角度来探讨一下这个问题。我们注意到,在汉语中存在着一种连动聚合效应。所谓连动聚合,乃是指两个相同的词语连续出现从而形成前后相连、聚合的现象。这种语言现象,若论其根源,实则由来已久。中国语言以字为单位,形、音、义皆可用来作为串联的方式。以字形和字音而言,中国自古以来就有同字相接或同音相连的游戏,比如:“从前有座山,山上有座庙,庙里有个老和尚给小和尚讲故事……”,“不得了,了不起,起不来,来不了”等。前句结尾的字或词,如果同后一句开头的字或词相同,则自然就很容易首尾相连,哪怕从意义上来讲前言不搭后语,也可串出一条长长的字链来。重动句从某种角度来讲,也当属于这种串合现象。我们在语言现实中不难发现类似的很多例子。如:

(28) 他不停地说,说得快极了。

(29) 他每天都来,来得很早。

有时前一句即使多出一个宾语或其他成分来,但只要动词相同,也可以自然串联。如:

(30) 他天天打羽毛球,打得好极了。

(31) 他以前老来跳舞,最近越发来得勤了。

这些句子,如果再紧缩一下,便可成为一个单句。如:

(32) 他打羽毛球打得漂亮极了。

(33) 他说汉语说得很快。

这样也就形成了我们目前所看到的两个述谓关系套叠的现象。这种句式一旦形成,就会在发展过程中随着语义表达的要求而出现种种相应的变化。由于汉语在表达上,经常将语义焦点放在句末,因此当有两个述谓出现在同一个句子中,表义中心转移到后一个述谓上也就比较自然了。戴浩一(1989)曾提出了一种以认知为基础的汉语功能语法的认识。这种功能语法主要包括:(1)时间顺序原则,(2)整体与部分的关系,(3)空间词语的比喻用法,(4)凸显原则,(5)信息中心原则等。其中,他对“V得+形”这类结构的以下用法是采用凸显原则和信息中心原则来加以解释的:

(34) a. 他跑得不快。

b. *他不跑得快。

(35) a. 他跑得快不快?

b. *他跑不跑得快?

他认为这两句中的信息中心是“快”，所以句法映射也是按照信息中心来办的，只能对后面的形容词进行否定或正反重叠。其实，信息中心的影响还远远不止于此，它还可以将前面的动词、宾语乃至整个前动词结构都挤出句子，从而只留下后面的述谓关系。如：

(36) a. 他跑一百米跑得很快。

b. 他一百米跑得很快。

c. 他跑得很快。

(37) a. 他打羽毛球打得很漂亮。

b. 他羽毛球打得很漂亮。

c. 他打得很漂亮。

我们说，“V 得 + 形”是一种特殊的述谓关系，这种述谓关系一旦形成，便可以固定为一种特殊的构式，从而成块地自由运用。例如：

(38) 来得早不如来得巧。

(39) 干得好不如说得好。

(40) 跑得快也是一种本事。

(41) 人家就是打得好。

按照构式语法的理论，构式一旦形成，其构式义将大于构式成分义的相加。因此，例(22)至(25)句的成立也就不难解释了。

有了以上认识以后，我们可以以(36)a 为代表，将这类述谓关系的述谓结构表述如下：

他跑一百米跑得很快。

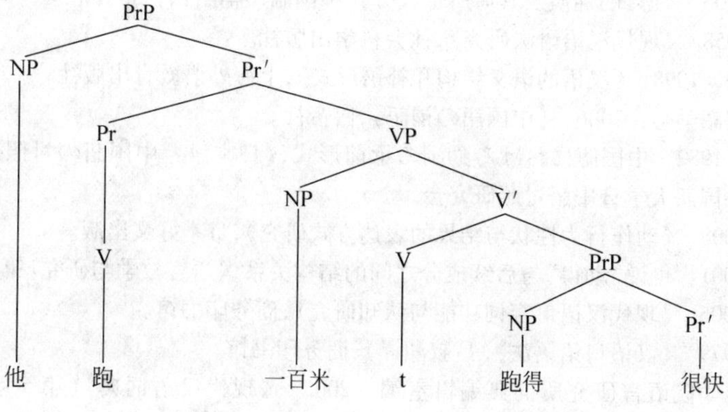

四 余 论

句内自指乃是汉语的一种特殊表现,这种表现方法在其他语言中是否也存在我们目前还没有具体考证过。印欧语中的自指既存在于词法层面,也存在于句法层面,而汉语在句子平面上也存在着自指现象。由此我们还可以将讨论的范围扩展到几十年前汉语动词名物化的讨论上,所谓动词名物化其实也可以看作是一种句内自指。“他的笑是有原因的”,与“写得好是事实”等,从某种角度来讲,就是一种动词自身的指称化,只不过这种指称化是句内的一种临时表现,能否固化还要看这种构式的进一步发展才能确定。

参考文献

戴浩一、叶蜚声　1990　以认知为基础的汉语功能语法刍议,《国外语言学》第4期。

吉田泰谦　2010　再试析“动+得+形”状态补语句中的“得”字及“动+得”,《日本中国语学会第60届全国大会予稿集》。

金昌吉　2003　述谓关系与现代汉语“V得C”结构,《言語文化研究》第22卷第2号,松山大学学術研究会。

金允经、金昌吉　2001　陈述、指称与现代汉语“得”字补语句研究,《中国言语研究》第13辑,韩国中国言语学会。

李立成　1997　不表可能的“动 de 形”结构及 de 的性质,《语言教学与研究》第1期。

刘勋宁　2006　“得”的性质及其后所带成分,《中国語の補語》,白帝社。

龙果夫　1958　《现代汉语语法研究》,社会科学出版社。

缪锦安编著　1998　《汉语的语义结构和补语形式》,上海外语教育出版社。

日中对照言語学会　2006　《中国語の補語》,白帝社。

杉村博文　1982　中国語における動詞の承前形式,《日本語と中国語の対照研究(6)》,大阪外国語大学日中語対照研究会。

史彤岚　2008　《动作行为性状与结果的表达方式研究》,日本好文出版。

徐丽华　2001　也说“动得”与后续成分之间的结构关系,《语言教学与研究》第1期。

张国宪　2006　《现代汉语形容词功能与认知研究》,商务印书馆。

赵元任　1979　《汉语口语语法》(吕叔湘译),商务印书馆。

中国社会科学院语言研究所词典编辑室编　2005　《现代汉语词典》(第5版),商务印书馆。
朱德熙 1980 《现代汉语语法研究》,商务印书馆。
朱德熙 1982 《语法讲义》,商务印书馆。
赵金铭 1999 动词词缀"de"和名词标记"de",《第六届国际汉语教学讨论会论文选》,北京大学出版社2000年版。
Chao Yuen-ren 1948 Mandarin Primer, An Intensive Course in Spoken Chinese. Harvard University Press.
C. -T. James Huang 1988 Wo pao de kuai and Chinese phrase structure, *Language*, Vol 64, Number 2.

(作者通信地址:日本大阪大学世界言语研究中心)

人称代词的语用分析

孙汝建

摘　要:人称代词有两种:语言的人称代词和言语的人称代词。句子也有两种:语言的句子和言语的句子。语言的人称代词和语言的句子只有形式和意义,没有内容,不能做语用分析。而言语的人称代词与言语的句子都是形式、意义和内容的三位一体,都可以从句法、语义、语用三个平面加以分析;句子和人称代词只有在具有了现实性以后才会产生相互影响,这是人称代词与句子产生相互影响的前提条件;人称代词在具体句子中会发生指称变化,变化规律是:人称意义的消失、人称的变换、单复数的变换;人称代词会影响句子的时态、结构关系、语气、信息类型;影响人称代词内容变化的因素有多种,其中性别因素最明显,主要表现为性别差异和性别歧视。

关键词:语言;言语;人称代词;句子;语用因素

一　人称代词与句子产生相互影响的前提条件

人称代词有两种:语言的人称代词和言语的人称代词。

语言的人称代词只有形式和意义,如"你"的形式是 nǐ,意义是第二人称单数。而言语的人称代词除了形式和意义之外还有内容,作为言语的人称代词,其内容就是所指。如"赵大爷,冯狗子来过了,给疯哥赔了不是,你看他能改邪归正吗?"(老舍《龙须沟》)这儿"你"的指称内容就是"赵大爷"。

人称代词的意义和内容是什么关系?"意义"是语言的,是概括义;"内容"是言语的,也就是具体的"所指"。如"他现在饿了。""他"的意义是"第三人称单数",是概括义;1806 年 1 月 6 日下午 2 时,约瑟芬谈到拿破仑时说"他现在饿了"。

“他”是指拿破仑。1920年1月7日下午3时,克鲁普斯卡娅谈到列宁时也说过“他现在饿了”。这两例中的“他”,其内容分别是拿破仑和列宁,这是具体所指的不同。

人称代词的意义是怎么转化为内容的?这主要看人称代词是出现在语言的句子里还是出现在言语的句子里。从语言和言语区分的角度,可以把句子分为语言的句子和言语的句子,语言的句子是抽象的,言语的句子是具体的,两者的差别主要表现在:“具体的句子和现实的联系是实现了的,抽象的句子与现实的联系是隐含的、尚未实现的。或者说,具体的句子是形式、意义和内容的‘三位一体’,抽象的句子只有形式和意义,没有内容。”①在理解抽象的句子时,只要通过句子的形式理解句子的意义就行了,而具体句子的理解,除了通过形式理解意义之外,还要在特定语境中通过形式和意义来理解内容。对抽象的句子可做句法、语义的分析,而对具体的句子进行分析时,除了做句法、语义的分析之外还要做语用的分析。当人称代词进入具体的句子后,即与现实语境发生联系时,意义就转化为内容,所以人称代词是形式、意义和内容的三位一体。

语形学(即句法学)研究符号与符号之间的关系,语义学研究符号与所指之间的关系,语用学研究符号与使用者之间的关系。句子有语言和言语之分,人称代词也有语言和言语之分,两者的关系见下表。

		形式	意义	内容	现实性
句子	语言的(抽象的)	+	+	−	−
	言语的(具体的)	+	+	+	+
人称代词	语言的(抽象的)	+	+	−	−
	言语的(具体的)	+	+	+	+

由此可以发现以下规律:

(1) 抽象的句子和抽象的人称代词无现实性,因而没有内容,不能做语用分析。具体的句子和具体的人称代词都是形式、意义和内容的三位一体,都可以从句法、语义、语用三个平面进行分析。

(2) 有无现实性决定了句子和人称代词是否有内容,决定了能否做语用分析。

① 张斌、胡裕树《汉语语法研究》P71,商务印书馆1989年5月版。

(3) 形式、意义、内容与句法、语义、语用有很强的对应性。形式、意义、内容分别是句法、语义、语用的分析对象。这就体现了三位一体与三个平面的统一性。

根据三位一体和三个平面的统一性原则,可以确定人称代词和句子互为影响的范围:具体的句子能使具体的人称代词在语用上产生内容的变化,具体的人称代词能影响具体句子的时态、结构关系、语气、信息类型。也就是说,人称代词和句子只有在具有了现实性以后才会产生相互影响,这是人称代词与句子产生相互影响的前提条件。

二 人称代词的所指变化

这里讲的人称代词是指具体的人称代词,具体的人称代词在具体的句子中会发生指称变化,其规律是:

(一) 人称意义的消失

人称代词的基本作用是替代人或事物。但是当人称代词进入具体的句子后,有时会失去特定的人称意义。

1. 指代作用消失

不管柴米账,玩他几天,名称又好听,叫作"养病"。(鲁迅《病后杂谈》)

这里的"他"没有实际的指称内容,只有协调音节的作用,这种用法的人称代词仅限于第三人称的"他",有时也用"它"。

2. 表示泛指

人称代词并非指某一具体的人,而是指称适应于某一情况的所有人。如:

我清楚地知道,任何新的局面,都不是任何一个人的力量所能够打开的。如果他没有群众的支持,那么他就什么都作不成。(峻青《黎明的河边》)

这里的两个"他"都是泛指。

3. 表示任指

你端起酒碗来说几句,我放下筷子来接几声。(叶圣陶《多收了三五斗》)

"你""我"无特定的称代内容,"你"与"我"(或"他")经常配合使用,构成固定格式。如:你来我往;你一言我一语;你瞧瞧我,我看看你;你走你的,我走我的。

(二)人称的变换

1. 用第二人称代词指称第一人称代词的内容

把说话人自己放在对方的地位上,拉近说话人与听话人的心理距离,使听话人认同自己的感受。如:

你这样穷酸,别人才看不起你呢。

这里的两个“你”实际上是指说话人自己。

2. 用第三人称代词指称第一人称代词的内容

那天在汽车站给你指路的是我,他是你的新邻居。

写你人民来信的是我,你能把他怎样?

这儿的两个“他”都实指“我”。

3. 用不定指代词指称定指的内容

“人家”本来表示除说话人以外的人,是不定指的。但有时是定指的,用来指代说话人自己,相当于“我”。如:

我就是和他见了一面,怎么啦,你也不能打人啊,人家嫁给你,生儿育女,没有功劳也有苦劳,怎么能动手呢,真是的。

(三)单复数的变换

1. 用代词的单数形式指称复数内容

“形势有利于我而不利于敌。”“我”相当于“我方”。又如“我校、我厂、我国、我党、我军”中的“我”相当于“我们”。

2. 用复数形式指称单数内容

我们要介绍的祥子,不是“骆驼”,因为“骆驼”只是个外号;那么,我们就先说祥子,随手儿把骆驼与祥子那点关系说过去,也就算了。(老舍《骆驼祥子》)

在这里,说话人把“我”说成“我们”。“我们认为、我们以为、我们觉得”都是谦逊的口吻。

三　人称代词对句子的影响

人称代词在特定的语用环境中对句子的时态、结构关系、语气、信息类型都会产生不同程度的影响。人称代词对句子产生影响的制约因素可以在句内，也可以在句外。

(一) 人称代词影响句子的时态

"他走了。"表示完成态。"我走了"既可以表示完成态，如："(那天)我走了以后，你情况怎么样?"又可以表示未完成态，如："我走了，(你怎么办?)"。

这里的"了"兼有"啦"的功效。范开泰(1982)认为：这里的"了"，"在功能上有双重性质，一方面是语气助词，表示全句的陈述语气，与表确认、疑问、惊讶等语气的'的'、'吗'、'呢'等对立；另一方面是汉语变化态的标志"。[①] 我们可以在"我走了"和"他走了"后面增加不同语气的后续句，即后边加陈述、疑问、祈使、感叹等句子，看"我走了"和"他走了"时态的变化。

我走了，她很痛苦。(陈述句)——完成态；未完成态
他走了，她很痛苦。(陈述句)——完成态

我走了，你们咋办?(疑问句)——未完成态
他走了，你们咋办?(疑问句)——完成态；未完成态

我走了，你们再商量商量。(祈使句)——未完成态
他走了，你们再商量商量。(祈使句)——完成态；未完成态

我走了，也是没有办法啊!(感叹句)——未完成态
他走了，也是没有办法啊!(感叹句)——完成态

① 范开泰《汉语态的语义分析》，美国中文教师学会1982年年会论文。

（二）人称代词影响句子的语气

“我(他)把画挂在墙上。”是陈述语气。“你把画挂在墙上。”是祈使语气。“你把画挂在墙上。”在句末可以加“了”，说成“你把画挂在墙上了。”而祈使语气的句子末尾不能加“了”，因为祈使语气本身要求施事主语必须是第二人称代词，施事主语“你、你们”可以是显性的，也可以是隐性的(即省略)，如“(你，你们)把画挂在墙上”。

（三）人称代词影响句子的结构关系

“我叫我哥哥”，“我”和“哥哥”是偏正结构关系，即“我叫的是我的哥哥”；“我叫他哥哥”，“他”和“哥哥”可以是偏正结构关系(我叫的是他的哥哥)，也可以是同位结构关系(他就是哥哥)。可见，人称代词会影响句子的结构关系。

（四）人称代词影响句子的信息类型

“说话是传达信息，使别人理解，传达信息的目的有两种：一是使信息储存，即储存在听话人的大脑中；一是使信息反馈”。① 从信息处理的角度也可将句子分为两种：使信息储存的句子和使信息反馈的句子。两者的区别是：使信息储存的句子没有言外之意，不能引起对方的言语反馈或行为反馈。如“我请你的客”，就是使信息储存的句子；使信息反馈的句子有言外之意，能引起对方的言语反馈或行为反馈。如“我请我的客”是信息反馈的句子，它有言外之意。

人称代词能影响句子的信息类型，并与不同的句类会发生种种复杂的关系，就陈述句而言：

我请我的客。——使信息反馈，有言外之意：(与你没关系)

我请你的客。——使信息储存，无言外之意。

我请他的客。——使信息储存，无言外之意。

① 张斌、胡裕树《汉语语法研究》，商务印书馆1989年5月版。

你请我的客。——使信息储存,无言外之意。

你请你的客。——使信息反馈,有言外之意:(与我没关系)

你请他的客。——使信息储存,无言外之意。

他请我的客。——使信息储存,无言外之意。

他请你的客。——使信息储存,无言外之意。

他请他的客。——使信息反馈,有言外之意:(与你没关系)

当陈述句中两个人称代词重复出现时,该陈述句必定是使信息反馈的句子,并且有言外之意。如:我请我的客。你请你的客。他请他的客。反之,当陈述句中两个人称代词不重复出现时,该陈述句必定是使信息储存的句子,无言外之意。

四　影响人称代词所指变化的因素

陈松岑(1986)对用现代北京话写的八个剧本中的“你”和“您”的使用做过统计分析[①],这八部作品中,10岁以下的儿童共6人,共使用“你”或“您”57次,其中38次用“你”,19次用“您”。八部作品中体力劳动者共30人,共使用“你”或“您”301次,其中用“您”120次,用“你”181次。脑力劳动者共12人,共使用“你”和“您”231次,其中用“您”11次,用“你”220次。调查表明:

“您”的使用频率,儿童低于成人,脑力劳动者低于体力劳动者。

儿童在使用“您”时,有一种倾向:“您”的使用频率与年龄成正比。儿童使用“您”的频率低于成人,主要是由于儿童不易理解“您”和“你”的使用受交际角色关系的影响。

体力劳动者使用“您”的频率高于脑力劳动者。有两个原因:一是北京话的“您”最早出现于通俗文学,而不是经、史、子、集。在现代汉语中“您”更富于北京方言色彩。知识分子受书面语的影响,在口语上更接近普通话,而体力劳动者较少受书面语的影响而倾向于说地道的北京话。二是“您”常用于权势关系中的非

① 陈松岑《北京话“你”“您”使用规律初探》,《语文研究》1986年第3期。

权势者对权势者的称呼,体力劳动者长期处于非权势地位,养成了用“您”称呼他人的习惯。

影响人称代词内容变化的因素有多种,如年龄大小、体力劳动者还是脑力劳动者等。其实,性别因素也会影响人称代词的所指变化,这主要表现为性别差异和性别歧视。

(一) 人称代词使用的性别差异

女性使用人称代词,有与男性不同的特点,这主要与女性说话的委婉、害羞、同情心理以及合作、谦让的行为品质有关。具体包括三种情形:

1. 女性喜欢用第二人称代词去指称第一人称的内容

石清嫂子不禁黯然地说:“家乡没田没地,早就养活不起我们了,不然的话,哪个还想赖在这个地方?”

“你不是还有亲戚本家吗?”

“十多年了,你晓得他们还在不在?你这样叫化子似地回去,他们才爱理你哩!”(艾芜《石清嫂子》)

这里的三个“你”实际上都是指石清嫂子自己,完全可以用“我”来替换。这是说话人把自己放在对方的位置上,拉近说话人与听话人的心理距离,使听话人认同自己的感受。

2. 女性喜欢用第三人称代词来指称第一人称的内容

“那天你在会馆义地上遇见的蓝衣女子便是我。她是你的一个学生。”(巴金《雨》)

这里的“她”是指“我”,也就是“蓝衣女子”。

男子也有类似的用法,但仅限于“提你意见的是我,你能把他怎么样?”之类的表示“无所谓”的疑问句。与“提你意见的是我,你能把我怎么样?”相比较,前者口气缓和,说话人有回避心理,后者口气生硬,说话人没有回避心理。

3. 女性喜欢用不定指的人称代词来指称定指的内容

“你别跟我闹了,不看见人家正忙着?”

“人家”本来表示除说话人以外的人,是不定指的。但在这里是定指的,用“人家”来指称说话人自己,相当于“我”。如:

你写信给我的时候，人家对你还不怎么了解呢。

别闹了，别闹了，没看见人家正忙着吗？

“人家”的这种用法是女子最常用的，男性如果这样用，就会被认为带有“女人腔”。

当然，“人家”的这种用法也不是女性的专利。男性在与儿童交际时也会使用。如：

（与儿童捉迷藏时男性说）别看，别看，人家还没有准备好呢。

“人家”的这种用法还可以用于友善而缓和的劝说。如：

“小二黑发疟是真的，不是装病，至于跟别人恋爱，不是犯法的事，不能捆人家。”（赵树理《小二黑结婚》）

这里的“人家”是指小二黑，可用“他”来替换。

这种用法的“人家”，是女性度较高的人称代词。性度是话语的男性特点和女性特点的配比度。话语的男性特点多，话语的男性度就会高。话语的女性特点多，话语的女性度就高。男性度高的话语也可以是女人说出来的，女性度高的话语也可以是男人说出来的。但是，在一般情况下，男性的话语男性度高，女性的话语女性度高。用“人家”来指称说话人自己，表明“人家”是一个女性度较高的人称代词。

4. 美好的比喻用“她”不用“他”

“丝绸之路，中华民族的骄傲，她是华夏悠久历史和灿烂文化的象征。”这类美好的比喻常常是用“她”。人们之所以将美好的事物与女性联系在一起，是因为女性有时是以富饶之神、大地之母的形象出现的，女性的繁殖作用在充满着对富饶女神和大地之母崇拜的神话中得到了赞美。也正因为如此，人们常将“祖国、故乡、大地、本族语”与女性联系起来，于是产生了“祖国母亲、大地之母，母语、母校”等词语，这是语言社会赋予女性的专利，汉语中没有“祖国父亲、大地之父，父语、父校”等说法。

（二）人称代词的性别歧视

“他”和“她”是现代汉语中唯一能显示性别特征的人称代词。在语用上，对“他”和“她”的使用存在着性别歧视。

1. 在泛指时往往使用具有男性特征的“他”来指称

如果一个人从来未经历过危险,我们不能担保他有勇气。

当一个人不能在自身找到他的安宁时,在其他地方寻找也是枉然。

2. 对不明性别或无必要指出其性别的一群人同样是用具有男性特征的“他们”去称代

自爱即对自己以及适合于自己的所有的爱,它使人们成为他们自己的偶像的崇拜者。

由于社会的急速转变,一般人只想让儿女受到更好的教育,他们没有经验过任何挫折,因为父母都为他们承担,当面临挫折时,他们常常以逃避、抱怨的方式对待,他们的容忍力十分低。

3. 对男性占少数、女性占多数的一群人也同样是用具有男性特征的“他们”去称代

洪常青和娘子军的女战士们星夜兼程,在山头上筑起阵地,他们日夜固守着山头。

4. “他或她”语序上男先女后。为了消除“她”在语用上的性别歧视,有人采用“中庸”的办法,把“他”与“她”并列使用,汉语中有时就出现了“他或她”的用法。① 如:

一定要问清他或她姓什么叫什么哪儿来为了什么,并且最好请他或她留下来等一等,给他或她沏一杯茶,倘若他或她又不等到主人回来便走掉,那么一定提醒他或她别忘了带走上次留下的那把黄伞,并且应当记住他或她大约多高大约多大是胖是瘦穿着打扮有什么特点说话有没有口音。(《黄伞》,《北京文学》1988 年第 11 期)

对“他或她”的这种用法,多数人不习惯,常常是用具有男性特征的“他”来代替“他或她”的用法。即使大家适应了“他或她”的用法,也会有问题,“他或她”在语序上仍是男性在前女性在后,“男先女后”的语序仍然存在着对女性的性别歧视。在语序上,“他”始终是老字号,“她”永远是分店。②

---

① 也有用“他(她)们”的。

② 吕叔湘《他或她》,《未晚斋语文漫谈》,语文出版社 1992 年 6 月版。

参考文献

孙汝建　1980　人称代词作定语与结构助词“之”，《语文函授》第5期。

孙汝建　1981　人称代词的活用，《汉语学习》第3期；收入韩国《中国语学习研究》第三辑（文法篇），2002年7月30日出版。

孙汝建　1995　汉语性别变异的社会心理探索，《高等学校文科学报文摘》第2期“首次文摘”栏目。

孙汝建　1996　性别语言研究的回顾与展望，《云梦学刊》第3期。

孙汝建　1997a　言语的句子与人称代词的相互影响，《南通师专学报》第1期。

孙汝建　1997b　《性别与语言》，江苏教育出版社。

孙汝建　2002　《句子的句法、语义、语用分析》，载黄伯荣、廖序东主编《现代汉语》（增订3版）“教学说明与自学参考”，高等教育出版社。

孙汝建　2003　《现代汉语》，南京大学出版社。

孙汝建　2005　教育部普通高等教育“十五”国家级教材《现代汉语》，高等教育出版社。

孙汝建　2006　《现代汉语》黄廖本如何应对“三个平面”？，2005年11月全国高校现代汉语教学研讨会论文，收入《全国高校现代汉语教学研讨会论文集》（2006年内部印刷）。

孙汝建　2008a　性别因素对人称代词的影响，《开封大学学报》第3期。

孙汝建　2008b　句子定义的三个平面解读，《南通大学学报》第5期。

孙汝建　2010　《汉语的性别歧视与性别差异》，华中科技大学出版社。

（作者通信地址：华侨大学华文学院，福建厦门　361021）

“一时”和“一刻”的多角度考察

李铁根

摘　要:本文从对外汉语教学的角度对“一时”“一刻”做多角度考察分析,试图揭示它们在语义上和功能上的特点和使用上的规律。文章首先从语义上和句法功能上对“一时”“一刻”进行详细的对比分析,指出了先前研究的不足之处,并结合留学生病句进行辨误分析。其次,文章还考察了“一时”“一刻”对时制环境的适应问题,指出二者对时制环境没有强制性的选择限制,但也表现出某些不同。最后文章讨论了“一时”“一刻”的词类归属问题,认为“一时”不应该归入副词,而应归入时间词。

关键词:“一时”;“一刻”;句法功能;异同;时制环境;词类

一　引　　言

“一时”和“一刻”是现代汉语中使用频率比较高的两个表示时间意义的常用词,由于都有表示短时意义的用法,所以经常一起配对使用。例如:

(1) 感情真的不能勉强,一时一刻都不能勉强!

(2) 一时一刻也不敢疏忽怠慢,那是让买笔记本,绝不敢买田字格!

而且,有时二者可以互换,几乎看不出有什么大的区别。比较:

(3) a. 你一时也不能离开她,每时每刻都想看见她……

b. 宝贝,我一刻也不能离开你,你知道我有多想你吗?

正因为如此,外国留学生有时就会忽视二者之间存在的诸多差异,进行错误类推,造出下列病句:

(4) *一时也不能浪费。(应为:一刻也不能浪费。)

(5) ＊我一刻糊涂做了错事。(应为:我一时糊涂做了错事。)

那么,“一时”和“一刻”究竟有哪些异同,使用中需要注意哪些方面呢?本文拟从对外汉语教学的视角具体考察二者在语义上和句法上以及对时制环境的适应等方面的相同点和不同点,以求深入揭示二者的语法特点和使用规律,为对外汉语教学提供一些具体的教学依据。

二 “一时”和“一刻”在语义上的异同

《现代汉语词典》中“一时”下列四个义项:①一个时期;②短时间、暂时;③临时、偶然;④叠用,跟“时而”相同。而“一刻”只有一个义项,“指短暂的时间;片刻”。①

从词典释义就能看出,“一时”的意义要比“一刻”多得多,也复杂得多。

“一时”①的“长时”用法很常见,指一个时期,一段时间。例如:

(6) 在这里面成长起了一批培训机构,成为人们又一个除厂商认证之外进行IT技能培训学习的新选择,一时很流行。

这种用法显然是“一刻”所不具备的。下列组合中的“一时”也都是这种“表长时”的用法,指一段时间或一个时期,都不能用“一刻”替换:

传诵一时　猖獗一时　冠绝一时　风行一时　风靡一时　独步一时
轰动一时　嚣张一时　显赫一时　名重一时　名震一时　名噪一时
盛行一时　此一时,彼一时

“一时”的②、③两个义项都属于“短时”范畴,但具体又有所不同。② “一时”③的表“临时”“偶然”的意义是“一刻”所没有的,因此下列例句中的“一时”都不能用“一刻”替换。例如:

(7) 我觉得他很眼熟,一时又想不起来是谁。(表“临时”义)

① 见中国社会科学院语言研究所词典编辑室(1996),第1475页、1477页。

② 一般的现代汉语虚词词典都不收入“一时”的这个“表长时”的义项。如北京大学中文系1955、1957级语言班编(1982:472)只将“一时”区分为两个义项:一、表示行为、状态存在的时间短暂。〔例如(9)、(10)〕二、表示由于某种突然发生的情况而引起另一种情况的暂时存在。我们认为这种区分令人难以把握,而且将“一时”看作副词,忽略了它的其他非副词用法。详见后文分析。

(8) 一年前,我一时兴起,突然删掉了QQ空间里所有的文字,也不能说是删掉,只是把它们永远尘封于电脑硬碟里,不会再暴露给世人。(表“偶然”义)

至于义项④“一时”的叠用,只是“一时”的一种用法,实在没有必要将其单列为一个义项。(详见3.2)

“一时”义项②“短时间、暂时”中的“暂时”意义也是“一刻”所不具备的。例如:

(9) 我的店开不下去了,一时也转不出去,该怎么办啊?

(10) 有2万港币,一时也没什么用,怎么处理好?

这样看来,“一时”只在义项②的“短时间”意义上与“一刻”有相通之处。但是,二者在表示短时的程度上有区别。“一刻”的“片刻”意义是“一时”所不具备的。因而“一刻值千金”中的“一刻”绝对不能用“一时”替换。下列例句中的“一刻”也都是强调极短的时间的用法,因而也都不能换为“一时”:

(11) 纵然生命在一刻化为灰烬,也是幸福的。

(12) 从年初降到了年尾,今年,汽车降价就一刻没有停息过。

只有在表示“短暂的时间”这个意义上二者相同,也就是说,在表达相对短时意义上,“一时”与“一刻”表义相同。二者也正是经常在这个意义上配对使用,如例(1)、(2)。

另外,在某些强调短时句式中的状语位置上二者也可以互换。如在“一时/一刻+也不/没有”这种句式中,用“一时”或“一刻”都可以,表义上也看不出什么大的变化,如例(3),类似的例子还有:

(13) a. 看到这电池能够提供如此大的电流,李不伟一时也不敢大意,忙将引线从电池上摘了,又小心翼翼地做了简单的绝缘工作。

b. 虽然这里还没有遭遇到破坏力很强的洪水,但他们一刻也不敢大意,“毕竟我们保的是‘龙脉’嘛。”

(14) a. 而且,夫妇俩也经常为钱的事吵架,搞得章家一时也不得安宁。

b. 假如失去了它,我们将一刻也不得安宁。

(15) a. 虽然路上的丝绸之路真正建成还有大量的具体工作要做,但是中国的运作一时也没有停息。

b. 两位影后之间的斗争一刻也没有停下来,特别吸引他……

(16) a. 姥姥走了半个月了,思念的心情真的一时也没有停止过。

b. 其实思念一直在心里,其实,想念一刻也没有停止过。

前文说过,“一时”和“一刻”在表短时的程度上有一定差别,“一刻”强调极短的时间的用法是“一时”所没有的。那么为什么在“一时/一刻+也不/没有”这种强调极短的时间的句式中二者可以通用呢?可以这样解释:在这种用法里,“一……也不/没有”句式的强调作用中和了“一时”和“一刻”的程度差异。换句话说,尽管“一时”和“一刻”在表短时的程度上有一定差别,但由于“一……也不/没有”这种句式本身强调作用突出,因而“一时”和“一刻”的程度差异被句式冲淡了。

除了上述语义上的区别之外,“一时”和“一刻”在句法功能上还有很多差异。

三 “一时”和“一刻”在句法功能上的异同

3.1 “一时”和“一刻”在句法功能上的相同之处

“一时”和“一刻”之所以有可能被用错,除了在所表示的时间意义上有相通之处(都能表示“短时”)以外,在句法功能上也有一些相同之处。具体有如下几点:

1) 都能与“这”“那”“前”“后”组成定中偏正短语。例如:

这一时　那一时　前一时　后一时

这一刻　那一刻　前一刻　后一刻

这类偏正短语经常用来充当句首修饰语,用来指已经过去的某个时刻。例如:

(17) 那一时,我的思想停止思考了。

(18) 真对不起,前一时没有上网,小车转送给朋友的孩子了。

(19) 这一刻,她并不孤独。这一刻,她想倾诉对世界的感激。

(20) 前一刻,他们都还沿着快车道飞速前进,拥有声望、权力和金钱。可顷刻间,他们就遭受重创……①

① “后一时”“后一刻”主要用于前后对举的格式中,例如“前一刻风和日丽,后一时暴风骤雨”“前一刻恋人,后一刻凶手”。

2）都可以带“的”或“之”修饰其他名词、动词或形容词。例如：

一时的欢乐/一时的低落/一时的坚持/一时的绝望/一时的冲动

一刻的回忆/一刻的安宁/一刻的安静/一刻的快乐/一刻的哀思

一时之气/一时之乐/一时之长短/一时之需/一时之利/一时之渴

一刻之乐/一刻之感/一刻之余/一刻之情/一刻之想/一刻之急

3）都能单独做介词“在”和动词“在”的宾语。例如：

（21）娶个胖女人生个孙，都等了这么多天了，也不急在一时嘛。（做介词“在”的宾语）

（22）我在树上欢歌，时间停止在一刻。（做介词“在”的宾语）

（23）竞争不在一时，以后到底谁更占上风，还得看后劲。（做动词“在”的宾语）

（24）男人追求女人结果在一刻，女人追求男人结果在一生。（做动词“在”的宾语）

4）都能独立做否定形式的动词中心语的状语，也都能做补语。例如：

（25）我一时走不开，你代我去一趟吧。（做状语）

（26）事关重大，我一刻也不能离开。（做状语）

（27）花开一时，草长一世。（做补语）

（28）我真的好想再多停留一刻，好好看看母亲，和母亲说说知心话。（做补语）

3.2 “一时”和“一刻”在句法功能上的不同之处

然而，“一时”和“一刻”在句法功能上还有诸多不同之处，主要表现在如下几个方面：

1）“一时”可以做肯定形式动词中心语的状语，而“一刻”一般只做否定形式的动词语的状语。这是二者在做状语时的一个重要区别。下列例句中的“一时”都不能用“一刻”替换：

（29）7月9日影评，一时中止。

（30）是我先向老马示爱，老马才会一时迷失方向。

（31）有的粉丝一时走眼买了他们代言的产品，回过味儿来后向他们发出了“网络追杀令”。

(32) 上周我预测了凯泽斯劳滕将一时反弹,结果真的被我"不幸"言中。

2)"一时"可以做形容词的状语修饰语,所修饰的形容词多为表示心理状态、感情变化的形容词。[①] 例如:

(33) 别图一时快活!

(34) 我一时冲动打了我女朋友,现在后悔得要死……

(35) 朋友,当你坠入情网的时候,一定要分清楚真情实意还是一时狂热。

(36) 在被逮住后,实施破坏者竟称只为图一时开心。

"一刻"常用来表示极短的时间,而形容词所表示的性质状态的形成一般是难以在极短的时间内形成的,因而"一刻"一般不用来修饰形容词。以上例句中的"一时"都不能用"一刻"替换。本文例(5)就是用"一刻"来修饰形容词"糊涂"造成的病句。

但否定句中"一刻"有可能出现在形容词前。例如:

(37) 刘德华为赈灾事宜没一刻松懈过,天天都在抢时间:通宵与演艺人协会开会商讨救灾事宜,还为赈灾歌曲《承诺》填词。

此句中"一刻"用在形容词"松懈"前,但前边有否定词"没"。单独说"一刻松懈"显然不能成立。

3)"一时"可以不带"的"直接做名词定语。例如:

一时风光　一时利益　一时英雄　一时豪杰　一时枭雄

这类用法中的"一时"一般都是表示"长时"。"一刻"没有这种用法。

4)"一时"可以和"不"组合成"不一时",主要用于带有文言色彩的书面语中,相当于"不一会儿",只用于已然句中。例如:

(38) 不一时,村前的杨树林里便响起了"哗啦""哗啦"的扫帚声。

(39) 不一时,举行升旗仪式,在雄壮的国歌声中,三面五星红旗冉冉而升,蔚为壮观。

---

① 王凤兰(2005)认为被"一时"所修饰的形容词除了"高兴、兴奋"等少数几个外都具有"贬义"的语义特征。我们认为这种说法缺乏足够的证据,值得商榷。就我们看到的材料来说,表示褒义的形容词并不是少数。除了例(33)、(36)中的"快活""开心"以外,其他还有如"快乐、幸福、痛快、机灵"等等。

(40) 不一时张怀提着一个水壶出来,另一只手上还拿着一包东西。

(41) 忽然,刘一凡身后的几个大汉一声应答,上去就对二人拳打脚踢,不一时,二人嘴角溢出鲜血。

“一刻”不能与“不”组合。

5)“一刻”的名词性功能强于“一时”。

“一刻”除了能单独做介词“在”的宾语外,还经常与“这”“那”等修饰语组合后做其他介词(如“从”“于”“为了”“把”等)的宾语。例如:

(42) 从这一刻起,我要告别过去的我。

(43) 听说这世界于不久的一刻便到末日。

(44) 为了这一刻,总会做一些事作为一个标记吧。

(45) 朋友,我们要把这一刻记住!

“一时”则很难用在这类组合中。

“一刻”的名词性还体现在它充当主语和宾语的能力上。它可以独立充当主语、宾语。例如:

(46) 一刻也不能浪费。(独立充当主语)

(47) 总之,有一刻你是静止的。(独立充当宾语)

但最常见的是,做其他复杂修饰语的中心语,带“的”共同组成定中偏正短语,然后充当主语、宾语或介词宾语。例如:

(48) 梦想成真的一刻将冲淡所有的艰辛苦涩,期待~凯旋!!(充当主语)

(49) 也许注定他职业生涯最璀璨的一刻将出现在圣詹姆斯公园球场。(充当主语)

(50) 潼潼妈的博客,我不禁感怀自己怀孕时光的弥足珍贵,回忆起我生命中最神圣的那一刻。(充当宾语)

(51) 我们望着对方笑了笑,室友见了,“咔嚓”一声,把那难忘的一刻拍了下来。(充当介词宾语)

这种偏正短语有时甚至可以独立成句:

(52) 历史性的一刻啊!

(53) 尴尬的一刻!

这种带“的”的偏正短语还经常独自或和“这”“那”一起做状语或全句修饰

语,此时后边可以有停顿,用逗号隔开。例如:

(54) 分手的一刻,我们没有哭,因为我们笑了!

(55) 点燃火炬的那一刻,我真的流泪了,而且现在一想起那一幕,还是很想流泪。

“一刻”这些用法是“一时”所不具备的。“一时”除了在某些“是”字句中(如“一时是一时,一世是一世”)以外,极少做主语和宾语,更不受其他带“的”修饰语的修饰,因而以上例句中的“一刻”都不能换成“一时”。本文例(4)的错误就是用“一时”做了主语,因而造成病句。

6)“一刻”还经常受名词、形容词性词语的直接修饰。例如:

甜蜜一刻　神奇一刻　动魄一刻　激情一刻　休闲一刻　亚运精彩一刻

圣诞一刻　幽默一刻　奥运一刻　美丽自然一刻　激动人心一刻

其实,这也是“一刻”的名词性功能的体现。这种偏正短语在网络上经常用来作为某个栏目的标题使用。“一时”没有这种用法。

7)“一时”经常在一个句子中或两个分句中的两个谓语动词、形容词前配对使用,表示两个动作、行为在可长可短的一定时间内交错进行,或表示两种不同的性质、状态交替显现。这种用法的“一时”常可以用“时而”或“一会儿”替换。例如:

(56) 我发在家务的帖子怎么一时锁一时开的?

(57) 我做听力总是一时好一时坏。

(58) 论坛怎么了,一时进得来,一时又进不去!

(59) 速度不稳,一时快,一时慢!

王凤兰(2005)认为这种叠用的“一时”也是表示“短时间”的意思,事实并非如此。以上例句中的“一时”客观上所表示的时间可能很短,但也可能不短。下列例句更能说明问题,前后交替发生的两个动作间隔的时间都比较长,也就是说,“一时”表示相当长的一段时间,很难用“短时间”来概括:

(60) 她一时说做生意,一时说赌博,前前后后共借去30万。

(61) 财务状况一时大起,一时大落,这种状况已经持续了很长时间。

(62) 我家宝宝一时很外向一时很内向,不过外向时占多数,胆子有时有点小,不耐烦时多好发脾气。

(63) 一时欢笑,一时寂寞,一生朋友最难得!

"一时"的这种叠用现象有时也出现在名词谓语句中,表示两种不同现象的交替出现。例如:

(64) 怎么这个 spaces 一时中文一时英文的?

(65) 风云防火墙的盾牌图标一闪一闪的,一时红色一时蓝色,是正常的吗?

"一刻"没有这种叠用用法。

四 "一时"和"一刻"对时制环境的适应

"一时"和"一刻"都表示一段时间,即时段,与说话时间没有必然的联系,用于非状语位置时,自然不受全句时制的任何制约。首先看"一时":

(66) a. 这不是一时的冲动,而是他们履行军人使命的自觉行动。(已然句①)

b. 一时的冲动,将让你惊恐多久?(未然句)

(67) a. 他可以爱你一时却无法爱你一世,因为你只能美丽一时。(已然句)

b. 涨势仍将维持一时。(未然句)

例(66)、(67)中的"一时"分别处于定语、补语位置上,但它们所在句一个为已然句,一个为未然句。"一刻"也是这样:

(68) a. 这真是激动人心的一刻。(已然句)

b. 赶紧按动快门,记下这珍贵的一刻。(未然句)

(69) a. 激动人心的一刻到了!(已然句)

b. 最激动人心的一刻,即将上演。(未然句)

(70) a. 生命,需要停顿一刻。(已然句)

b. 决然离开,不再停留一刻。(未然句)

例(68)、(69)、(70)中的"一刻"分别处于宾语、主语、补语位置上,但它们所在句也都是一个为已然句,一个为未然句。

---

① 关于现代汉语的时制系统及"已然""未然"的分类描写请参见李铁根(2002)。

即使当“一时”“一刻”处于句中状语位置上的时候，对时制环境也没有任何强制性的选择限制，即也是既可以用于已然句中，又可以用于未然句中。例如：

(71) a. 听说她最近患了重病，治疗了很长时间都不见好，一时想不开就跳楼轻生了。(已然句)

b. 如美方要在这些方面大做文章，我国企业一时将难以应对。(未然句)

(72) a. 都江堰聚源中学的救援工作一刻也没有停止。(已然句)

b. 本场比赛双方主席的眼睛将一刻离不开这位金发青年人。(未然句)

“一时”“一刻”做状语时都能用于带未然标记“将”的句子中，可见，它们用于未然句是没有什么限制的。

但“一时”“一刻”在与未然标记“将”组合时在组合顺序上有区别。“一时”既经常用在“将”的前面(谓语动词常见的是带“难”或“无”的形式)：

(73) 综合上述因素可见，棉花价格一时将难以上涨，预计在低位企稳。

(74) 而正是信息披露的延误，危机正在迅速显示它的威力，因此而产生的严重后果，或许一时将无法消弭。

也经常用在“将”的后边：

(75) 对于目前步入调整的大盘而言，后市仍然面临较多的不利因素，市场的调整将一时难以改变。

(76) 尽管药物能控制炎症，杀灭细菌，但在组织学上皮肤遭受的破坏将一时难以修复。

而“一刻”在与“将”同现时一般只用在“将”的后边，谓语动词也都是否定形式的短语，例如：

(77) 在千方百计打造硬环境的同时，我们将一刻也不放松打造一流的软环境。

(78) 比赛延迟，辽宁女排似乎有了更长的备战期，但这也意味着辽宁女排从一开赛就将一刻不得喘息。

(79) 电子邮件改变了我们的通信方式，在未来战争中我们将一刻也离不开它。

"一刻将"的排列形式则很受限制,我们一个实例也没见到。

另外,"一时""一刻"在时制适应方面还有一个值得注意的区别:"一刻"可以用于表示未然的否定性祈使句中,"一时"没有这种用法。例如:

(80) 余开,你盯着这小子,一刻不许离开。

*余开,你盯着这小子,一时不许离开。

(81) 一刻不许耽搁!

*一时不许耽搁!

五 "一时"和"一刻"的定性归类

"一时"和"一刻"在构词上有共同点,即都包含共同的语素"一"。这个"一"不表示数字意义,所以都不能换成其他数字,因而都只能看作一个词。[①] 那么二者归属于现代汉语词类系统中哪一类词呢?一般的语法论著和词典都把"一时"归入副词,如北京大学中文系1955、1957级语言班编(1982:472)、曲阜师范大学本书编写组编著(1995:540—541)、刘月华等(2003:212)等,但是,根据我们的考察,把它归入副词是很值得商榷的。如3.1、3.2所述,"一时"不仅像一般副词那样具有做状语的功能,还具有一般副词所没有的功能,即带"的"或不带"的"做名词定语的功能,以及单独做介词"在"和动词"在"的宾语的功能,与"这""那""前""后"组成定中偏正短语的功能,如果把它看作副词,我们就必须要重新确定副词的语法特征,把带"的"或"之"做定语和做宾语也看作副词的功能,其结果就是进一步扩大副词的范围,这显然是我们无法接受的。

根据我们的考察,"一时"和"一刻"都应该归入时间词。它们都表示时间意义,具体为或长或短的一段时间,都能单独用在"在"或"到"或"等到"的后面做宾语并且能单独充当状语,完全符合时间词的区别性特征,属于现代汉语时间词家族中的两个成员。[②]

---

① 表示十五分钟的"一刻"属于数量短语,其中的数词"一"还可以换为"三"。这个"一刻"与本文所谈的"一刻"同形,但显然不具有同一性,不可混为一谈。

② 关于时间词的区别性特征的详细论证请参看李铁根(2008a)。

参考文献

北京大学中文系 1955、1957 级语言班编　1982　《现代汉语虚词例释》,商务印书馆。

李铁根　2002　“了”、“着”、“过”与汉语时制的表达,《语言研究》第 3 期。

李铁根　2008a　时间词的区别性特征及其功能研究,《中语中文学》第 42 辑。

李铁根　2008b　谈表短时的“一 + X”结构类时间词,《中语中文学》第 43 辑。

林燕飞　2000　怎样辨别时间词的词性,《语文天地》第 22 期。

刘月华等　2003　《实用现代汉语语法》(增订本),商务印书馆。

陆丙甫、屈正林　2005　时间表达的语法差异及其认知解释——从“年、月、日”的同类性谈起,《世界汉语教学》第 2 期。

陆俭明　1991　现代汉语时间词说略,《语言教学与研究》第 1 期。

陆俭明　2001　现代汉语时量词说略,《语言学论丛》第 23 辑,商务印书馆。

曲阜师范大学本书编写组编著　1995　《现代汉语常用虚词词典》,浙江教育出版社。

沈庶英　2000　谈约量时间词,《世界汉语教学》第 1 期。

邢福义　1985　从“原来”的词性看词的归类问题,《汉语学习》第 6 期。

邢福义　1990　时间词“刚刚”的多角度考察,《中国语文》第 1 期。

邢福义　2004　《汉语语法三百问》,商务印书馆。

王凤兰　2005　“暂时”和“一时”的异同考察,《语言与翻译》第 2 期。

王桂花、吕玲娜　2007　现代汉语时间词研究综述,《周口师范学院学报》第 6 期。

杨正超　2007　现代汉语时量词研究概述,《东南传播》第 9 期。

周小兵　1995　谈汉语时间词,《语言教学与研究》第 3 期。

张斌主编　2003　《现代汉语虚词词典》,商务印书馆。

中国社会科学院语言研究所词典编辑室编　1996　《现代汉语词典》(修订本),商务印书馆。

(作者通信地址:韩国启明大学)

板块、凸显与“的”字的隐现

徐阳春

摘　要：体词性修饰标记“的”的隐现与板块和凸显有关。凡能作为一个整体出现的结构体都可以看作一个板块，其标志是内部隐去“的”；如果要凸显偏项的修饰性，则仍需要出现“的”，固定板块除外。复杂的偏正短语中“的”字的隐现规律可以概括为：一般只在第一层次偏项和正项之间出现“的”；第二层次上也可以出现“的”，条件是该结构体内部的偏项需要凸显。

关键词：板块；凸显；隐现

本文讨论的是修饰标记“的”。体词性偏正短语都含有“的”，只是隐还是现的问题。例如“中国特色社会主义”是偏正短语，表层没有“的”，但实际上含有“的”，因为它可以扩展为“有中国特色的社会主义”。学界对“的”字隐现规律有过较多讨论。黎锦熙（1924：52—56）、吕叔湘（1942：20—21）、陈琼瓒（1955）、肃父（1956）、邢福义（1957）、吕冀平（1983：223—255）、崔希亮（1992）、陈满华（1997）、徐阳春（2008）等学者从不同方面对“的”字的隐现做了研究。最近“东方语言学网”展开了对“的”字隐现的讨论，引发的例子是“他们的文化的特点”，该隐去哪个“的”？众说纷纭。笔者对此颇感兴趣，拟在前辈研究的基础上对“的”字隐现规律尝试进行系统解释。“的”字隐现颇为复杂，本文旨在抛砖引玉，就教于方家。

一　板块与“的”字的隐现

1.1　板块的定义

板块，顾名思义，是作为一个整体出现的。语言中多大的单位算作一个板块？

这与我们的着眼点有关。面对一个句子，如果我们的着眼点在其外部，则是把它作为一个板块与句群中的其他句子相对待；如果我们的着眼点在其内部，则首先得到的可以是主语和谓语两个板块；当着眼点在主语（由短语充当）内部时，我们又能得到更小的板块，比如说偏项和正项，直至词或词的等价物。

可见，板块是一个相对的概念，有大小和层面之分。基本板块是词和词的等价物（例如成语、惯用语），作为一个固定整体出现，都对应特定的概念。本文要讨论的是“的”字的隐现，因而跟体词性偏正短语有关。如上所述，体词性偏正短语都含有“的”，其隐现规律如何？从认知上看，就在于偏正短语是否被看作一个整体——板块（下文的“板块”都与体词性偏正短语有关）。

偏正短语板块的明显标志是“的”不出现，因为“的”表示偏项对正项的修饰，使偏正两项界限分明，而板块是作为整体出现的，着眼点在短语外部，不注意其内部结构关系。这类板块有常用和临时之分。常用板块即短语词，作为一个整体对应一个特定概念，例如“市场经济”“英语教师”“狐狸尾巴”，它们的作用相当于词。临时板块，顾名思义，单说时不是板块，而是在作为一个整体与另一成分相对待时才看作板块。例如“昨天的报纸”，不是一个板块，而是由偏项和正项两块组成的结构体，但当它与“部分标题”组合时，则作为一个临时板块而隐去“的”，构成“昨天报纸的部分标题”。

1.2　常用板块与“的”字的隐现

1.2.1　常用板块作用相当于词，具有如下特点：

A. 像词一样，对应语言中的某一概念，作为类名或专名。这一特点是偏正短语能否隐去“的”成为常用板块的内在动因。上文 1.1 所例举的偏正短语能隐去“的”成为常用板块，就因为它们都能对应着某种概念，作为类名。又如“张小泉自行车”不说，因为现代汉语中没有这样的概念（客观世界没有这样的产品），而“张小泉剪刀”却是成立的，因为现代汉语中确有这样的专门概念（客观世界有这样的产品）。“江西人”可以说，而“江西书”则不说，因为书不以地域分类。

B. 像词一样，有特定的含义，若插入“的”分成两个板块，其含义也随之变化。例如“北京大学”改为“北京的大学”后意义变化很大，前者是专名①，迁到其他城

① “北京大学”插入“的”只能扩展为“以北京为命名属性的大学”。

市仍可以称为“北京大学”，而后者则指在北京的所有大学。“木头桌子”改为“木头的桌子”意义似乎变化不大，但是在语用上仍有较大不同：前者是类名，“木头桌子”是“桌子”中的一类；后者是临时短语，意在表示“木头的，而不是其他材料的桌子”。“朝鲜朋友”是单义的，“朝鲜”是“朋友”的来源属性：朋友来自朝鲜，是朝鲜人；而“朝鲜的朋友”则有歧义：一是与前面的分析相同，“朝鲜”是来源属性（如“我有一个朝鲜的朋友”），不同点在于“朝鲜朋友”是类名，是“朋友”中的一类，而“朝鲜的朋友”是临时短语，意在表示“来自朝鲜的，而不是来自他国的朋友”。二是“朝鲜”单独成一块后，激活了它的领有功能，表示“朝鲜拥有的朋友”（如“中国是朝鲜的朋友”）①。

1.2.2　我们把常用板块分为固定板块和离合板块，前者板块化程度高，不能直接插入“的”，否则不成立或改变意义②；后者板块化程度相对较低，有插入“的”的相平行格式。例如：

（1）A. 固定板块

a. 复旦大学、伽利略卫星、9·11事件、知识经济、问题汽车

b. 北京酒店、华侨医院、中国银行、南京东路、江西电视台

B. 离合板块

a. 木头桌子、萝卜丝儿、有钱人、优秀教师、正常情况

b. 日本尿素、朝鲜朋友、局长父亲、张小泉剪刀

固定板块A分为a、b两类，都不能直接插入“的”。a类没有插入“的”的平行格式；b类虽有插入“的”的平行格式，但意义迥异：插入“的”后原专名意义不复存在。以“北京酒店”和“华侨医院”为例。“北京酒店”与“北京的酒店”，前者是专名，后者指在北京的所有酒店；“华侨医院”与“华侨的医院”，前者是专名，后者指“华侨”领有的“医院”。“北京酒店”可以出现在其他城市，“北京的酒店”可以没有“北京酒店”这一名称；同样，“华侨的医院”中也可以没有“华侨医院”这一名称。

---

① 关于“N_1+N_2”和“N_1 + 的 + N_2”的区别，请参见徐阳春（2006）。

② 固定板块如果扩展（出现隐含的成分），也可以插入“的”。例如“9·11事件”可以扩展为“2001年9月11日恐怖分子劫持4架民航客机撞击美国纽约世界贸易中心和华盛顿五角大楼的历史事件”，“健康组织”可以扩展为“为健康而工作的组织”。可见，固定板块不能直接插入“的”。

离合板块B也分为a、b两类,但都可以直接插入“的”,不同点是:a类插入“的”后基本意义不变,b类插入“的”后增加新的意义,在属性关系的基础上激活领有关系,即出现歧义:属性关系+领有关系。例如“日本尿素”与“日本的尿素”,前者内部是属性关系,“日本”是“尿素”的来源属性,后者有歧义:(1)仍是属性关系(如“我们要买五包日本的尿素”);(2)领有关系,“日本”领有“尿素”(如“日本的尿素常常出口到中国”)。又如“张小泉剪刀”与“张小泉的剪刀”,前者是属性关系,“张小泉”是“剪刀”的命名属性,后者有歧义:(1)仍是属性关系(如“我有一把张小泉的剪刀,好用”);(2)领有关系,“张小泉”领有“剪刀”(如“这是张小泉的剪刀,你的在那儿”)①。

1.2.3　常用板块需要隐去“的”(有的板块可以插入“的”,原因见下文“凸显”部分)。相反,不能作为常用板块的偏正短语则需要出现“的”。例如:

(2) a. 布朗的汽车、晚上的会议、前面的小河、雪白的衬衫、蓝蓝的天空

b. 爸爸的妈妈、商店的食堂、学生的住宿、吃的东西、端正的态度

上例(2)不能成为常用板块的原因是,不能像词一样分别对应某一概念,作为事物名称;现代汉语中没有“布朗汽车”“晚上会议”“前面小河”“雪白衬衫”“蓝蓝天空”这样的专门概念。而且,b类例子去“的”之后还会成为非偏正短语。

1.3　临时板块与“的”字的隐现

1.3.1　如上文1.1所述,临时板块指单说时需要出现“的”,但作为一个整体与其他成分相对待时而隐去“的”的结构体。例如:

(3) 老王的儿子——老王儿子的汽车——老王儿子汽车的颜色

(4) 老王的衬衫/雪白的衬衫——老王雪白的衬衫

上例(3)单说要出现“的”的偏正短语,进入更大组合时由于作为一个临时板块(偏项)与正项相对待,“的”一般要隐去。例(4)是两个简单的偏正短语合并为含递加式偏项的短语,“老王雪白”虽不能自成偏正短语,但都是作为一个整体(偏项)与正项“衬衫”相对待,因而也可以隐去“的”。

隐去“的”构成临时板块的基本前提是:不改变句法关系。上例(3)—(4)中的临时板块都保持着原来(带“的”时)的句法关系,因而都是合格的表达。下例

① 参见徐阳春(2006)。

(5)中“最早”和“捕捉奴隶”是递加式偏项,共同作为正项“远征记载”的定语;本应该组成一个临时板块,与正项相对待,但是,若隐去“的”,“最早”就成了“捕捉奴隶”的状语了,这不符合原结构关系,因此“最早”后面的“的”不能隐去。例如:

(5) 现存最早的捕捉奴隶的远征记载是1446年葡萄牙远征队队长阿阻拉拉写的。(彭长江《英汉-汉英翻译教程》)

1.3.2 临时板块有其认知基础。认知语言学认为人们容易将相同或相似的东西看作是一个单位(赵艳芳,2001:97)。复杂偏项尽管内部关系不同,但都是作为一个整体与正项相对待的。我们的着眼点不在偏项内部,而是在偏项和正项之间;几个偏项被看作一个整体,原有的“的”会因此隐去。

打一个比方来说,在国内可以有广东人、山东人和上海人等等的分别,但是,当进入国际社会时,他们原有的界限会被压缩,一起作为一个整体——中国人与他国人相对待。我们观察事物也是这样。面前摆着一辆小汽车,我们可以区分车头和车身等;但当很多小汽车摆在一块儿的时候,我们首先注意的是甲车和乙车的界限。当这些小汽车和卡车摆在一起时,我们首先注意的又是小汽车和卡车的界限。可以这么说,我们观察事物首先注意到的是总体上的分界,是大板块之间的分界。词语的组合也是同样的道理。“老王”与“儿子”是一个临时组合,之间需要“的”标示修饰关系。当我们的着眼点只是“老王的儿子”时,我们注意的是“老王”与“儿子”的界限;但当我们的着眼点是“老王儿子的汽车”时,我们首先注意到的是“老王儿子”与“汽车”的界限,“老王儿子”内部的界限被忽略。这种忽略体现在语言形式上就是隐去具有划界作用的“的”字。

1.3.3 临时板块一般是作为更大组合中的偏项,复杂偏项自身有三种情况:偏正式、联合式和递加式。在更大的结构中,无论偏项自身是哪种结构,都可以作为一个板块(偏项)与另一个成分(正项)组合,隐去原有的“的”。例如上例(3)—(4),又如:

(6) 小李、小王和小张的书

他们昨天的言论

(7) ? 小李的、小王的和小张的书

? 他们的昨天的言论

例(6)是合格的短语,而例(7)合格度则较低,就因为前者的偏项作为临时板块而隐去了原有的“的”，使得整个短语层次比后者更为分明，便于理解。因此，多个修饰语组成的偏项，由于作为一个整体与正项相对待，一般需要隐去“的”。

自身为偏正结构或联合结构的偏项看作一个整体(板块)与正项相对待，不难理解。可能出现不同看法的是递加式偏项作为一个板块的情况，我们对此做进一步的说明。上例(4)“老王雪白的衬衫”和上例(6)“他们昨天的言论”都是合格的短语，其中偏项“老王雪白”和“他们昨天”被看作临时板块而隐去了“的”。孤立地看，“老王雪白”和“他们昨天”看作板块，有些不好理解，因为“老王”和“雪白”、“我们”和“昨天”不直接发生句法关系。我们认为，临时板块实际上是出于与另一板块相对待的需要。如上文 1.3.2 所述，我们观察事物时容易将相同或相似的东西看作一个单位。“老王”与“雪白”、“我们”与“昨天”虽然自身不发生句法关系，但它们功能上具有共性：都是定语，一起作为偏项与正项相对待。下例(8)是杉村博文先生提供的例子。“焦主任厚厚”也是递加式偏项，虽然“焦主任”与“厚厚”不发生句法关系，但它们有共性，共同作为偏项与正项“嘴唇”相对待。例如：

(8) 拿着笔的手酸了，心里倒踏实了，干事望着焦主任厚厚的嘴唇不由不服。(谌容《关于仔猪过冬问题》)

二　凸显与“的”字的隐现

2.1　凸显的定义

本文的凸显指因彰显偏项①而出现“的”字。凸显与板块的着眼点不一样：板块的着眼点在短语外部，把它作为一个整体，不注意其内部的区分。这样，由于语言的象似性作用，“的”会隐去。凸显的着眼点则在短语内部，主要是聚焦于偏项；聚焦于偏项，则该短语便不能看作一个整体，这时句法上也会出现“的”来彰显偏项的修饰性。例如：

(9) 北大学生——北大的学生

进口汽车——进口的汽车

① 间或也有凸显正项的情况，但与凸显偏项的道理是相同的。例如“北大学生”：北大的学生很好，教师也很好。凸显正项后，偏项也自成一块了，因而会出现“的”来标示二者的修饰关系。

上例(9)短线左边短语的着眼点在外部,是作为一个整体看待的,“的”不出现;右边偏项成了对比焦点,与正项各自成为一块,修饰标记“的”也随之出现,即“北大的”而不是“其他学校的”,“进口的”而不是“国产的”。

2.2 凸显与“的”字的隐现

板块,无论是常用的还是临时的,都是作为一个整体看待的,内部不需要出现“的”;但是,如果其偏项被凸显,则都会出现“的”。

2.2.1 偏项凸显主要有如下类型:

A. 强调偏项的修饰性。上文例(5)以及例(9)的“北大学生”“进口汽车”变成“北大的学生”“进口的汽车”都属于这一类。又如:

(10) “你是谁?”“娜拉妈妈。娜拉的妈妈。”(电视连续剧《北京我的爱》)

(11) 他自行车的轮胎破了——他的自行车的轮胎破了

“娜拉妈妈”作为一个板块,用于称呼;插入“的”变成“娜拉的妈妈”,强调是“娜拉的”,而不是“别人的”。“他自行车”是一个临时板块,与“轮胎”相对待,但如果仍然要凸显“他”的修饰性,同样要出现“的”。

B. 偏项复杂化,自成一块。复杂化的原因至少有三:重叠、增加修饰语、出现隐含的成分。成分的增加使偏项凸显,自成一块,因而需要“的”来标示修饰关系。例如:

(12) 小嘴巴——小小的嘴巴

(13) 有钱人——很有钱的人

(14) 英语老师——教英语的老师

上例(12)偏项重叠、(13)偏项增加了修饰语、(14)出现了隐含谓词“教”,使得偏项复杂化,自成一块,与正项相对待,因而出现“的”。而且,在例(14),“的”的标示作用非常明显,因为如果不出现“的”,就会成为动宾短语“教/英语老师”。

C. 偏项因移位而离正项较远。例如:

(15) 那只白猫——白的那只猫(陆丙甫 2003)

(16) 我有一个黑色皮包——我有一个皮包,黑色的

上例(15)“白猫”是一个板块,但当偏项“白”前移而离正项“猫”较远时,则需要“的”彰显其修饰关系。例(16)是偏项后移,因而也需要出现“的”以彰显其修饰关系。

2.2.2 因凸显而出现“的”的基本前提是：不能改变基本意义。临时板块是在与其他板块相对待时而隐去“的”构成的，因而凸显时再出现“的”不会影响意义。常用板块，如上文所述，有固定和离合之分。固定板块不能直接插入“的”，除非扩展①，否则造成意义改变或不通；离合板块可以直接插入“的”，插入“的”后有两种情况：一是无歧义，基本意义不变——仍是属性关系；二是有歧义，在原有的属性关系基础之上激活出领有关系。例如：

(17) 李老师打印机的硒鼓——李老师的打印机的硒鼓

(18) 他在北京大学读书——*他在北京的大学读书

(19) 研究知识经济——*研究知识的经济

(20) 我有一个朝鲜朋友——我有一个朝鲜的朋友

(21) 朝鲜朋友请到这边来——？朝鲜的朋友请到这边来

例(17)“李老师打印机”是临时板块，出现“的”凸显“李老师”不会改变基本意义。例(18)—(19)“北京大学”和“知识经济”是固定板块，插入“的”后，前者改变了基本意义，后者不通。例(20)—(21)“朝鲜朋友”是离合板块，内部是属性关系，插入“的”后有两种情况：例(20)插入“的”不改变基本意义，仍是属性关系。例(21)插入“的”后激活了领有关系，因而出现歧义：既可以理解为“来自朝鲜的朋友”，又可以理解为“朝鲜领有的朋友”，但插入“的”后领有关系比较明显；若要保持左边的原意，最好不出现“的”。

三 “的”字的隐现规律小结

理论上讲，偏正关系都可以出现修饰标记，有多少个层次的偏正关系，就应出现多少个修饰标记。关于这一点，我们援引杉村博文先生2010年5月在“东方语言学网”举的日语和英语的两个例子（http://www.eastling.org/discuz/archiver/showtopic-5735-2.aspx）：

① 固定板块如果扩展（出现隐含的成分），也可以插入“的”。例如“9·11事件”可以扩展为“2001年9月11日恐怖分子劫持4架民航客机撞击美国纽约世界贸易中心和华盛顿五角大楼的历史事件”，“健康组织”可以扩展为“为健康而工作的组织”。可见，固定板块不能直接插入“的”。

(22) 後ろの音節の声母の発音部位の同化(后面音节声母发音部位的同化)

(23) Professor Zhu's students' students(朱先生学生的学生)

汉语作为意合为主的语言,在实际表达中并不需要出现那么多个“的”,因此,面对多个“的”的短语,我们总觉得要隐去几个,最好是用一个;但是,隐去哪个?出现哪个?根据上文板块、凸显与“的”字隐现的讨论,我们可以为复杂短语中“的”字的隐现总括出如下两条规律①:

规律一　第一层的偏项和正项之间出现“的”;第一层的偏项和正项如果能各自作为一个板块(常用板块或临时板块),那么,内部就不必再出现“的”。例如:

(24) *他们的文化的一部分的特点

(25) ? 他们文化一部分的特点

(26) 他们文化的一部分特点

例(24)每层偏正关系都用“的”表示,不符合汉语意合规律,造成层次不清,影响理解;(25)的第一层次应该是由“他们文化”和“一部分特点”这两个大块组成的,“的”应该出现在第一层两个大块之间,而不应该出现在第二层的两块之间;(26)符合“规则一”:“的”出现在第一层两个大块之间。

现在,我们再来看看文章开头提到的问题:“他们的文化的特点”,隐去哪个“的”?我们认为,就这个例子而言,隐去哪个都行,只是理解不一样:

(27) 他们的文化特点(正项“文化特点”作为一个板块与偏项“他们”相对待)
他们文化的特点(偏项“他们文化”作为一个板块与正项“特点”相对待)
他们文化特点的外在表现(整个作为偏项与正项“外在表现”相对待)

规律二　第一层次以下的结构体内部是否出现“的”,取决于是否要凸显偏项。上文2.2对凸显情况已做了详细的分析,另外,上例(5)偏项内部出现“的”也是出于彰显体词性修饰关系的需要。这里再以“他们(的)文化的一部分特点”为例做一比较:

(28) a. 他们文化的一部分特点
b. 他们的文化的一部分特点

① 简单偏正短语“的”字隐现的讨论见上文。规律是固定板块词化了,不出现“的”;离合板块在其偏项凸显时出现“的”。

上例第一层由“他们文化”和“一部分特点”组成，一般只要在这两个部分之间出现“的”即可（如28a），但如果要凸显“他们”的修饰性，其后的“的”仍需要出现（如28b）。

凸显表现在句法上是“的”字的出现，而“的”字出现的位置是两个板块之间，因此，“的”字多，则板块多；然而板块多，则会影响节律和理解。上例(7)和(28b)读起来和理解起来都不如(6)和(28a)那么顺，原因就在于前者“的”字多。因此，除非表达上凸显的需要，特别是为了避免歧义（如上例5），否则，只需在第一层次的偏正之间出现“的”。

参考文献

陈满华　1997　“VO的N”转化为同义粘合式偏正短语的规则，《汉语学习》第1期。
陈琼瓒　1955　修饰语和名词之间“的”字的研究，《中国语文》第10期。
崔希亮　1992　人称代词修饰名词时“的”字隐现问题，《世界汉语教学》第3期。
黎锦熙　1924　《新著国语文法》，商务印书馆1998年版。
陆丙甫　2003　“的”的基本功能和派生功能——从描写性到区别性再到指称性，《世界汉语教学》第1期。
吕冀平　1983　《汉语语法基础》，黑龙江人民出版社。
吕叔湘　1942　《中国文法要略》，商务印书馆1982年版。
肃　父　1956　名词性词组中“的”字的作用，《中国语文》第3期。
邢福义　1957　动词作定语要带“的”字，《中国语文》第8期。
徐阳春　2006　也谈“N_1（的）N_2”内部语义关系，《南昌大学学报》第5期。
徐阳春　2008　也谈人称代词做定语时“的”字的隐现，《中国语文》第1期。
赵艳芳　2001　《认知语言学概论》，上海外语教育出版社。

（作者通信地址：南昌大学中文系，江西南昌　330031）

“A为N所V”结构的功能及其渊源

岳中奇

摘　要:古代汉语中的“A为N所V”结构,既可是个判断结构,亦可是个被动结构;然而,二者并无渊源关系。二者的语法化既与“为”字虚化为判断动词和被动标记介词有关,也与“所”字虚化为泛义代词衍生出“所V”结构和虚化为焦点标记有关;判断动词“为”与“所V”结构组配生成了判断结构,被动标记介词“为”与焦点标记“所”组配生成了被动结构。

关键词:“A为N所V”结构;判断结构;被动结构;“为”与“所”的演化轨迹;渊源与语法化

○　引　言

在古汉语中,“A为N所V”句法结构既是个有形式标记的典型被动结构,但它同时也是个表述判断的结构。因此,严慈(1995)认为它“包含着判断和被动双重句式的基因”,存在着两种功能,一是表判断,二是表被动。用作判断句,“为”是判断动词,“N所V”是对A之有关情状、类属等内容所做的判断和说明;用作被动句,“为”是介词,用以标记动作行为的主体或引发动作行为的其他语义成分,A是谓核动词V所处置的受事客体。例如:

(1) a. 臣为王之所得鱼也。(《战国策·魏策四》)

b. 故乐之所由来者尚矣,非独为一世之所造也。(《吕氏春秋·古乐》)

(2) c. 种仰天叹曰:“吾悔不随范蠡之谋,乃为越王所戮。”(《吴越春秋·勾践伐吴外传》)

d. 吏当广亡失多,为虏所生得,当斩。(《史记·李将军列传》)

例(1)为判断句,例(2)为被动句。然而,由此引发的思考是:同一种“A 为 N 所 V”结构,为何既可用作判断句,又可用作被动句?进而,从历时的角度看,使用同一种“A 为 N 所 V”结构形式的判断句和被动句,其渊源关系如何,是被动结构渊源于判断结构,抑或是判断结构渊源于被动结构,其重新分析的动因是什么,演化的轨迹又是怎样的?这些,都需要我们给予探讨和分析。

一　两种结构之渊源关系分析的悖论

就“A 为 N 所 V”结构而言,它既是个“包含着判断和被动双重句式基因”的句法结构,其判断结构与被动结构之间的渊源关系就当有三种可能:一,判断结构源于被动结构,即“A 为 N 所 V”最早被用作被动结构,尔后重新分析为判断结构;二,被动结构源于判断结构,即“A 为 N 所 V”首先用作判断结构,尔后重新分析为被动结构;三,两者之间没有渊源关系,即同为“A 为 N 所 V”式的判断结构与被动结构虽然同形,但它们却分别源自其他不同的句法结构。

1.1　判断结构不可能源自被动结构。事实上,第一种渊源关系是不可能存在的,判断结构不可能源自被动结构。因为,用作被动结构中的“为”当是个介词,而用作判断结构中的“为”则是个判断动词,根据汉语介词脱胎于动词的虚化规律,判断结构中的动词“为”不可能是由被动结构中的介词“为”逆向演化而来。对此,我们无须赘述。

1.2　被动结构亦不可能源自判断结构。就第二种渊源关系“被动结构源于判断结构”而言,它似乎是学界所普遍认同的一种主流观点。如,董秀芳(1998)认为,这种“A 为 N 所 V”结构“只是‘所’字结构充当后项的判断句的一个变体”,当这种变体判断句符合表被动义的分析条件时,也会触发重新分析,演化成为一种被动结构①;即“A 为 N 所 V”式被动句源于同形的判断结构。卞仁海(2002)则说得更为明白,“最初的‘为 N(之)所 V’结构是判断句式,正是被动式‘为 N(之)所 V’的源头”②。甚至,王力先生(1980)在批驳《马氏文通》将“卫太子为江充所败”

① 董秀芳(1998)重新分析与“所”字功能的发展,《古汉语研究》第3期。

② 卞仁海(2002)古汉语被动式“为 N(之)所 V”探源,《河南教育学院学报》第4期。

认定为判断句时,也指出:"但是,就发展的过程来说,我们应当承认有这么一个阶段。"(王力,1980:425)

既然如此,"A 为 N 所 V"结构用作判断式当早于其用作被动式,且这一早于被动式出现的判断式当形成一个较大的集合,并存在一个比较稳定的使用阶段。只有这样,这种判断结构才能成为被动结构之重新分析的基础。

但事实并非如此。王力先生在《汉语史稿》(1980:425)中讲到判断句时所举的例证虽不乏春秋时期的句子,早于该书所列举的被动句的例证(该书在讲到"为……所"被动句式时所列举的例证均出自汉代后的著述),但这些判断句都是"为……"式,而并非"为……所……"式(王力,1980:351。再者,其他学者,如,董秀芳,1998;卞仁海,2002)在论述"A 为 N 所 V"式被动结构源自先秦的同形判断结构时,所列举的判断句也非常有限,往往限于王克仲先生(1982)从《尚书》《周易》等先秦 21 部代表性经典著作中查找出的 11 例"A 为 N 所 V"式句子。然而,根据判断句与被动句的本质特征(被动句的主谓间一定有"被动"语义关系,而判断句则没有这种关系)①仔细斟酌,这 11 例"A 为 N 所 V"式句子,其中仅有 2 例是典型的判断句〔见(1)a、b〕,而有 6 例当是不折不扣的被动句〔见例(3)〕,另外 2 例是判断句还是被动句则存在歧义〔见例(4)〕,还有 1 例当不属本文所研讨的"A 为 N 所 V"式句法结构〔见例(5)〕。

(3) a. 是王过举显于天下,而为诸侯所议也。(《战国策·秦策三》)

b. 王徙东北,保于陈城。楚遂削弱,为秦所轻。(《战国策·秦策四》)

c. 申徒狄谏而不听,服石自投于河,为鱼鳖所食。(《庄子·盗跖》)

d. 德若尧禹,世人知少;方术不用,为人所疑;……(《荀子·尧问》)

e. 夫直议者,不为人所容。(《韩非子·外储说》)

f. 凡国有三制:有制人者,有为人之所制者;又不能制人,人亦不能制者。(《管子·枢言》)

(4) a. 谋出乎不可用,事出乎不可同,此为先王之所舍也。(《吕氏春

① "判断"指述题对主题的断言,属语用功能范畴或句式语义范畴;"被动"指句法主语是谓核动词的受事客体,属句法语义范畴;因此表判断的句式中可以蕴含被动的语义,表被动语义的句法结构亦可表述判断的功能。于是,只要句法主语是谓核动作行为的承受者,这个句子不管它是否具有判断功能,均当视作"被动句";而"判断句"中的主谓之间则不能构成被动关系(两者的本质分野,我们另做专门论述)。

秋·处方》)

b. 大国命弊邑封郑之后,弊邑不敢当也,弊邑为大国所患。(《吕氏春秋·审应》)

(5) 武王果以甲子至殷郊,殷已先陈矣。至殷,因战,大克之。此武王之义也。人为人之所欲,己为人之所恶,先陈何益?(《吕氏春秋·贵因》)

例(4)各句中的"为"字句,或视作判断句,或视作被动句,似乎都可以讲得通;但事实并非如此。在(4)a的"为"字句中,"先王"显然不能对"此"所指代的"谋出乎不可用,事出乎不可同"这种事态情状实施"舍"的行为,"此"并非"舍"的受事客体,只是说"此"事态情状是"先王"早已"舍弃"不取的,因而这一"A为N所V"结构当是判断句。(4)b中的"为"字句,原意是说"大国"(魏国)对"弊邑"(韩国)存有担忧之心,"弊邑"并非真的是"大国"的祸患,而只是"大国"主观上以为如此,因而"弊邑"是"大国忧患"的客体对象,二者具有"被动"语义关系,此句当是被动句。而(5)中的"为"字,应是一般动词,当"做"讲,两个"为"字句说的是"人家(武王)做人们所想做的事,自己(纣)做人们所厌恶的事",因此"先陈何益?"。

于是,王克仲先生从21部先秦典籍中所检索出的11例句子①,属于本文所研讨的"A为N所V"结构的为10例,其中判断句仅3例,被动句则有7例。

由此可见,先秦战国时期的"A为N所V"结构,真正用作判断句的情况极为少见,明显少于被动句的用法。事实上,到了汉代乃至汉代以后,这种"A为N所V"结构也都主要用于被动句,而极少用于判断句。因此,在先秦战国时期乃至秦汉间,"A为N所V"式判断句都不足以形成一个类化集,也没有出现一个稳定的使用阶段,不能成为被动句之重新分析的基础。

再则,从出现的时间先后看,这种"A为N所V"结构用作判断句和用作被动句似乎分不出孰先孰后,几乎在战国时期同时萌芽,可以在同一部典籍中共现,如《战国策》和《吕氏春秋》,各自分别既有判断句又有被动句〔见(1)a与(3)a、b,(1)b、(4)a与(4)b〕。因此,"A为N所V"式被动结构不可能源自同形之判断结构,也就是说滥觞于先秦战国时期、成熟于汉代的"A为N所V"式被动结构并不

① 王克仲(1982)关于先秦"所"字词性的调查报告,《古汉语研究论文集》(一),北京出版社。

是由同形的判断结构重新分析的结果。

1.3　两种结构当源自不同的句法结构。很明显,既可用作判断句又可用作被动句的“A 为 N 所 V”结构,其渊源关系在排除了前两种可能存在的情况后,就只能是第三种情况——“A 为 N 所 V”式判断句与被动句之间没有渊源关系可言,二者当分别源自其他不同的句法结构。

二　“为”与“所”的演化轨迹与路径

事实上,“A 为 N 所 V”结构用作判断句和用作被动句,除了“为”字存在有判断动词和介词的本质不同外,其中的“所”字也是不同的,判断句中的“所”可与后边的动词“V”构成“所”字结构,而被动句中的“所”则没有这种功能。因此,我们在考察这两种句式的渊源时,当首先考察“为”与“所”的演化轨迹和路径。

2.1　“为”的功能及其演化轨迹

判断动词“为”与被动标记介词“为”都源于一般动词“为”,但二者的演化路径则是不同的。

2.1.1　判断动词“为”的演化路径。“为”字的本义当是“役象以助劳”(罗振玉,1974:1562),后取其劳作之“做”义用作泛义动词,并在这一意义的基础上对其动作行为意义进一步虚化,从而引申出“作为”“成为”“当作”之类的意义。例如:

(6) a. 晋献公欲以骊姬为夫人。(《左传·僖公四年》)

b. 士而怀居,不足以为士矣。(《论语·宪问》)

c. 昔吴王夫差以强大为天下先,袭郢而栖越,身从诸侯之君……(《战国策·齐策五》)

d. 王子狐为质于郑,郑公子忽为质于周。(《左传·隐公元年》)

e. 墨之治丧也,以薄为其道也。(《孟子·滕文公上》)

当这一表“作为”类意义的虚化动词“为”支配的后项成分是对前项成分的情状、类属等内容的说明与阐释时,这一句子就具有了判断的语用功能,后项成分是对前项成分某种情状的一种断定,生成了判断句;“为”字的动作行为意味就进一步虚化,演化成了判断动词。例如:

(7) a. 凡雨三日以往为霖。(《左传·隐公九年》)

b. 兵作于内为乱,于外为寇。(《左传·文公七年》)

c. 四体不勤,五谷不分,孰为夫子?(《论语·微子》)

d. 下虐上为弑,上虐下为讨。(《国语·楚语下》)

e. 体有贵贱,有小大。无以小害大,无以贱害贵。养其小者为小人,养其大者为大人。钧是人也,或为大人,或为小人,何也?(《孟子·告子上》)

这种用作判断动词的“为”同其“作为”类意义的动词“为”相比有着明显的差异,由于判断动词所关联的后项是对前项有关情状类属的判定或说明,前后两项之间在某一语义域内当具有一种等同关系,因而,这个“为”字一般可以理解为现代汉语中的“是”。如,例(7)a 可以理解为“下三日以上的雨”就是“霖”,“霖”就是指“下三日以上的雨”;疑问否定判断句(7)c 也可以理解为“一个四体不勤、五谷不分的人怎么会是育人的先生呢?”或“育人的先生怎么会是四体不勤、五谷不分的人呢?”然而,“作为”类意义的动词“为”则没有这种等同关系。如,(6)a 不能理解为“晋献公欲以骊姬是夫人”,(6)b 也不能理解成“士而怀居不足以是士”。

2.1.2 被动标记介词“为”的演化路径。随着“为”之本义“役象以助劳”泛用作“劳作”义,又从中派生出一种“帮助、佐助”之义(《古汉语词典》,2005:1615;王力,1989:151)。例如:

(8) a. 冉有曰:“夫子为卫君乎?”子贡……曰:“夫子不为也。”(《论语·述而》)

b. 圣人不积,既以为人己愈有,既以与人己愈多。(《老子》八十一章)

c. 太尉将之入军门,行令军中曰:“为吕氏右袒,为刘氏左袒。”军中皆左袒为刘氏。(《史记·吕太后本纪》)

例(8)各句中的所有“为”字均用作动词,取其“帮助、佐助”之义。正是从这一义位上,“为”又虚化出介词的功能(王力,1989:151)。其虚化的路径应是:当这种用作“帮助、佐助”义的动词“为”所支配的名词性宾语成分之后又出现有动词时,就构成一个连谓结构;从语用上看,连谓结构的后一谓词性成分当是句子的自然焦点,而前一个动词“为”之“帮助”“佐助”类意义本来就是一个由具象的动作义虚化的抽象义,此时由于后一动词是句子的焦点所在或是焦点成分的中心成分,这一抽象的动词“为”就进而降之为次要动词,随之,其虚化的意义就更加虚

化,以致成为一个介词。例如:

(9) a. 十七年春,齐人为徐伐英氏,以报娄林之役也。(《左传·僖公十七年》)

b. 吾日三省吾身,为人谋而不忠乎?(《论语·学而》)

c. 今大王纵有其人,何途之从而出?臣窃为大王私忧之。(《战国策·东周》)

d. ……以祀宗庙社稷之灵,为民祈福。(《吕氏春秋·季夏纪》)

在这种"为"字用作介词的句法结构中,当"为"所介引的语义成分又是后一焦点动词的行为主体或其他引发其动作行为的语义成分时,这一焦点动词所指派的受事客体则须充当句法主语,句法主语接受焦点动词所述动作行为的支配,于是就生成了被动句法结构,其介词"为"也就成了这一被动句的标记性成分。例如:

(10) a. 止,将为三军获。(《左传·襄公十八年》)

b. 不然必为吴禽。(《左传·襄公二十五年》)

c. 辰嬴贱,班在九人,其子何震之有?且为二(君)嬖,淫也。(《左传·文公六年》)

d. 出则事公卿,入则事父兄,丧事不敢不勉,不为酒困,何有于我哉?(《论语·子罕》)

e. 道术将为天下裂。(《庄子·天下》)

f. 知伯身死、国亡、地分,为天下笑,此贪欲无厌也。《战国策·赵策一》

其中,d中"为"所标记的"酒"则是"困"的材料,是"困"之行为的引发者;其他各例中"为"所标记的则都是动作行为的主体语义角色,是其动作行为的实施者;这些句子的句法主语(e中的"道术",c、f中承前省略的"辰嬴""知伯",a、b、d中承前或蒙后省略的"我")则都是其谓核动词所支配的受事客体。因而,这些句子均是由介词"为"标记的被动句。

2.2 "所"的功能及演化轨迹

根据前辈时贤的研究,我们以为"所"字的本义的确是"处所"义,并由此引申出与"位置""地位""方面"等相关的意义。例如:

(11) a. 王敬作所,不可不敬德。(《尚书·周书·召诰》)

b. 公归无所?于女信处。(《诗经·豳风·九罭》)

c. 天毖我成功所，予不敢不极卒宁王图事。（《尚书·周书·大诰》）

d. 余知而无罪也，入复而所。（《左传·昭公二十年》）

其中，前两例中的“所”分明是指“处所”，当是本义；c 中的“所”则指“地方”或“方面”，d 中的“所”指的是“地位”“职位”，二者都是由其本义虚化而引申出来的相关意义，具有一定的指代性，用以指代某种相关的事物。

接下来，随着“所”字指代义的泛化，又受到代词宾语前置规律的影响，“所”字用作指代义且指代的是谓核动词所支配的对象时，这一“所”字则须移至谓核动词之前。例如：

（12）a. 无所往，其来复，吉。有攸往，夙吉。（《周易·解卦》）

b. 涣有丘，匪夷所思。（《周易·涣卦》）

c. 驾彼四牡，四牡骙骙；君子所依，小人所腓。（《诗经·小雅·采薇》）

其中的“所 V”在句法结构中都用作谓语，V 乃是主要的谓核动词，“所”则是 V 所支配的客体对象，a 中的“所”指代“往”的处所或目的地，b 中的“所”指代“思”的内容对象，c 中的“所（依）”指代君子凭靠的工具“战车”，“所（腓）”指代士兵借以庇护的工具“战车”；因此，它们均移至谓核动词之前，用作前置宾语。

随着这种用法的泛化，“所 V”就渐渐形成一种固定的结构，生成“所”字结构或短语，句法上具有提取谓核动词所支配的客体成分的功能，语义上具有指称其动词所支配的客体事物的转指功能（朱德熙，1983），从而具有名词性的功能。例如：

（13）a. 兽之所同，麀鹿麌麌。（《诗经·小雅·吉日》）

b. 譬彼舟流，不知所届。（《诗经·小雅·小弁》）

c. 召而见之，则所梦也。（《左传·昭公四年》）

d. 神所冯依，将在德矣。（《左传·僖公五年》）

e. 伯夷死名于首阳之下，盗跖死利于东陵之上，二人者所死不同，其于残生殒性均也。（《庄子·骈拇》）

f. 古者尧治天下，南抚交阯，北降幽都，东西至日所出入，莫不宾服。（《墨子·节用中》）

其中的“所 V”与（12）中的“所 V”有所不同，它们并不用作谓语，而是用作主语或宾语，抑或是判断句的谓语（c 中的“所梦”），都具有名词性的功能，因此，这一“所V”乃是通常所说的名词性“所”字结构。这“所”字结构中的“所”字则是万万不能删略的，否则，动词V则还原其原有的词性，句子无法成立。如，将(13)a说成“兽之同（聚集），麀鹿麌麌”，(13)b说成“譬彼舟流，不知届（到达）”，(13)c说成“召而见之，则梦也”，(13)d说成“神冯（凭）依，将在德矣”等，则都是不能成立的。

然而，我们发现，当“所V”提取和转指的语义成分与它在同一个单句句法结构中显现，且用作主、宾语时，“所V”则必须用作句法述语；此时，V受句法位置的强制而还原其原本的动词功能，以致“所V”的转指功能随之骤然消失，“所”字并不能同其后面的V构成“所”字结构。与之相应，其中“所”字的指代功能也几趋消解，并随之虚化成一个没有任何实在意义的语气助词①，具有强调和凸显其动词V的功能，成了一个焦点标记。此时，这个“所”字完全可以删略，删略后似乎丝毫不会影响句子的意义。例如：

(14) a. 绿兮衣兮，女所治兮。（《诗经·邶风·绿衣》）

→ a_1. 绿兮衣兮，女治兮。

b. 予手拮据，予所采荼，予所蓄租。予口卒瘏，曰予未有室家。（《诗经·豳风·鸱鸮》）

→ b_1. 予手拮据，予采荼，予蓄租。……

c. 且君尝为晋君赐矣，许君焦、瑕，朝济而夕设版焉，（此）君之所知也。（《左传·僖公三十年》）

→ c_1. 且君尝为晋君赐矣，许君焦、瑕，朝济而夕设版焉，（此）君之知也。

d. 君子所贵乎道者三。（《论语·泰伯》）

→ d_1. 君子贵乎道者三。

e. 太后曰：“诺，恣君之所使之。”（《战国策·赵策四》）

→ e_1. 太后曰：“诺，恣君之使之。”

f. 强自取柱，柔自取束；邪秽在身，怨之所构。（《荀子·劝学》）

→ f_1. 强自取柱，柔自取束；邪秽在身，怨之构也。

其中，a、f中的句法主语“绿兮衣兮”“怨”和c中省略的句法主语“此”（指称

① 这一“所”字依附于动词、不能表述结构关系而具有强调凸显动词的语气情态功能，故当视作“语气助词”。

前文“朝济而夕设版焉”之事件),b、d、e 中的句法宾语“荼”(茅草)、“租”(田赋,指茅草)与“道”及“之”,它们都分别是同一单句句法结构中“所”后谓核动词所支配的对象,因此,同例(13)不同,例(14)各句中的“所 V”均非“所”字结构,V 均具有原本的动词功能,“所”字则随之虚化成为依附于动词的辅助成分(语气助词),可以从句法结构中删除。

比较例(14)上下两组“所”字删除前后的句子,可以发现,(14)a 中的“女所治兮”的动词“治”,(14)b 中“予所采荼,予所蓄租”的动作行为“采荼”与“蓄租”,(14)c 中“君之所知也”的“知”,都是句法结构的自然焦点,其前使用“所”字显然使这一句法焦点得到了明确和彰显。而在(14)d 中,由于“所”的作用,该句凸显的并不是常规自然焦点“三”,而是相对焦点“贵乎道者”,强调了“君子”对自然规律的尊重。可见,这一焦点标记“所”不但可以标记和彰显自然焦点,同时也可以将非焦点成分(自然焦点)转化为焦点成分(对比焦点),以凸显言语主体所要强调的成分内容。

当然,这个“所”字在标记语义焦点的同时,有时也有补衬音节的作用。如,(14)a、b 中的“女所治兮”与“予所采荼,予所蓄租”,删除“所”,音节结构则会失却平衡而读起来仄凸不平。

可见,随着“所”字指代义的产生与泛化,“所”字的句法位置则从谓核动词后移到了它的前边;这一句法位置的变化,则使泛指代词“所”的意义开始虚化,分别产生了两种功能:一是演化成了名词化标记(朱德熙,1983),同它后面的谓核动词 V 构成“所”字结构;二是焦点标记,用以对后面的动词及其相关成分予以标示和凸显。

三　两种结构的渊源与语法化过程

事实上,当动词“为”演化为判断动词和被动标记介词,从而生成用“为”字做标记的判断句和被动句后,加之与此同时“所”之名词化标记和焦点标记两种功能的生成,随之就分别演化出了“A 为 N 所 V”式判断句与被动句。

3.1　“A 为 N 所 V”式判断句的渊源与语法化过程

事实上,2.1.1 中用“为”做判断动词的典型判断结构可以概括为“A 为 B”,其宾语成分 B 既可以是单个的名词〔如(7)a—d〕,也可以是个名词性短语〔如(7)e〕;自然,这名词性短语也可以由"所 V"充当。当"所 V"结构用作判断句的宾语时,受构句机制的制约,它所转指的对象同其他句法宾语一样,也须是定指的事物。然而,"所 V"是个具有转指功能的名词性短语,指称的是 V 所指派的对象,要使其指称的对象成为定指的事物,则须对 V 之动作行为做出具体的限定,使之成为定指的某一动作行为。因此,"所 V"前须附着对 V 予以限定的成分(N),这样才能使其动作行为成为定指的内容,从而实现其对"所 V"转指对象的限定,以表述定指的事物。至此,原来由"为"字所标志的判断结构"A 为 B",就生成了"A 为 N 所 V"式判断结构。

譬如(1)b 中,"所造"前因有"造"的时间题元"一世"予以限定,故能使"造"的行为成为这"一世"的有定行为,进而使"所造"指称的"乐"这一事物有其确定的对象;离开这一限定成分,"所造"转指的对象就成了无定的事物,整个句子("故乐之所由来者尚矣,非独为所造也")也就不能成立了。又如:

(15)a. 天下胁于暴国,而党为吾所不欲于是者,日与桀同事同行,无害为尧。是非功名之所就也,非存亡安危之所堕也。(《荀子·王制篇》)

b. 陈,太昊虚,虙羲木德,火所生也。郑,祝融虚,高辛氏火正也。故皆为火所舍。(《汉书·五行志》)

c. 徽藉累世之恩,为一州所附,未易轻也。(《三国志·贺全吕周钟离传》)

d. 增冰为积水所成,积水曾微增冰之凛。(萧统《文选序》)

其中,(15)a 中的"党(倘)为吾所不欲于是"则是个变体的"A 为 N 所 V"结构,动词"欲"附带有"所不欲"转指的对象"是",用以回指起始句"天下胁于暴国"这种弱肉强食的社会现象;其中的"吾"是"不欲于是"的主体,由于它的限定而使"所不欲于是"成为转指"吾"之行为的定指内容。(15)b 中的判断结构"皆为火所舍"是说"陈、郑之地都是火所存居的地方";"舍"指"舍居",用作动词,"火"则是它的行为主体,由于这一行为主体的确定,方使"舍"的行为得以确指,从而使"所舍"能够确切地回指其"陈、郑之地"。(15)c 中的判断结构"为一州所附","一州"是从辖域对"附"的范围进行限定的,从而使"所附"能够对"徽"是"一州黎民之归附的首领"做出确切的指称和判断。(15)d 中的"增冰为积水所成","积水"

当是动词"(生)成"的当事主体,由于"积水"的限定,"所成"才能确切地指称"积水"所生成的结果——"增冰",从而对"增冰"的质料做出准确的判定。

正是由于"所V"前须有对其进行限定的句法定语(N),两者之间可以附加结构助词"之",且这个动词V也可以是个动词性短语VP,因此,"A为N所V"式判断结构可以衍生出"A为N之所V""A为N所VP""A为N之所VP"等不同的变体,如,(1)a、b,(15)a等。

事实上,这种"A为N所V"式判断结构(包括其变体)尽管在战国及秦汉时期出现,但却用例极少,甚至在整个汉代乃至魏晋时期或更后,都很少使用。譬如,有人(饶星,2001)检索过《史记》中的这种"A为N所V"结构,得到85例,其中"意念上并不表被动者"仅有4例,但无一例判断句;其他81例则均为被动句。我们利用"北京大学汉语语言学中心"的语料库检阅了先秦至汉代的文献,所发现的"A为N所V"式判断结构非常有限。那么,这种判断句式在言语实践中为何会如此之少、仅有个别用例呢?究其原因,恐怕在于:

其一,先秦汉语中存在有典型的判断结构"A者,B也",同时又出现了判断词"为",产生了"A为B"式判断句;之后又出现了判断词"是",生成了"A是B"式判断句;这些判断结构,是人们惯常习用的句式,且足能满足人们交际的需求。

其二,在"A为N所V"结构中,"所V"是用来转指V所指派的客体成分的,且须前附V的限定成分(N)方能使其所指具有确定性,这同"A者,B也""A为B"及"A是B"式判断结构相比,对其判断信息的表述与传递、接受与辨识似乎都要烦琐一些。根据语言的简约性原则,人们在表述语义时自然会首选那些较为简约的句法结构,而较少使用这种相对烦琐的结构。因而,这种"A为N所V"式判断结构在实际的言语中很少被人们使用。

3.2 "A为N所V"式被动句的渊源与语法化过程

在2.1.2中,我们已经知道,当介词"为"所介引的名词性成分是谓核动词的主体或是引发其动作行为的其他语义成分时,这一介词"为"则成为被动标记,衍生出一种"为"字被动句,这一被动句式的基本句法结构可表述为:"A为N V"。在这一结构中,V是该句法结构的自然焦点,言语主体为了凸显这一焦点,可在该焦点前附加上"2.2"中所指出的焦点标记——语气助词"所",以志标记和凸显、强化之用,于是,也就生成了"A为N所V"式被动结构。如,例(3);又如:

(16) a. 不诛之则为乱,诛之则为人主所案据。(《晏子春秋·内篇问上》)

b. 高祖击布时,为流矢所中,行道病。(《史记·高祖本纪》)

c. 是以兵破士北,为秦所禽灭。(《史记·张释之冯唐列传》)

d. 今臣尽忠竭诚,毕议愿知,左右不明,卒从吏讯,为世所疑。(《汉书·贾邹枚路传》)

e. 其吏为桀等所诖误,未发觉在吏者,除其罪。(《汉书·昭帝纪》)

f. 诩素知名,为猥军所望。(《三国志·魏书·荀彧荀攸贾诩传》)

其实(3)与(16)中的“A为N所V”式被动结构,都是带有焦点标记“所”的“A为N V”式被动结构;“A为N所V”式与“A为N V”式两种被动结构相比,其句法结构和语义结构都是完全相同的,不同之处主要在于有无“所”字对其焦点成分的标示与凸显。如,(16)a、c中的“诛之则为人主所案据”与“为秦所禽灭”,删略“所”后,“诛之则为人主案据”与“为秦禽灭”也是完全可以说得通的,只是失却了对焦点“案据”与“禽灭”的标记和凸显功用。

同时,这一“所”字用在单音节焦点动词前还有补衬音节的功效。如,我们将(16)b、d中的“为流矢所中”“为世所疑”,删略焦点标记“所”,说成“为流矢中”与“为世疑”,其语义结构和句法结构虽然都和原句相同,但语感上则因焦点动词是单音节的“中”与“疑”而显得仄艮不平,前附焦点标记“所”,即可消除这种单音节焦点动词之仄艮拗口的语感。

事实上,这种“A为N所V”式被动结构,在具体的言语实际中还会因言语主体表意的需求而生发出各种不同的变体;如,“A为所V”式、“A为N所V O”式(O,宾语)、“A为N所V R”式(R,补语)等。其中,“所”标记的焦点成分也不仅仅限于自然焦点,亦可用于对比焦点。例如:

(17) a. 岱不从,遂与战,果为所杀。(《三国志·魏书·武帝纪》)

b. 其秋,单于怒浑邪王、休屠王居西方为汉所杀虏数万人,欲召诛之。(《史记·匈奴列传》)

c. 吴之亲越也,从而伐齐,既胜齐人于艾陵,还为越人所禽于三渚之浦。(刘向《新序·善谋第九》)

d. 其为水所流压死,不能自葬,令郡国给槥椟葬埋。(《汉书·成帝纪》)

e. 延寿欲更改之,教之礼让。恐百姓不从,乃历召郡中长老为乡里所信向者数十人,设酒具食,亲与相对……(《汉书·赵尹韩张两王传》)

其中,(17)a 中的“果为所杀”,“为”后承蒙上文省略了动词“杀”的施事主体“黄巾觿”;b 中的“为汉所杀戮数万人”,谓核动词“杀戮”后连带有宾语成分“数万人”;c 中的“为越人所禽于三渚之浦”,谓核动词后附着有处所补语“三渚之浦”;这些都是“A 为 N 所 V”的变体形式,其句法结构所表述的被动语义,及其主要成分间的语义关系均同“A 为 N 所 V”结构。

再者,在(17)b、c 中,其被动结构由于谓核动词 V 后分别带有宾语和补语,焦点标记“所”标记和凸显的谓核动词“杀虏”和“禽”则只能是对比焦点。(17)d 中的“其为水所流压死”则是个连谓结构,这一结构中的自然焦点当是后一个谓核动词“死”而不是“流压”,这里在“流压”前附加上焦点标记“所”则将其变成了对比焦点,意在强调“死”的原委和方式。再如,(17)e 中的“乃历召郡中长老为乡里所信向者数十人”,当是个双宾语句,“郡中长老为乡里所信向者”和“数十人”分别充当其对象宾语和数量宾语;其自然焦点当是句尾的“数十人”,而“信向”这一“乡里”黎民对“长老”的拥戴行为,并不是句子的焦点。然而,当焦点标记“所”附加在这“信向”元前后,则将其转化成了言语主体所强调的对比焦点,凸显了“长老”被“乡里”黎民所信赖和拥戴的品性;这样,整个被动结构之后再附着上特殊指示代词“者”构成“者”字短语,用以指称“长老”,从而使“长老”被乡民所信赖和拥戴的品性得以彰显。

可见,随着“A 为 N V”式被动结构的形成和焦点标记“所”的出现,“A 为 N 所 V”式被动结构(包括其变体)亦随之应运而生。这一结构在战国时期萌芽,到秦汉时成熟定型并大量运用,之后则得以广泛应用,以至于近现代都广为使用。

四 要点归结

在古汉语中,“A 为 N 所 V”结构可表述判断和被动两种功能,但其被动功能并非是从判断功能衍生出来的。因为,在先秦典籍中,“A 为 N 所 V”结构用于判断的句子明显少于它用于被动的句子,且用作判断的句子总量极少,不足以形成一个类集,更缺少相对稳定的使用阶段,无法作为被动句之重新分析的基础。同时,从时间上看,“A 为 N 所 V”结构用于判断句和被动句同时萌芽于先秦战国时期,判断结构不可能是被动结构的滥觞。因此,我们以为“A为N所V”式判断结构和被动结构当分别源自别的句法结构,它们的生成当与“为”字和“所”字的虚化紧密相关。

“为”字虚化为判断动词与被动标记介词,当是不同的两种路径。

判断动词“为”的演化路径当是:一,“为”由“劳作”义的一般动词虚化为“作为、成为、当作”义动词;二,当“作为”义动词“为”支配的后一成分是对前一成分的情状、类属等内容予以断言时,其动作意味就完全虚化,演化成了判断动词。

被动标记介词“为”的虚化路径则是:一,从“役象以助劳”的本义及其衍生的泛义“劳作”中,又派生出“帮助、佐助”义;二,当“帮助、佐助”义的“为”在连谓结构中用作前一谓词时,进而虚化为介词;三,当介词“为”所介引的名词性成分又是后边谓核动词的主体或是其他引发其动作行为的语义成分时,这一介词“为”就成为被动标记成分。

就“所”字而言,它的演化路径当是:一,由表处所的名词派生出与“位置”“地位”“方面”等相关的指代意义;二,随着指代义的泛化,并受代词宾语前置的影响,生成“所V”名词性结构,转指V的客体成分;三,当“所V”转指的对象与它在同一单句句法结构中显现,且用作主、宾语时,“所V”则须用作句法述语而还原其V的动词功能,“所”字的指代功能则骤然虚化,进而成为语气助词,用作焦点标记。

当“为”虚化为判断动词、出现了“A为B”式判断句,并随着“所V”名词性结构的出现,将“所V”及其限定成分(N)用作“为”字判断句的后项,于是就生成了“A为N所V”式判断结构。当“为”在连谓结构中虚化为介词,并衍生出“A为NV”式被动结构,加之“所”字虚化为动词焦点的标记,可对这一被动结构中谓核动词“V”的焦点身份予以标记和凸显,因之生成了与判断句同形的“A为N所V”式被动结构。

参考文献

卞仁海　2002　古汉语被动式“为N(之)所V”探源,《河南教育学院学报》第4期。
董秀芳　1998　重新分析与“所”字功能的发展,《古汉语研究》第3期。
《古代汉语词典》编写组　2005　《古代汉语词典》,商务印书馆。

罗振玉　1974　殷墟文字考释，载周法高《金文诂林》第四册，香港中文大学。
饶　星　2001　古汉语中的“为……所”句式，《宜春学院学报》第1期。
王克仲　1982　关于先秦“所”字词性的调查报告，《古汉语研究论文集》(一)，北京出版社。
王　力　1980　《汉语史稿》，中华书局。
王　力　1989　《汉语语法史》，商务印书馆。
严　慈　1995　“A为N所D”也是判断句式，《古汉语研究》第3期。
朱德熙　1983　自指和转指——汉语名词化标记“的、者、所、之”的语法功能和语义功能，《方言》第1期。

（作者通信地址：广东技术师范学院，广东广州　510665）

与副词"都"相关的强调结构

张亚军

摘　要:现代汉语副词"都"从表总括义发展出表强调的功能,并形成了与副词"都"有关的强调结构。根据"都"所在句法结构的类型、"都"的语音特征以及表达强调的可能性等因素,可以将现代汉语中与副词"都"有关的强调结构划分为强标记强调结构和弱标记强调结构两大类,强标记强调结构包括"连……都……"和"连(一)·量……都不/没……"、"一·量……都不/没……"两小类,弱标记强调结构可分为"……都……"和"都XP了"、"把……都VP"、"比……都VP"等两小类。真实文本中"都"的功能识别会对话语的理解带来影响。

关键词:副词"都";强标记强调结构;弱标记强调结构;话语理解

○　引　言

"都"是现代汉语中意义和用法比较复杂的一个常用副词,从语言表达的角度看,现代汉语中"都"主要有两大功能:一是表总括,二是表强调,它们在语言表达方面存在着重要的区别,如表总括时,"都"主要用于客观表述;表强调时,带有明显的主观性等。与此相关的,现代汉语中存在着一系列包含"都"的强调结构,这些结构来源不同,表强调时侧重点也存在着细微的差别。本文主要讨论现代汉语中与"都"相关的强调结构及其制约条件以及真实文本中"都"的功能对话语理解的影响。

一 “都”的强调功能及相关结构

1.1 “已经”义与“都”的强调功能

汉语发展历史上，“都”从表实义的“汇聚”义发展为虚词，首先是用于表总括，即作为一个范围副词，其后在“都不/都无……”类结构以及“连……都……”结构中，“都”经常用于表示对极性条件的强调，有人将这种用法归纳为表“甚至”，这便是“都”的强调功能，这些已经得到学界的公认。有关现代汉语副词“都”功能的主要分歧在于其有没有表示“已经”的时间副词用法。“都”用于表示总括与表示强调两种用法之间存在着内在的联系，这已经得到学界大量的共时与历时研究成果的证明。而所谓“都”的“已经”义存在着将句法结构的意义赋予其中某一个虚词的意义之嫌。在证明“都”具有“已经”义的相关论述中，最重要的证据主要是现代汉语中存在的“都 XP 了”类结构，其中的 XP 可以是体词性词语，也可以是谓词性词语。如：

（1）都九点了，你怎么不起床？

（2）案子都判了，还有什么好说的？

上二例中的“都”确实可以对应理解为“已经”，但这种理解是针对整个“都 XP 了”结构而言的，如果删去此类结构中的“都”，整个结构的“已经”义仍然存在，因为现代汉语中的语气词“了”具有表“已然”功能，有学者称之为“已然体”标记。也就是说，这类结构中的“已经”义并非由“都”表达，而是由该结构中的“了”表达的。其实此类“都 XP 了”结构中“都”的主要功能并非表达“已然”义，而是用来表示对极性条件的强调，即在说话人心中，XP 是一个极性量，“都 XP 了”表达的是超过了说话人所能承受的心理极性量。因此这类结构中的“都”其主要功能仍然在于表示强调。

表示总括与表示强调是现代汉语副词“都”的两大基本功能，这两种功能之间存在着内在的联系。但是表达功能的差异也带来了两者在句法、语义以及语用方面的一些重要区别。用于总括范围时，学界总结出“都”具有语义指向成分的可分配性、大量性、定指性、前指性(少数情况下可后指)、可隐略性等特征,而用于表强调时“都”除了表示对极性条件的强调外,几乎不受此类条件的限制,这种现象可以视为现代汉语副词“都”功能的进一步虚化,这种虚化的一个重要的语音表现便是,表示总括范围时,“都”可以承担语句的强调重音,而用于表示强调时,“都”只能轻读,不能承担强调重音。因此,只能轻读的“都”可以视为表示强调的形式标志。

1.2 与“都”相关的强调结构

现代汉语中“都”从表示总括的范围副词发展出表示强调极性这一用法以后,形成了一系列相关的主要用于表示强调的结构,如众多学者在讨论“都”的功能演变过程中往往都会涉及的“连……都……”结构,即通常所说的“连”字结构。该结构从宋元开始形成至明清时期广泛运用,已经成为汉语中的一种具有代表性的强调结构,并形成了稳定的重音模式。因此,“都”发展出表强调的功能后,虽然语言中存在着大量的形同而实异的现象,有时单纯利用句法因素未必能正确判断“都”在语句中所起的作用,但根据现代汉语中“都”所在句法结构的类型、“都”的语音特征以及表达强调的可能性等因素,我们可以将现代汉语中与“都”相关的强调结构大致划分为以下两大类型:①

甲. 强标记强调结构

(A.) 连……都° ……

(B.) 连(一)·量……都° 不/没…… //一·量……都° 不/没……

乙. 弱标记强调结构

(C.) ……都……

(D.) 都 XP 了//把……都 VP //比……都 VP

所谓强标记强调结构指的是此类结构的基本功能就是用于强调,属于现代汉语中最常用的强调结构。所谓弱标记强调结构指的是此类结构可以用于表示强调,但也可以以同样的结构表示总括,也就是说,此类结构在脱离具体语言环境的情况下有可能有歧义。

---

① “都°”表示该“都”总读轻声,“’都”表示该“都”重读。

二 “都”类强调结构之间的关系

2.1 “都”类强标记强调结构

2.1.1 A类(“连”字)结构

“连”字结构是现代汉语中最有代表性的“都”类强调结构,也是汉语发展史上完成“都”由表总括到表强调功能演变的主要结构。综观已有研究成果,“连”字结构在唐宋时期开始形成,至明清时广泛使用,早期“连”曾经是表达极性义的重要因素,用于表强调时,其后可以有副词“都/也”等的配合,有时也可以没有,这种单纯通过“连”来表强调的用法一直到明清时期仍偶有所见。如:

(3) 大叫一声,急用手拔箭,不想连眼珠拔出,乃大呼曰:“父精母血,不可弃也!”(《三国演义》)

(4) 这还了得! 连这个不知,怎能作得长远!(《红楼梦》)

例(3)中的“连眼珠拔出”中的“连”仍有“连带”义,表极性的特征并不明显。而例(4)中的“连这个不知”则是较典型的强调结构。

随着“连”字结构的发展成熟,该结构已经形成了比较稳定的重音模式,其最重要的特征是“连”所附着的成分重读,而“都”不再承担强调重音只能轻读。语音弱化是语义虚化的重要表现,“都”不再用于表总括而成为现代汉语中表强调极性的一个重要的形式标志。而且“连”在表强调方面也逐渐失去了强制性,有时可以隐略而形成表强调的C类结构。

2.1.2 B类结构

A类结构主要是通过对“连”所附着成分的极性地位的强调来达到强调的目的,B类结构与数量表达有关,它主要通过对极小量的否定来达到否定全量的目的。全量和“一”量是量表达的两极,由于否定的量向上确定,因此通过否定极小量来否定全量具有普遍的认知基础。这种现象在汉语中早就存在。如:

(5) 夫射柳叶者,百发百中,而不已善息,少焉气力倦,弓拨矢钩,一发不中,前功尽矣。(《战国策》)

(6) 不费斗粮,未烦一兵,未张一士,未绝一弦,未折一矢,诸侯相亲,贤

于兄弟。(同上)

(7) 至于无妒而进贤,未见一人也。(同上)

上三例中“一发不中”“未烦一兵”“未张一士”“未折一矢”“未见一人”都表达了否定全量的意思。此类用法在汉语发展的过程中一直延续使用着。如:

(8) 众人一齐都到殿内,黑暗暗不见一物。(《水浒传》)

(9) 贾环本是一个钱没有的,虽是赵姨娘积蓄些微,早被他弄光了,那能照应人家。(《红楼梦》)

明清时期,随着“连……都……”结构的广泛应用于表达强调,原本通过“一”量与否定配合表达全量否定的表达方法也逐渐出现了用“连”和“都”表强调的现象,并有逐渐扩大之势,出现了“连一·量……都不/没……”“一·量……都不/没……”以及省略数词“一”的“连·量……都不/没……”等结构。由于包含“一·量”的成分表达的是单一个体,不符合总括副词“都”的语义要求,因此此类强调结构当是形成于“都”虚化为强调标记之后,此类强调结构可以视为汉语固有的全量强调结构与新兴强调标记的叠加,也可以视为“连”字结构类推的产物。

与A类“连”字结构不同的是,明清时期B类结构中不用“都”类副词的现象较A类常见。如:

(10) 外间伺候之媳妇丫鬟虽多,却连一声咳嗽不闻。(《红楼梦》)

(11) 可怜赫赫宁府只剩得他们婆媳两个并佩凤偕鸾二人,连一个下人没有。(《红楼梦》)

(12) 你又有家口牵累,况又连个住处未曾寻下。我这一去,和飘洋的一样,将来还不知栖流在何所。(《绿野仙踪》)

通常认为B类结构“连一·量……都不/没……”格式省去数词“一”便形成了“连·量……都不/没……”格式,确实有时这两种格式的选用有一定的自由。如:

(13) 众人有上墙的,有上房的,向四外观看,连一个人影都没有。(《三侠剑》)

(14) 又到两旁房里看了看,连个人影儿也无,只得复往西去。(《七侠五义》)

上二例中画线部分可以表达大致相同的意义,区别在于含数词“一”的此类结构可以用于表达全量否定,而省去数词“一”的结构主要用于极性否定。因此这两种格式在强调的重点方面存在一定的差异。“连·量……都不/没……”格式侧重于量词后成分的极性地位的强调,更接近于A类结构;而“连一·量……都不/没……”格式可用于对极小量“一”的否定,与“一·量……都不/没……”格式相近。如:

(15)忙拦着话头问道:“老琴,这样说来,你不是在生我的气么?我从此连一个屁也不再放,你可不准离开此地。”(《大清三杰》)

(16)“哎呀,劫你什么呐,连个屁都放不响啊。”(《雍正剑侠图》)

例(15)中画线部分强调的是数量,转指从此我一句话不说;例(16)中画线部分强调的是行为及其结果,转指说话缺乏分量和威慑力。由于这两种格式在强调重点方面的差异,因此有时此类强调结构中的“一”不能省去。如:

(17)可恨君山众人,连一个猜着的也没有。不料贤弟今日头天入山,就猜着了我的肺腑。(《小五义》)

例中上文的人多与下文的“一个”形成数量对比,“一个”也正是语句的重音之所在,如果省去上例中画线部分的“一”,前后语句便失去了连贯性。

“连一·量……都不/没有……”格式省去数词“一”以后,量词便失去了承担重音的可能性,而成为一个类似标明不定指的标记,此时有些量词与其后成分之间的语义选择性会弱化。如:

(18)须臾,段祥拿出一大碗滚白水来,说道:“连个茶叶也没有。”于冰接在手内道:“极好。”(《绿野仙踪》)

(19)若果有此事,按院那里如何连个风声也没有呢?(《七侠五义》)

(20)倘或亲友知道了,岂不笑话咱们这样的人家,连个王法规矩都没有。(《红楼梦》)

现代汉语B类中“一·量……都不/没……”格式是典型的全量否定格式,A类格式是典型的极性否定强调格式,而“连(一)·量……都不/没有……”格式有时相当于全量否定式,有时相当于极性否定式。它们构成了汉语中与“都”相关的基本强调结构,在语言表达中发挥着各自的功能。如:

(21)遂问道:“老管家,后院还有何人在胜三哥屋中?”老仆说道:“一位也没有,连胜奎都没叫在屋中。”飞镖秦义龙闻听胜爷屋中没有别位,他这才放心。(《三侠剑》)

(22) 一只船也不见,一个人影儿也不归。哎,好凄惨也!今日连三太子都死于南人之手,不得生还。三太子既死,我岂可独生。罢了!罢了!(《三宝太监西洋记》)

上二例中的“一位也没有”“一只船也不见”“一个人影儿也不归”属于全量否定,而“连胜奎都没叫在屋中”“连三太子都死于南人之手”属于极性否定。

2.2 “都”类弱标记强调结构

2.2.1 C类结构

在表达强调时,C类结构通常被分析为A类格式的省略形式,由于在汉语发展的历史上极性强调标记由“连”转化为副词“都”,因此“连”在表强调时逐渐失去了句法的强制性,而“都”却成了此类强调结构的形式标志和不可缺少的要素。但是因为现代汉语中“都”用于表总括仍是其基本功能之一,有时脱离了具体的语言环境,C类结构是用于表强调还是用于表总括无法确定,表义具有歧义性。如:

(23) 这种东西,我们都没见过。

例中“都”前“我们”符合总括副词“都”的语义要求,整个句子可以理解为总括;但在一定的语言环境中,“我们”也可能是见过这种东西的成员中的极性成员,因而该句也可以理解为表强调。

与A类格式不同的是,C类结构表强调时整个结构的重音模式与A类格式不完全相同,A类格式中的重音落在“连”所附着的成分上,而C类结构表强调时其重音可以在“都”前的成分上,有时也可以在“都”后的成分上,这便是学界通常所说的“都”用于强调时可以强调主语,也可以强调谓语等成分。随着重音位置的改变,整个语句表达的意思会发生变化。如上例可以重读“我们”,表示“我们是最有可能见过这种东西的人,但却没有见过”,意指其他人就更不要说了。也可以重读“见过”,意指更别说“尝过”或“拥有”了。当然,如果C类格式不能满足总括副词的任何语义要求,则只能用于表示强调,如“这种东西,我都没见过。”

2.2.2 D类结构

D类结构用于表达强调时与前几种没有直接的渊源关系,可以视为“都”表强调这种用法的进一步推广。与C类格式相同的是,只要满足“都”对总括对象的要求,这类格式都可以用于表示总括。如“都去了”“把这些都扔掉”“比他们都好”等。

用于表强调时,“都 XP 了”格式要求句尾必须有语气词“了”,XP 可以是体词性成分,也可以是谓词性成分,且承担强调重音。如果 XP 是体词性成分,通常是含“顺序”义的词语。如“都八点了。”“都处长了。”有人将此类结构中的“都”理解为“已经”,正如上文所说,此类格式中的“已经”义主要不是由“都”而是由句尾的“了”来表达的,“都”在此类格式中表达的是强调,即强调 XP 在说话人心目中的极限地位,或称之为主观大量。当 XP 为谓词性成分时,与 C 式重读“都”后成分的情形有相通之处。

“把”字句、“比”字句等句式有时也可以借助于强调标记“都”来表强调。“把”字句表强调时,其重音落在“都”后的 VP 上,且整个结构所表达的意义带有夸张色彩,或主观性。“比”字句借助于“都”表强调时,介词“比”后的成分并非实际的比较对象,而是一种类似比喻的说法。如:“声音这么大,把人的耳朵都震聋了。”“他的心眼比针尖都小。”

可见,无论现代汉语中表强调的“都”用于某些固定的格式如“连”字结构及其变式,还是用于其他句法环境中,其语义以及语音特征具有高度的一致性,即语义上作为极性成分的标记,语音上只能轻读。与此相关的,现代汉语中形成了一系列与“都”有关的强调结构,这些结构在所强调的重点方面存在差异,语言表达过程中需要根据所强调对象的需要选择恰当的形式。

三 “都”类强调结构与话语理解

无论副词“都”的语义还是与“都”相关的结构特别是类强调结构,都是对外汉语教学中的重要内容,也已有多项成果对留学生习得副词“都”及相关结构的情况进行过系统的研究。肖奚强等(2009)在前人研究成果的基础上,以中介语语料库为基础,详细考察了完整的“连……也/都……”格式、省略“连”字的“连……也/都……”格式、“连(一) + 量词……也/都……”格式以及“一 + 量词……也/都……”格式的习得情况及存在的偏误,通过统计得出了留学生习得四种格式的正确率排序,并针对留学生习得“连”字类结构给出了可行的教学建议。文章论及的四种格式都属于本文的强标记强调结构,从习得情况看,前后配合的“连……

也/都……”结构的正确率位居前两位，而缺少“连”字标记的另两种结构习得的正确率稍低。这种现象说明包含某些标记因素的稳定句法组合通常具有整体的结构意义，而另两种结构虽然也有“都”作为强调标记，但“都”功能的非唯一性，可能在某种程度上影响了学习者的习得效果。

语言能力包括产出性能力和理解性能力两方面，基于中介语语料库的语言习得状况研究属于语言产出性能力的范畴，而真实文本中相关语言要素的意义和功能识别、语句及至语篇意义的理解则属于语言理解性能力的范畴。强标记强调结构虽然在强调的侧重点方面存在着差异，但就各种格式而言，其功能较为单纯，理解或识别的难度相对较低。而弱标记强调结构中的“都”由于共现要素的特征不同、相关要素隐现情况的差异以及其他因素的影响，同一个格式或同一个线性序列可能会有不同的理解，就一个孤立的线性序列而言，不同的理解似乎都能成立，但在一个真实的语篇中，不同的理解可能会影响到语篇的构建或连贯性。如：

(24) 早先，满族人厨房里使用的都是瓦盆。瓦盆都擦得亮亮的，用后放在盆架上。

(25) 汉初年佛教传入我国，按照教规，和尚死了都要火化。后来传播开来，不仅民间实行火葬，皇亲国戚也有火葬的。

(26) 那一段时日，报纸上充满了关于亚铭的报道，她都去找来看，从报道的文字来看，亚铭的确走红了，她感到很欣慰。

(27) 原来是写诗的，据说在诗坛还小有名气，但这年头写诗的都快饿死了，无奈他只得干起了写歌词这个营生，一首5000块钱。

以上几例中画线部分都属于弱强调结构中的C式，理论上有理解为总括和强调两种可能性。但在具体的上下文中，前三例只能理解为总括，而最后一例只能理解为强调。“都”表总括和表强调时所在结构的意义存在着客观和主观的差异，也就是说，表总括的“都”重点在于说明总括对象某方面特点的一致性，通常要求总括的对象是定指的、大量或全量，而表强调的“都”无论是用于强调极性还是用于对“一”量的否定从而强调全量，都带有极强的主观色彩。上例(24)是叙实性语篇，例(25)中的“按教规”也提示了表述的客观性，例(26)中“都”用于总括上文的各种“关于亚铭的报道”。而例(27)中“快饿死了”并非客观现实，而只是说话人的主观看法。张亚军(2007)曾列举了副词“都”语义识别过程中需要注意的相关因素,如"都"语义指向成分的量特征、指称特征等语义特征,"都"所在的句法结构特征以及语用推理、百科知识等非文本因素。当然从学习者角度看,这些因素的习得存在着高低不等的难易程度,但这些因素对于准确把握现代汉语中"都"的含义、准确理解包含"都"的结构的意义具有重要的作用。因此通过对语言现象的深入梳理与分析,寻找制约实现"都"的不同语义的条件,可以大大提高相关语言现象理解的准确率。如现代汉语中不但"都"语义指向的对象具有任指、遍指等特征时,"都"常用于表总括,而且"都"前含有表"惯常"性语义的词语时,"都"也主要用于表示总括。如:

(28) 只要有人不嫌寒碜,愿意走这条路,基本上都可以混饱肚子。

(29) 在重大的集会、国际间的交往仪式和国际体育比赛中,通常都要演奏或演唱国歌。

上例中"基本上""通常"等词语所表达的"惯常"性语义与"都"表强调时的"极性"特征不一致,故能排除将此类结构中的"都"理解为强调的可能性。

副词"都"表总括和表强调两大功能在语言表达方面体现为客观和主观的差异,因而会对整个话语的理解带来影响,表强调的"都"由于其明显的主观性特征,在语言表达中往往具有蕴含性、引证性等特征,有时不能完全根据字面义来理解,这种现象也说明了副词语义识别策略研究的必要性。

四　结　语

汉语语法学界长期致力于副词语义的归纳研究,取得了显著的成果,这些研究为语言理解过程中副词语义的识别奠定了良好的基础,但这两种研究的着眼点、研究方法和目的不完全相同。副词语义归纳的主要目的在于全面梳理该词的语义特征、语义数量,其成果的集中体现便是词典中的词义说明。而副词的语义识别主要在于探求具有不同语义特征的副词在某个具体的语言环境中究竟体现何种功能,需要通过对相关的句法、语义等文本因素以及其他非文本因素的分析寻找出制约副词语义实现的条件。

参考文献

崔希亮 2001 《语言理解与认知》,北京语言大学出版社。
崔永华 1984 “连……也/都……”句式试析,《语言教学与研究》第4期。
董秀芳 2003 “都”与其他成分的语序及相关问题,《世界汉语教学》第1期。
李宇明 1998 “一量+否定”格式及有关强调的问题,《华中师范大学学报》第5期。
鲁 畅 2006 “都”的句法和语义特征,《沈阳师范大学学报》第2期。
沈家煊 1999 《不对称和标记论》,江西教育出版社。
肖奚强等 2009 《外国学生汉语句式学习难度及分级排序研究》,高等教育出版社。
徐以中、杨亦鸣 2005 副词“都”的主观性、客观性及语用歧义,《语言研究》第3期。
袁毓林 2005 “都”的加合性语义功能及其分配效应,《当代语言学》第4期。
袁毓林 2006 试析“连”字句的信息结构特点,《语言科学》第2期。
张亚军 2007 真实文本中副词“都”的语义识别策略与话语理解,《扬州大学学报》第3期。
张谊生 2003 副词“都”的选择性限制和内在联系,《中国语文》第5期。
张谊生 2005 副词“都”的语法化与主观化——兼谈“都”的表达功能和内部分类,《语法化与语法研究》(二),商务印书馆。
赵金铭 2010 汉语句法结构与对外汉语教学,《中国语文》第3期。
周小兵 1990 汉语“连”字句,《中国语文》第4期。

(作者通信地址:扬州大学文学院,江苏扬州 225009)

说“来得”

刘慧清　钱夏玲

摘　要:“来得”在吴方言中具有“程度”义,我们通过语料考察发现,现代汉语普通话中也存在表示“程度”义的“来得”。本文考察了“来得”的虚化历程,并且尝试着解释了“来得”虚化的诱因,从语义演变、句法结构、语用表达及认知规律四个方面进行了分析和论述。从“来得”的虚化可以看出,语言单位的虚化诱因并不是单一性的,是语言与认知等各方面因素共同作用的结果。

关键词:“来得”;虚化;语义演变;句法结构;语用表达;认知规律

○ 引　言

0.1　问题的提出

关于“来得”,吴方言中有这样一种用法。例如:

(1) 这个人来得聪明。(这个人很聪明。)

(2) 这个人来得懒。(这个人很懒。)

这引发了我们的思考,这里面的“来得”与“他来得很早”“他来得很快”中的“来得”在性质和功能上有什么不同?表程度的“来得”形成于何时?形成的动因是什么?现代汉语普通话中是否也有“这个人来得聪明”“这个人来得懒”这样的说法?本文的研究就是希望能够回答这些问题。

0.2　以往的研究

关于“来得”,以往的研究主要散见于词典中,主要是对其义项的描写和举例,鲜有专门的论文讨论它的语义发展轨迹和语法化问题。

查方言词典和《现代汉语词典》,发现“来得”的义项有所不同:

(1)《吴方言词典》P214(汉语大词典出版社,1995)

【来得】很,非常。评弹《白蛇传·投书》:"像四月里的黄梅天,一歇落雨,一歇出太阳,来得会变。"

(2)《上海话大词典》P365(上海辞书出版社,2008)

【来得(个)】<副>非常,尤其:伊跑得来得(个)快/伊来得(个)高兴

(3)《现代汉语词典》(第5版)P807(商务印书馆,2005)

【来得】$_1$ 胜任:粗细活儿她都来得/他说话有点儿口吃,笔底下倒来得。

【来得】$_2$(相比之下)显得:海水比淡水重,因此压力也来得大。/下棋太沉闷,还是打球来得痛快。

(4)《现代汉语大词典》P114(上海辞书出版社,2009)

【来得】①犹能干,可以胜任。冰心《记一件最难忘的事情》:"我妈妈总夸她能干,学习、家务,样样来得。"②显得。瞿秋白《"铁流"在巴黎》:"任何故意宣传鼓动的小说、诗歌,都没有这种真实的平心静气的记事本来得响亮,来得雄壮——这是革命的凯旋歌。"③也做"来得个"。方言。特别,极其。瞿秋白《水陆道场》:"海盗把什么都霸占了去,市场是来得个狭小。"茅盾《多角关系》:"对啊! 我知道唐子翁脾气来得个爽快!"

综观词典中的释义,"来得"在方言中有副词"很、非常、特别、极其"的用法,在现代汉语中这种用法不明显。

一　古代汉语中"来得"的句法分布

我们在北京大学CCL语料库中搜索"来得",并对其不同用法做了分类和统计。首先介绍"来+得"在古代汉语中的使用情况。

由于"来得"口语色彩明显,明代以前的作品中很少出现,于是我们重点检索了明、清两个时期的语料。其中检索的明代作品有:《水浒全传》《三宝太监西洋记》、"三言两拍",清代的作品有:《儒林外史》《红楼梦》《儿女英雄传》《二十年目睹之怪现状》。总的来说,"来+得"在古代汉语中的使用主要可以从实和虚两个方面来考察。

1.1 实的用法

1.1.1 “来得”的动词用法

“来得”充当动词谓语句的核心可以看作“来得”实的用法。这种用法在明代和清代的语料中都可以看到。一种是单独做谓语，一种是与后面的成分构成述补结构，整个述补结构做谓语。

1.1.1.1 “来得”单独做谓语

(3) 高太尉骂道：“贼配军，你既害病，如何来得？”（明《水浒全传》）

(4) 知县吃惊道：“这分明不是我衙里人了。卧房中谁人来得，却又从容画梅为记？此不是个寻常之盗，必要查他出来。”（明《二刻拍案惊奇》）

(5) 夫人道：“老身定来拜佛，只是小姐怎么来得？”（明《喻世明言》）

(6) 那汉又道：“秀才十分不肯时，也不敢相强。但只是来得去不得，不从时，便要坏你性命，这却莫怪！”（明《醒世恒言》）

以上是“来得”单独做谓语的情况。此时，“来得”是述补短语，“来”动词性特点比较明显，可以与“去”对举使用，如“来得去不得”。“得”是“来”的补充成分，表示“可能”，指“来”这一动作能否实现。“来得”表示“能来、可以来”，如上面的例子“卧房中谁人来得”和“只是小姐怎么来得”。

1.1.1.2 “来得”与后面的成分构成述补结构做谓语

(7) 原来天师出神去了，长老站在丹墀之中，眼若垂帘，半醒半睡，也在出神，只是去得快，来得快，人不及知。（明《三宝太监西洋记》）

(8) 真个来得易，去得易，日渐日深，换个行云流水，也不曾计个数目是几锭几两。（明《警世通言》）

(9) 恰好焦榕撞来，推门进去。那婆娘一见焦榕，便嚷道：“来得好！”（明《醒世恒言》）

(10) 林冲见他来得势猛，也使步迎他。（明《水浒全传》）

以上是“来得”与后面的成分构成述补结构，整个述补结构做谓语。此时“来”的动词性特点也比较明显。后面的形容词性成分多为“早、迟、晚、快、更快、好快、近、较近、渐近、至近、正好、恰好、凑巧、多、少、勤”等，或者是主谓结构，如“林冲见他来得势猛”的“势猛”。此时的“来”仍然是“向说话人靠近，从别的地方到说话人所在的地方①”的意思，与“去”相对，常与“去”对举使用。因此，也可以通过“去”的动词性证明“来”的动词性。如上面的例子“只是去得快，来得快”和“真个来得易，去得易”。另外，“来得”往往与它前面的动词谓语“来”呼应，这也是它动词性特征的一个明证。如上面的例子“恰好焦榕撞来，……来得好！”。

这种用法的“来得”虽然还是典型的动词，但是已经为其向表程度的成分过渡提供了句法的框架和语义的基础。因为在这一时期，同时还有下面的用法。例如：

(11) 善述道：“老爹爹家私是哥哥管，不是娘管。”善继听说“家私”二字，题目来得大了，一些也不防他，岂知一个晚间，提了罐走了。（明《初刻拍案惊奇》）

(12) 安公子说道：“方才我看那些和尚都来得不弱，那个陀头尤其凶横异常，怎的姑娘你轻描淡写的就断送了他？”（清《儿女英雄传》）

(13) 这张金凤第一段话，主意就来得不弱。只因他一眼看定了姑娘是个性情中人，所以只把性情话打动他。（清《儿女英雄传》）

例(11)中，首先，“题目”不能“从别的地方到说话人所在的地方”，不具有[+位移]特征；其次，“大”也不能像“快、慢、巧、好”一样表达“来”这一动作的性状。因此，此处“题目来得大了”的“来得”已经不是其典型的、基本的用法，开始向表程度发展。同样道理，上面例子中的“和尚来得不弱”和“主意来得不弱”中的“来得”也已经不是其典型的、基本的用法，而开始向表程度发展。

1.1.2 “来得”的形容词用法

“来得”除了可以在动词谓语句中做谓语核心成分，还可以在形容词谓语句中做谓语核心成分，例如：

(14) 贾母听说，便答道：“我如今老了，那里还巧什么。当日我象凤哥儿这么大年纪，比他还来得呢。他如今虽说不如我们，也就算好了，比你姨娘强远了。”（清《红楼梦》）

(15) 原来乌大人那位太太相貌虽是不见怎的，本领却是极其来得，虽乌大人那样的精明强干，也竟自有些“竖心傍儿”。（清《儿女英雄传》）

① 《现代汉语词典》（第5版）P807，商务印书馆2005年。

(16) 你们今日走一站,明日就过牤牛山,那山上的头领个个武艺来得,手下还集着百十个喽罗,这第一处就不好过。(清《儿女英雄传》)

上面的例(14)"比他还来得呢",根据上下文的推断,要表达的意思是"比他还来得巧呢。"可是,形容词"巧"没有出现,只余"来得"占据"来得巧"的句法位置,表达"来得巧"的语义。因为"巧"在上文出现过,而该句又是一个对比句,用"如今的我"与"当日的我"对比,表达在"巧"的程度上发生的变化。而例(15)虽然无法在上文中找到提示,但是对比的句式使我们能够准确理解"来得"所表达的语义,即"相貌不见怎的"与"本领极其来得"形成对比。转折副词"却"使我们能够清楚地理解"来得"的语义内容。

实际上,不是"来得"具有形容词的语法性质,而是"来得 X"在语境中省略了"X",至于"X"是什么,表达什么样的语义,我们可以根据语境推理获知。

1.2 虚的用法

1.2.1 "来得"表程度,相当于"很"

(17) 李立见他两个来得面生,便请坐地,问道:"客人从那里来?"孔亮道:"从青州来。"(明《水浒全传》)

(18) 今日出了三个道士,不知淘气又当何如? 不如转去也罢! 路也来得远,国也取得多,这如今不叫做半途而废了?(明《三宝太监西洋记》)

(19) 不料一问店家,见他那说话的神情来得诧异,不觉先吃了一大惊,忙问端的。(清《儿女英雄传》)

(20) 却说那谈尔音下去写具亲供,见钦差的话来得严厉,一定朝廷还有甚密旨。(清《儿女英雄传》)

上面的例子,"来得"用在做谓语的形容词前面,表示程度义。如"来得远""来得严厉"分别是"比较远""很严厉"的意思。

1.2.2 "来得"语义更加虚化

从我们检索到的语料来看,"来得"这一类用法并不多见,仅限于少数文献中。

在清代的语料中①,"来得"用于比较句的用法开始出现,这时,它对句式的依赖性已经逐渐显现出来,与"比"字共同构成一个比较结构:比……来得……。

① 古代汉语中"来得"在比较句中的用法很少,我们尚未在清代以前的作品中发现此用法。

例如：

(21) 就连见个外来的生眼些的妇女，也就会臊的小脸通红，竟比个女孩儿还来得尊重。(清《儿女英雄传》)

(22) 一面把那大巴掌攥住老爷的胳膊，那只手架着膈肢窝，搀了起来。看他那起跪，比安老爷还来得利便。(清《儿女英雄传》)

上面的两个例子，“来得”都用于“比”字句中，“比”引进比较对象，“来得”用在表比较结果的形容词前面，如：“比安老爷还来得利便”“竟比个女孩儿还来得尊重”。此时，“来得”不表绝对程度，因为，在句中有另一个表比较的相对程度副词“还”，同时，比较句中的形容词前也不能有表“很、非常”等义的绝对程度副词。这都证明此时的“来得”不具有程度义。《现代汉语词典》(第5版)认为这种“来得”是“(相比之下)显得”的意思。我们认为，这里的“来得”不是这个意思，一方面，“相比”的意思不是“来得”所携带和传递的(是“比”字结构表达的)；另一方面，“显得”与比较句共现，不用“比 X 显得 Y”的结构，而是“显得比 XY”的结构，“显得”处于比“比”字结构更高一层的位置，因为“显得”往往充当高层谓语。我们认为，“竟比个女孩儿还来得尊重”的“来得”语义更加虚化，有表主观情态义的趋势。

(23) 想是你失心风了！做得几时官，交多少东西与我？却来得这等大落！恐怕连老娘身子卖来，还凑不上一半哩！那里来许多绢送人？(明《醒世恒言》)

(24) 一进屋门，先摆手道：“不行！不行！不但我不认得他，这个人来得有点子酸溜溜，还外带着挺累赘。”(清《儿女英雄传》)

上面的例子，“来得”用在做谓语的形容词前面，意义更加虚化。张谊生(2000)从相邻共现的角度看，同类或异类的程度副词一般都不能在同一个层面上连续使用。这些例子中，谓语形容词前面分别有其他表程度的词语，如“这等”“有点子”等，此时的“来得”已不表示程度意义，如“却来得这等大落”带有说话人的主观色彩。同时，有些谓语形容词本身是状态形容词，自身已经含有量的特征，不能受具有“很、非常”等程度义词语的修饰，如“酸溜溜”。

二　现代汉语中“来得”的句法分布

“来得”在现代汉语中仍然有“实”“虚”两种用法，在对古代汉语用法的继承上有所发展和演变。例如，在古汉语中，“来得”有形容词的用法，而在现代汉语中，“来得”的这种用法已经消失。从检索到的语料来看，现代汉语中表示实义的“来得”仍旧非常多，较之古代汉语，“来得”用于比较句中的用法增多，并且意义虚化，这可能是“来得”虚化的关键。因此，观察和描写“来得”在现代汉语中的用法，主要从其用于比较句还是非比较句来进行对比分析，因为“来得”所出现的句式对其虚化有重要的影响。下面逐一进行描写、分析。

2.1　实的用法

2.1.1　非比较句

“来”做谓语中心语，“得”是补语标记，“来得”后面的成分是对“来”这一动作的补充说明，一般为“早、晚、迟、快、慢、勤、多、少、及时、是时候、不是时候、正好、突然”等词语，表示“来”这一动作行为发生得早或晚，次数多或少等。例如：

（25）要是你来得勤一点，她也不会变成这样。（巴金《春》）

（26）瘟疫来得很快，一点征兆都没有。（崔西·西克曼和玛格丽特·威斯《龙枪传奇》）

（27）现在，这个机会来得正是时候，把他从痛苦里拔了出来。（德莱塞《天才》）

“来得”还经常用在“让……来得……”结构的句子中，如：

（28）让暴风雨来得更猛烈些吧。（高尔基《海燕之歌》）

（29）让幸福来得再快一些。

“暴风雨”是具体的，“幸福”是抽象的，但二者都可以“到来”，因此，上面两例中的“来”仍然是实义动词的用法，表“到来”。

2.1.2　比较句

“来得”用于比较句有两种情况：一种是“来”仍然做谓语中心语，“得”仍然是补语标记，“来得”后面的补充成分是“比”字结构，表比较结果的形容词一般仍为

"早、晚、迟、快、慢、勤、多、少、容易"等词语,表示主语一方做"来"这一动作行为与比较对象一方相比发生得早或晚,次数多或少等。如:

(30) 这一年的春节来得比往年早。(《中国农民调查》)

(31) 她来得比你勤。

另一种是"来"仍然做谓语中心语,"得"仍然是补语标记,"比"字结构用在"来"前做状语。

(32) 日本人果然恨上了白巡长,他们的仇恨比友情来得快。(老舍《四世同堂》)

(33) 对于这个拥有500亿美元的庞然大物来说,钱比水来得还容易。(新华社2004年新闻稿)

无论"来得"用在非比较句还是比较句中,"来"都表"到来"义。"来"这一动作行为的主体可以是具体的(如"你、她、暴风雨"),也可以是抽象的(如"机会、幸福、友情")。

2.2 虚的用法

2.2.1 比较句

(34) 2006年的第一份年报比以往来得稍详细些(标题)

(35) 坚守,比一切都来得简单;务实,比一切都来得重要(标题)

(36) 那就是没有什么成就比赢得金牌来得更大了。(姚明《我的世界我的梦》)

(37) 从形式上看,否定句总比相应的肯定句来得复杂。(沈家煊《不对称和标记论》)

"来"做谓语中心语,"得"是补语标记,"比"字结构在"来"前做状语,补语形容词不再是"早、晚、迟、快、慢、勤、多、少"等表示"来"这一动作行为发生得早或晚、次数多或少的词语,而是与"来"这一动作行为在语义上无甚关联的"大、聪明、能干、合理、合适、简单、复杂"等词语。然而这些词语与句中的主语有密切的语义关系,如"年报详细、成就大、否定句复杂"等,"来得"后面的形容词直接陈述主语,在结构上与主语构成主谓关系的短语,在结构层次上提升为谓语,而"来得"则降级为修饰语成分。

"比X来得Y"是一个比较常见的结构,随着X、Y这一变量的改变,该结构存在两种结构关系：

她比我来得早
-- --------------
----- --------
述补

务实，比一切都来得重要
-----   ----------------------
-------- -- -----------
偏正

上面的两例，结构层次是相同的，结构关系是相异的。造成结构关系相异的原因就是“来得”与其后形容词的语义关系疏密的不同。“来得早”的“早”语义指向动词“来”，指明动作发生的时间，而“来得重要”的“重要”语义指向前面的主语“务实”，因此，“来得”从谓语中心降级为修饰语，而“重要”从补语提升为谓语。

2.2.2　非比较句

(38) 让投资来得更有价值些(标题)

(39) 让监督的力度来得更大些(标题)

(40) 让消费来得更轻松些(标题)

上面的例句都是“让……来得……”结构，“来得”后面的动词短语或形容词与“来”这一动作行为没有直接的语义关系，而与“让”的宾语具有密切的语义关系，是对“让”的宾语的陈述，如“投资有价值、力度大、消费轻松”等。这也使“来得”后面的动词短语或形容词在结构层次上提升为谓语，而使“来得”降级为修饰语成分。

从“让暴风雨来得更猛烈些”到“让监督的力度来得更大些”，是“来得”语义演变的关键时期，“让……来得……”是一个诱发演变的结构和框架，进行层次分析的话，两者的分析是不同的。

让 暴风雨 来得更猛烈些吧
-- --------- ---------------------
兼语(主)　　谓
--- --------
述　补

让监督的力度来得更大些

-- ------------- --------------

(兼语)主　　谓

--- --------

状　中

这一阶段,存在着结构的双重分析,"来得"是实义动词时,是上面的分析方法,"来得"意义虚化时,采用下面的分析方法。造成双重分析的原因是"来得"的语义演变。语义演变导致双重分析,双重分析进一步发展为结构的重新分析,最终导致成分性质的改变。这就是"来得"的发展脉络。

(41) 他们不但应付主顾来得客气,就是对于学徒,似乎也比南方的商人和气得多。(许钦文《菜市口》)

(42) 察看,果然都是成着对的,颜色好像是甲鱼的,形状也有点像,不过来得大。(许钦文《殉情的鲎》)

上面两例,"来得"已经词汇化,不做谓语中心语,谓语中心语是其后的形容词。此时,不论谓语中心语是"快、慢、早、晚"等与"来"的动作行为语义密切相关的词语,还是"客气、大、小、简单、复杂、聪明、能干"等与"来"的动作行为语义上无甚关联的词语,"来得"均不承担谓语的功能,它只是谓语中心语前面的一个修饰成分,表示谓语形容词的程度量特征,是程度副词。例(41)的"来得客气"是"很客气"的意思,从后面与其对举的结构"和气得多"也可以判断出来。例(42)"来得大"有"更加大"的意思。因此,"来得"在现代汉语中既有绝对程度副词的用法,也有相对程度副词的用法。

在吴方言中,"来得"的这种用法比较常见,"来得"还常与"个"组成"来得个"表示程度,如:

(43) 像四月里的黄梅天,一歇落雨,一歇出太阳,来得会变。(评弹《白蛇传·投书》)

(44) 伊跑得来得(个)快/伊来得(个)高兴(《上海话大词典》)

不过,有趣的是,老舍先生的作品中也有这种用法,如:

(45) 窝囊废劝开了:"耐着性子,咱们能调教她。"他说,"她学唱书来得个快。别的事也一样能学会。"(老舍《鼓书艺人》)

(46) 她向来这样。没事的时候,她的主意来得个多。一旦有了事,她总是醉得人事不醒。(老舍《鼓书艺人》)

从目前检索到的语料来看,古代汉语中,《红楼梦》《儿女英雄传》①中出现了"来得"表程度的用法;现代汉语中我们只在老舍的作品中发现此用法。尽管使用频率还相对较低,但是我们可以推测,北京话中也存在这样的用法。

三 "来得"虚化的诱因

"来得"由实义逐渐虚化,由充当谓语降级为充当修饰性成分的状语,"来得"虚化的诱因我们可以从以下四个方面来探求。

3.1 语义演变的诱因

汉语中,词义由实义逐渐演变为虚义,主观化是语义演变非常重要的机制。

我们在明代的语料中发现,"来得"的主要语法功能是做谓语,不管是单独做谓语,还是与后面的成分构成述补结构做谓语,都是具有[+位移]义的动词性成分。"来得"在明代已经开始虚化。我们检索到少量不表示[+位移]义的用例,如上文中已分析的"题目来得大了"等例句,"大"并不是修饰"来得",而是修饰主语"题目"。"来得"由表客观的动作行为演变为不表动作行为,而表对性状的主观评价。这一阶段,已经为"来得"发展出[+程度]义提供了语义基础。

清代,"来得"虚化程度进一步深化。"来得"[+位移]义弱化,[+程度]义进一步突显,"来得"开始用于比较句中,表示程度义。用于非比较句时,"来得"表示程度义的用例也逐渐增多。另外,"来得"也有继续虚化的趋势,程度义丧失,主观情态义加强。

现代汉语语料中,"来得"进一步虚化。我们检索到了相当数量的"来得"具有[+程度]义的用例,用于比较句的用例大量出现。我们在此预测"来得"的进一步演变趋势:[+程度]义→[+主观情态]义。

可见,语义的虚化并不是跳跃性的,而是处在一个连续统之中。

---

① 《儿女英雄传》:作者文康,使用北京口语写成。

3.2 句法结构的诱因

同一结构因语义演变会导致双重分析,而双重分析则进一步发展为重新分析。刘丹青(2008)指出,语法化中的重新分析总是沿着句法结构简化的轨迹发展。“来得”最初是表示“向说话人靠近,从别的地方到说话人所在的地方”的动作位移义,在句中充当谓语。在“来得”的发展轨迹中,“来得”由谓语成分降级为表示程度的修饰性成分,例如:

(47)“有一些癖,来得显著而又奇特,使别人惊诧,不能理解。”(吴组缃《谈癖》)

“显著而又奇特”修饰主语“癖”,表达“癖”的性状,而不是修饰“来得”,“来得”因此降级为程度副词,句法结构趋向简化。

在现代汉语中,“来得”广泛应用于比较句中,从检索到的语料来看,“来得”在比较句中主要处于两个句法位置,其一是用于“比”字之前,即“来得比 XY”,其二是用于表示比较结果的词之前,即“比 X 来得 Y”。那么,表示程度的“来得”究竟是来源于哪一种句式呢?我们认为,表示程度的“来得”源于“比 X 来得 Y”这一句式。在这一句式中,我们发现“Y”修饰“来得”与修饰主语的情况并存,如上文所举的“早、晚、迟、快、慢、勤、多、少”等词语直接修饰“来”这一动词。“大、聪明、能干、合理、合适、简单、复杂”等词语,与“来”无直接语义关系,而是修饰主语,表达主语的性质或状态,“来得”由谓语降级为状语。而“来得比 XY”这一句式中,“Y”是做“来得”的补语,“比 X”做“Y”的状语,在这一句式中,“来得”无法由谓语成分降级为表示修饰性成分的状语。

“让……来得……”是诱发“来得”演变的另一个结构。这一结构中,“来得”后面的成分可以跨过“来得”而修饰“让”后面的宾语,从而使“来得”降级为修饰性成分。“来得”在虚化过程中,句法结构趋向简单是其演变的关键诱因。

3.3 语用表达的诱因

语言是人类的交际工具,人作为交际的主体,必然会使语言的发展融入人的主观性因素。说话人在传递信息时,总会将自己的态度、情感、目的传达给听话人。语言在信息传递过程中会遵循一定的交际原则,如经济原则、合作原则、足量原则。因此,语言在发展过程中,人的主观性因素和交际原则不断渗入其中,使语言的表达形式发生变化。

“来得”在演变过程中也受到语用表达的影响。沈家煊(1999)指出,所谓“经济原则”,即说话人总想在取得精确传递信息的效益时尽量减少自己说话的付出。“来得”由实义动词演变为表示程度的副词,语法功能降级,句法结构变得简单,更符合语言的“经济原则”。

3.4 认知规律的诱因

“来得”的虚化还与人类的认知规律有关。认知语言学认为,人类的理想认知模式有四种,而隐喻模式和转喻模式对语法化起着重要作用。以隐喻模式的观点来看,人类的认知总是根据象似性原则,经历从具体到抽象的过程。

我们认为“来得”的语义演变轨迹为“[+位移]义——→[+程度]义——→[+主观情态]义”,这个序列就有它的认知基础。“来得”不管是具体的“[+位移]义”,还是抽象的“[+程度]义”,都与人类的行为活动及状态有关。“来得”最开始是表示“向说话人靠近,从别的地方到说话人所在的地方”,由具体的动作行为演变为与动作和性状相关的“程度”,再演变为表主观情态,抽象程度和主观程度逐渐加深。

四 结 语

“来得”在吴方言中表示“程度”义,我们通过语料考察发现,现代汉语普通话中也存在表示“程度”义的“来得”。本文考察了“来得”的虚化历程,并且尝试着解释了“来得”虚化的诱因,从语义演变、句法结构、语用表达及认知规律四个方面来论述。我们认为,语言的虚化诱因并不是单一性的,是语言的各方面因素共同作用的结果。

参考文献

曹秀玲 2005 “得”字的语法化和“得”字补语,《延边大学学报》第3期。
匡存玖 2000 《汉语“得”的语法化研究》,四川师范大学硕士学位论文。
刘丹青 2008 重新分析的无标化解释,《世界汉语教学》第1期。

沈家煊　1994　“语法化”研究综观,《外语教学与研究》第4期。
沈家煊　1999　《不对称和标记论》,江西教育出版社。
沈家煊　2004　语用原则、语用推理和语义演变,《外语教学与研究》第4期。
吴福祥　2004　近年来语法化研究的新进展,《外语教学与研究》第1期。
吴福祥　2005　汉语语法化研究的当前课题,《语言科学》第2期。
张谊生　2000　《现代汉语虚词》,华东师范大学出版社。

（作者通信地址:上海师范大学对外汉语学院,上海　200234）

赋值的观念

聂仁发

摘　要：词语的所指包括意义和内容两个部分，词语的意义在使用中通常要具体化为内容。一个词给别的词赋予内容称为赋值。赋值有心理基础，有方向性，并且与信息传递有密切的关系。赋值主要有四种方式：关联赋值、指称赋值、主题赋值、语境赋值。关联赋值主要发生在句子层面，指称赋值主要发生在句组层面，主题赋值主要发生在语篇层面。语境赋值在日常会话中出现较多。

关键词：意义；内容；赋值；关联赋值；指称赋值；主题赋值；语境赋值

一　意义与内容

张斌(1980)把语言符号的所指分成意义和内容两个部分，并用一个笑话来说明二者的差异：

某人教他儿子认“父子”两个字，解释说：“父就是我，子就是你。”后来儿子上学了，老师问他“父子”两个字怎么讲，他对老师说：“父就是我，子就是你。”

父亲在解释“父子”时只是指出了具体内容，儿子却把具体内容当成了一般意义。当儿子把这个“意义”讲给老师听的时候，“意义”又被当成了具体内容。于是师生成了父子，闹了笑话。

张斌(1984)进一步把句子分成抽象的句子和具体的句子。抽象的句子只有形式和意义，具体的句子还有内容，也就是有所指称。例如：

(1) 他们昨天从城里赶来了。

这句话放在语法教材里，是抽象的句子。“他们”指谁，“昨天”是几月几日，“城”是哪座城，都不清楚。但在具体会话中，它们都有所指称，是有具体内容的。

这时是一个具体的句子。

张斌对意义和内容的区分给了我们重要的启示:词语的意义在使用中要具体化为内容。这给我们提出了一个新的研究课题:句子中词语的意义是怎样具体化为内容的?我们从中产生了赋值的观念。

二　赋值及其特点

2.1　赋值的含义

词的意义是从具体所指中抽象出来的,存在于词典中,使用时需要还原。比如"洗"的意义是很抽象的。"洗衣服"和"洗汽车"不一样,"小王洗衣服"和"小张洗衣服"不一样,等等。具体化不限于指称性成分,所有实体词都应有具体化要求。实际上,动词比名词对语境有更强的依赖性,名词可以直接与内容建立联系,动词要依靠名词才能确定其内容。看下面的例子:

(2) 来

(3) 来客

(4) 校长来客

例(2)"来"有意义,无内容,因为离开相关实体的动作、行为、性状都是不存在的。例(3)"来"的实体"客"出现了,"来"就有了内容,是"客"的"来"。但是"客"又是无所指称的,无"主"哪有"客"?例(4)"客"的"主"——"校长"出现了,就有所指称了。"校长"由语境确定所指。这样,"校长来客"就有内容。

词语的上述特性与数学上的函数极为相似。函数的值随变量而动,但有一个范围。当函数中的变量赋值后,函数的值才能确定下来。我们借用"赋值"这个数学概念。所谓赋值,指的就是一个词给别的词赋予内容。比如"客"给"来"赋值,"校长"给"客"赋值。

句子是最基本的赋值单元。词语通常在句子内被赋值,不能在句子内赋值的依靠上下文赋值,最后决定语篇内容的是认知世界和外在世界。

2.2　赋值的特点

赋值有心理基础。在认知上,人和动物最大的不同就在于:动物只能从整体上把握对象,而不能把对象分割成不同的部件、色彩、行为、性状等,所以认知能力非常有限。人脑具有在认知上分割对象的能力,词是人脑分割对象然后符号化的结果。这一方面极大地提高了人的认知能力,另一方面单个词只有结合起来,才能表达对对象的认识,彼此离开了就会失去价值。正因为如此,通常是体现这种结合的句子而不是词作为基本的交际单位。

赋值是有方向的,总是相对具体的给相对抽象的赋值。比如体词给谓词赋值,"打虎""打枪""打柴"由于"虎、枪、柴"的不同,"打"被赋予不同的内容;定指名词给不定指名词赋值,"王冕死了父亲""小秦父亲去世了"由于"王冕""小秦"的不同,"父亲"被赋予不同的内容。这与人的认知过程也是一致的。人们总是沿着已知对象去探索未知世界,通过寻找与已知对象的联系来确定未知对象。

赋值与信息传递有密切的关系。对一个确定的对象来说,它给未定对象赋值的同时本身也获得了新的联系。这个联系不会增加赋值对象的确定性,但能够增加对赋值对象属性的认识。就是说,当一个对象给另一个对象赋值时,被赋值对象会给赋值对象增添新的信息。例如通过"打枪"我们知道"枪"是可以"打"的,通过"校长来了客人"知道"校长"有"客人"。这里传递了有关"枪""校长"的信息。

三 赋值方式

赋值主要有四种方式:关联赋值、指称赋值、主题赋值、语境赋值。

3.1 关联赋值与配价

关联赋值基于词语之间的语义关系。理论上说,孤立的词语有无限的具体化可能,关联中的词语具体化的可能就大大受到限制,甚至只有一种。因此,关联是词语赋值的方式之一。关联赋值通常发生在句子内部,或者说句子内部的词语处于语义关联之中。

法国语言学家特斯尼埃(L. Tesnière,1959)认为,句子不是仅由两个部分构成的,还包括两部分之间的关联。比如:

(5) 阿尔弗雷德说话。

由“阿尔弗雷德”“说话”以及两者之间的关联构成。这里关联就是词语与词语之间的从属/支配关系,支配词在语义上不自足,要求相关的词出现,从属词能满足这种要求。从属/支配关系是赋值关系,从属词给支配词赋值。

但是赋值关系同从属/支配关系有区别。首先,从属/支配关系是依存关系,从属词和支配词是互相定义的。赋值关系是单向的,具体词给抽象词赋值,使之具体化。其次,从属/支配关系是静态的,由词的属性决定。赋值关系是动态的,决定于词的具体化的需要。最后,从属/支配关系认为支配成分可以支配两个或以上的从属成分,而从属成分只能从属于一个支配成分。但赋值关系不一样。如下面的句子:

(6) 虾米拱起背。

“虾米”同时给“拱”和“背”赋值。名词、形容词的配价其实也是赋值问题。有些从自身属性上看没有配价要求的词,进入句子后也会有赋值要求。例如:

(7) 我们谁也不认识谁。

“谁”是泛指,“我们”给“谁”赋值,确定所指范围。

3.2 指称赋值与回指

指称是词语同论域的关系。当某个词语同论域中某个对象确立了联系时,这个词就被赋予了内容。这种赋值方式称为指称赋值。

指称赋值主要由上文承担。理论上讲,上文的每个方面都可以给下文赋值,词、短语、句子都可以。比如:

(8) 李老汉得了笔意外之财,这消息很快在小镇上传开了。

指称赋值的对象通常是上文提及的内容,被赋值对象形式多样,只要能够建立赋值关系就行。因此,指称赋值又称为指同表达,这是从被赋值对象角度来说的。如下面的例子都是在内容上指同的:

(9) 黄石公园内划定很多露营地,编号入座。宿营地设在崇山密林之中,但是野餐桌凳、炉子、卫生设备、自来水一应俱全。

(10) 新娘漂亮,新郎英俊,ϕ 真是天生的一对。

例(9)“宿营地”与“露营地”,例(10)零形式与“新娘”“新郎”都是同指。同指借助认知建立联系,是内容上的指同,而非形式上的相同。下面的例子显然也是同指:

(11) 他报考了研究生和公务员,公务员没考上,但研究生考上了。

后面的"公务员""研究生"由上文赋值,是有指的,而且还是定指的。

3.3 主题赋值与话题

主题是谈论的对象,在交际过程中具有控制表达内容的作用,同时对内容理解也有导向作用。如下例中的"四合院":

(12) 关于四合院,连着写了两篇文章,总算到了二门以外。只要往垂花门内跨一步,就进入中庭,也就是四合院的核心了。

主题的赋值作用体现在对整个表述的准确理解上。语篇阅读测验中,有无明确主题常常会导致相当不同的结果。句子话题的功能也体现在对述题的主题赋值上。比较:

(13) a. 关于挖地道,他站在胡文玉一边。

b. 他站在胡文玉一边。

例(13a)"挖地道"同述题中谓词、名词都没有语义联系。但比较 a、b 两句我们还是发现了"挖地道"的作用。例(13b)可以解读为"他站在胡文玉的旁边";例(13a)有"挖地道"控制,就不能这样解读。话题有明显地控制述题内容的作用。这里话题类似于一篇文章的主题。述题内容越多,话题的主题作用越明显。例如:

(14) 关于搜集的事,我首先仍要感谢常维钧兄,他寄给我北京龙光斋本,又鉴光斋本;天津思过斋本,又石印局本;南京李光明庄本。(鲁迅《朝花夕拾》)

话题同述题的这种关系超出了词语之间的固有联系。当然,话题也可以通过关联赋值和回指赋值的方式给述题赋值。

3.4 语境赋值与语境度

语境的赋值作用是显而易见的。如下例中的名词都由语境确定所指内容:

(15) 东方红,太阳升,中国出了个毛泽东。

语境有语言语境和非语言语境的区别,这里指的是非语言语境。一篇文章要获得直接的、现实的内容,就必须同语境联系起来。语篇同语境的联系程度称为语境度,包括时间度、空间度和角色度,用语篇中语境因素的数量与语篇中小句数量的比例来衡量,即:

语境度 = 语境因素数/小句数

语境度在不同文体中有较大的差别。新闻语篇的语境度相对较高。其中,动态消息语境度最高。(见表一)

表一:各类消息的语境度

语篇类型	经验消息	综合消息	评述消息	人物消息	动态消息
语境度	0.394 736	0.516 279	0.556 363	0.568 376	1.125

动态消息的语境度特征适应新闻的时效性、真实性特点,因而动态消息作为新闻报道最主要的语篇形式得到了最广泛的运用。相比之下,经验消息的语境度很低。经验消息是从相关事实中归纳总结出来的,其时间性、细节真实性较弱。综合消息、评述消息、人物消息语境度非常接近,略高于经验消息,但比动态消息低很多。

以上就是赋值的四种不同方式。其中关联赋值、指称赋值和主题赋值大体上与三级语言单位对应:关联赋值主要发生在句子层面,指称赋值主要发生在句组层面,主题赋值主要发生在语篇层面。语境赋值在日常会话中出现较多。

四 结 语

“赋值”概念是从张斌先生关于区分意义和内容的相关论述中发展起来的,能够统一解释一些已有解释的或尚未获得解释的语言现象。本文关于“赋值”的认识还是初步的。抛砖引玉,旨在引出更深入的思考。

参考文献

廖秋忠 1986 现代汉语篇章中指同的表达,《中国语文》第2期。
聂仁发 2009 《现代汉语语篇研究》,浙江大学出版社。
聂仁发、杜纯梓 2002 新闻语篇的语境分析,《湖南师范大学学报》第1期。
聂仁发、宋静静 2008 “关于”式话题句考察,《语言研究》第3期。

沈　阳、郑定欧　1995　《现代汉语配价语法研究》,北京大学出版社。
文　炼　1980　形式、意义和内容,《语文学习》第 4 期。
文　炼　1984　关于句子的意义和内容,《语文研究》第 1 期。
张　斌　2005　《理解与表达》,语文出版社。
张烈材　1985　特斯尼埃的《结构句法基础》简介,《国外语言学》第 2 期。

(作者通信地址:宁波大学人文学院,浙江宁波　315211)

第二语言教学:形式与意义的博弈(一)
——教学法与学习者的视角

吴勇毅

摘　要:随着交际语言教学(CLT)和任务型语言教学(TBLT)的“深入人心”,随着教学对象的年龄层次越来越多样化,近期的汉语作为第二语言教学/外语教学的倾向是所谓淡化语法,淡化语法形式的教学,甚至不教语法(“零语法”教学)。然而,第二语言教学/外语教学究竟要不要教语法?语言形式的教学还需要不需要?语法形式的操练对语言习得到底有没有用?这是值得我们深思的问题。作为系列研究(一),本文从第二语言/外语教学法的导向和学习者的取向角度讨论了这些问题。

关键词:语法教学;形式;意义;教学法导向;学习者需求

一　引　言

随着交际语言教学(CLT)和任务型语言教学(TBLT)越来越“深入人心”,随着教学对象的年龄层次越来越多样化,随着汉语国际传播和推广的快速发展,近期的汉语作为第二语言/外语教学的倾向是所谓重意义(meaning)交流,重交际能力培养,而淡化语法,淡化语法形式(forms)的教学,甚至主张不教语法(“零语法”教学)。比如最近的不少文章都在探讨任务型教学法的运用,热衷于讨论如何在教学中引入任务,如何设计任务或者活动,乃至完成任务或活动的方式等,但很少有人深究,在热闹的任务和活动背后,我们究竟想干什么?第二语言/外语教学的宗旨是什么?第二语言教学/外语教学究竟要不要教语法?语言形式的教学还需要不需要?语法形式的操练对语言习得到底有没有用?产生这种现象的原因是多方面的,既有实用主义的需要,也有语言教学和语言习得理论的背景,本文主要从教学法的导向和学习者的取向探讨这些问题。

二　教学法的导向:误导?

在目前形式与意义的博弈中,意义占了上风,其中一个重要因素是教学法的倡导。20世纪五六十年代流行的听说法(the Audiolingual Method/Audiolingualism)(章兼中,1983;Richards & Rodgers,1986;束定芳、庄智象,1996),依据结构主义语言学的理论(口语是第一性的,语言是由小的单位根据组合和聚合规则层层组合而成的结构系统),强调语言形式(forms)的学习,就语法而言主要是句型和规则的掌握(但"句型不仅具有结构意义,还具有词汇意义和社会文化意义〔弗里斯把人们说某一句话的实际情景称为社会文化意义〕",章兼中,1983:99)。Hockett(1959)指出,"正是这些基本句型构成了学习者的任务。他们需要操练(drill),操练,再操练,只要有足够的词汇,就可以使得这种操练成为可能。"(见 Richards & Rodgers, 1986:46)各种形式的句型操练和对话(背诵、记忆)构成了听说法课堂练习的基本手段。听说法又依据行为主义心理学的理论,认为语言的习得是通过刺激——反应——强化的过程,最终形成自动化的习惯而获得的。听说法招人批评的主要原因,除了其理论基础之外,还因学习者发现,他们很难把学到的技能转移到课堂之外的真实交际中,且枯燥无味(Richards & Rodgers, 1986:59)

自从 Hymes(1972)提出交际能力的概念后,第二语言教学就此转向,把语言教学的目标由过去的培养语言能力(主要是语法能力)改为培养交际能力。在交际能力理论和功能语言理论(Halliday, 1970、1975)双重推动下产生的交际法(Communicative Approach/CA)或意义更宽泛的交际语言教学(Communicative Language Teaching/CLT)提出了与听说法大相径庭的语言教学理念与原则。Finocchiaro & Brumfit(1983)通过对比归纳出了22项听说法和交际法的区别性特征,我们看其中几项交际法与听说法相对立的主要原则:1)意义至上(Meaning is paramount);2)对话围绕着交际功能,通常无须记忆;3)情景化是一个基本的前提;4)语言学习是学习交际;14)交际能力是追求的目标(即有效且合适使用语言系统的能力);19)流利和可接受的语言是主要目标,准确不是抽象的,要在情境中决定。(又可参见 Richards & Rodgers, 1986:67—68;束定芳、庄智象,1996:203—205)正是由于交际语言教学的倡导,语言形式的学习,尤其是准确的语言形式的掌握被逐渐排斥了。在有些学者和教师看来,只要能够交流和沟通,即使是有缺陷的语言也是可以接受的,因此对学生话语中的错误/偏误,采取容忍的态度,甚至听之任之(这个问题后面还要讨论)。尽管如此,交际法跟听说法一样仍然有一个可供学习者学习和掌握的清单,即功能-意念大纲(听说法提供的是语法大纲或者说结构大纲),其中包括表达功能和意念的语言形式。语法大纲和功能-意念大纲都有一个共同的假设,即学生应该按照列出的项目清单学习,一旦掌握了这些清单上的项目,也就等于掌握了语言。(吴勇毅,2004、2006)

到了任务教学法(Task-Based Approach/TBA)或任务型语言教学(Task-Based Language Teaching/TBLT),就走得更远了。根据 Richards & Rodgers(2001:223)的定义,任务型语言教学是一种把任务作为核心单位用以计划和组织语言教学的途径/方法。它把人们在社会生活中所从事的各种活动或者说所做的事情视为"任务",把培养学习者完成任务的能力作为教学目标。"为了完成任务,学习者以'意义'为中心,尽力调动各种语言和非语言的资源进行'意义'共建,以达到解决某种交际问题的目的。"(魏永红,2004:1)由于任务型语言教学强调"干中学"(learning by doing),而"干"或者说"完成任务/做事情"又可以"不择手段"(不一定只用语言的手段),因此,在有些人看来,只要想方设法完成任务(具体说就是某个"活动"),并且在完成任务的活动中能进行"有效的"意义沟通和合作,语言形式掌握得如何并不重要,其典型表现就是在有些所谓任务型语言教学的课堂里,学习者在热热闹闹的活动中尝试完成某个任务,并努力用"错误百出"的语言进行意义协商和沟通,把正确的语言形式的学习和掌握通通忘到脑后去了(热闹完后,学生到底学到了什么?这也正是近期汉语作为第二语言教学中出现的问题之一)。任务型语言教学认为,在完成任务的活动中,意义是首要的(meaning is primary),目的是要解决某个交际问题,而完成任务是优先的(task completion has some priority),要按照完成任务的结果来评估。(Skehan,1998:95)尽管任务型语言教学的本意也许并非是不关注语言形式,但其教学目标的设定,以及它所提倡的达到教学目标的手段,一开始就非常容易使其出现偏颇,忽略语言形式的学习和掌握。正如

Skehan & Foster(2001:184)所指出的:如果不加以适当控制,任务教学法就可能过分强调"把事儿给办了",而牺牲了教学的根本目标:发展语言学习者的目的语能力。(转引自吴中伟,2005)为了解决这种"离谱"的现象和问题,Long(1985,1991)提出了任务教学法也要"聚焦形式"(focus on form/FonF)(Long 把听说法称之为"聚焦形式点"(focus on forms/FonFs)的教学法),以别于纯粹的"聚焦意义"(focus on meaning/FonM),后者以自然法(Natural Approach, Krashen & Terrell, 1983)为典型代表。但实际上"聚焦形式"是以"聚焦意义"为核心基础的,它不是预先安排好系统地教授语言形式,即"聚焦形式点",而是当完成任务的交际活动出现问题时,暂时地偶发地把学习者的注意力转移到某个特定语言形式上来。(Oxford, 2006; Ellis, 2006)所以 Oxford 把它称为"聚焦意义加上暂时聚焦形式"(FonM with temporary FonF)。(同上)

我们认为交际法、任务教学法把培养学习者的交际能力、完成任务的能力(从某种程度上讲是一种"就事论事"的能力)作为自己的教学目标,从某种意义上说,或者说在某种程度上是偏离了语言教学的根本轨道,即掌握目的语本身。培养学习者的交际能力从理论上讲是不错的,但交际能力是由复杂因素构成的,尽管 Canale & Swain(1980)把 Hymes 的交际能力具体化为语法能力、社会语言能力、语篇能力和策略能力,但不可否认,这当中蕴含了许多非语言因素,涉及个人的认知能力、情感因素、个性性格、知识背景、经历经验等。就拿说母语的人来说,按理语言都没有问题,但我们仍然会说某某人跟人交际/交流有问题,或谁谁文字功夫很好,但跟人口头打交道不行;有的老师写文章做研究可以,但却不会上课;现在很多孩子在电脑上很厉害,什么都敢表达,但不会也不愿意跟人面对面交流;走出校门,不少学生没有社会经验,不会处理工作或社会生活中的各种问题,凡此种种。可见交际能力和完成任务的能力中的许多东西原本不该是语言教学负责的。

过去把第二语言/外语教学的目标锁定在掌握语言本身,语法教学主要是离散的语法结构(discrete grammatical structures)的展示说明(presentation),让学生进行操练(practice),使其能够表达(production),目标单纯些,但不够注意语言使用的社会文化因素和环境,不够重视语言形式在运用中所表达的功能,不够关注不同的语法形式在交际中所传递的意义。课堂教学关注的或者说所负责的是语言本身：我把语言（尤其是语言形式）教给你，至于你会不会用，用得好不好，那是出了校门你自己的事儿。（70年代我国的外语教学中有所谓“开门办学”一说，外语系高年级的学生有条件的话会去“涉外单位”实习一段时间，直接跟外国人接触，这种“实战”就是为了解决一些运用的问题。）交际语言教学，尤其是任务型语言教学想把学习者在社会生活里运用第二语言/外语的问题都拉到教室里课堂上来解决，加之交际能力和完成任务的能力中有许多东西原本不该是语言教学负责的（见上），使得二语/外语课堂严重“超负荷”了。又由于过于强调“意义沟通”（可以“不择手段”）和“把事儿给办了”（要办完多少事儿才算学会了语言呢？），只聚焦在意义，往往容易出现偏颇，忽视语言形式的准确性，导致学习者语言水平，特别是表达水平提不高。“如果在第二语言习得过程中只关注意义，关注交际的成功，而不关注形式，就是忘记了语言教学的根本目的——提高目的语的能力，并将导致大量的化石化现象。”（吴中伟，2005）

近年来有学者（周健，2003、2005；张旺熹，2007、2010）提出语感培养是汉语作为第二语言教学的核心，是对外汉语教学的基本任务，我们认为这是一种向语言能力回归的思考，值得关注和深入探讨。从某种意义上说，培养语言能力的核心就是培养语感。

三　学习者的取向：要不要语法教学？

现在大家都说语言教学要以学生为中心，要以学生的需求为教学基础，并且承认学生对语言、对语言学习的观念会对学习动机和学习策略的选择产生重要的影响。那么学生对课堂语法教学和语法学习究竟是怎么看的？他们需不需要语法教学？他们的观念和看法跟教师的有没有差异？对外汉语教学界没有做过这方面的研究，但在国际上有人做过。Schulz（2001）曾就学习一种新语言中显性语法教学（explicit grammar instruction）和纠错（error correction）的作用对哥伦比亚师生和美国师生的观念和看法（perceptions/beliefs）进行过调查，其样本为哥伦比亚教师122人，学生607人；美国教师92人，学生824人。以下是经过我们简化和翻译的总的统计结果表（表一）：

表一：总的统计结果

项目	同意/非常同意（百分比）		决定不了（百分比）		不同意/强烈反对（百分比）	
	哥伦比亚	美国	哥伦比亚	美国	哥伦比亚	美国
1. 正式学习语法对最终掌握一门外语至关重要（essential）。	82（生） 59（师） 23（师生差）	80（生） 64（师） 16（师生差）	10（生） 17（师） −7（师生差）	15（生） 20（师） −5（师生差）	8（生） 24（师） −16（师生差）	5（生） 15（师） −10（师生差）
2. 如果我学习和练习语法，我相信我的外语提高得非常快。	77（生） 71（师） 6（师生差）	48（生） 38（师） 10（师生差）	19（生） 16（师） 3（师生差）	33（生） 20（师） 13（师生差）	4（生） 13（师） −9（师生差）	19（生） 36（师） −17（师生差）
3. 学习语法有助于学习一门外语。	93（生） 84（师） 9（师生差）	85（生） 74（师） 11（师生差）	4（生） 9（师） −5（师生差）	12（生） 16（师） −4（师生差）	3（生） 7（师） −4（师生差）	3（生） 7（师） −4（师生差）
4. 我喜欢学习语法。	76（生） 30（师） 46（师生差）	46（生） 18（师） 28（师生差）	14（生） 21（师） −7（师生差）	26（生） 47（师） −21（师生差）	10（生） 48（师） −38（师生差）	28（生） 35（师） −7（师生差）
5. 在我的二语/外语课程中应该有更多正式的语法学习。	51（生） 31（师） 20（师生差）	26（生） 21（师） 5（师生差）	27（生） 21（师） 6（师生差）	36（生） 25（师） 11（师生差）	23（生） 48（师） −25（师生差）	37（生） 53（师） −16（师生差）
6. 用外语写作或读自己写的东西时，我总是惦记着语法。	58（生） 35（师） 23（师生差）	68（生） 27（师） 41（师生差）	24（生） 18（师） 6（师生差）	25（生） 39（师） −14（师生差）	17（生） 47（师） −30（师生差）	7（生） 32（师） −25（师生差）
7. 在真实的环境中练习外语比学习和操练语法句型更重要。	66（生） 82（师） −16（师生差）	69（生） 80（师） −11（师生差）	18（生） 8（师） 10（师生差）	19（生） 7（师） 12（师生差）	16（生） 11（师） 5（师生差）	12（生） 9（师） 3（师生差）
8. 我不喜欢在课堂上被纠错。	4（生） 28（师） −24（师生差）	4（生） 22（师） −18（师生差）	6（生） 21（师） −15（师生差）	9（生） 24（师） −15（师生差）	90（生） 51（师） 39（师生差）	87（生） 48（师） 39（师生差）

续表

项　目	同意/非常同意（百分比）		决定不了（百分比）		不同意/强烈反对（百分比）	
	哥伦比亚	美国	哥伦比亚	美国	哥伦比亚	美国
9. 学生在课堂上出错时，教师不应该纠正。	3（生） 35（师） *–32*（师生差）	2（生） 33（师） *–31*（师生差）	3（生） 17（师） *–14*（师生差）	4（生） 18（师） *–14*（师生差）	95（生） 48（师） *47*（师生差）	94（生） 48（师） *46*（师生差）
10. 如果教师不改正我交上去的书面作业，我感觉被欺骗了。	74（生） 88（师） *–14*（师生差）	65（生） 80（师） *–15*（师生差）	6（生） 5（师） 1（师生差）	21（生） 18（师） 3（师生差）	20（生） 8（师） *12*（师生差）	13（生） 1（师） *12*（师生差）
11. 当我说外语犯错误时，我希望得到教师的纠正。	97（生） 39（师） *58*（师生差）	90（生） 30（师） *60*（师生差）	2（生） 21（师） *–19*（师生差）	9（生） 28（师） *–19*（师生差）	1（生） 40（师） *–39*（师生差）	2（生） 41（师） *–39*（师生差）
12. 当我用外语写作犯错误时，我希望得到教师的纠正。	98（生） 93（师） 5（师生差）	97（生） 92（师） 5（师生差）	1（生） 0（师） 1（师生差）	3（生） 8（师） –5（师生差）	1（生） 8（师） –7（师生差）	1（生） 0（师） 1（师生差）

注：我们把具有显著差异的百分比用斜体字加粗显示。

项目 1 到项目 7 是对语法作用的看法和观念，项目 8 到项目 12 是对纠错的反馈。从表一我们大致上可以看出师生之间的差异很大（根据 Schulz 的规定，差异在 10% 或低于此的均不具显著差异，即可以忽略）。学生对语法教学和学习的肯定程度要大大超过教师，我们推测，教师受交际语言教学思潮的影响很大是其中的一个重要原因（参见上一节）。学生之间差异最大的是项目 2、4、5，哥伦比亚学生高于美国学生 29%、30% 和 25%，表明哥伦比亚学生比美国学生更相信语法学习的作用，希望课堂上有更多的正式的语法教学（more formal study of grammar in FL/L2 courses）。

我们把 Schulz 的调查结果重新进行了一些整理和归纳，便于阐述和分析。首先看一下哥伦比亚教师和美国教师的态度（见表二）：

表二:哥伦比亚教师 vs. 美国教师

项　　目	同意/非常同意(百分比)	决定不了(百分比)	不同意/强烈反对(百分比)
1. 正式学习语法对最终掌握一门外语至关重要(essential)。	59(哥教师) 64(美教师) -5(差)	17(哥教师) 20(美教师) -3(差)	24(哥教师) 15(美教师) 9(差)
2. 如果我学习和练习语法,我相信我的外语提高得非常快。	71(哥教师) 38(美教师) *33*(差)	16(哥教师) 20(美教师) -4(差)	13(哥教师) 36(美教师) -*23*(差)
3. 学习语法有助于学习一门外语。	84(哥教师) 74(美教师) 10(差)	9(哥教师) 16(美教师) -7(差)	7(哥教师) 7(美教师) 0(差)
4. 我喜欢学习语法。	30(哥教师) 18(美教师) *12*(差)	21(哥教师) 47(美教师) -*26*(差)	48(哥教师) 35(美教师) *13*(差)
5. 在我的二语/外语课程中应该有更多正式的语法学习。	31(哥教师) 21(美教师) 10(差)	21(哥教师) 25(美教师) -4(差)	48(哥教师) 53(美教师) -5(差)
6. 用外语写作或读自己写的东西时,我总是惦记着语法。	35(哥教师) 27(美教师) 8(差)	18(哥教师) 39(美教师) -*21*(差)	47(哥教师) 32(美教师) *15*(差)
7. 在真实的环境中练习外语比学习和操练语法句型更重要。	82(哥教师) 80(美教师) 2(差)	8(哥教师) 7(美教师) 1(差)	11(哥教师) 9(美教师) 2(差)
8. 我不喜欢在课堂上被纠错。	28(哥教师) 22(美教师) 6(差)	21(哥教师) 24(美教师) -3(差)	51(哥教师) 48(美教师) 3(差)
9. 学生在课堂上出错时,教师不应该纠正。	35(哥教师) 33(美教师) 2(差)	17(哥教师) 18(美教师) -1(差)	48(哥教师) 48(美教师) 0(差)
10. 如果教师不改正我交上去的书面作业,我感觉被欺骗了。	88(哥教师) 80(美教师) 8(差)	5(哥教师) 18(美教师) -*13*(差)	8(哥教师) 1(美教师) 7(差)
11. 当我说外语犯错误时,我希望得到教师的纠正。	39(哥教师) 30(美教师) 9(差)	21(哥教师) 28(美教师) -7(差)	40(哥教师) 41(美教师) -1(差)
12. 当我用外语写作犯错误时,我希望得到教师的纠正。	93(哥教师) 92(美教师) 1(差)	0(哥教师) 8(美教师) -8(差)	8(哥教师) 0(美教师) 8(差)

从总体上看,哥伦比亚教师相对来说比美国教师更倾向于赞成语法教学,但差异不大(都不很高)。最大的不同是项目2(“如果我学习和练习语法,我相信我的外语提高得非常快”)和项目4(“我喜欢学习语法”)。就项目2而言,哥伦比亚教师赞成此观点的大大高于美国教师(差异为33%),而反对此观点的则显著低于美国教师(差异为23%);项目4哥伦比亚教师赞成此观点的和反对此观点的都高于美国教师(差异为12%和13%)。

在Schulz原表的基础上,我们把两国学生和两国教师的统计结果归并起来看其差异:

表三:两国学生 vs. 两国教师

项目	同意/非常同意(百分比)	决定不了(百分比)	不同意/强烈反对(百分比)
1. 正式学习语法对最终掌握一门外语至关重要(essential)。	81(生) 61.5(师) *19.5*(师生差)	12.5(生) 18.5(师) -6(师生差)	6.5(生) 19.5(师) *-13*(师生差)
2. 如果我学习和练习语法,我相信我的外语提高得非常快。	62.5(生) 54.5(师) 8(师生差)	26(生) 18(师) 8(师生差)	11.5(生) 24.5(师) *-13*(师生差)
3. 学习语法有助于学习一门外语。	89(生) 79(师) 10(师生差)	8(生) 12.5(师) -4.5(师生差)	3(生) 7(师) -4(师生差)
4. 我喜欢学习语法。	61(生) 24(师) *37*(师生差)	20(生) 34(师) *-14*(师生差)	19(生) 41.5(师) *-22.5*(师生差)
5. 在我的二语/外语课程中应该有更多正式的语法学习。	38.5(生) 26(师) *12.5*(师生差)	31.5(生) 23(师) 8.5(师生差)	30(生) 50.5(师) *-20.5*(师生差)
6. 用外语写作或读自己写的东西时,我总是惦记着语法。	63(生) 31(师) *32*(师生差)	24.5(生) 28.5(师) -4(师生差)	12(生) 39.5(师) *-27.5*(师生差)
7. 在真实的环境中练习外语比学习和操练语法句型更重要。	67.5(生) 81(师) *-13.5*(师生差)	18.5(生) 7.5(师) *11*(师生差)	14(生) 10(师) 4(师生差)

续表

项　　目	同意/非常同意(百分比)	决定不了(百分比)	不同意/强烈反对(百分比)
8. 我不喜欢在课堂上被纠错。	4(生) 25(师) *-21*(师生差)	7.5(生) 22.5(师) *-15*(师生差)	88.5(生) 49.5(师) *39*(师生差)
9. 学生在课堂上出错时,教师不应该纠正。	2.5(生) 34(师) *-31.5*(师生差)	3.5(生) 17.5(师) *-14*(师生差)	94.5(生) 48(师) *46.5*(师生差)
10. 如果教师不改正我交上去的书面作业,我感觉被欺骗了。	69.5(生) 84(师) *-14.5*(师生差)	13.5(生) 11.5(师) 2(师生差)	16.5(生) 4.5(师) *12*(师生差)
11. 当我说外语犯错误时,我希望得到教师的纠正。	93.5(生) 34.5(师) *59*(师生差)	5.5(生) 24.5(师) *-19*(师生差)	1.5(生) 40.5(师) *-39*(师生差)
12. 当我用外语写作犯错误时,我希望得到教师的纠正。	97.5(生) 92.5(师) 5(师生差)	2(生) 4(师) -2(师生差)	1(生) 4(师) -3(师生差)

注:生:哥伦比亚学生 & 美国学生,师:哥伦比亚教师 & 美国教师。

从项目 1 到项目 7 学生对语法教学和学习的认同程度都大大高于教师,其中有显著差异的就占五项(反对的意见则呈相反态势),尤其是第四项“我喜欢学习语法”和第六项“用外语写作或读自己写的东西时,我总是惦记着语法”,师生之间的差异更是达到了 37% 和 32%,可见语法在学生的观念和运用中的地位。我们认为成人(Schulz 调查的是 young adults)学习或习得第二语言/外语是不可能完全摆脱语法学习和运用的,Schulz 的调查完全证明了这一点。

项目 8 显示有 88.5% 的学生愿意在课堂上被纠错,而只有49.5% 的老师觉得应该如此(差为 39%);94.5% 的学生认为教师在课堂上应该纠正学生的错误,而只有 48% 的教师认为应该如此(差为 46.5%)(项目 9),这对那种认为只要意义沟通成功,语法形式正确与否不重要,或交际是最重要的,应尽量少纠正学生的错误的观点是一个有力的反驳。有意思的是(项目 11)学生说话时犯错,非常希望得到教师的纠正(93.5%),而教师只有少部分人赞成如此(34.5%),差别为 59%,而不赞成纠错的教师却有 40.5%(这再次证明教师普遍受到这个时代交际语言教学的影响,而学生则不然);但是对书面的错误,学生和教师几乎没有差异(5%),绝大多数学生和教师(97.5% vs. 92.5%)都觉得不能容忍,应该纠正。教师对口语错误和书面错误的不同立场(学生的立场是一致的:两者都要纠正)是出于对不同语言技能掌握的认识还是出于职业的道德,我们这里不做讨论。

通过对Schulz所做研究的再分析和阐释,我们可以得到两点结论:(1)学习者和教师对待语法教学和语法学习的观念有很大的差异,学生重视语法的程度远远超出教师的想象。那么我们应该遵从学生的取向,还是完全信奉某些教学法的主张呢(甚至改变学生的取向)?(2)正式的语法教学是必要的,也是必需的。至于通过什么途径进行语法教学更有效,尤其是对语言形式的掌握,那需要研究证明且群策群力的。

齐沪扬(2010)指出:"语法研究的终极目的,就是寻找语法形式与语法意义之间的对应关系",借用到语言教学上,我们汉语作为第二语言/外语的教学不也就是在追求让学习者了解和掌握语言形式与意义和功能的匹配关系,以获得真正的目的语能力吗?

参考文献

齐沪扬 2010 作为第二语言的汉语语法研究面临的问题,《对外汉语研究》第6期,商务印书馆。

束定芳、庄智象 1996 《现代外语教学——理论、实践与方法》,上海外语教育出版社。

魏永红 2004 《任务型外语教学研究》,华东师范大学出版社。

吴勇毅 2004 功能大纲的理论研究与基本框架,《对外汉语教学探索》,学林出版社。

吴勇毅 2006 从交际语言教学到任务型语言教学,《对外汉语研究》第2期,商务印书馆。

吴中伟 2005 语言教学中形式与意义的平衡——任务教学法研究之二,《对外汉语研究》第1期,商务印书馆。

张旺熹 2007 语感培养是对外汉语教学的基本任务,《世界汉语教学》第3期。

张旺熹 2010 对外汉语教学语法研究概说——课题与路向,《对外汉语研究》第6期,商务印书馆。

章兼中 1983 《国外外语教学法主要流派》,华东师范大学出版社。

周 健 2003 论汉语语感教学,《汉语学习》第1期。

周 健 2005 汉语作为第二语言教学应突出语感培养,《对外汉语研究》第1期,商务印书馆。

Canale, M. & M. Swain. 1980 Theoretical Bases of Communicative Approaches to Second

Language Teaching and Testing. *Applied Linguistics* 1:pp. 1—47.

Ellis, R. 2006 Current Issues in the Teaching of Grammar: An SLA Perspective. *TESOL Quarterly*, 40(1), pp. 83—107.

Finocchiaro, M. & C. Brumfit. 1983 *The Functional-Notional Approach: From Theory to Practice*. New York: Oxford University Press.

Halliday, M. A. K. 1970 Language Structure and Language Function. In J. Lyons (ed.), *New Horizons in Linguistics*, pp. 140—165. Harmondsworth: Penguin.

Halliday, M. A. K. 1975 *Learning How to Mean: Explorations in the Development of Language*. London: Edward Arnold.

Hockett, C. F. 1959 The Objectives and Process of Language Teaching. Reprinted in D. Byrne (ed.), *English Teaching Extracts*. London: Longman, 1969.

Hymes, D. 1972 On Communicative Competence. In J. B. Pride and J. Holmes (eds.), *Sociolinguistic*, pp. 269—293. Harmondsworth: Penguin.

Krashen, S. D. & Terrell, T. D. 1983 *The Natural Approach: Language Acquisition in the Classroom*. Hayward, CA: Alemany.

Long, M. H. 1985 A Role for Instruction in Second Language Acquisition: Task-based Language Training. In K. Hyltenstam & M. Pienemann (eds), *Modeling and Assessing Second Language Acquisition*. pp. 77—99. Clevedon: Multilingual Matters.

Long, M. H. 1991 Focus on Form: A Design Feature in Language Teaching Methodology. In K. de Bot, R. Ginsberg, & C. Kramsch (eds), *Foreign Language Research in Cross-cultural Perspective*. pp. 39—52. Amsterdam: John Benjamins.

Oxford, R. L. 2006 Forty Years of Language Teaching. *Language Teaching*, 40. pp. 1—15.

Richards, J. & Rodgers, T. 1986 *Approaches and Methods in Language Teaching* (语言教学的流派). Cambridge: Cambridge University Press. 北京:外语教学与研究出版社,2000。

Richards, J. & Rodgers, T. 2001 *Approaches and Methods in Language Teaching*. (second edition) Cambridge: Cambridge University Press.

Schulz, R. A. 2001 Cultural Differences in Student and Teacher Perceptions Concerning the Role of Grammar Instruction and Corrective Feedback: USA-Colombia. *The Modern Language Journal*, 85, ii, pp. 244—258.

Skehan, P. 1998 *A Cognitive Approach to Language Learning* (语言学习认知法). Oxford University Press. 上海:上海外语教育出版社,1999。

Skehan, P. & P. Foster. 2001 Cognition and Tasks, in *Cognition and Second Language Instruction*, edited by Peter Robinson. Cambridge: Cambridge University Press.

(作者通信地址:华东师范大学对外汉语学院,上海 200241)

语法分析中要重视种种"区别"
——从区别"抽象的句子和具体的句子"谈起

陈昌来

摘　要:语法分析应该重视种种"区别",抽象的句子和具体的句子是句子的两种存在形态,两种句子存在许多区别。区别抽象的句子和具体的句子,对认识句子的性质和特点,对分析理解和运用句子都有积极意义,也有助于厘清语法研究中的许多疑难问题。

关键词:语法分析;句子;具体句;抽象句

〇 引　言

张斌先生认为:语法分析能"帮助我们辨识同异,有助于理解;帮助我们判断正误,有助于表达。所以,从实用的角度来说,语法分析的重点是讲'区别'。"(1998,2005)纵观张斌先生的论著,先生在语法研究中历来主张要充分重视语法分析中的各类"区别",如区别基础和标准、区别小类与附类、区别意义与内容、区别语气与口气、区别实体类和关系类及特征类、区别句法分析与句子分析,等等。就语句来看,无论语句的理解还是语句的解释,张斌先生都提倡在语法分析中要"区别"两种不同的句子,即抽象的句子和具体的句子。

一 两种句子

一般的论著都认为句子是能够表达相对完整意思的语言单位,具有特定的语气或语调,句子末尾有较大的停顿,书面上在句子末尾用句号或问号、叹号隔开。

这样定义的句子实际上是指在语言交际中承担了交际功能的现实的句子。从这个角度也说明了句子是语言交际的最基本的语言单位,交际中的句子是有表述性的——表达客观事实或陈述主观意图,交际中的句子具有陈述事实或表达疑问、抒发感情、提出要求等交际职能;同时,交际中的句子总是跟现实相联系的,如下面的对话:

老张:"小王,你知道小李回来了没有?"

小王:"回来了。"

老张:"他什么时候回来的?"

小王:"他是昨天下午从北京回来的。"

老张:"他哪天去的北京?"

小王:"15 号,上个月 15 号。"

这段对话中,涉及人物(老张、小李、小王)、时间(说话时间、昨天下午、15 号、上个月)、处所(说话地点、北京)、行为(知道、回来、去)以及交际目的(询问)、交际方式(谈话、问答)等许多因素,这些因素在交际中都是具体的,尤其人物、时间、地点、行为都是有所指的,人物、地点有具体指称对象自不待说,时间中的"昨天下午、15 号、上个月 15 号"虽然没有明说是某年、某月的"15 号",没有明说是某个月的"上个月",没有明说是某一天的"昨天下午",但在这段话中却是具体的,这是由交际环境决定的。因而,理解或解释这段话中的句子,如"他是昨天下午从北京回来的。"不仅要知道句子中所使用的词的词义、句法结构、语义关系、层次、语气和口气等,还要知道句子可能有的预设和前提、社会意义、暗示联想意义等,更要知道句子中"他"具体是谁、"昨天下午"具体是哪一天的下午、"北京"是什么地方、具体的说话时间和地点。同时在上面这段对话中,"回来了""15 号"从句法结构上看明显有省略,"上个月 15 号"明显又是追加上的,但并不影响理解和交际,也就是说句子还有变化。这些有具体所指的句子都是在具体交际环境中出现的句子。

而在语法课上,用于举例的句子,如老师说"明天国庆节。"是名词谓语句,"小王来了。"是动词谓语句,"她很漂亮。"是形容词谓语句,"太美丽了,那座山!"是倒装句,"小张买了一本书,小李也买了一本。"是省略句,"草原的夏天风光秀丽。"是主谓谓语句,"多好的小伙子啊!"是感叹句,"他结婚了没有?"是疑问句,"本市昨天发生了一桩命案。"是陈述句,等等,这些用于举例的句子,有词,词有词义,句子中的各个词是按一定句法规则组织起来的,形成了一定的句法关系、层次关系和语义关系,也有一定的语气。但语法课上,说者老师和听者学生并不关心"明天"是具体的哪一天,"夏天"是哪一年的夏天,"国庆节"是哪个国家的国庆节,"小王、她、小张、小李、他、小伙子"到底是谁,"那座山、草原、本市"具体在哪里或指哪里,"书"是什么书,当然对如何的"漂亮、秀丽、美丽、好",跟谁"结婚",在哪儿"买书",怎样"来"的和"什么样的命案"也不会关心。就是说,这些句子中的人物、时间、地点、行为并没有具体所指,但并不影响语法教学和学生的理解,人们不会去探求它的具体内容。同样,定理、公理、公式、法令、制度中的句子也往往没有具体的指称对象。这样的句子实际上都没有出现在具体的交际环境中,所以也就没有具体所指或具体内容。

可见,句子有两种存在形态,一种是存在于具体交际环境中承担具体交际任务的句子,一种是还没有实现其交际任务的句子,是潜在的句子。从上面的介绍来看,这两种句子是有差别的,前者一般称为具体的句子或言语的句子、语境句、动态句,后者被称为抽象的句子或语言的句子、孤立句、静态句。

二 抽象的句子

抽象的句子是指脱离具体语境跟现实不相联系的孤立存在的句子,也被称为语言的句子、孤立句、静态句,或者称为简单句、核心句、原子句。

句子具有表述性,但抽象的句子的表述性是潜在的、隐含的,跟现实的联系还没有实现,如"他明天去开会。"作为抽象的句子,"他、明天、会"没有具体所指,同时从信息传输来看,信息量也不充分,如"去哪儿"或"在什么地方"开会并没有明确指出来。可见,抽象的句子作为语言单位是有形式和意义的,有组成成分如词、短语,词和短语有意义,成分之间有句法结构关系、层次关系、语义关系,也有抽象的语调类型,表达一定的语气。但,由于没有跟现实相联系,抽象的句子没有内容,即没有思想、感情和具体的信息内容。

作为抽象的句子,由于没有语境和上下文的帮助,句子的句法结构、语义关系必须是完整的，语序一般也是不能变化的，没有省略、倒装、强调、追补、添加的零碎，没有词性活用或修辞上的所谓超常搭配等现象，也就是说抽象的句子体现了语言的最一般的句法、语义、语用规律。对某种语言的语法（句子）规律的总结主要是依据抽象的句子，而抽象的句子是存在于说话人的大脑中的，是从交际中的具体的句子中抽象、概括出来的。当然，抽象的句子作为句子必须是自足的，要有必要的完句成分，如时间性因素等，如作为始发句“我吃饭”是不自足的，添加了必要的完句成分成为“我已经吃饭了。”才是自足的。中小学语文课上“用词造句”造出来的“句子”也是典型的抽象的句子，造句造出来的所谓的“句子”有形式和意义，但没有具体所指，不跟具体现实相联系，即是没有“内容”的句子。

三　具体的句子

具体的句子是指跟一定语境或某种现实相联系的句子，它是以动态的面貌出现的、在语言交际中实际使用的、能引起听话人或阅读者做出某种反应的句子，也被称为言语的句子、语境句、动态句。

具体的句子不仅有组成成分如词、短语，词和短语有意义，成分之间有句法结构关系、层次关系、语义关系，而且也有具体的语调类型，表达具体的语气，显示出丰富的口气，更主要的是跟具体现实相联系，有具体的指称和陈述，也就是说具体的句子作为语言单位不仅有形式和意义，更有内容，有思想和感情。理解具体的句子不仅要理解形式、意义，更要理解句子所体现出的内容，包括前提和预设、社会意义、暗示和联想意义，也包括说话人的态度和情感倾向。如某中学生对老师说：

（1）老师，我们班的王林最近在看《金瓶梅》。

理解这句话，除了知道“老师、最近、在、看”等词的词义和词类、知道“老师”是独立语（称呼语）、知道“我们班的王林最近在看《金瓶梅》”的句法结构关系（主谓句）、语义关系（施事＋动作＋受事）、知道动作发生的时间（最近）和动作的进程（正在进行）、知道这个句子是陈述句等以外，还要知道“老师、王林”具体是谁，知道“最近”是某年、某月的“最近”，知道说话的时间，还要知道说话人跟“老师”的关系——中学生跟老师的关系;而对于这个句子更需要知道《金瓶梅》是一本什么样的书——禁书、中学生不宜看、不应该看、看《金瓶梅》对学生来说是不允许的、是应该受到批评的。只有这样,才能真正理解这句话——这句话不仅仅是向老师陈述一件事,更主要是向老师"告状"——告王林的状。再如某人说:

(2) 你去叫小李到我办公室来一下。

这是个祈使句,听话人只要用行动反馈就行了,但它的联想和暗示意义却可能很丰富:"小李"要来"我办公室"做什么?受表扬、受批评?要提升、要降级或下岗?再如某人说:

(3) 今天是"三·八"妇女节。

这句话是个判断句,说明时间的,"今天"应该有具体所指。但在不同语境里这句话的含义可能不一样,如果是单位领导说的,可能是一般性的祝贺;如果某妇女在这一天上班,领导说这句话就可能是表扬或劝她回家;如果是丈夫说的,可能暗示妻子,今天不要她做家务,或者买了礼物献殷勤;如果是妻子对丈夫说的,可能是怨言。又如某人说:

(4) 她一百米跑了9秒10。

当听话者了解了这个句子的形式和意义、知道"她"是谁、她是在什么时候什么地方跑的、"跑"的成绩等时,还远远不够,只有当我们知道她跑得比世界纪录还要快的时候,才算真正理解了这个句子,因为这个句子还有社会文化意义。

可见,具体的句子的表述性是十分丰富复杂的。

具体的句子的表述性总是具体的,但具体的句子在话语中的表现却是丰富多样的。从结构上看,一般来说,一个句子得有一个指称和一个陈述,指称加陈述一般构成主谓关系,如"孩子们在读书"。但是,就具体的句子来看,单个的指称形式可以成句,如:

(5) 发票!

(6) 笔!

(7) 敌机!

(8) 谁?

在特定的语境中,这些句子是有所指的,陈述隐含了,表达了相对完整的意义。

单个的陈述也可以成句,如:

(9) 请进!

(10) 下雨了。

(11) 快说!

(12) 请自觉遵守交通规则。

(13) 很好!

(14) 走不走?

在特定的语境中,指称隐含了,也表达了相对完成的意义。有陈述,一定有指称,这些句子的指称可以通过具体的语境来确认。

有的句子虽然有指称也有陈述,但也不一定构成主谓句,如:

(15) 好多的客人啊!

(16) 多么有趣的小伙子!

指称是中心语,陈述做了定语。以上这些句子在句法结构上都是非主谓句,或者没有陈述,或者指称隐含,或者陈述做了修饰语。但,语境提供了帮助理解句子的必要信息。

具体的句子由于语境提供了某种信息,还可以省略某些成分或词语,如一般所说的承前省、蒙后省、对话省、自述省等;为了强调某些方面,还可以倒装易位,如主谓倒装、宾语提前、定语或状语后置等;也可以在口语中利用重音来突出显示焦点——新信息的重点,如"小王昨天写了一篇论文。"一句,不同的重音位置显示不同的信息重点(着重号显示重音的所在位置):

(17) 小王昨天写了一篇论文。——"小王"是焦点

(18) 小王昨天写了一篇论文。——"昨天"是焦点

(19) 小王昨天写了一篇论文。——"一篇论文"是焦点

也可以利用对比结构来显示重点信息,如:

(20) 小王买了一本书,小李买了三本书。——显示的焦点信息就是数量

或者依靠表示强调的"是"的位置移动来显示不同焦点。

(21) 是小王昨天去了北京。——"小王"是焦点

(22) 小王是昨天去了北京。——"昨天"是焦点

(23) 小王昨天是去了北京。——“去了北京”是焦点

(24) 小王昨天去的是北京。——“北京”是焦点

具体的句子,为了使信息完整或表达特殊的语用目的,还可以添加一定的特殊成分,如一般所说的插说语和独立语;也可以追加补充一些信息或冗余信息,如:

(25) 你怎么了你!

(26) 你说什么说!

(27) 来了吗,都?

(28) 随着指挥棒的移动,上百人,不,上千人,还不,仿佛全部到会的上万人,都一齐歌唱。

(29) 在这个旧社会,哎,这个有什么这个,没有什么,没有饭吃的时候,就是什么,就是这个,哎,那一阵好比,做临时工吗,也,也找不到。

具体的句子,在交际中,往往可以有不同的停顿,如:

(30) 他呀,昨天去了北京。

(31) 他昨天呀,去了北京。

(32) 他昨天去呀,去了北京。

具体的句子还有词类活用、各种超常搭配等修辞现象。如:

(33) “我……我……”排长“我”了一阵,才战战兢兢地说出:“想活……”

(34) 我对着他们的话儿还未道全,

清凉的海风吹送了些睡眠来,

轻轻地吻着我的眉尖。

这些例子说明,具体的句子往往因为表达的需要,依靠语境的帮助来变化抽象的句子的结构,形成生动活泼多样丰富的表达样式。从这个角度也可以说明,一个合格的具体的句子,往往不是合格的抽象的句子。像文学作品中的名词性非主谓句(群),只能以具体的句子形态存在,从抽象的句子看,它们往往是不合语法的。如:

(35) 杏花,春雨,江南。

(36) 黄昏。闹市。车流。人海。

(37) 枯藤老树昏鸦,小桥流水人家,古道西风瘦马,夕阳西下,断肠人在天涯。

反过来，一个合格的抽象的句子，在某特定的语境中并不一定可以使用，如作为抽象的句子“你别明天来”和“我来找你”都是合格的句子，但作为具体的句子“你别明天来，我来找你”，却是不正确的表达。再如，“人总是要死的”作为抽象的句子是合格的，但作为具体的句子，在某些特定的场合就不一定是合格的、可以使用的句子，如用这句话来劝慰病人、祝贺生日等。

四　语法研究应该区别抽象的句子和具体的句子

从语法研究来看，具体的句子和抽象的句子还是有所不同的。区别抽象的句子和具体的句子，对认识句子的性质和特点、对分析理解和运用句子都有积极意义。其实，语法研究中有许多纠缠不清的争论，恐怕跟研究者站在不同的句子视角有关。

汉语语法特点是汉语语法研究的出发点，而如何认识汉语语法特点却有不同的看法。比如，许多论著都认为由于汉语缺乏严格意义的形态变化，所以语序特别重要，语序固定从而成为汉语语法的一个特点。但也有不少学者说语序固定不能算作汉语语法的特点，因为汉语句子构造灵活多变，同样的意思可以用不同的语序来表达。实际上，语序固定和语序灵活并不矛盾，只是研究者的着眼点不同而已。说句子中语序固定，是就抽象的句子来说的，抽象的句子语序没有变化；说句子中语序灵活多变，是就具体的句子来说的，具体的句子语序因语用的需要可以变化。如果就抽象的句子来看，现代汉语的语序也只能是“SVO”型，说现代汉语是“SOV”型语言恐怕着眼的也只能是具体的句子。

区别具体的句子和抽象的句子也有利于判别句子的合语法和不合语法。抽象的句子合语法主要是指合乎句法规则和语义规则，而具体的句子合语法还要考虑合乎语用规则，即还要考虑句子是否合乎语境，看是否合乎交际对象、交际场合、交际目的，只有合乎语用规则的句子才是最终合乎语法的句子，是可以用来交际、起交际功能的句子。由于具体的句子往往变更句子的语序、省略或增添成分，所以有些句子从抽象的句子结构看，往往不合语法或者成分残缺多余，但从具体的句子看倒是好的合用的句子。可见，辨别语句的正误，应该区别抽象的句子和具体的句子，尤其面对具体的句子，不应当轻易判定是否病句，而应该具体分析句子存在的上下文语境。

同样结构类型的句子有的可以说，有的不可以说，恐怕也跟语境有关，也跟说话人的意愿有关，如：

(38) 客人来了——来客人了

(39) 人来了——来人了

(40) 鬼子来了——*来鬼子了

(41) 狼来了——*来狼了

可以说“来客人了”“来人了”，但不能说“来鬼子了”“来狼了”，为什么呢？值得进一步研究。

语法研究中常讨论的句子自足与否也跟具体的句子和抽象的句子有关。句子结构完整与否、完句成分充足与否，主要指抽象的句子而言的。就完句成分来说，当我们说“小王来”“他同意”“草地绿”“我写了字”等句子因为缺少必要的完句成分所以是不自足的句子的时候，是就抽象的句子来说的，作为抽象的句子，至少说成“小王来了”“他会同意的”“草地很绿”“我写了一行字”才是自足的。但作为具体的句子，在一定的交际环境中，“小王来”“他同意”“草地绿”“我写了字”等却可能是自足的，语境提供了足够的信息，如：

(42) “谁来？”——“小王来。”

(43) “他同意吗？”——“他同意。”

(44) “桃花红，草地绿，大雁南飞。”

(45) “我写了字，也做完了数学，可以出去玩了吧？”

前文提到的只有指称或只有陈述的句子，就抽象的句子来看，当然是不自足的，但作为具体的句子，却是自足的。

有些句子用一般的方法来分析，似乎很困难，如：

(46) 依样画几笔画，写几篇文的人称为艺术家，创作家，对你们更要愧死。

(47) 印度洋的东西北三面为大洋洲、非洲和亚洲。

(48) 爸爸妈妈种田持家，儿子闺女经商绣花。

(49) 水库和运河像闪亮的镜子和一条衣带一样布满山谷原野。

这几个句子实际表达的意思是:

(46)‘依样画几笔画的人称为艺术家,写几篇文的人称为创作家,对你们更要愧死。

(47)‘印度洋的东面为大洋洲、西面为非洲、北面为亚洲。

(48)‘爸爸种田,妈妈持家;儿子经商,闺女绣花。

(49)‘水库像闪亮的镜子,运河像一条衣带一样布满山谷原野。

上述句子是所谓的“交错句”(范晓,1991)或“编插句”(彭占清,1994),这类句子一般只能出现在书面语中,也是有特定的语境的,是一类更为特别的具体的句子。

从句子分析来看,分析抽象的句子只要分析其句法结构和语义结构就可以了,而分析具体的句子还要在句法分析和语义分析的基础上,进一步分析句子的语用平面,如主题、述题、新信息、旧信息、焦点、独立成分、省略、倒装、追补等,要考虑上下文语境,只有这样,句子分析才算完成。实际上,从句子的理解角度看,主题、述题、新信息、旧信息、焦点、独立成分、省略、倒装、追补以及上下文语境等也正是句子理解的关键。

参考文献

陈昌来　2000　《现代汉语句子》,华东师范大学出版社。
范　晓　1991　《汉语的短语》,商务印书馆。
范　晓　1996　《三个平面的语法观》,北京语言学院出版社。
胡裕树　1995　《现代汉语》(重订本),上海教育出版社。
吕叔湘　1979　《汉语语法分析问题》,商务印书馆。
彭占清　1994　编插句式论析,《世界汉语教学》第3期。
张　斌　1996　《现代汉语》,中央广播电视大学出版社。
张　斌　1998　《汉语语法学》,上海教育出版社。
张　斌　2005　《现代汉语语法十讲》,复旦大学出版社。
朱德熙　1985　《语法答问》,商务印书馆。

(作者通信地址:上海师范大学对外汉语学院,上海　200234)

张斌的功能观
和汉语词类划分标准理论的研究进程*

吴晓芳

摘　要：在词类划分标准上，张斌的语法功能是唯一的标准的观点不曾改变，但对“功能”的理解不断加深：从“词与词的结合能力就是功能”，词在句中的职位只起辅助作用，到“词的语法功能首先表现在能不能单独充当句法成分上边”；从质疑“词的语法功能首先表现在能不能单独充当句法成分上边”到“功能包括基本功能和连属功能”，把功能的解释从句法层面拓展到语用层面；从反思“词汇语法范畴”，到提出“意义是基础，功能是标准”。张斌先生的研究在经历了继承、吸收的过程后，最终在理论上、方法上和实际运用方面取得突破，推进了汉语词类划分标准理论的研究进程。

关键词：张斌；语法功能；词类划分标准

〇　引　言

张斌对汉语词类划分标准的研究从20世纪50年代以《谈词的分类》一文参与词类问题大讨论开始，一直到2000年写出《词类划分中的几个问题》，足足坚持

---

* 张斌（笔名文炼）、胡裕树（笔名胡附）两人从20世纪50年代开始以胡附、文炼的名义合作研究汉语语法直至80年代中期。他们的学术思想主要体现在50年代的论文集《现代汉语语法探索》，60—80年代的高等学校统编教材《现代汉语》，论文集《汉语语法研究》和80—90年代在《中国语文》等刊物上发表的语法论文上。80年代中期以后，胡裕树主要和范晓合作，继续探索三个平面语法理论，张斌开始着眼于从符号学、信息论、系统论等角度来研究汉语句子的解释和理解问题。诚如张斌在《汉语语法学》一书中所言，两人的语法思想你中有我、我中有你，难做区分，尤其是两人共同署名的文章。为行文方便，本文把两人共同署名的文章都作为张斌的语法思想来谈，包括胡裕树主编的《现代汉语》教材语法部分。本文系福建省社科规划项目“张斌语法思想研究”（项目编号：2010B094）系列研究成果之一。

了近半个世纪。在词类划分标准上,张斌的语法功能是唯一的标准的观点不曾改变,但对"功能"的理解不断加深:从"词与词的结合能力就是功能",词在句中的职位只起辅助作用,到"词的语法功能首先表现在能不能单独充当句法成分上边";从质疑"词的语法功能首先表现在能不能单独充当句法成分上边"到"功能包括基本功能和连属功能",把功能的解释从句法层面拓展到语用层面;从反思"词汇语法范畴",到提出"意义是基础,功能是标准"。张斌先生的研究在经历了继承、吸收的过程后,最终在理论上、方法上和实际运用方面取得突破,推进了汉语词类划分标准理论的研究进程。

一　广义形态说生成的语境及其基本内涵

在20世纪50年代的词类问题大讨论中,张斌、胡裕树提倡用广义形态区分词类是继承和发展了方光焘的广义形态论,所以,我们先从方光焘的广义形态论开始说起。

1.1　方光焘"广义形态"说提出的背景和内容

西方传统语法通常把语法学分为形态学(morphology)和句法学(syntax)两大部分。形态学是关于词的语法类别问题,其中包括词的变化(狭义形态)和运用词头词尾构成不同类别的新词(广义形态);句法学是关于词与词结合成短语的类型问题。传统语法是根据词的形态变化(性、数、格、时、体、态)划分实词的语法类别(词类)。于是缺乏印欧语言那种严格意义的形态变化的汉语被认为没有词类,甚至没有语法,对汉语采取了虚无主义的态度。

马建忠的《马氏文通》(1898)是第一部具有现代意义的语法学著作,马建忠根据自己对汉语特点的观察,主张根据意义区分词类(字类),但同时他也观察到了汉语词义的多样性,最终只能得出"字无定义,故无定类"的结论。黎锦熙(《新著国语文法》,1924)似乎想避开汉语无词类的宿命,他一方面先以意义划分词类,另一方面又根据词在句中充当的语法成分来辨别词类,进行二次划分,这样,在句中,词的类别是固定了,但他同时又陷入了另一个麻烦,他必须首先证明词类和句法成分是一一对应的关系,否则"依句辨品"便不能成立。他采用改变词性的方法让词类和句法成分一一对应,比如,做主语、宾语的词只能是名词,其结果还是词无定类。后来的研究表明,词类和句法成分并非简单的一一对应关系。

马建忠、黎锦熙的以意义标准划分词类的理论和方法在当时的学界影响很大,但还是有一部分人看到了意义标准在理论上、方法上的局限性。于是,在20世纪30年代,著名语言学家陈望道等人发起和组织了"中国文法革新讨论",讨论的焦点之一就是:词类的划分标准是什么?在这个问题上最有创见、也最有贡献的是方光焘提出的"广义形态"说和陈望道补充修订后提出的"功能"说。

方光焘认为词性"不一定要在句中才能辨得出来,从词与词的相互关系上,词与词的结合上(结合不一定是句子),也可以认清词的性质。譬如说:'一块墨','一块铁','墨'与'铁'既然都可以和'一块'相结合,当然可以列入同一范畴(此处所指,是文法范畴,而非理论范畴)……我认为词与词的互相关系,词与词的结合,也不外是一种广义的形态;中国单语本身的形态,既然缺少,那么辨别词性,自然不能不求助于这广义的形态了。""所谓关系,所谓结合,都无非是一种广义的形态"。① 重视词法、以广义形态为标准划分词类,这是方光焘的独到创见,这一认识对当时存在的偏重意义的研究方法有着积极的指导价值。广义形态论提出后,一些学者采纳了这种观点,并且有所发展。文法革新时期,陈望道就基本赞同"广义形态"标准,只是认为尚有不足之处,主张用"表现关系"取代"广义形态",并提出"可以采用功能的观点和方法进行研究,即着眼于语文的组织和词语在组织中的作用,从组织成素与成素之间的联系和关系来考察文法现象,探求文法规律。"廖庶谦提出,不仅用"广义形态"理论看待词类,而且可以把它应用到短语、句子、段落、篇章。②

遗憾的是,对如何凭"广义形态"来划分汉语词类,方光焘没有做进一步的探讨,而只是停留在一些原则上,"广义形态"说没有成为主流观点。40年代先后出版的几部较有影响的汉语语法专著,如:吕叔湘的《中国文法要略》(1942)、王力的《中国语法理论》(1945)、《汉语语法纲要》(1946),其划分词类的基本观点还是主张意义标准,高名凯的《汉语语法论》(1948)提出了意义、形态、功能相结合的多标准。

---

① 方光焘(1957)体系与方法,《中国文法革新论丛》,中华书局。

② 廖庶谦(1940)对于"文法革新讨论"的批评,《理论与现实》第2期。

但是,我们说,30年代“文法革新讨论”中对词类划分标准的讨论为50年代的词类问题大讨论提供了思想基础,即汉语的基本特点是缺乏严格意义的形态,汉语的词法应该有自己的特点。胡裕树评价说:“四十年来的实践证明:广义形态说是汉语划分词类最概括、最完善的标准”,“没有它的提出,很难想象我国汉语语法研究能有今天的进展”。①

1.2 张斌、胡裕树对广义形态论的继承和发展

在20世纪50年代的词类问题大讨论中,张斌、胡裕树(1954)明确提出,汉语虽然缺少像印欧语那样的词形变化,但汉语的词有自己的结构方式和某些形态特点,也有自己的功能类别,汉语有着它自己的词法内容。

“我们认为词类是我们语言中客观存在的东西。区分词类,是为了把这些客观存在的东西分门别类地找出来。”②“我们不否认造句法在汉语语法研究中的地位,然而我们也不能同意某些语法学者认为汉语语法只有造句法一个部分的主张。形态学的研究,也是很重要的。所谓形态学,就是单词的形态变化,词与词的相互关系,词与词的结合以及语词的次序等。如果把形态学了解为仅指单词的形态变化而否定了汉语中的语言形态学,我们想这是很不妥当的。”③

张斌、胡裕树继承方光焘的语法思想,特别重视广义形态,认为:

> “什么是形态呢?形态有广狭两种意义。狭义的形态,是指单词接头接尾而言,例如英语名词的多数要加s(a boy, two boys),动词有‘时’的变形(work, worked)……。广义的形态,除了单词的形态变化外,还包括词和词的相互关系,词和词的结合,语词的先后次序,等等。”
>
> ——《谈词的分类》,收于《现代汉语语法探索》,商务印书馆1990:74

“例如有些词能与‘一个’‘两只’‘三支’等结合,但不能与‘了’‘若’‘起来’‘下去’等结合,也排斥与‘十分’‘很’‘非常’等结合,便把它们归成一类,另一些词能与‘了’‘着’等结合,但排斥与‘一个’‘两只’等结合,也可把它们归在一类。词与词的相互关系,词与词的结合,这就是广义的形态。”

> “像这样一个词能与其他的词的结合能力叫做功能,这种功能的表现形

① 胡裕树,方文惠(1985)方光焘教授对汉语语法研究的贡献,《复旦大学学报》第3期。

② 文炼,胡附(1954)谈词的分类,《中国语文》第2期。

③ 文炼,胡附(1954)《中学语法教学》,上海春明出版社。

式叫做形态。因为这种形态不是表现在单个词儿的身上,所以叫它广义形态。”

——《语法学的组成部分》,收于《现代汉语语法探索》,商务印书馆1990:31

张斌、胡裕树不仅继承了方光焘的广义形态论,而且在理论和方法上有所发展,表现为:

1. 张斌所谓的“广义形态”是包括“狭义形态”的,这一点与方光焘使用的“广义形态”是不同的。方光焘在《体系与方法》中说:“我以为中国单语的形态(这里‘单语的形态’是指狭义的形态——引者注),并不能说是全无,不过所有不多,不足以区分词类罢了。”他主张根据广义的形态来划分词类,他的广义的形态是与狭义的形态相对的,他似乎并不看重狭义的形态对划分词类的作用。张斌的广义形态与狭义形态却不是相对的,二者之间是一种包含关系,即广义形态包含狭义形态。“广义形态与狭义形态并不是对立的,后者包括在前者之内。……狭义形态只是广义形态的外面的特征罢了。”(《词的范围、形态、功能》)他在《谈词的分类》(1954)中分析了加不加“子”“儿”“头”对词性的影响:

什么是形态呢?形态有广狭两种意义,狭义的形态,是指单个词儿的接头接尾而言,……汉语有没有狭义的形态?我们的回答是肯定的。像“子”“儿”“头”似乎没有人不承认它们是词尾了。有这些词尾后附着的,也没有人不承认它们是同类词了,但问题不在这里,问题在于一个词后附了这些词尾,能不能影响到他的词性的分别呢?在这方面高名凯先生以为是不可能的,他说:“汉语当然也有形态,‘白面’的后面加上‘儿’成为‘白面儿’(海洛英),‘儿’是形态,但没有使这词起词类的分别。”当然,就这个例子来说,加不加“儿”对词性是没有影响的。但是下面的例子与以上不同:

活—活儿　错—错儿　笑—笑儿

胖—胖子　疯—疯子　呆—呆子　辣—辣子

看—看头　想—想头　苦—苦头　吃—吃头

这些加上了“子”“儿”“头”,它们的词性就不同了。我们实在不能够不承认这些形态可以给我们区分词类以帮助。然而,我们也必须承认这种帮助是不够的。因为在汉语中,单词有形态变化的毕竟是少数,不足以作为汉语区分词类的主要标准。也正因为如此，使得我们不得不求助于广义形态。

> “广义的形态，除了单个词儿的形态变化外，还包括词与词的相互关系，词与词的结合，语词的先后次序等等。这种广义的形态，却不能够从孤立的词的身上找出来的。”
>
> ——《谈词的分类》

可见张斌先生是把划分词类的标准从狭义形态推广到广义形态，并不否认狭义形态的作用，只不过，相比之下更重视广义形态罢了。“‘广义形态’很容易让人误解，其实就是现在常说的功能，特别是短语组合功能。这样，文炼和胡附还是较早明确地主张区分汉语词类的唯一标准只能是功能。”①

2. 方光焘的广义形态论最初只是理论上的讨论，没有提出一套具体的操作标准。“只是举例说明，没有具体地划分出词类”，因而“影响不大”②。张斌继承了方光焘的广义形态说并加以发挥，明确指出了名词的广义形态是，前面可以加“一个”“这个”“这种”等。动词的广义形态是，前面可以和“不”“会”“能”等相结合，后面可以和“了”“着”“起来”“下去”等相结合，并且可以重叠。比如划分名词，张斌举例说：

我们可以说

一个人　两块墨　三支笔　四本书　五杯酒

也可以说

这个人　那块墨　那支笔　这本书　那杯酒

或者说

这种道德　那些思想　某种工作　一次战争

在这里“人”“墨”“笔”“书”“酒”既然可以和“一个”“两块”“三支”“四本”“五杯”相结合，又可以和“这”“那”相结合；“道德”“思想”“工作”“战争”可以和“这种”“那些”“某种”“一次”相结合，当然可以列入同一语法范畴确定它们属于同一词类。假定说，就叫它名词，那么前面可以加“一个”“这个”“这种”等就是名词的形态，我们凭着这种形态，知道“一个”“这个”“这种”等后面的词就是名词。这就是从词与词的相互关系，词与词的结合上去区分词类。自然，名词的形态不

① 胡明扬(1996)《词类问题考察》，北京语言学院出版社。

② 徐通锵，叶蜚声(1979)“五四”以来汉语语法研究评述，《中国语文》第3期。

是只有这么一种,而且,“一个”的后面也不全是名词,这就需要我们仔细去体会。例如:

唱一个痛快　打他一个半死

这里的“痛快”和“半死”就不是名词。有什么办法去分别它们呢?我们可以求助于另一形态来解决。

——《词的分类》

张斌对广义形态论的进一步阐释和发展,其意义表现为以下两点:

第一,从语法学史上看,20 世纪五六十年代以前汉语语法学界存在两种有失偏颇的观点:一是认为汉语缺乏形态变化,因而汉语的词或不能分类或依靠句子或意义来分类;一是认为汉语词既然没有形态变化,词类或词法研究就不太重要,句子是汉语语法研究的根据地,句法(句子研究)重要。张斌继承方光焘的广义形态论,重视词法,对汉语形态学做了较深入的阐述,提高了汉语词法的研究水平。用广义形态作为划分词类的主要标准,有三个明显的优点:第一,不以孤立的词为对象;第二,不必考虑词的概念意义,如果要说意义,那是讲词的功能意义即语法意义;第三,不必在句中分类,更不是“依句辨品”。这样分出来的类比较科学,也比较实在(范晓,1998)。正如范晓所说:“现在,一般的语法教科书在讲到词的分类时,都强调要凭词与词的结合关系来分类,这是汉语语法学的一大进步。”这种进步与张斌先生提倡用广义形态标准来划分词类的影响是分不开的。

第二,更难得的是,张斌先生不仅用广义形态理论解决汉语词类划分问题,而且把这一汉语语法理论升华为普通语言学理论,认为在其他语言里也存在类似汉语“广义形态”的东西,如日语里丰富的助词。国外的研究证明张斌是正确的:现代语言学已经不把词的形态变化作为划分词类的唯一标准了。B. 布洛赫、G. L. 特雷杰指出:“一种语言的词往往根据它们的形态结构或者句法功能分成两个或更多的类。……在许多语言中根本没有屈折,或者没有足以做出有效分类的屈折。在这样的语言中,词只有根据它们在短语和句子的结构里的功能才能分类。”[①]霍凯特也指出:“词类是词干的形类,属于同一词类的词干在屈折上,句法上,或者在屈折和句法两方面有同样的表现。一种语言的词类系统就是根据屈折上和句法

① B. 布洛赫、G. L. 特雷杰(1965)《语言分析纲要》,商务印书馆。

上表现的异同对全部词干做出分类。"[1]这些论述都从普通语言学的角度指出了词类不仅仅可以根据词的屈折形态变化来分类，而且可以根据词在句法结构里的功能分类。张斌的远见卓识由此可见一斑。

二　语法功能"与时俱进"

从上面的讨论中，我们知道，在50年代的词类问题大讨论中，张斌明确提出区分词类的主要标准是词与词的相互关系、词与词的结合能力即广义形态，词在句中的功能只起辅助作用。他说：

"有些语法学者把词在语言组织中所能担任的职务，所能起的作用，叫做'功能'。他们所指的功能，显然有两个内容：一种是词与词结合的能力，一种是词在句中的职位。就前者说，这种功能和我们所提出的广义形态是分不开的。因为功能是由形态表现出来的，有一种功能就有一种形态，功能与形态是两个相关的概念。例如'书'能与'一本'结合，'茶'能与'一杯'结合，'墨'能与'一块'结合……这种结合能力的表现就是形态，而数量词与名词的互相依附、互相对立的交互关系，就是功能。这种形态和功能，正是汉语中区分词类的主要标准，也是我们形态学研究的重要内容。至于词在句中的职位，对词类的区分只能起辅助作用，不能与前者混为一谈。"

——《谈词的分类》

可见，广义形态论的功能仅指词与词的结合能力，不讲词进入句子后的作用。张斌、胡裕树反对用句子成分功能来分词类，因为句子属于言语范围，而且"析句的基础是建立在逻辑上的"。[2] 这一点和陈望道的功能说的观点不同。陈望道是国内第一个明确宣布用功能的观点和方法研究汉语语法的学者[3]，他所说的功能不仅表现为词与词相互结合的能力，还包括词在句子里担任一定职务的能力。

60年代，在《现代汉语》(1962)教材中，张斌、胡裕树接受陈望道的功能

① 霍凯特(1986)《现代语言学教程(上)》，北京大学出版社。

② 文炼，胡附(1954)谈词的分类，《中国语文》第2期。

③ 范晓(2005)汉语词类的研究——纪念汉语词类问题大讨论50周年，《汉语学习》第6期。

观——“功能指词在语法结构中的活动能力，表现为词和词相互结合的能力和词在句子里担任一定职务的能力。”①并且提出“词的语法功能首先表现在能不能单独充当句法成分上边，能够单独充当句子成分的是实词，不能单独充当句子成分的是虚词”，“实词的不同语法功能表现在词和词的组合能力上边。哪些词可以和哪些词组合；怎样组合，组合起来表示什么关系；哪些词不能同哪些词组合；这里表示出实词的不同类别。”“虚词的不同语法功能表现在它同实词或词组的关系上边，能同哪些实词或词组发生关系，发生什么样的关系：这里表现出虚词的不同类别”。显然，张斌对词的分类的基本依据还是词的语法功能。它不同于提倡广义形态论时期的仅仅根据词与词相互结合的能力、词与词的相互关系来划分词类，它还包括词在句中做句子成分的能力。这是一种扩大的功能标准，根据这一标准，张斌将名词、动词、形容词、数词、量词、副词、代词归为实词，将连词、介词、助词、语气词、叹词、象声词归为虚词，共13类。根据这一标准，他找出了一些具体的操作方法来鉴别不同的词类。如，动词：

1. 能用副词“不”或“没有(没)”修饰。
2. 大部分动词能带宾语。
3. 动词常常用加“了”“着”“过”“起来”“下去”或重叠的方式表示“时态”。
4. 经常用作谓语。

我们依据这些语法功能，就可以把动词确定下来。

在1979年版和1981年版的《现代汉语》(胡裕树主编)中张斌、胡裕树对功能的内容表述得更为清楚：“词的语法功能首先表现在能不能单独充当句法成分上边，能够单独充当句子成分的是实词，不能单独充当句子成分的是虚词。”其次，还表现在词与词的组合能力上。② 这里，我们可以清楚地看到词的语法功能包括两方面的内容：做句法成分的能力和词与词结合的能力，并且二者有层级之别、先后之别。我们理解为，张斌、胡裕树实际上提出了以词的语法功能即首先表现在能否单独充当句法成分划分实词和虚词的观点。

实际上，实词、虚词的划分一直存在分歧。以意义分，如马建中，有实在意义的是实词，没有实在意义的是虚词，这种见解影响很大，很多学者都接受了，但意

① 陈望道(1978)《文法简论》，上海教育出版社。
② 胡裕树(1995)《现代汉语》重订本，上海教育出版社。

义的虚实难以把握，缺乏操作性；吕叔湘（《汉语语法分析问题》1979）以为可把能否列举作为划分实词和虚词的标准，可列举的是虚词，不可列举的是实词，按照这个标准，代词是虚词，似乎也有可探讨之处；朱德熙（1982）认为“实词能够充当主语、宾语或谓语，虚词不能充当这些成分”，邢福义主编的《现代汉语》（1991）和北大版的《现代汉语》（1993）也有类似的看法，按照这个划分标准，充当定语的区别词只能是虚词，但三者都把它划归实词，自相矛盾。那么，自己和胡裕树提出的以词的语法功能即首先表现在能否单独充当句法成分划分实词和虚词的观点是否可行呢？张斌也发现，按照以能不能充当句法成分为标准划分虚实，语气副词（难道、也许、究竟、幸亏、到底、简直、反正等）不能充当句法成分，却与别的副词一样列入实词，一样的自相矛盾。此外，象声词和叹词（合称拟音词）难分虚实，它既不是亦虚亦实，也不是介于虚实之间，又该如何处理？

第一，象声词和叹词（合称拟音词）当作虚实之外的特殊词类，比较合适。（张斌《词类划分中的几个问题》）

第二，从新的角度解释词的语法功能：“功能包括基本功能和连属功能，基本功能又可分为指称功能和陈述功能。”“具有基本功能的词称为实词，具有连属功能的词称为虚词。”[①]“在句法结构中，虚词的功能可以概括为附着与连接。介词和时态助词附着于短语，语气词附着于句子。连词的作用是连接，结构助词也有连接作用，其中的‘的’有时附着于词或短语，即构成‘的’字短语。”[②]从这个表述中，我们可以看到：

1. 词类与句法成分的关联不再提及，代之而起的是词类与表述功能的关联，而表述功能正是词类的本质，做句法成分的能力和词与词结合的能力只是内在表述能力的外部表现。

2. 从这个表述中，我们看到了朱德熙的影子。指称与陈述原是一对哲学概念，朱德熙是国内第一个将指称与陈述应用于汉语语法研究的学者，朱德熙认为，“指称”（designations）在语法上指体词性成分，“陈述”（assertions）在语法上指谓词性成分。朱德熙运用这一对概念旨在说明谓词性成分做主、宾语时，有一部分谓

① 张斌（2001）现代汉语虚词研究丛书·总序，《汉语学习》第5期。

② 张斌（2004）论关联成分，《语言研究的务实与创新——纪念胡明扬八十华诞学术论文集》，外语教学与研究出版社。

词会出现事物化。遗憾的是,朱德熙关于表述功能的研究中没有把词类与表述功能联系起来,张斌把二者联系起来了。朱德熙只提到指称和陈述,没有提到第三种表述功能——修饰,如果如郭锐(1990,1997,2002)所言,把修饰语位置上的成分看作第三种表述功能类型——修饰,那么以表述功能区分虚词和实词,是否就能把区别词划入实词,从而解决朱德熙、邢福义在虚、实划分上的自相矛盾?

3. 张斌具体阐述了虚词的附着与连接作用。

4. 张斌依然坚持语法功能是划分词类的唯一标准,但对语法功能的解释已从句法功能拓展到语用功能。采取这个标准,张斌把代词划归实词,因为它具有指称功能。[①]

三　意义在词类划分标准中的地位

在50年代的词类问题大讨论中,学者们一致认为早期语法著作中单纯根据意义分类的方法必须抛弃。但是遗留的问题也正在意义上边。就是说,意义在词类划分中究竟占什么地位,学者的看法不一致。大体说有三种意见:1. 区分词类的主要标准是功能,意义是参考标准;2. 区分词类的标准是词的意义和语法功能,二者不可偏废;3. 词类划分区分基础和标准,意义是基础,功能是唯一标准。4. 语法功能是唯一标准,不认可意义在词类划分中的作用。这四种意见其实可以归并为两大类,前两种意见是一类,即承认意义是标准之一,采取的是多标准。后两种意见是一类,即不承认意义标准。这两种意见的对立也反映在对"词汇·语法范畴"的理解上边。

3.1　"词汇·语法范畴"的实质及缺陷

"词汇·语法范畴"(或称"词义·语法范畴")这个术语来自苏联。是苏联语言学家研究俄语词类时提出来的,龙果夫首先把它用到汉语的词类划分中来。以后,王力、黎锦熙都分别放弃了"意义标准"和"依句辨品"标准,接受了"词汇·语法范畴"标准,张志公的《汉语语法常识》、丁声树等的《现代汉语语法讲话》也都

① 张斌(2001)现代汉语虚词研究丛书·总序,《汉语学习》第5期。

在实际上采用了这个标准。人民教育出版社的《暂拟汉语教学语法系统》(1956)把这个标准系统化了,明确提出划分词类的标准是“词汇·语法范畴”。它说:“词类是词根据词汇·语法范畴的分类。具体些说,就是词类是根据词的意义和词的语法特点来划分。”[①]并指出:“实词能作句子成分,并且能够作句子。实词都具有实在意义,包括名词、动词、形容词、数词、量词、代词六类。虚词在任何场合都不能成为句子、回答问题。虚词不表示实在意义,不作句子成分,它们的基本用途是表示语法关系。虚词包括副词、介词、连词、助词和叹词。”[②]关于“词汇·语法范畴”的词类划分标准,王力先生在《关于词类的划分》一文里做了详尽的解释,他说:“所谓‘词汇·语法范畴’的理论,就是认为我们在划分词类的时候,不但要重视结构方面(形态方面),而且要重视意义方面。应该把结构和意义看成一个有机的整体。对一个词来说,与其说是因为有了这种形态,它才是名词或动词等;不如说是因为它有了名词或动词等的意义和作用,然后让它具有某种形态。”从王力的解释来看,“词汇·语法范畴”在划分词类上采取了多标准:(1)概念标准,即词汇意义标准;(2)句法标准,即词充当单句成分的能力;(3)形态标准,即词用某种手段表现附加意义的能力。

这种标准虽然注意到词的语法功能,但由于仍然偏重词汇意义在词类划分中的作用,使语法特点在词类划分的实际操作中未能充分发挥其应有的作用,结果矛盾有加。例如,副词并非“不能作句子成分”,叹词也并非“在任何场合下都不能单独成为句子,回答问题”,只因它们“不表示实在意义”而被划入虚词。

这个观点反映了当时的主流看法或者说是学界妥协的意见。该系统极大地影响到中学乃至许多大学所使用的教材(特别是师范大学的教材)的语法系统。[③]诚如朱德熙所言:“尽管大家都承认不可能单纯根据意义划分汉语词类,可是始终没有人敢于正面提出词义应排除在划分标准之外。当时把流行于苏联语言学界一些并无真知灼见的泛泛之谈拿来当作教条。其中主要的一点就是认为词类属于‘词汇·语法范畴’。在‘语法’前边加上‘词汇’,就是为了把词义拉进来”[④]。

---

① 张志公(1956)《语法和语法教学》,人民教育出版社。

② 张志公(1956)《语法和语法教学》,人民教育出版社。

③ 当时北京大学、复旦大学等重点大学使用的现代汉语教材是根据单一的句法功能标准区分词类的。

④ 朱德熙(1991)词义和词类,《语法研究和探索》(5),语文出版社。

"词汇·语法范畴"理论指导下的词类划分多标准在50—70年代占据了主流地位。

在这种背景下,1962年,张斌、胡裕树在胡裕树主编的《现代汉语》里,虽然没有明确地否定"意义"这个标准,但从它的实际做法看,它是不赞成"意义"标准的。如,认为"给词分类,可以用不同的标准。不同的标准决定于不同的目的……语法上区分词类的目的是为了说明语言的组织,指明词的用法,因此,分类的基本根据是词的语法功能。"(1962:254)强调了词类是词的语法分类。在谈到实词、虚词的划分时强调了"语法功能"这个标准,在谈到实词、虚词的下属类型即词类时,则没有正面谈到所采用的是什么标准。又如,教材不对各类实词、虚词下定义(因为一下定义,就有"意义"标准的嫌疑),只是直接举出例词后就谈语法特点。显然,张斌在词类划分上没有采用"词汇·语法范畴"说。从今天的眼光来看,词类是词的语法分类,不是词汇的分类,把词汇意义作为划分词类的主要标准是不恰当的。如果承认这个标准,词类就成了词汇、语法的结合体,而不是纯粹的语法分类了。"词汇·语法范畴"这个术语在70年代已经销声匿迹了,但是意义与功能是不是要并列作为区分词类标准的问题,始终存在不同的看法。

3.2 意义是基础,功能是标准

80年代初,张斌明确提出"词汇·语法范畴"是说明词类的性质的,并不是主张重新规定划分词类的标准。某些词能归属一类,与意义并非无关,但是就这一类词的整体看,它与别类词的区别不是以意义为依据。正如有些语言的名词有"性"的范畴,这与生物界的性别不是毫无关系;但是生物的性别不是区分语法上"性"的范畴的标准。① 如果认为语法中的性、数、格等等范畴有事理的基础,我们不妨把这些范畴称为"事理·语法范畴"。这当然并不等于说语法上名词的"性"可以根据事理来断定。但是名词的"性"与生物的性别不是没有联系。至于名词、动词、形容词等,那就不能叫"事理·语法范畴",而只能叫"词义·语法范畴",词义是名词、动词、形容词等的语义基础,但是它决不能是分类的标准。②

那么是否可以以功能为标准,不包括意义;或者功能和意义标准并列?张斌认为,前一种观点不能解释为什么人们一听到"桌子""咖啡"等等就能判定它们是

① 林裕文(1985)《词汇 语法 修辞》,上海新知识出版社。

② 文炼(1983)汉语的结构特点和语法研究,《淮北煤炭师范学院学报》第2期。

名词。后一种观点无法否认功能与意义有时会产生矛盾的事实。张斌的观点是：划分词类的标准是功能，不是意义，但是词类与意义并非无关，意义是词类的基础。对于基础与意义之间的关系，张斌以比喻说明之：一年分为四季，有客观的基础，即天体的运行和气候的变化。可是划分四季的标准古今中外并非完全一致。我国古代以立春、立夏、立秋、立冬为四季的开始，而欧美一些国家以春分、夏至、秋分、冬至为换季的界限。天文台划分四季却另有标准，即以多少天内的平均气温为依据。划分的标准不同，却有共同的基础，所以中国人谈到“春天”与外国人谈到“spring days”有共同的基础。①

张斌用以下三组词说明词类划分标准要区分基础和依据：

第一组　来　吃　讨论　参加　管理（能带宾语，不能加“很”）

第二组　大　好　简要　干净　坚固（能加“很”，不能带宾语）

第三组　懂　怕　了解　喜欢　感激（能加“很”，能带宾语，还可以同时加“很”和带宾语，如“很懂道理”）

从理论上看，如果以句法功能做标准，拿能不能“带宾语”、能不能“加‘很’”作为区分动词和形容词的标准，那么第三组词可以另列一类。当然，也可以并入第一组，区分的标准是：能带宾语的是动词，不能带宾语而能加“很”的是形容词。也可以把第三组并入第二组，区分的标准是：能加“很”的是形容词，不能加“很”而能带宾语的是动词。一般语法书都把第三组归为动词，这主要是考虑动词的重要依据是表示动作或变化，而带宾语这个标准最能体现这个依据。就是说，带宾语这个标准与动词的依据最贴近。② 郭锐（2004：98）采纳了张斌的说法，并进一步深化：依据是词的内在表述功能或语法意义，标准是内在表述功能的体现。

张斌一方面提出意义是词类的依据，或者说是基础，但不是标准，划分词类以功能为标准，并不否认词类有意义的依据。另一方面也指出双重标准在理论和实践上都行不通。张斌认为，意义和功能标准并列必须思考两个问题：第一，两个标准如果并无矛盾，只是概括的范围有大小之分，那么，何不采用一个标准？第二，同时使用两个标准，如果出现矛盾，将如何处理？意义和功能标准并用，有时会有抵触，如以上第三组词的归属。因此，张斌主张单一的功能标准，同时区分依据和

① 张斌（2005）《现代汉语语法十讲》，复旦大学出版社。

② 张斌（2003）《汉语语法学》，上海教育出版社。

标准,道理也就在此。

3.3 “区分基础和标准”的普适意义

“区分基础和标准”的观点不仅涉及对词的看法,对区分词类的看法,还涉及了区分句类,区分复句的看法。总之,这一思想贯穿了分类方面的许多问题。例如:

1. 划分词的基础是口语,标准在于书面语的分词连写。汉语没有分词连写的习惯,也就缺乏分词的标准。但是,因为有口语做基础,因此具体划分时常常大同小异。另一方面,因为划分词的基础在口语当中,可是划分的标准却是书面语的分词连写的约定,然而又没有公认的分词连写的习惯,因此讨论词与非词的界限始终得不出结论。

2. 划分复句的依据是分句间的三种关系(事理关系、逻辑关系、心理关系),划分的标准是关联词语。有些复句缺少关联词语,可联系语境(包括上下文),补上恰当的关联词语,作为归类的依据。双重标准不可取,双重依据却是经常采用的。

3. 句类划分要区别基础(句子的使用目的或用途)和标准(语气)。一般语法书都把句子的用途或使用目的作为划分的标准。依照这个标准划分出疑问句、感叹句、祈使句、陈述句,无法说明疑问句可以不表示疑问,感叹句的目的在于祈使等语言现象。例如:

(1)(母亲对孩子)七点钟了。(陈述句,用途是祈使,催孩子起床。)

(2)(饮食店里的顾客对服务员)能给我点酱油吗?(疑问句,用途是祈使,要求服务员拿酱油。)

4. 张斌认为句子的使用目的或用途只是划分句类的基础,划分的标准是句子的语气。张斌的博士生孙汝建在学位论文中指出:句子的使用目的或用途只是划分句类的基础,划分的标准是句子的语气。表达语气的基本手段是语调,此外还有语气词、语气副词、插说成分以及句子成分的语用变化等。张斌的另一博士生李铁根根据现代汉语的时制,认为“三时制”(过去、现在、将来)有客观的依据,但是各种语言的时制却另有标准。这个看法目前成为语法学界的共识。

5. 疑问句的研究是现代汉语句类研究的重点。关于疑问句的类别,学术界的看法并不统一。张斌认为,疑问句分类的主要依据应该是相互区别的疑问形式特点，即疑问句结构的形式标志，以做到形式与意义相结合①。

四 小 结

张斌对词类划分标准问题的研究具有不断向纵深发展的特点，在长达半个世纪的思索和探求中，他的语法功能是划分词类的唯一标准的观点不曾改变，其所运用的方法和理论视角却有许多突破，这与时代所提供的理论资源有紧密的联系，国内、国外、前人、时贤都曾给过张斌启发：例如20世纪50年代参加汉语词类问题的讨论时，主要观点来自方光焘的“广义形态”论；《现代汉语》（胡裕树主编）中语法功能包括做句子成分的能力和词与词结合的能力，可以看到陈望道的影响；把指称和陈述应用于汉语研究则是朱德熙首倡的。张斌继承、吸收他人的观点，并在不断地发现问题、分析问题、解决问题的过程中发展自己的观点，在理论上、方法上和实际运用方面取得突破性进展：比如针对当时对“词汇·语法范畴”的一种洋迷信，指出苏联当初提出“词汇·语法范畴”本意在于说明词类的性质，而并非作为划分词类的标准提出来的；比如明确提出“意义是词类的依据或者说是基础，但不是标准”的观点，这一观点不仅涉及对词的看法，对区分词类的看法，还涉及了区分句类，区分复句的看法，这一思想贯穿了分类方面的许多问题；比如提出虚词具有连属功能，其作用是连接与附着等，这些观点现在已成了语法学界的共识，推进了汉语词类划分标准理论的研究进程。

张斌的贡献还在于其理论研究的前瞻性，引领我们前进的方向：1998年，在“祝贺全国语言文字工作会议召开”的讲话中指出：词类问题仍旧是个热点。现代汉语词类的次范畴要重新认识。单纯以意义为标准而缺乏形式标志的次类能不能成立，宜深入讨论。要建立两个新的词类系统，一是文言词类系统，一是便于机器识别的词类系统。建立这两个系统，关键在突破现有的词类框架。特别是后者，不妨大胆违背“常识”。2000年的《词类划分中的几个问题》更从三个平面的语法观出发，提出了“词类的建立不应该只顾及句法方面的对应，还宜考虑语义语

① 林裕文（1985）谈疑问句，《中国语文》第2期。

用方面的联系。只有这样,才能使词类的划分对用词造句起更大的作用"。张斌研究词类问题的思路、视点、方法等对后来者的研究有很大的启发作用和参考价值。

参考文献

北京大学中文系汉语教研室编写 1993《现代汉语》,商务印书馆。
范 晓、高顺全 1998 语言研究的新思路——胡裕树的语法研究和治学精神,载范晓等《语言研究的新思路》,上海教育出版社。
高名凯 1948 《汉语语法论》,商务印书馆 1986 版。
郭 锐 1997 论表述功能的类型及相关问题,《语言学论丛》第 19 辑,商务印书馆。
郭 锐 2002/2004 《现代汉语词类研究》,商务印书馆。
黎锦熙 1924 《新著国语文法》,商务印书馆 1992 版。
吕叔湘 1942 《中国文法要略》,商务印书馆 1982 版。
吕叔湘 1979 《汉语语法分析问题》,商务印书馆。
马建忠 1898 《马氏文通》,商务印书馆 1982 版。
王 力 1945 《中国语法理论》,《王力文集》(第一卷),山东教育出版社 1984 版。
王 力 1946 《汉语语法纲要》,上海教育出版社 1982 版。
文 炼、胡 附 2000 词类划分中的几个问题,《中国语文》第 4 期。
邢福义 1991 《现代汉语》,高等教育出版社。
张 斌 1989 《词的范围、形态、功能》,载张斌、胡裕树《汉语语法研究》,商务印书馆。
朱德熙 1982 《语法讲义》,商务印书馆。

(作者通信地址:漳州师范学院中文系,福建漳州 363000)

后　记

2010年11月27日至28日，“庆祝张斌先生90华诞从教60周年学术研讨会暨《现代汉语描写语法》首发仪式”在上海师范大学隆重举行。

本次会议由上海师范大学和商务印书馆主办，上海师范大学对外汉语学院和商务印书馆汉语出版中心承办，复旦大学、华东师范大学、北京语言大学、湖南师范大学、南京师范大学、南昌大学、安徽师范大学、浙江师范大学、大连外国语学院、《汉语学习》编辑部等16家高校相关院所和语言学杂志编辑部参与协办。

本次研讨会期间，来自国内外的8位著名专家应邀做大会学术报告。他们是胡明扬、陆俭明、戴庆厦、沈家煊、曹逢甫、范晓、杉村博文、潘悟云。研讨会还组织了6场小组讨论，来自中国人民大学、中国传媒大学、北京大学、北京语言大学、南开大学、南昌大学、南京师范大学、复旦大学、上海交通大学、华东师范大学、上海外国语大学、香港城市大学、香港浸会大学、台湾清华大学、台湾辅仁大学、日本大阪大学、日本松山大学、日本神户市外国语大学、韩国启明大学、新加坡南洋理工大学等海内外50多所大学及科研院所的120多名代表相互交流了各自近期的研究成果，内容涉及现代汉语语法研究与对外汉语教学的各个研究领域。会上，代表们发言踊跃，气氛热烈。另有来自北京大学、复旦大学、上海外国语大学、华东师范大学、上海交通大学、苏州大学、上海财经大学等国内14所高校的300余名高校教师和硕博士研究生通过提前网上预约的方式现场旁听了学术讨论。

张斌先生在庆贺仪式后讲话，已过90的他称自己为“90后”，引起了全场的热烈掌声。

张斌先生对于上海师大语法专业的发展，乃至对于中国语法专业的发展，做出了巨大的贡献。张先生身体力行，培养了许多学生，现在许多都成为各自单位的科研骨干和教学骨干。特别值得说的是，自1987年上海师范大学招收第一届现代汉语语法方向博士研究生以来，至今已有近百名中外学生申请到博士学位。张先生每年都为这些博士生上课，从60多岁一直讲到90多岁，寒来暑往，春去秋来，张先生始终站立在语法讲坛上。而《现代汉语描写语法》是上海师范大学语法学科共同完成的一部语法巨著，是一个集体项目，全书200万字，20多位作者，从2002年开始，花了8年的时间。张先生是这部巨著的主编。

本论文集收集的都是在这次会议上发表的论文。

感谢上海师大的领导，多年来对语法学科一直给予有力的支持。本次参加"庆祝张斌先生90华诞从教60周年学术研讨会暨《现代汉语描写语法》首发仪式"会议，来了这么多校领导，让我们感动不已，也让学界感动不已，大家都说上海师大对语法学科的支持力度太大了，没有一个学校会出动这么多校领导的。

感谢出席会议的这么多各个单位的领导和学者，胡明扬、陆俭明、沈家煊、周建设、刘丹青、傅杰、崔雄权等先生分别代表各方面致辞。上海师大语法学科的发展一直得到大家的关心和支持，在此表示深深的谢意。

感谢商务印书馆总编辑周洪波先生。他亲临本次会议，在会议上做了热情洋溢的讲话，还为上海师大成立的"现代汉语描写语法"研究室揭牌。多年来上海师大和商务印书馆的许多合作都和他有关，可以这么说，他在推动上海师范大学语法学科的发展上起到了重大的作用。

还要感谢商务印书馆的许多编辑，他们在和上海师大合作的过程中，出了很多力，花费了很多精力，例如袁舫、叶军、乔永、李智初、戴军明、段濛濛等人，在这里也一并感谢。

编　　者

2012年9月于上海师范大学对外汉语学院